Sicher & anonym im Internet mit Linux

Robert Gödl

Sicher & anonym im Internet mit Linux

Der Praxiseinstieg für mehr Sicherheit und Datenschutz

mitp

Bibliografische Information der Deutschen Nationalbibliothek
Die Deutsche Nationalbibliothek verzeichnet diese Publikation in der Deutschen Nationalbibliografie; detaillierte bibliografische Daten sind im Internet über http://dnb.d-nb.de abrufbar.

Bei der Herstellung des Werkes haben wir uns zukunftsbewusst für umweltverträgliche und wiederverwertbare Materialien entschieden.

Der Inhalt ist auf elementar chlorfreiem Papier gedruckt.

ISBN 978-3-7475-0914-2

1. Auflage 2024

www.mitp.de

E-Mail: mitp-verlag@sigloch.de
Telefon: +49 7953 / 7189 - 079
Telefax: +49 7953 / 7189 - 082

eco zoom
natureOffice.com/DE-077-529981
CO2e-emissions compensated

Lektorat: Janina Vervost
Sprachkorrektorat: Petra Heubach-Erdmann
Covergestaltung: Christian Kalkert
Bildnachweis: © losee / stock.adobe.com
Satz: III-satz, Kiel, www.drei-satz.de
Druck: Plump Druck & Medien GmbH, Rheinbreitbach

Inhaltsverzeichnis

Einleitung

Das Internet ist heute nicht mehr nur ein Medium, in dem Sie Informationen finden, mit anderen kommunizieren können und das Ihnen Unterhaltung bietet, sondern auch ein Medium, mit dem Daten über Sie gesammelt werden.

Mit Ihren Daten verdienen Unternehmen Geld – aber nicht nur Unternehmen, sondern auch Betrüger und Datendiebe. Glauben Sie mir, Aussagen wie »ich habe nichts zu verbergen« sollten Sie sich zweimal überlegen.

Manche meinen, auf ein wenig Anonymität zu achten, sei umständlich, zeitaufwendig und vielleicht auch schwierig. Dies ist aber eigentlich gar nicht der Fall – es kommt nur darauf an, wie weit Sie gehen wollen. Manche Gegenmaßnahmen erfordern gerade einmal ein paar Mausklicks wie etwa die Nutzung anonymisierender Webbrowser-Erweiterungen (diese haben unter jedem Betriebssystem einen Nutzen). Etwas weiter gehen Sie schon mit der Nutzung von Linux, denn dieses Betriebssystem sendet keine Daten an seine Hersteller und erschwert es auch sonstigen Datensammlern, an Ihre Daten zu kommen. Ebenfalls ist Malware unter Linux noch immer kein Thema, über das man wirklich sprechen muss – solche gibt es einfach nicht (auch, wenn manche das Gegenteil behaupten).

Es gibt natürlich auch etwas tiefer gehende Themen, mit denen Sie Ihre Daten schützen können – solche erfordern zwar meist zu Beginn etwas an Einarbeitung, vielleicht auch an Konfiguration von Software, anschließend genügt aber meist ein Mausklick, um mehr Anonymität zu erzielen und natürlich auch höhere Sicherheit zu haben.

Dieses Buch bietet Ihnen folgende Themen:

- **Linux Mint installieren und nutzen** – Linux bietet Ihnen schon von Grund auf ein gewisses Maß an Anonymität. In diesem Buch wird die Installation von Linux Mint einfach und detailliert beschrieben. Linux Mint wurde gewählt, weil es sich hierbei um eine sehr einfach zu installierende und zu nutzende Linux-Distribution handelt. Mit dieser Anleitung lassen sich aber auch viele andere Linux-Distributionen installieren wie etwa Ubuntu, Kubuntu, Linux MX, Manjaro und viele mehr.
- **Linux-Grundlagen** – Sie lesen in diesem Buch, wie Sie Linux nutzen – also etwa, welche grafischen Oberflächen (Desktop-Umgebungen) es gibt, deren Unterschiede und welche Software Sie nutzen, um Ihre Dateien zu verwalten,

und wie Sie weitere Software installieren und das System aktuell halten. Auch hier lassen sich viele Dinge auf andere Distributionen problemlos übertragen.

- **Einfache Wege zur Anonymität** – Sie lesen mehr über einfache Mittel, um mehr Anonymität im Internet zu erlangen. Oft genügen hier ein paar Mausklicks und Sie benötigen keine speziellen Kenntnisse.
- **Erweiterte Wege zur Anonymität** – Mehr Anonymität bekommen Sie natürlich, indem Sie weiteres Wissen ansammeln, entsprechende Software nutzen und diese anpassen. Dieses Buch bietet Ihnen alles, was Sie dafür brauchen.
- **E-Mails verschlüsseln** – Sie lesen hier, wie die Verschlüsselung von E-Mails funktioniert. Es gibt noch immer Benutzer, die meinen, E-Mails zu verschlüsseln wäre schwierig und umständlich, dabei genügen wenige Mausklicks.
- **Die private Cloud** – Mit einer Software wie Nextcloud benötigen Sie keine Cloud-Anbieter wie Google, Amazon oder Microsoft mehr. Damit können Sie selbst kleine Communities mit Bekannten aufbauen sowie Bilder und vieles mehr mit diesen teilen.
- **Sicherheit** – Neben der Anonymität bietet Ihnen dieses Buch auch einen Einstieg in die Sicherheit. Linux ist zwar schon von Grund auf sicherer als etwa Windows – gerade auf einem Laptop, mit denen Sie etwa auch öffentliche Netzwerke nutzen –, Sie sollten jedoch etwa die Firewall aktivieren. Ebenso können Sie unter Linux Virenscanner und ähnliche Software nutzen.
- **Tails** – Tails bietet Ihnen Anonymität und Sicherheit ohne Vorwissen. Es handelt sich hierbei um ein Betriebssystem, das jede Kommunikation über das Internet anonymisiert und als Live-System und durch weitere Technologien im Hintergrund natürlich auch Sicherheit bietet.
- **Weiteres** – Darüber hinaus finden Sie in diesem Buch zusätzlich viele weitere Tipps rund um die Anonymität und Sicherheit im Internet.

Das Buch ist so konzipiert, dass Sie es von vorne bis hinten durcharbeiten können, um einen umfassenden Einstieg in Linux als Betriebssystem und die möglichen Maßnahmen für mehr Anonymität und Sicherheit im Internet zu erhalten. Das detaillierte Inhaltsverzeichnis sowie das Stichwortverzeichnis am Ende des Buches ermöglichen es Ihnen darüber hinaus, die Themen, die Sie besonders interessieren, gezielt anzuspringen oder später erneut nachzuschlagen.

Nach der Lektüre sind Sie nicht nur darüber informiert, in welchen Situationen Sie besonders auf die Sicherheit Ihrer Daten achten sollten, sondern können auch einfache und fortgeschrittene Methoden für mehr Anonymität und Sicherheit praktisch umsetzen.

Kapitel 1

Anonym und sicher im Internet mit Linux

1.1 Warum sind Ihre Daten nicht sicher?

Während der Entstehung des Internets (etwa 1981 bis 1983) und dem anschließenden Aufbau dieses weltweiten Netzwerks stand vor allem der Austausch von Informationen im Vordergrund. So wurden etwa Daten vom Kernforschungszentrum CERN in der Schweiz an die Wissenschaftler rund um die Welt verteilt.

Später (ca. ab 1990) wurden auch immer mehr private Webseiten im Internet veröffentlicht. Meist teilte man so seine Hobbys oder Vereine verbreiteten damit ihre Termine für Treffen und andere Informationen. Langsam haben auch erste Unternehmen damit begonnen, sich über kleinere Webseiten zu bewerben. Auch erste Suchmaschinen traten zu dieser Zeit im Internet auf, um Benutzern das Durchsuchen des wachsenden Inhalts des Internets zu ermöglichen.

Als immer mehr Benutzer Zugang zum Internet bekamen (etwa um das Jahr 2000 herum), sind auch die kommerziellen Interessen um dieses Netzwerk gewachsen. Soziale Medien verbreiteten sich und immer mehr Unternehmen erkannten, mit dem Internet lässt sich auch Geschäft machen – etwa, indem man seine Waren darin zum Verkauf anbietet, oder mit Werbung. Heute stehen auch die Daten der Benutzer des Internets im kommerziellen Interesse. Was man mit diesen Daten so anfangen kann, ist nicht ohne.

Über diesen ganzen Zeitraum bis heute ist nicht nur das kommerzielle Interesse an Daten der Benutzer gewachsen, sondern auch daran, mit illegalen Methoden an diese zu gelangen – so hat sich auch die Entwicklung von Schadsoftware geändert. Zu Beginn ging es den Entwicklern darum, zu zeigen, was sie können oder einfach nur Schaden anzurichten. Heute geht es bei der Entwicklung solcher Software auch um kommerzielle Interessen.

1.2 Wie und warum werden Daten gesammelt und Schadsoftware verbreitet?

1.2.1 Warum werden Daten im Internet gesammelt?

Ich betreibe selbst eine kleine Webseite (mehr dazu am Ende des Buches) rund um Linux und freie Software – ich gebe es gleich zu, auch ich sammle Daten. Ich sammle Daten über die Leser meiner Webseite, weil mich interessiert, welche Beiträge gerne gelesen werden und welche wiederum nicht. Verstehe ich, welche Themen meine Besucher interessieren, weiß ich auch, über welche Themen ich mehr schreiben kann. Kommerzielles Interesse habe ich beim Sammeln der Daten nicht, ich will Benutzern Linux zeigen, es ihnen schmackhaft machen und erklären, wie man damit arbeitet.

Aber die meisten Webseiten (es gibt natürlich Ausnahmen), die Sie im Internet finden, bieten Ihnen Informationen nicht an, weil sie so großzügig sind. Einfach ausgedrückt steckt kommerzielles Interesse dahinter. Nur selten will jemand kostenlos Informationen anbieten.

Um dies näher zu erklären, nehme ich jetzt wieder meine Webseite rund um Linux als Beispiel. Ich sammle folgende Daten:

- **Welche Artikel werden gelesen und wie häufig?**
- **Welches Betriebssystem wird genutzt?**
- **Welcher Webbrowser wird genutzt und welche Version der Software?**
- **Aus welchem Land kommt der Leser, aus welcher Region und aus welcher Stadt?**
- **Kommt der Leser wieder?**
- **Auf welche Links auf der Webseite klickt der Leser?**
- **Von welcher Webseite kommt der Leser oder welche Suchmaschine hat er genutzt?**

Mit diesen Daten könnte man mit kommerziellem Interesse schon etwas anfangen. Würde ich Werbung machen, könnte ich etwa einem Software-Hersteller anbieten, Werbung für eine Software zu machen, wenn darüber auf meiner Webseite viel gelesen wird. Würde Werbung angezeigt, die meine Leser überhaupt nicht interessiert, würden sie schnell darüber hinwegscrollen, Werbung hingegen, für deren Produkt man sich interessiert, wird natürlich eher angeklickt. Dies ist aber sehr vereinfacht ausgedrückt.

Nehmen wir einmal diverse Online-Medien – ganz egal ob es sich um Nachrichten-Portale handelt, um Webseiten, die Wissen anbieten, oder um soziale Medien. Die meisten Webseiten sammeln Daten nicht einmal selbst, sondern deren Betreiber bieten anderen (etwa Werbetreibenden oder Datensammlern, die Daten an andere weiterverkaufen) an, Daten über ihre Leser zu sammeln. Auf einer Webseite können sich so oft mehrere Datensammler versammeln, die auf eigene Interessen aus sind.

Je mehr Daten über einen Internet-Benutzer gesammelt werden, desto mehr lässt sich daraus über dessen Interessen herausfinden, und je mehr man über einen Benutzer weiß, desto mehr Geld lässt sich mit diesen Daten verdienen. Die meisten Datensammler interessieren sich nicht einmal selbst für die gesammelten Daten, sondern verkaufen diese wieder an andere Unternehmen.

1.2.2 Wie werden Daten gesammelt?

Die Möglichkeiten zum Sammeln von Daten sind schier unendlich – so gibt es etwa Software, die im Hintergrund einer Webseite arbeitet, ohne dass Sie etwas davon mitbekommen. Eine solche Software wäre etwa Matomo (kostenlose *Webseiten-Analyse*). Ist diese Software auf einem Webserver installiert und Sie rufen eine überwachte Webseite auf, zeigt diese folgende Daten (nur ein kurzer Auszug):

- Ihr genutztes Betriebssystem und dessen Version
- Ihren genutzten Webbrowser und dessen Version, im Webbrowser installierte Erweiterungen (Add-ons)
- Welchen Computer Sie benutzen
- Welche Webseite Sie sich ansehen und wie lange, welche Bilder Sie angeklickt haben
- Auf welche Links Sie klicken, von welcher Webseite Sie kommen (etwa, wenn Sie auf einen Link geklickt haben, um auf die Webseite zu kommen)
- Welche Suchmaschine Sie genutzt haben, um die Webseite zu finden, mit welchen Begriffen Sie gesucht haben
- Ihre aktuelle IP-Adresse, diese zeigt auch, in welchem Land, in welcher Region und in welcher Stadt Sie gerade sind
- Wie oft Sie wiederkommen

Wie schon beschrieben – dies war nur ein kurzer Auszug. In der Abbildung sehen Sie die Übersichtsseite dieser Software:

Matomo ist nicht die einzige Software dieser Art, es gibt viele.

Neben Webseiten-Analyse-Software gibt es zahlreiche Möglichkeiten, Ihre Daten zu sammeln:

- **Cookies:** Hierbei handelt es sich um kleine Textdateien, die auf Ihrem Computer gespeichert werden. Vor zwei Jahrzehnten hatten diese Cookies nur eine sinnvolle Funktion: Besuchten Sie eine Webseite, meldeten sich dort an und nahmen Einstellungen vor, haben diese Cookies diese Einstellungen gespeichert. Heute dienen sie dazu, Ihren Weg durch das Internet zu verfolgen – haben Sie etwa einen Account bei Facebook (Google, Yahoo ...) und Sie besuchen eine Webseite, die entsprechend angepasst wurde, weiß Facebook, Sie sind gerade auf dieser Webseite.
- Von anderen Webseiten **verlinkte Bilder:** Nicht immer sind die Bilder einer Webseite auf demselben Webserver gespeichert wie die eigentliche Webseite, die Sie gerade ansehen. Öffnen Sie eine Webseite mit einem solchen verlinkten Bild, bekommt auch der Server, auf dem das Bild eigentlich gespeichert ist, alle Daten.

- **Zähl-Pixel** sind nicht sichtbar. Hierbei handelt es sich um kleine Grafiken, meist ein Pixel groß. Diese können in den Hintergrund der Webseite eingearbeitet sein, ohne dass Sie sie sehen können, und wirken so wie die im letzten Absatz beschriebenen verlinkten Bilder.
- Ihr **Internet-Anbieter** sieht alles, was Sie im Internet tun. Über dessen System läuft Ihre komplette Kommunikation im Internet. Jeden Klick, den Sie auf einer Webseite vornehmen – Ihr Internet-Anbieter bekommt es mit.
- **E-Mails** sind reiner Text. Eine E-Mail läuft über mehrere sogenannte Mail-Server, bevor sie beim Empfänger ankommt. Jeder, der zu einem solchen Mail-Server Zugang hat, kann Ihre E-Mails lesen und sie, wenn er es möchte, auch verändern, ohne dass der Empfänger der E-Mail etwas davon mitbekommt.

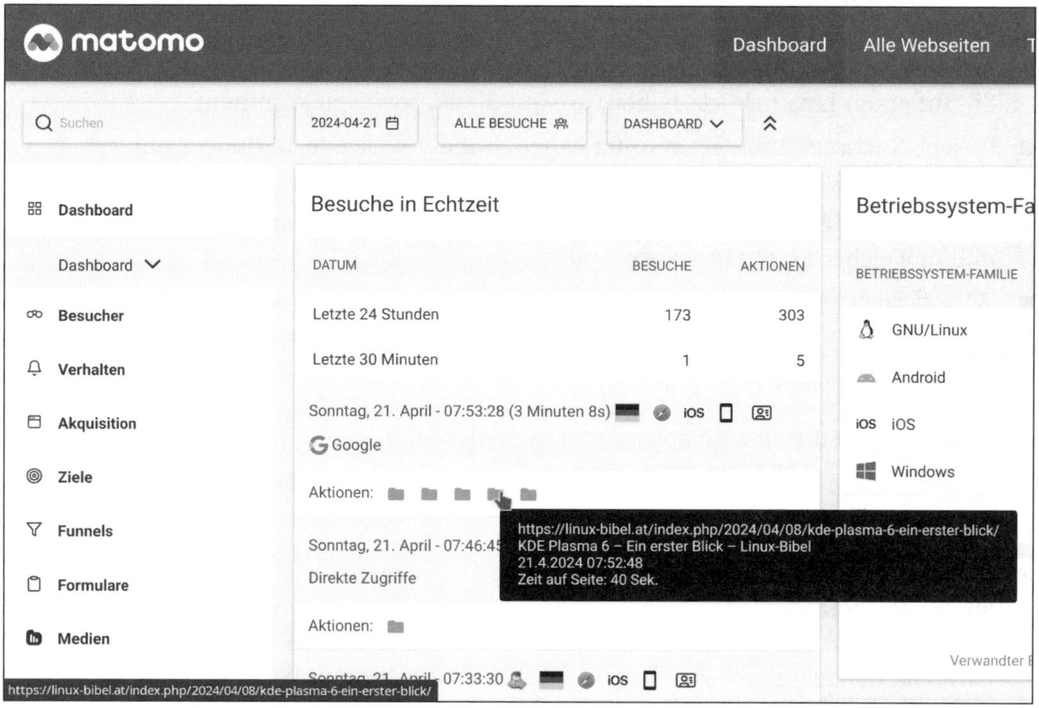

Abb. 1.1: Matomo – Webseiten-Analyse

- **Messenger** sind heute so gut wie auf jedem Computer installiert. Facebook-Messenger, WhatsApp ... Es gibt Messenger ohne Ende. So manche sammeln auch Daten über Sie.
- Ihr genutztes **Betriebssystem** – bis auf Linux sammeln die meisten Betriebssysteme Daten über Sie. Das Betriebssystem ist Ihnen sehr nahe und kommt so natürlich am einfachsten an Daten über Sie.

- Ihr genutzter **Webbrowser** ist natürlich der einfachste Weg, um an Daten über Ihre Aktivitäten im Internet zu kommen.

1.2.3 Auswirkungen und Verwendung gesammelter Daten

Die meisten gesammelten Daten dienen vor allem den kommerziellen Interessen von Unternehmen. Meist geht es darum, aus den gesammelten Daten Profile für einzelne Benutzer zu erstellen, und aus den gesammelten Daten lassen sich ausgezeichnete Profile erstellen. Was gefällt einem Benutzer, was braucht er, was will er? Im besten Fall wird Ihnen entsprechende Werbung auf Webseiten geliefert, beim Suchen über Suchmaschinen oder per E-Mail, SMS oder diverse Messenger.

Aber natürlich sammelt auch der Staat Daten über die Internet-Benutzer. Im schlechtesten Fall könnte man unverschuldet in unangenehme Situationen kommen. Nur ein paar sehr einfache Beispiele: Sie suchen nach einer Software und landen auf einer Webseite, die solche illegal anbietet. Sie suchen nach Informationen und landen auf einer Webseite, die solche ebenfalls illegal anbietet oder von Extremisten (welcher Art auch immer) gerne besucht wird. Hierdurch könnten Sie schneller mit dem Gesetz in Konflikt geraten, als Ihnen lieb ist.

Immer wieder lese ich bei entsprechenden Diskussionen den Satz: »Ich habe nichts zu verbergen.« Mit solchen Aussagen sollte man vorsichtig sein. Achten Sie auf ein wenig Anonymität im Internet, ist im einfachsten Fall zumindest der E-Mail-Account nicht mit Werbung vollgespammt und Ihre Internet-Besuche mit weniger nerviger Werbung belastet.

1.2.4 Schadsoftware im Internet

Vor etwa zwei bis drei Jahrzehnten diente Schadsoftware vor allem dem Zweck, Daten zu vernichten. Böswillige Menschen wollten zeigen, was sie können. In dieser Zeit reichte oft ein Backup, um Betriebssystem und Daten wiederherzustellen.

Heute dient Schadsoftware meist demselben Zweck wie das Sammeln von Daten – dem kommerziellen Interesse. Man will Daten von anderen entwenden, um sich daran zu bereichern –, oder man nimmt dem eigentlichen Besitzer von Daten den Zugang dazu. Etwa, indem man dem Besitzer eine Schadsoftware (Ransomware) unterjubelt, die die Daten verschlüsselt, und erst nach der Bezahlung bekommt er wieder die Möglichkeit, an die Daten zu kommen (oder auch nicht).

An solche Schadsoftware gelangt man heute über verschiedene Wege, auch unter Linux, insbesondere indem man über unsichere Quellen Software bezieht oder auch sonst zu unvorsichtig ist. In diesem Buch lesen Sie unter anderem, wie Sie solche Situationen vermeiden.

1.3 Kann man sich anonym und sicher im Internet bewegen?

Grundsätzlich: ja und nein. Vor zwei Jahrzehnten war es einfacher, heute muss man sich schon etwas informieren und auch reagieren.

Die Methoden, wie Unternehmen an Ihre Daten kommen und Menschen mit böswilligen Absichten Ihnen Schadsoftware unterjubeln, werden immer ausgefeilter. Gegen manche Dinge kann man sich recht einfach wehren, bei anderen muss man sich etwas mehr anstrengen und auch etwas Zeit investieren.

In diesem Buch werden Sie lesen, mit welchen Methoden man an Ihre Daten kommen will und auch warum, aber natürlich auch, wie Sie dagegen vorgehen können. Ebenso werden Sie erfahren, was Sie gegen die immer weiter wachsende Gefahr durch Schadsoftware unternehmen können.

1.4 Linux als Betriebssystem und dessen Nutzung

Linux ist nicht nur gegen Schadsoftware resistenter als Windows, sondern auch gegen das Sammeln von Daten über das Internet. Linux ist heute sehr einfach zu installieren, zu konfigurieren und zu nutzen. Viel der bekannten Software, die Sie unter Windows oder macOS nutzen, lässt sich auch unter Linux verwenden – meist ohne Einschränkungen.

Linux Mint ist gerade für Linux-Einsteiger ohne große Computer-Kenntnisse sehr interessant – aus diesem Grund wird diese Linux-Distribution in diesem Buch genutzt (die meisten Beschreibungen werden sich jedoch auch auf anderen Linux-Distributionen problemlos umsetzen lassen).

Sie werden lesen, wie Sie Linux Mint installieren, an Ihre Bedürfnisse anpassen und nutzen, und natürlich auch, wie Sie damit, so gut es geht, sicher und anonym im Internet unterwegs sind. Nach der Installation von Linux Mint wird das Thema »anonym und sicher im Internet« vor allem unter auf Debian basierenden Linux-Distributionen, also auch unter Linux Mint, Ubuntu, Kubuntu und vielen Distributionen mehr beschrieben.

Teil I

Linux-Grundlagen

In diesem Teil:

Kapitel 2

Linux Mint ausprobieren und installieren

In diesem Kapitel lesen Sie, wie Sie ein startfähiges Medium (DVD oder USB-Stick) erstellen, um Linux Mint auf Ihrem Computer auszuprobieren oder auch zu installieren. Auch lernen Sie die verschiedenen Varianten von Linux Mint kennen: mit anderen grafischen Oberflächen oder anderer vorinstallierter Software. Sie erfahren, welche Möglichkeiten Sie im sogenannten *Live-System* haben und natürlich, wie Sie Linux Mint installieren.

2.1 Linux Mint herunterladen

In diesem Buch wird Linux Mint als Betriebssystem genutzt. Es ist vor allem unter Linux-Einsteigern sehr beliebt, da diese Linux-Distribution sehr einfach zu installieren und zu nutzen ist. Linux Mint basiert auf Ubuntu und Ubuntu wiederum auf Debian – Sie können also alle Tipps in diesem Buch unter allen auf Debian basierenden Linux-Distributionen direkt übernehmen (Debian, Ubuntu, Mint, Pop!_OS, Linux MX, Zorin und viele mehr). Unter anderen Linux-Distributionen können Software-Pakete, die Sie direkt über die Paket-Verwaltung installieren, geringfügig anders heißen.

Sie finden Linux Mint unter `https://www.linuxmint.com/download.php` kostenlos zum Download in folgenden Konfigurationen (die Unterschiede liegen nur in der Benutzeroberfläche bzw. der grafischen Desktop-Umgebung. Im Gegensatz zu Windows gibt es für Linux unterschiedliche Desktops):

- **Cinnamon Edition** – Der Standard-Desktop unter Linux Mint, sehr modern und für Umsteiger von Windows sehr einfach zu bedienen. Mindestens 4 GB RAM, besser aber 8 GB RAM sollten im Computer eingebaut sein.
- **Cinnamon Edition – Edge ISO** – Dasselbe wie die zuvor beschriebe Version, jedoch mit aktuellerem Kernel – sollte auch mit gerade im Handel erschienenen (also sehr aktuellen Computern) zurechtkommen.
- **XFCE Edition** – Für ältere Computer gedacht, kommt also auch mit schwächerer Hardware problemlos klar. Mindestens 4 GB RAM sollten im Computer eingebaut sein. Ebenso sehr einfach zu nutzen, Umsteiger von Windows sollten problemlos damit umgehen können. Auch bietet XFCE sehr viele Einstellungen, mit denen man sich den Desktop an seine Bedürfnisse anpassen kann.

- **Mate Edition** – Für alte Computer gedacht, mindestens 2 GB RAM sollten in Computer eingebaut sein, besser natürlich 4 GB. Dieser Desktop ist ohne große Umstellung von Umsteigern einfach zu benutzen, auch wenn die grafische Oberfläche zunächst etwas ungewohnt erscheinen mag.

2.2 Startmedium erstellen

Linux Mint lässt sich nicht so einfach unter Microsoft Windows oder macOS installieren, da es sich dabei nicht um eine gewöhnliche Software, sondern um ein Betriebssystem handelt. Sie erhalten beim Download eine sogenannte »ISO-Datei« – diese brennen Sie etwa bootfähig auf eine DVD oder kopieren sie bootfähig auf einen USB-Stick und starten in beiden Fällen den Rechner von diesem erstellten Medium aus.Bootfähig bedeutet, der Computer muss davon starten können, das heißt, er muss die nötigen Dateien an bestimmten Orten vorfinden. Sie können die Datei also nicht einfach wie ein Video auf eine DVD brennen oder die Datei nicht einfach auf den USB-Stick verschieben. Hierfür ist eine Software nötig, die dies passend erledigt.

2.2.1 ISOburn – bootfähige DVDs brennen

ISOburn ist eine kostenlose Software für Microsoft Windows – damit lassen sich ISO-Images schnell und einfach bootfähig auf DVDs brennen. Sie finden diese Software unter `https://isoburn.org/` zum Download (siehe Abbildung 2.1).

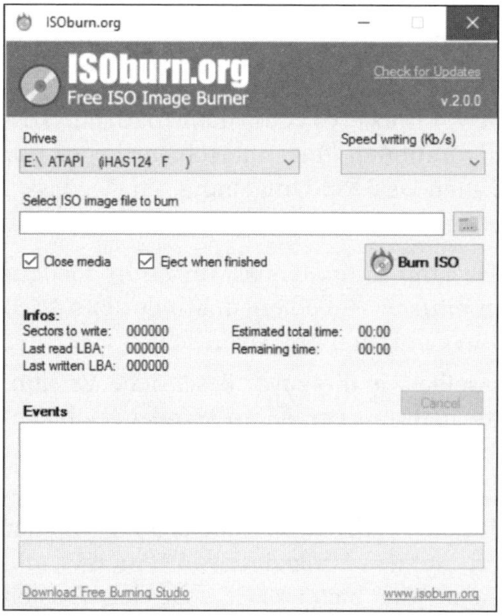

Abb. 2.1: ISOburn – ISO-Images bootfähig auf DVDs brennen

Mit dem Schalter DRIVES geben Sie das Laufwerk an, mit dem Sie die DVD brennen wollen, und mit SELECT ISO IMAGE FILE TO BURN wählen Sie die zu brennende ISO-Datei. Alle anderen Einstellungen können Sie belassen, wie sie sind – anschließend klicken Sie auf den Schalter BURN ISO.

2.2.2 Etcher – bootfähige USB-Sticks erstellen

Mit der Software Etcher lassen sich per Mausklick bootfähige USB-Sticks erstellen. Sie finden diese kostenlose Software unter `https://www.balena.io/etcher/` für Windows, macOS und Linux zum Download (Abbildung 2.2).

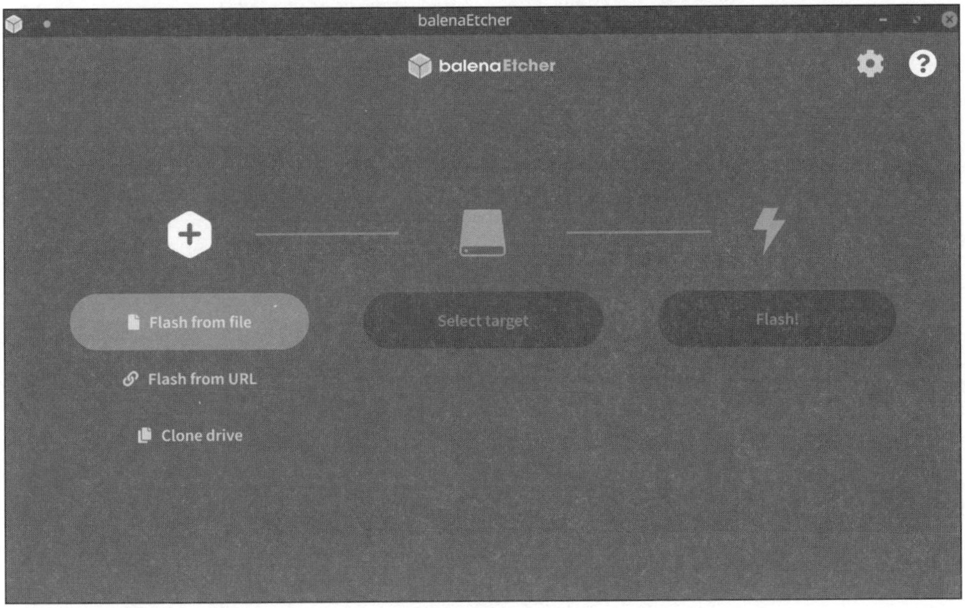

Abb. 2.2: Etcher – bootfähige USB-Sticks erstellen

Mit dem Schalter FLASH FROM FILE wählen Sie die heruntergeladene ISO-Datei aus, dann geben Sie mit SELECT TARGET den angeschlossenen USB-Stick an und starten den Vorgang mit FLASH!.

2.3 Den Computer vom Startmedium starten

Bei Linux Mint handelt es sich um ein installierbares Live-System. Dies bedeutet, Sie müssen Linux Mint nicht installieren, sondern können es vor der Installation auch nur ausprobieren. Solange Sie es nicht installieren, wird am Computer nichts geändert.

In der Grundkonfiguration startet meist auch mit eingelegter Linux-Mint-DVD oder angeschlossenem Linux-Mint-USB-Stick trotzdem das bereits installierte Windows. Dies können Sie auf älteren Computern im BIOS und auf aktuelleren Computern im UEFI ändern. Hierbei handelt es sich um die grundlegende Firmware des Computers. In diese gelangen Sie je nach Computer-Hersteller mit einer der folgenden Tasten: [F2], [F10], [F12] oder [Entf] – in der Beschreibung des Herstellers finden Sie nähere Informationen. Die passende Taste drücken Sie bei Start des Computers mehrmals schnell hintereinander, bis Sie das Fenster der Firmware sehen. In Abbildung 2.3 sehen Sie eine mögliche BIOS-Variante.

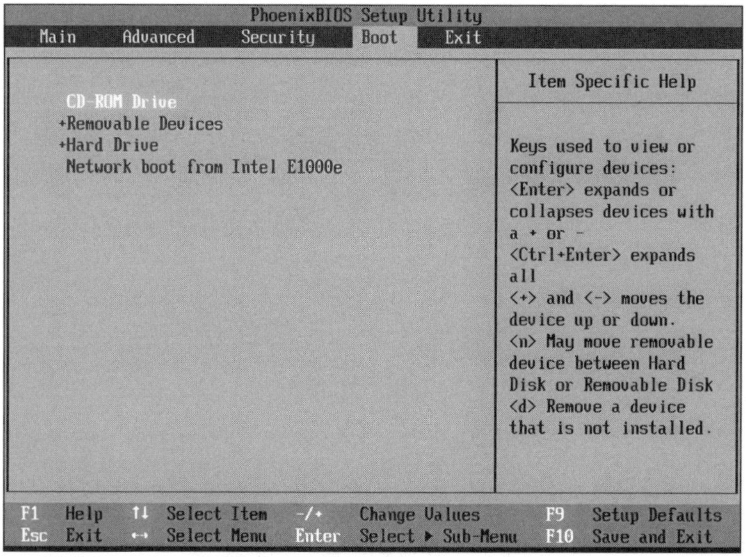

Abb. 2.3: BIOS – das Bootmenü

Im BIOS nutzen Sie die Pfeiltasten zur Navigation, mit den Pfeiltasten links und rechts wechseln Sie zwischen den Menüeinträgen. Zur Auswahl einer Funktion nutzen Sie die Pfeiltasten auf und ab. Sie benötigen zur Auswahl des Datenträgers für den Start mit Ubuntu das Menü BOOT. Als Erstes markieren Sie mit den Pfeiltasten den DVD- oder USB-Eintrag – mit den Tasten [F5] und [F6], je nach Hersteller auch [+] und [-], verschieben Sie den Eintrag ganz nach oben (Informationen zu den Tasten finden Sie ganz rechts).

Das UEFI ist meist etwas moderner aufgebaut (siehe Abbildung 2.4).

Nicht immer, aber im UEFI der meisten Hersteller können Sie die Maus statt der Tasten nutzen. Ist dies nicht so, nutzen Sie wie im BIOS die Pfeiltasten. Wie im BIOS finden Sie auch im UEFI einen Menüeintrag namens BOOT. Öffnen Sie diesen und setzen Sie das Startmenü an die oberste Stelle.

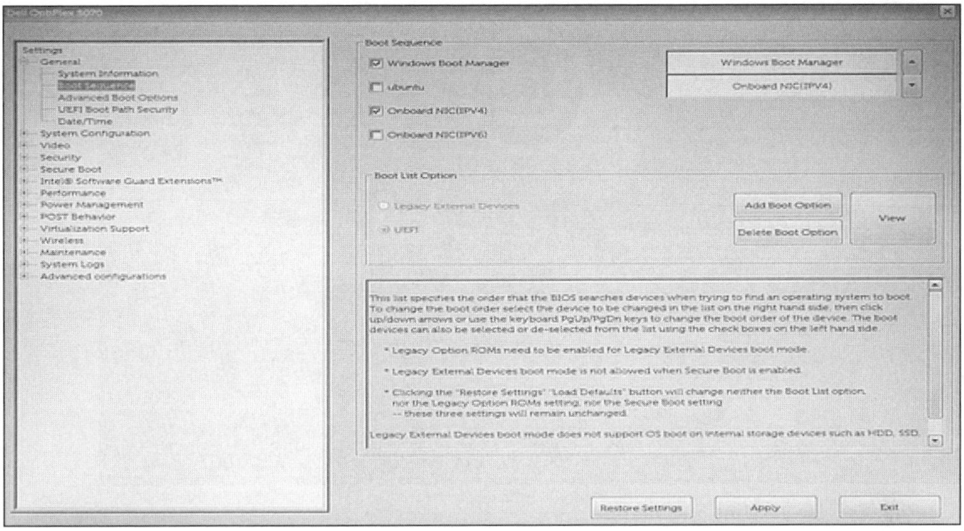

Abb. 2.4: UEFI

Egal, ob im BIOS oder im UEFI – Sie sollten die Option FAST BOOT suchen und deaktivieren. Je nach Hersteller findet sich die Option in einem anderen Menü. SECURE BOOT zu deaktivieren, ist in den meisten Fällen heute nicht mehr nötig – dies tun Sie nur, wenn sich Ubuntu nicht starten lässt.

Zuletzt übernehmen Sie die Einstellungen mit einem Klick auf den Schalter APPLY oder SAVE AND EXIT – im BIOS dient dazu meist die Taste [F10]. Der Computer startet neu vom ausgewählten Startmedium.

2.4 Linux Mint ausprobieren

Wie zuvor schon kurz angeschnitten, handelt es sich bei Linux Mint um ein Live-System. Es läuft komplett im Arbeitsspeicher des Computers. Sie können das System und die vorinstallierte Software ausprobieren, Einstellungen vornehmen, Dateien erstellen oder im Internet surfen. Auch die eingebaute und angeschlossene Hardware lässt sich testen. Bevor Sie das System installieren, wird am bereits installierten System nichts geändert. Starten Sie den Rechner ohne das Linux Mint-Startmedium neu, startet wieder das installierte Windows oder macOS.

Startet Linux Mint, sehen Sie zu Beginn das Logo der Distribution. Das System startet normalerweise ohne Meldungen. Von einem USB-Stick sollte das System innerhalb einer Minute starten, mit DVD dauert es etwas länger. Ändert sich mehrere Minuten nichts, wird wahrscheinlich ein Problem mit der Grafik vorliegen. Sie sollten dann das System mit [Strg]+[Alt]+[Entf] neu starten und, sobald Sie das Logo von Linux Mint sehen, die [Esc]-Taste drücken. Damit gelangen Sie in das Bootmenü (siehe Abbildung 2.5).

Abb. 2.5: Das Linux-Mint-Bootmenü

Hier nutzen Sie die Pfeiltasten (auf und ab) zur Navigation. Wechseln Sie auf den Eintrag START LINUX MINT IN COMPATIBILITY MODE und bestätigen mit [Eingabe].

Es sollte dann nur wenige Sekunden dauern, bis das Linux-Mint-Logo wieder erscheint (von DVD gestartet, dauert dies wieder etwas länger, da optische Medien langsamer arbeiten). Anschließend erscheint der Desktop von Linux Mint (siehe Abbildung 2.6).

Abb. 2.6: Linux Mint ausprobieren oder installieren

Wir werden uns hier das Live-System kurz ansehen und gleich danach die Installation starten. Die übrigen Funktionen des Desktops werden wir uns in Kapitel 3 näher ansehen.

Sie finden am unteren Bildschirmrand das Panel – oder auch ganz einfach *Leiste* genannt. Diese stellt unter Linux Mint das Pendant zur Taskleiste unter Windows dar.

Links in diesem Panel finden Sie das Anwendungsmenü, in der Mitte den Bereich, der die offenen Fenster anzeigt und rechts den Systembereich mit der Uhr. Neben der Uhr finden Sie auch den Network-Manager, dieser zeigt Ihnen die verfügbaren WLAN-Netzwerke. Über den Network-Manager bzw. Netzwerk-Manager (je nach Desktop-Umgebung wird Ihnen dieser unter deutscher oder englischer Bezeichnung unterkommen – im Buch selbst werden Sie meist die englische Bezeichnung vorfinden) und dessen Einstellungen kommen Sie auch via UMTS-Stick ins Internet. In Abbildung 2.7 sehen Sie das geöffnete Anwendungsmenü.

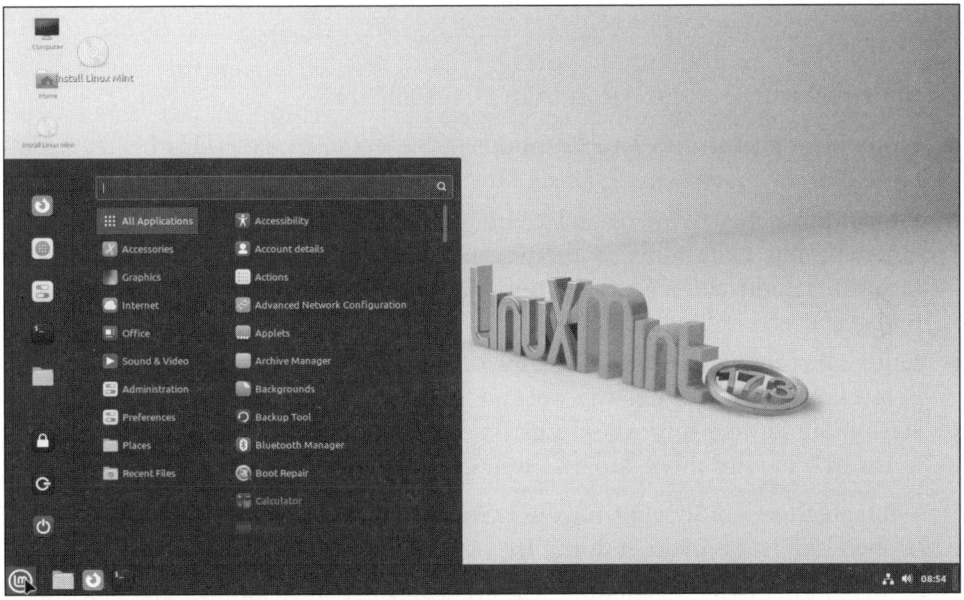

Abb. 2.7: Das geöffnete Anwendungsmenü unter Linux Mint mit Cinnamon als Desktop

Das Anwendungsmenü zeigt ganz links oft genutzte Software, wie etwa den Webbrowser (Firefox), den Dateimanager, das Terminal (siehe auch Abschnitt 4.3) und die Einstellungen. Rechts daneben finden Sie das eigentliche Anwendungsmenü – dieses zeigt links die Liste der Kategorien. Fahren Sie mit dem Mauszeiger über eine Kategorie, zeigt sich der Inhalt, also die installierte Software.

Sie können das Menü auch durchsuchen, indem Sie einfach drauflos tippen, ohne in das Suchfeld oben zu klicken.

2.5 Linux Mint installieren

Haben Sie sich dafür entschieden, Linux Mint zu installieren, gelingt dies schnell und einfach ohne Vorwissen. Linux Mint wurde so geschaffen, dass es für jeden einfach zu installieren und zu nutzen ist.

Tipp

Zur Installation von Linux Mint ist eine Internetverbindung nicht absolut notwendig, aber vorteilhaft. Vor allem geht es darum, dass Linux Mint nicht alle Treiber gleich mit dabei hat – insbesondere die Treiber für WLAN. Funktioniert die WLAN-Verbindung im Live-System nicht, sollten Sie den Computer per Netzwerkkabel mit dem Router verbinden, um an die entsprechenden Treiber zu kommen.

Es gibt verschiedene Arten, Linux Mint zu installieren:

- **Linux Mint alleine auf dem Computer** – Sie ersetzen dabei das bisher installierte Betriebssystem durch Linux Mint.
- **Linux Mint neben Windows oder einem anderen Linux** – Linux Mint wird auf einem freien Platz auf der Festplatte neben Windows oder einem anderen Linux installiert. Beim Start des Rechners wählen Sie aus, welches Betriebssystem gestartet werden soll.
- **Linux Mint auf einer externen Festplatte oder auf einem USB-Stick** – Sie installieren Linux Mint auf einem externen Speicher. Wenn Sie diesen anschließen, starten Sie Linux Mint. Allerdings ist ein USB-Stick auf Dauer nicht empfehlenswert – er wird nicht lange halten und schnell kaputtgehen.

Den entsprechenden Schalter für die Installation finden Sie als Icon am Desktop links oben – es ist bezeichnet durch INSTALL LINUX MINT.

Die Einstellungen zur Installation beginnen mit der Auswahl der Sprache (siehe Abbildung 2.8).

Sie wählen zu Beginn die Sprache – also Deutsch. In dieser Sprache ist anschließend auch das installierte Linux Mint. Nach jeder Einstellung klicken Sie unten rechts auf den Schalter WEITER.

Weiter geht es mit der Tastaturbelegung – diese ist bereits an die ausgewählte Sprache angepasst. Wenn gewünscht, können Sie diese hier aber natürlich anpassen. Sind Sie kein Entwickler, werden Sie aber keine Anpassungen brauchen. Prüfen Sie im Feld unten vor allem die Sonderzeichen (siehe Abbildung 2.9).

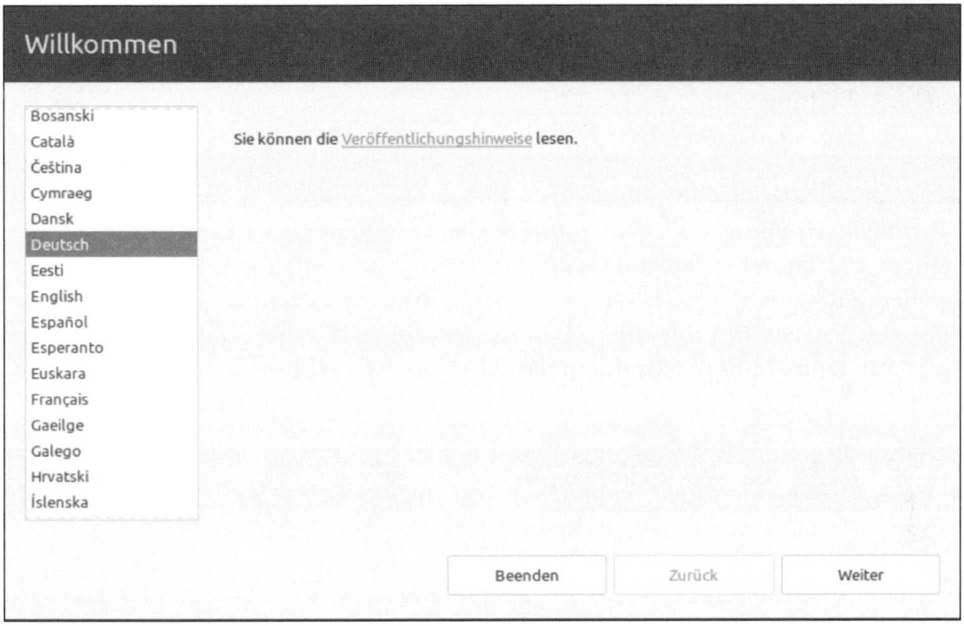

Abb. 2.8: Start der Installation – Auswahl der Sprache

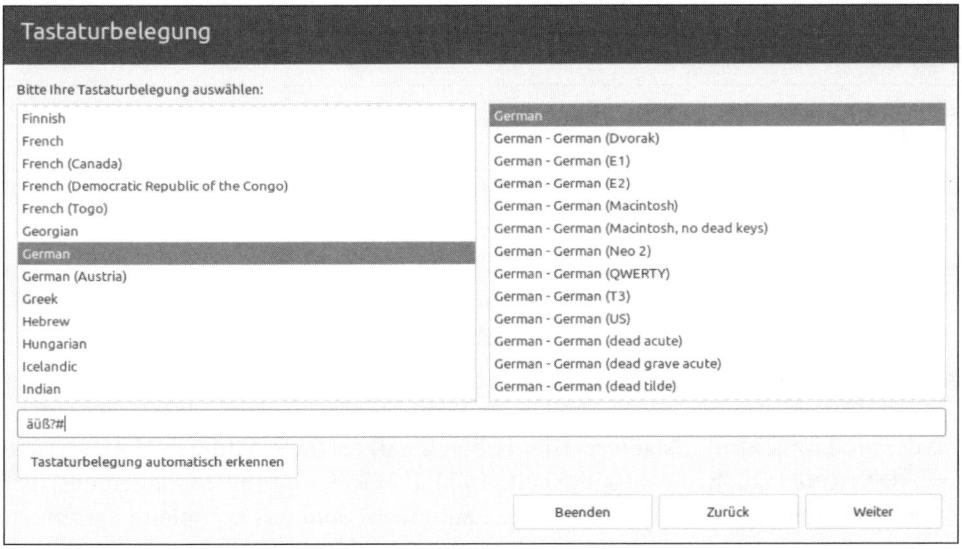

Abb. 2.9: Installation – Auswahl des Tastaturlayouts

Es folgt die Möglichkeit der automatischen Installation von Multimedia-Codecs – aktivieren Sie die Checkbox, werden Codecs installiert, mit denen sich die bekanntesten Videos und Audio-Dateien abspielen lassen (auch im Webbrowser).

2.5.1 Partitionierung der Festplatte

Es folgt der schwierigste Teil der Installation – das Partitionieren der Festplatte (siehe Abbildung 2.10).

Hinweis zum Partitionieren

Partitionieren nennt man das Aufteilen der Festplatte und das Formatieren mit einem Dateisystem. Partitionen können Sie sich wie Stücke von einer Torte vorstellen: Auf jeder Partition können Sie ein Betriebssystem installieren. Jede Partition muss wiederum mit einem Dateisystem belegt sein, um Daten speichern zu können. Linux Mint macht Ihnen das Partitionieren sehr einfach.

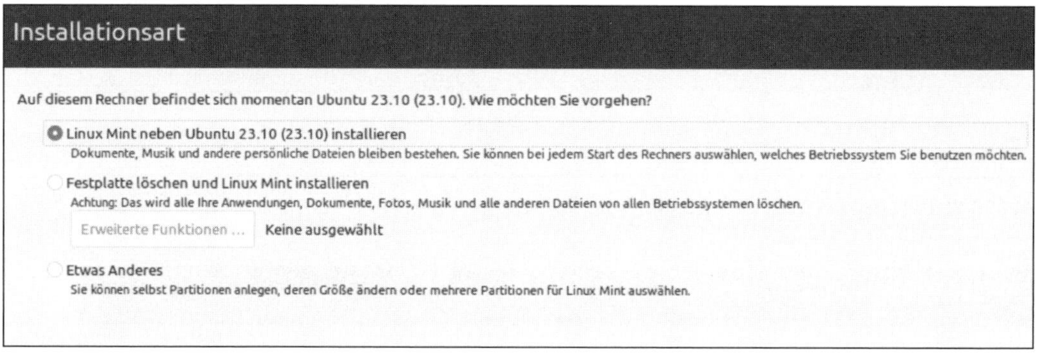

Abb. 2.10: Partitionieren der Festplatte

Je nach Vorkonfiguration Ihres Computers (installierte Betriebssysteme) bietet Linux Mint mehrere Möglichkeiten an:

- **Linux Mint neben ... installieren** – Linux Mint wird neben einem bestehenden Betriebssystem (Linux, macOS oder Windows) installiert, beim Start des Computers wählen Sie aus, welches Betriebssystem Sie starten möchten.
- **Festplatte löschen und Linux Mint installieren (verschlüsseln)** – Alle bereits installierten Betriebssysteme (also auch Windows) werden gelöscht und stattdessen Linux Mint installiert. Hier haben Sie über die Schaltfläche ERWEITERTE FUNKTIONEN auch die Möglichkeit, LVM (Logical Volume Management) für einfacheres Verwalten der Partitionen zu nutzen oder das komplette System zu verschlüsseln. ZFS (hierbei handelt es sich um ein sehr leistungsfähiges Dateisystem, das sehr gut mit vielen Dateien umgehen kann – extrem stabil und schnell) sollte nur auf einem Server mit starker Hardware genutzt werden (mindestens 16 GB RAM Arbeitsspeicher, schnelle SSD, starke CPU, je mehr CPU-Kerne, desto besser, Festplatte mehr als ein Terabyte) – siehe Abbildung

2.11. Um das System zu verschlüsseln, wählen Sie die Option zum Verschlüsseln des Systems aus.

- **Etwas anderes** – Hiermit partitionieren Sie die Festplatte manuell, Linux Mint hilft Ihnen hier kaum. Diese Option sollten Sie benutzen, wenn Sie mehrere Betriebssysteme installiert oder mehrere Festplatten eingebaut haben und Linux Mint auf einer eigenen installieren möchten. Hierzu finden Sie als Empfehlung Tabelle 2.1 und anschließend die Erklärungen dazu.

Abb. 2.11: Erweiterte Optionen beim Partitionieren

Benötigt	Optional	Größe	Dateisystem	Markierung	Beschreibung
/		Min. 16 GB	Ext4 / BTRFS	Bootfähig	System + private Daten
/boot/efi		100 bis 300 MB	Fat32	Bootfähig	Nötig bei UEFI
	/swap	RAM x 2	linux-swap		Auslagerungsspeicher
	/home	Rest der Festplatte	Ext4 / BTRFS		Private Daten

Tabelle 2.1: Vorschlag für die manuelle Partitionierung

Die Partition »/«

Die Partition »/« nimmt die Installation des Betriebssystems auf. In der Theorie sollten 10 bis 15 GB Speicherplatz genügen, Sie müssen jedoch auch damit rechnen, dass Sie weitere Software installieren möchten. Minimal würde ich hier auf 20 GB setzen, bei 20 bis 30 sollten Sie sicherlich keine Probleme haben. Bei der Größe der Systempartition – also »/« – kommt es auch darauf an, ob Sie eine eigene Partition für Ihre privaten Daten (»/home«) anlegen oder nicht. Legen Sie keine extra Partition für Ihre eigenen Daten an, nimmt die Systempartition diese automatisch auf – in diesem Fall sollte sie also entsprechend größer sein. Sie müssen auch damit rechnen, dass Sie hier Musik, Video-Dateien, Bilder und Dokumente ablegen wollen.

Die SWAP-Partition

Unter 4 GB RAM Arbeitsspeicher sollten Sie nicht auf eine SWAP-Partition verzichten, gerade auf mobilen Geräten. Hier landen Daten, die nicht mehr im Arbeitsspeicher Platz haben.

Die Größe richtet sich nach dem Arbeitsspeicher. Die SWAP-Partition sollte bis 8 GB RAM rund doppelt so groß sein wie der Arbeitsspeicher. Ab 8 GB RAM genügt es für die meisten Arbeiten, die SWAP-Partition mit derselben Größe wie das RAM anzulegen. Ein Grund, diesen größer zu machen, wäre etwa die Bearbeitung sehr großer Videodateien.

Ab 4 GB RAM kann man wie schon beschrieben auf die SWAP-Partition verzichten. In diesem Fall ist es möglich, im installierten System später auch eine eigene SWAP-Datei anzulegen – mit dieser ist jedoch kein Ruhezustand auf der Festplatte (Suspend to disk) möglich. Dies ist vor allem auf Laptops natürlich ein Problem.

Ich würde auf jeden Fall empfehlen, bis 8 GB RAM nicht auf eine SWAP-Partition mit 8 GB Speicher zu verzichten.

Grundsätzlich gilt also: Wollen Sie den Ruhezustand auf der Festplatte nutzen, sodass der Rechner tatsächlich während dieser Zeit keinen Strom benötigt, muss die SWAP-Partition mindestens so groß sein wie der Arbeitsspeicher. Denn in diesem Fall wird der komplette Inhalt des Arbeitsspeichers in die SWAP-Partition geschrieben.

Die EFI-Partition

Wichtig: Wenn Sie eine neue Partitionstabelle angelegt haben und den UEFI-Modus nutzen, sollten Sie nicht die EFI-Partition vergessen. Hier sollten 100 MB Speicherplatz genügen. Erst wenn Sie mehr Betriebssysteme installieren und nebeneinander betreiben möchten, sollten Sie diese vergrößern – in jedem Fall sollten 300 MB genügen.

Weitere optionale Partitionen

Es besteht die Möglichkeit, noch für weitere wichtige Verzeichnisse des Systems eigene Partitionen anzulegen. Solange man das System nicht als Server einsetzt, ist das absolut unnötig.

Das Dateisystem (nur bei der manuellen Partitionierung nötig)

Auch bei der Wahl des Dateisystems ist Linux sehr variabel. Es gibt unter Linux, anders als unter Windows, etliche Dateisysteme.

Gleich einmal vorweg: Der normale Linux-Nutzer sollte sich eigentlich keine Gedanken über die Wahl der Formatierung machen. Alle Dateisysteme sind stabil und schnell, »ext4« ist jedoch viele Jahre erprobt, während »btrfs« Vorteile bei Backups bietet und gerne auf Server-Systemen genutzt wird. Beide erlauben so große Dateien und Partitionen, wie man sie als normaler Nutzer in den nächsten Jahren nicht brauchen wird.

Vom viel umworbenen »xfs«- oder »zfs«-Dateisystem rate ich ab, es wird für normale Aufgaben absolut nicht benötigt und braucht eine starke CPU und sehr viel RAM, um damit auch performant arbeiten zu können. Will man ein Dateisystem mit ähnlichen Eigenschaften wie »xfs«, hat aber nur normale Hardware, sollte man eher auf »btrfs« setzen.

Meine Empfehlung für den normalen Nutzer lautet »ext4«.

Der Bootloader (nur bei manueller Partitionierung nötig)

Bevor Sie die manuelle Partitionierung abschließen, müssen wir uns noch um den Bootloader kümmern.

Der Bootloader (in diesem Fall GRUB) dient dazu, das gewünschte Betriebssystem beim Start des Rechners auszuwählen und zu starten. Startet der Rechner, startet dieser erst den Bootloader. Dieser zeigt wiederum ein Menü mit den installierten Betriebssystemen an, aus denen Sie das gewünschte System zum Start auswählen.

Grundlegend: Ein Bootloader muss installiert werden, egal, ob nur Ubuntu auf dem Rechner installiert ist oder auch weitere Linux-Distributionen wie auch Microsoft Windows.

In der Regel erkennt die Software zur Installation von Linux Mint, auf welcher Festplatte der Bootloader installiert werden muss. Standardmäßig ist dies die erste Festplatte des Rechners mit der Bezeichnung »sda«. Befindet sich nur eine Festplatte im Rechner, ist diese Einstellung sowieso obsolet.

Interessant wird es jedoch, wenn Sie Linux Mint etwa auf einem USB-Stick oder einer externen Festplatte installieren wollen. Installieren Sie Ubuntu auf einem externen Medium, gilt es auch, dieses Medium zur Installation für den Bootloader auszuwählen. Tun Sie dies nicht, werden auf internen Festplatten installierte Systeme nicht mehr starten, wenn der Stick oder die externe Platte nicht angeschlossen ist.

Das manuelle Partitionieren

Partitionieren Sie die Festplatte manuell, sehen Sie im Fenster eine Übersicht über alle Festplatten (siehe Abbildung 2.12).

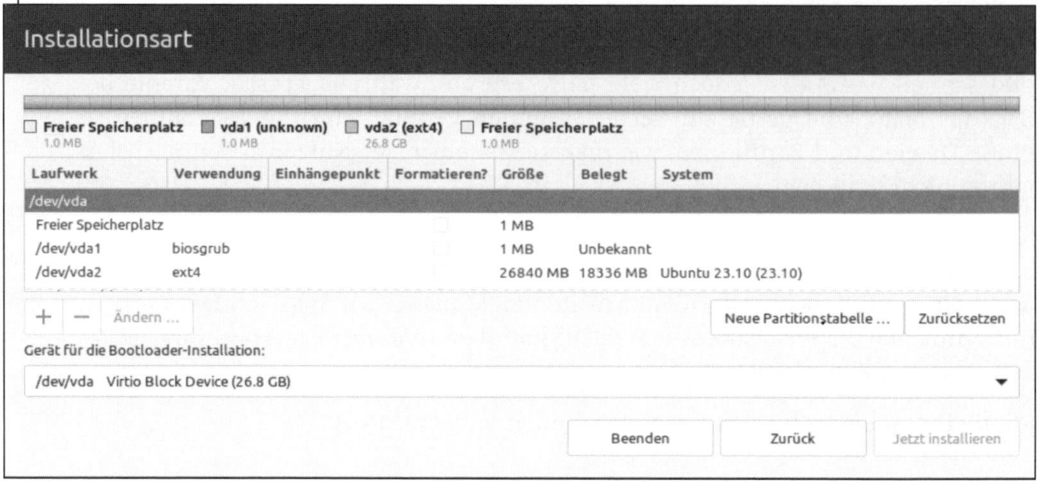

Abb. 2.12: Übersicht über Festplatten und Partitionen beim manuellen Partitionieren

In der Liste finden Sie links oben die aktuelle Festplatte – etwa »/dev/sda«, darunter die vorhandenen Partitionen. Ist auf einer Partition ein Betriebssystem installiert, sehen Sie dies in der Tabelle in der Spalte BELEGT. Markieren Sie eine Partition mit einem Klick in die Zeile, wird unter der Tabelle der Schalter ÄNDERN aktiv. Klicken Sie auf diesen Schalter, können Sie die Größe anpassen – also etwa verkleinern, um Platz für Linux Mint zu schaffen (siehe Abbildung 2.13).

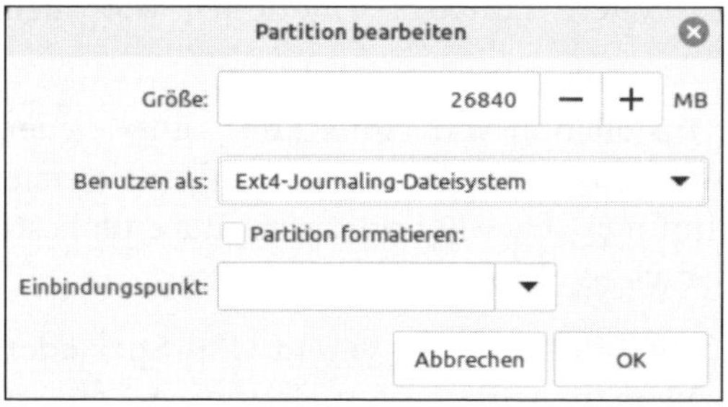

Abb. 2.13: Bestehende Partitionen anpassen

In diesem Fenster können Sie auch das Dateisystem der Partition ändern – bei einem installierten Windows sollten Sie dies in keinem Fall tun.

Haben Sie eine Partition markiert, können Sie mit den Schaltern Plus und Minus darunter diese auch löschen oder auf freiem Platz neue Partitionen erstellen.

Beim Erstellen einer neuen Partition auf freiem Speicher müssen Sie auch einen Einhängepunkt angeben (siehe Tabelle 2.1). Dies erledigen Sie über den Schalter

EINHÄNGEPUNKT wie unter Abbildung 2.13 zu sehen, klicken Sie auf den Schalter (eigentlich ein Feld), werden alle möglichen Einhängepunkte sichtbar.

Über den Schalter NEUE PARTITIONSTABELLE löschen Sie alle installierten Betriebssysteme auf der Festplatte – hier also Vorsicht.

Mit dem Schalter LAUFWERK ZUR INSTALLATION DES BOOTLOADERS wählen Sie die Festplatte, auf der der Bootloader installiert werden soll. In der Regel wählen Sie hier die oberste Festplatte in der Tabelle oben. Installieren Sie Linux Mint auf einer externen Festplatte, wählen Sie diese für die Installation des Bootloaders.

2.5.2 Standort und Zeitzone

Nun folgt die letzte Einstellung vor der Installation – Sie legen die Zeitzone, also Ihren Standort fest. Dieser dient vor allem dazu, die Uhrzeit korrekt darzustellen (automatische Umstellung von Sommerzeit und Winterzeit). Sie klicken einfach auf der Landkarte in die gewünschte Zeitzone oder geben diese über die Schalter darüber an – siehe Abbildung 2.14.

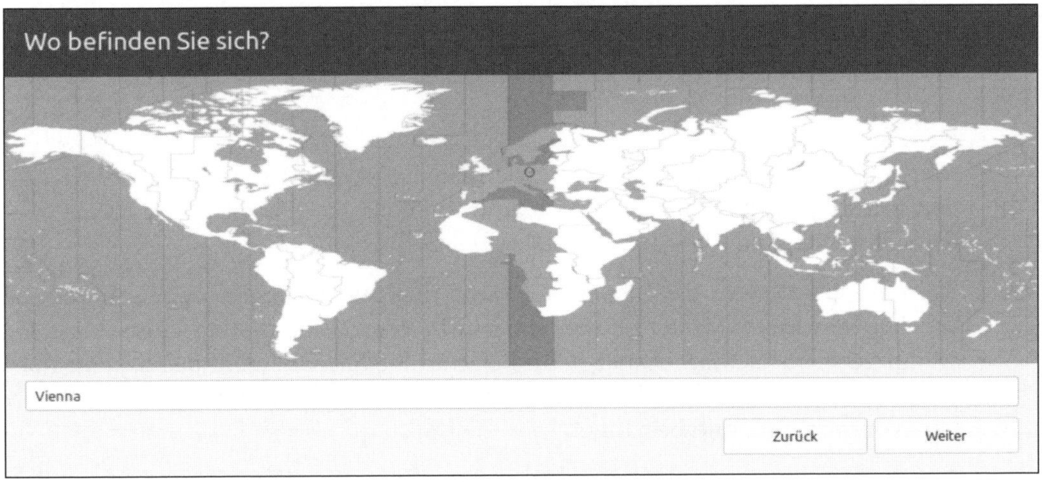

Abb. 2.14: Angeben der Zeitzone

2.5.3 Benutzer anlegen und Installation abschließen

Nachdem Sie die Partitionierung und die Angabe der Zeitzone abgeschlossen haben, legen Sie den ersten Benutzer unter Linux Mint an. Dieser kann nach Bestätigung mit seinem Passwort auch administrative Aufgaben erledigen. Geben Sie als Erstes Ihren Namen an – dieser dient nur zur Information – sowie einen Namen für den Rechner. Arbeiten Sie in einem Netzwerk, ist es vorteilhaft, weiterhin den alten Namen des Rechners zu nutzen – also etwa der Name, den der Rechner auch unter Windows hat bzw. hatte. Einen Nutzernamen schlägt Linux Mint vor, diesen können Sie natürlich anpassen. Für den Benutzer vergeben Sie anschließend noch ein sicheres Passwort. Sie können außerdem die automatische Anmeldung am Desktop aktivieren – in diesem Fall startet das System in den Desktop, ohne das Passwort abzufragen (siehe Abbildung 2.15).

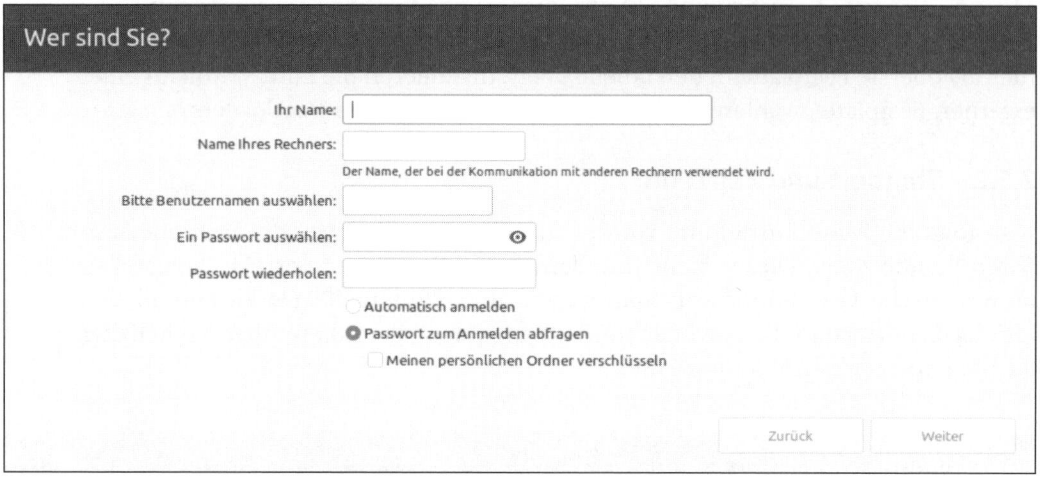

Abb. 2.15: Anlegen des ersten Benutzers und Vergeben des Namens des Computers (Hostname)

Dies waren die Einstellungen zur Installation. Bisher hat sich an der Konfiguration Ihres Computers noch nichts geändert, Sie können immer noch abbrechen. Nach einem letzten Klick auf WEITER startet die Installation.

Während das System die Installation durchführt und beendet, sehen Sie einige Vorzüge von Linux Mint in einer Slideshow. Warten Sie ab, bis Linux Mint die erfolgreiche Installation bestätigt, und starten Sie anschließend das System über das Benutzermenü rechts oben neu. Entnehmen Sie den Datenträger, wenn Linux Mint dies verlangt, und bestätigen mit `Eingabe`.

Der Rechner startet neu. Haben Sie mehrere Betriebssysteme installiert, öffnet sich beim Start das Bootmenü (ähnlich Abbildung 2.5). Linux Mint ist bereits markiert und wird nach zehn Sekunden automatisch starten, außer Sie wählen mit den Pfeiltasten ein anderes installiertes Betriebssystem.

Kapitel 3

Linux Mint nutzen

Unter Microsoft Windows gibt es nur eine grafische Oberfläche – diese ist jedem bekannt. Unter Linux, so auch unter Linux Mint, gibt es dagegen mehrere grafische Oberflächen – man nennt diese *Desktops* oder auch *Desktop-Umgebungen*. Unter Linux Mint werden drei der vielen unter Linux verfügbaren Desktop-Umgebungen empfohlen. Wie in Abschnitt 2.1 schon beschrieben, nennen sich diese Cinnamon, Mate und XFCE. In diesem Kapitel sehen wir uns diese etwas näher an.

Desktop-Umgebungen unter Linux Mint mischen?

In Linux-Distributionen ist es problemlos möglich, mehrere Desktop-Umgebungen gleichzeitig zu installieren und zwischen diesen hin und her zu wechseln. Unter Linux Mint wird dies nicht empfohlen. Die Entwickler von Linux Mint passen diese Desktop-Umgebungen selbst an Linux Mint an, dadurch könnte es zu Problemen kommen.

Haben Sie Linux Mint installiert und neu gestartet, landen Sie zu Beginn am Anmeldebildschirm, sofern Sie nicht die automatische Anmeldung bei der Installation aktiviert haben (siehe Abbildung 3.1). Am Anmeldebildschirm können Sie theoretisch auch zwischen mehreren installierten Desktop-Umgebungen umschalten.

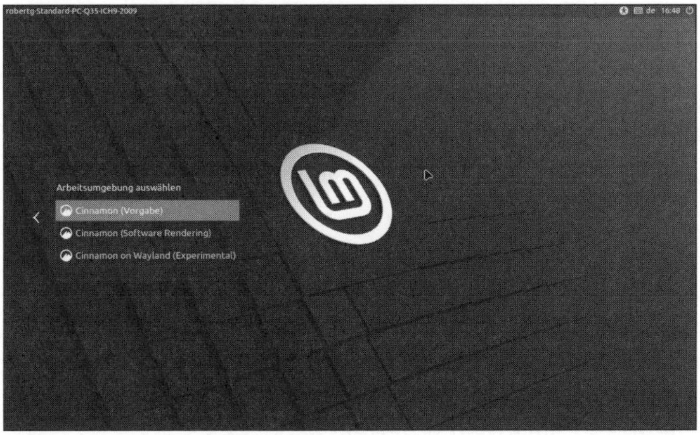

Abb. 3.1: Der Anmeldebildschirm

Hier ist bereits der bei der Installation angelegte Benutzer aktiviert. Sie geben nur noch Ihr Passwort ein und bestätigen mit der `Eingabe`-Taste, um sich einzuloggen. In Abbildung 3.1 ist das Feld zum Eingeben des Passworts durch die Auswahl der gewünschten Desktop-Umgebung verborgen.

3.1 Cinnamon – den Desktop kennenlernen

Die meisten Benutzer mit einem halbwegs modernen Rechner werden sich vermutlich für Cinnamon entscheiden. Cinnamon ist dem Desktop von Microsoft Windows am ähnlichsten und sehr einfach zu benutzen (siehe Abbildung 3.2).

Abb. 3.2: Cinnamon – der Desktop mit geöffnetem Anwendungsmenü

Unten finden Sie die sogenannte Leiste. Hier befinden sich ganz links das Anwendungsmenü und weitere Symbole für häufig genutzte Software, in der Mitte die Fensterleiste (hier zeigen sich die geöffneten Fenster) und rechts Symbole für das System.

Das Anwendungsmenü öffnen Sie, wie auch unter Microsoft Windows üblich, mit einem Mausklick oder mit der `Windows`-Taste. Das Menü ist allerdings anders aufgebaut als das von Windows. Sie finden ganz links Symbole für den Webbrowser Firefox, die Einstellungen und den Dateimanager sowie Symbole zum Ausschalten, zum Abmelden und zum Sperren des Bildschirmes. Rechts finden Sie das eigentliche Anwendungsmenü in Kategorien unterteilt:

- **Alle Anwendungen** – Hier finden Sie alle installierte Software nach Alphabet sortiert.
- **Büro** – Office-Software
- **Grafik** – Software zur Anzeige und zur Bearbeitung von Bildern sowie zum Scannen
- **Internet** – Software rund um das Internet
- **Multimedia** – Musikplayer, Videoplayer
- **Zubehör** – Kleinere nützliche Software, etwa zum Erstellen von Screenshots, zum Anlegen von Notizen, einen Taschenrechner und Ähnliches
- **Einstellungen** – Alle Einstellungen rund um den Desktop nach Alphabet sortiert
- **Systemverwaltung** – Einstellungen rund um das System. Für die meisten Einstellungen hier benötigen Sie administrative Rechte, wenn Sie diese ändern wollen.
- **Orte** – Hier finden Sie schnell wichtige Verzeichnisse.
- **Kürzlich verwendete Dateien** – Dateien, die Sie zuletzt geöffnet haben, finden sich unter diesem Eintrag.

Um sich die Einträge einer Kategorie anzusehen, brauchen Sie nur den Mauszeiger auf einen Eintrag zu legen.

Ganz oben im Anwendungsmenü finden Sie ein Feld, das der Suche dient. Sie müssen nicht ins Feld klicken, Sie können einfach drauflos tippen, um nach dem Namen einer Software oder einem bestimmten Zweck zu suchen. Um etwa einen Webbrowser zu finden, können Sie Begriffe verwenden wie »Webbrowser«, »Internet« oder »Surfen«.

Eine weitere Möglichkeit, Software unter Cinnamon zu starten, ist der Schnellstarter. Dieser dient dazu, Software, deren Bezeichnung Sie schon kennen, schneller zu öffnen, ohne das Anwendungsmenü verwenden zu müssen. Um den Schnellstarter zu öffnen, nutzen Sie die Tastenkombination [Alt]+[F2]. Es öffnet sich ein kleines Fenster in der Mitte des Bildschirms (siehe Abbildung 3.3). Hier geben Sie den Befehl zum Starten der Software ein, kleingeschrieben, und bestätigen mit der [Eingabe]-Taste. Um Firefox zu öffnen, genügt die Eingabe von:

```
firefox
```

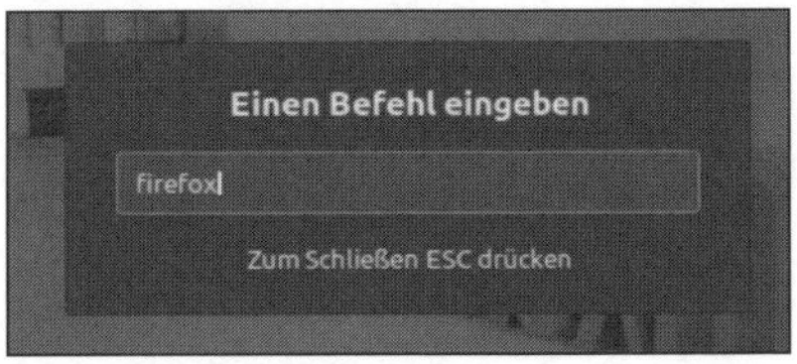

Abb. 3.3: Der Schnellstarter – Software ohne das Anwendungsmenü öffnen

Symbole oft genutzter Software lassen sich auch aus dem Anwendungsmenü auf den Desktop (»Schreibtisch«) oder in die Leiste legen. Hierzu klicken Sie den Eintrag im Anwendungsmenü mit der rechten Maustaste an und wählen die gewünschte Funktion (siehe Abbildung 3.4):

- **Zur Leiste hinzufügen** – fügt das Symbol der Software der Leiste unten hinzu.
- **Zum Schreibtisch hinzufügen** – legt das Symbol der Software auf den Desktop.
- **Zu den Favoriten hinzufügen / Aus den Favoriten entfernen** – fügt das Symbol der häufig genutzter Software im Anwendungsmenü (ganz links) hinzu. Ist es dort schon vorhanden, entfernt es das Symbol.
- **Deinstallieren** – startet den Dialog zur Deinstallation der Software.
- **Im sicheren Modus öffnen** – Diese Möglichkeit ist vor allem bei Texteditoren vorhanden. Im sicheren Modus lassen sich Textdateien nur lesend öffnen, aber nicht bearbeiten.

Je nach Software kann es auch weitere Möglichkeiten geben.

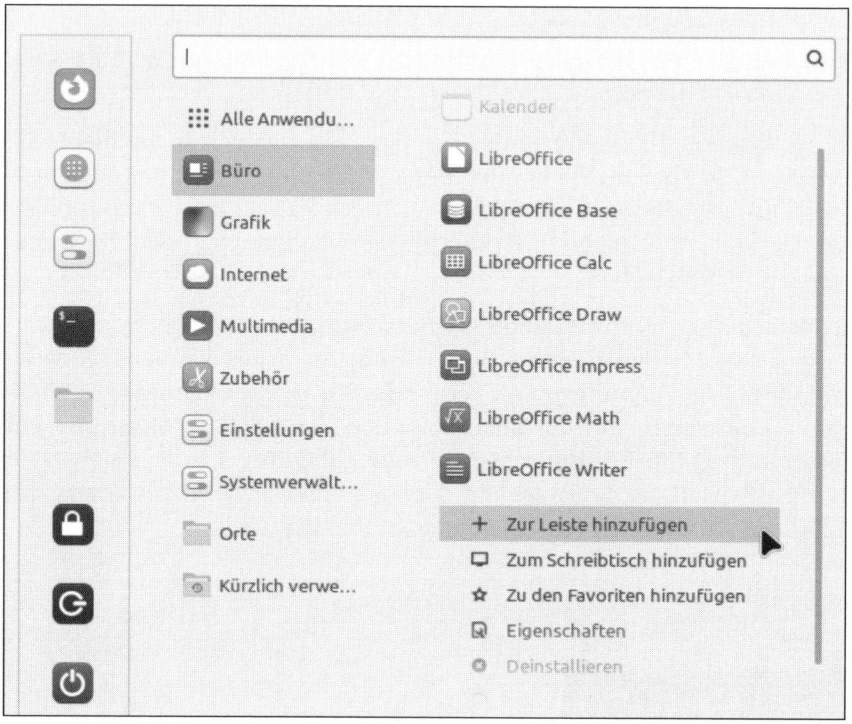

Abb. 3.4: Software der Leiste oder dem Desktop hinzufügen

Das Hintergrundbild des Desktops ändern Sie, indem Sie mit der rechten Maustaste auf eine freie Stelle am Desktop klicken und den Eintrag HINTERGRUND DES

SCHREIBTISCHES wählen. Es öffnet sich ein Fenster mit mehreren Bildern. Links haben Sie die Möglichkeit, zwischen Logos von Linux Mint und weiteren Bildern ohne Logos auszuwählen. Das Verzeichnis BILDER lässt Sie eigene Bilder für den Hintergrund auswählen. Oben im Fenster finden Sie zwei Reiter: Unter BILDER können Sie einzelne Bilder wählen, der Reiter EINSTELLUNGEN lässt auch ein ganzes Verzeichnis mit Bildern zu, die sich in einem von Ihnen wählbaren Intervall abwechseln.

3.1.1 Erweiterte Desktop-Einstellungen unter Cinnamon

Der Desktop von Cinnamon ist sehr umfangreich, aber dennoch einfach anzupassen. Alle Einstellungen finden Sie im Anwendungsmenü ganz links mit einem Klick auf den Schalter mit den zwei Reglern: das dritte Symbol von oben (siehe Abbildung 3.4).

Abb. 3.5: Einstellungen zum Desktop und dem System unter Cinnamon

Die Einstellungen (siehe Abbildung 3.5) hier sind in vier Kategorien unterteilt:

- **Erscheinungsbild** – Optische Einstellungen wie Hintergrundbild, Effekte, verwendete Schriften und Thema des Desktops (hellere oder dunklere)
- **Einstellungen** – Erweiterte Einstellungen rund um den Desktop und zusätzliche Erweiterungen (dazu mehr später)
- **Geräte** – Einstellungen rund um den Bildschirm, Drucker, externe Speichermedien und Netzwerk

- **Systemverwaltung** – Anlegen weiterer Benutzerkonten, die Einstellungen zur Firewall und Ähnliches

Alle Einstellungen finden Sie auch im Anwendungsmenü unter den Kategorien EINSTELLUNGEN und SYSTEMVERWALTUNG.

Unter EFFEKTE lassen sich die 3D-Effekte anpassen, also etwa animiertes Minimieren und Maximieren von Fenstern. Bewegen sich Fenster beim Verschieben auf dem Desktop nur zögerlich, ruckelt der Mauszeiger oder bemerken Sie, dass der Lüfter ohne Grund immer sehr hoch dreht, versuchen Sie hier, Effekte per Mausklick zu deaktivieren.

Über die SCHRIFTAUSWAHL passen Sie die Schriftarten und deren Größe auf dem Desktop, in den Menüs und in geöffneten Dokumenten an. Dies kann je nach Bildschirmgröße und -auflösung für bessere Lesbarkeit sorgen.

Unter dem Eintrag THEMEN lässt sich das Thema von Cinnamon anpassen. Das Standard-Thema von Cinnamon unter Linux Mint ist sehr dunkel. Gefällt Ihnen das nicht, finden Sie hier helle Themen. Auch die Symbole ändern Sie hier per Mausklick.

Unter den Themen finden Sie oben auch den Reiter HINZUFÜGEN/ENTFERNEN. Hierüber lassen sich weitere unterschiedlichste Themen aus dem Internet nachinstallieren.

Die AKTIVEN ECKEN dienen dazu, bestimmte Aktionen auszuführen, wenn Sie den Mauszeiger in eine Bildschirmecke bewegen. Sie aktivieren einfach den Schalter der gewünschten Ecke in der Grafik und legen über die Auswahl darunter fest, welche Aktion ausgeführt werden soll:

- **Alle Arbeitsflächen anzeigen** – zeigt alle virtuellen Arbeitsflächen an. Ein Mausklick auf eine Arbeitsfläche, und Sie wechseln auf diese.
- **Alle Fenster anzeigen** – zeigt alle geöffneten Fenster verkleinert auf der Arbeitsfläche an. Ein Mausklick auf das gewünschte Fenster maximiert dieses.
- **Schreibtisch anzeigen** – minimiert alle Fenster in die Leiste und zeigt den Desktop an.
- **Befehl ausführen** – öffnet den Schnellstarter, um einen Befehl auszuführen.

Über die APPLETS legen Sie weitere Funktionen in die Leiste am unteren Bildschirmrand. Es handelt sich bei Applets um kleine Erweiterungen, die Aktionen auslösen können, etwa das Abmelden und Neustarten, ohne das Anwendungsmenü zu öffnen. Sie können auch Informationen anzeigen, wie etwa das Wetter oder die aktuelle Last der CPU und Ähnliches. Weitere Applets lassen sich aus dem Internet herunterladen.

Ähnlich zu den Applets sind die DESKLETS. Desklets sind jedoch größer und liegen, wie der Name schon andeutet, auf dem Desktop. Auch Desklets können

Aktionen auslösen oder Informationen anzeigen. Weitere Desklets lassen sich aus dem Internet herunterladen und installieren. In Abbildung 3.6 sehen Sie einige Beispiele. Sie verschieben solche Desklets, indem Sie sie mit der linken Maustaste anklicken und an die gewünschte Stelle ziehen. Per Rechtsklick kommen Sie an die Einstellungen.

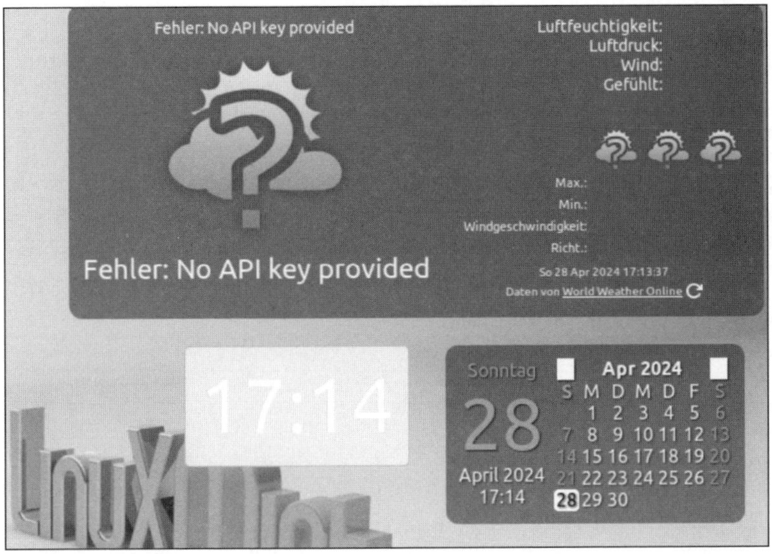

Abb. 3.6: Desklets auf dem Desktop

Unter dem Punkt BEVORZUGTE ANWENDUNGEN passen Sie an, welche Software starten soll, wenn Sie eine Datei öffnen. Dies funktioniert auch mit Links in einer Datei. Haben Sie mehrere Webbrowser installiert, stellen Sie hier ein, welcher Browser sich bei einem Klick darauf öffnet.

Der Eintrag STARTPROGRAMME lässt Sie anpassen, welche Software starten soll, wenn Sie sich am Desktop anmelden. Sie klicken unten im Fenster auf den Schalter mit dem Plus, wählen im sich öffnenden Fenster die gewünschte Software und klicken dann auf den Schalter ANWENDUNG HINZUFÜGEN.

Unter BILDSCHIRM passen Sie die Auflösung an und die Skalierung bei sehr großen Bildschirmen (größere Symbole und Schriften) sowie bei mehreren Bildschirmen, wo diese liegen (um etwa mit der Maus auf den linken Bildschirm zu kommen, wenn Sie mit dem Mauszeiger über die linke Bildschirmecke des einen Bildschirmes fahren).

Über BLUETOOTH verbinden Sie sich mit Bluetooth-Geräten.

Über DRUCKER fügen Sie dem System Drucker und Multifunktionsgeräte hinzu.

Über NETZWERK finden Sie den erweiterten Dialog, um sich mittels WLAN, DSL oder eines Internet-Sticks mit dem Internet zu verbinden. Klicken Sie auf den Schalter mit dem Plus, wählen Sie die gewünschte Art der Verbindung und folgen Sie dem Dialog. Zuvor müssen Sie einen Internet-Stick anschließen und natürlich die SIM-Karte einlegen. Auch lässt sich ein Rechner über den Schalter ALS DRAHTLOSEN ZUGANGSPUNKT VERWENDEN als Router nutzen. Der Rechner stellt dann eine WLAN-Internet-Verbindung für andere Geräte bereit.

Mittels BENUTZER UND GRUPPEN erstellen Sie neue Konten für weitere Benutzer.

3.1.2 Nemo – der Dateimanager

Der Dateimanager unter Cinnamon nennt sich Nemo. Sie finden ihn im Anwendungsmenü unter der Bezeichnung DATEIEN. Dieser öffnet sich auch, wenn Sie in der Leiste rechts neben dem Anwendungsmenü oder auf dem Desktop auf das Symbol mit der Bezeichnung PERSÖNLICHER ORDNER klicken – der Eintrag mit dem Haus als Symbol (siehe Abbildung 3.7).

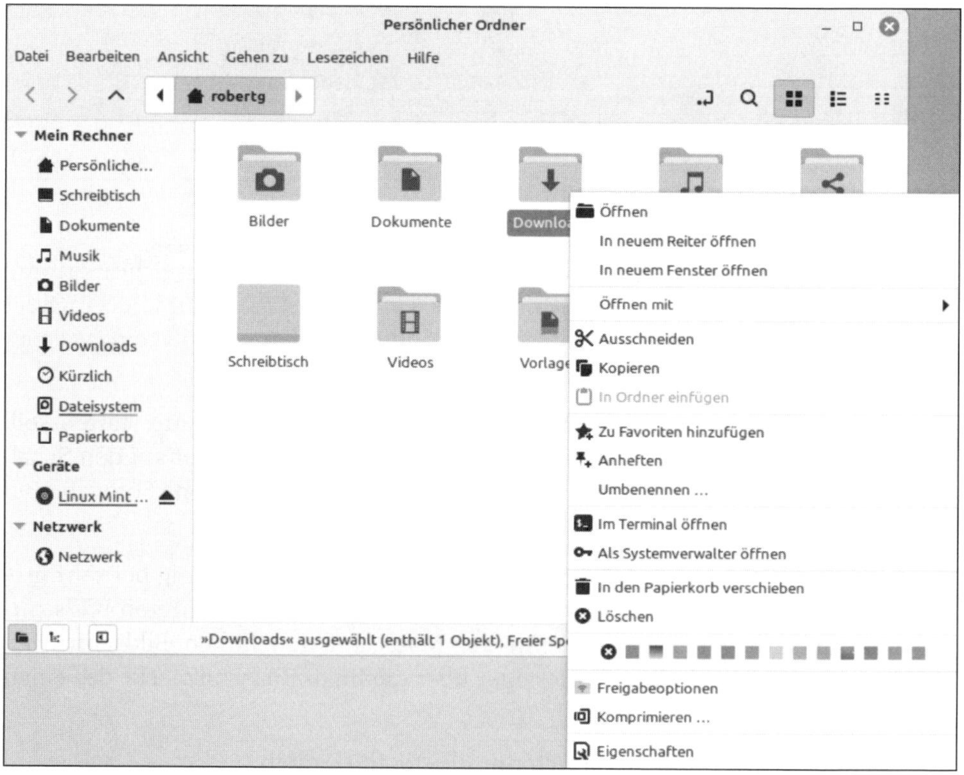

Abb. 3.7: Cinnamons Dateimanager Nemo

Sie arbeiten mit Nemo wie mit dem Dateimanager unter Windows. Sie öffnen Ordner und Dateien per Doppelklick, per Rechtsklick öffnet sich das Kontextmenü. Über dieses Kontextmenü löschen Sie Dateien und Ordner oder erstellen welche, benennen sie um oder lassen sich ihre Eigenschaften anzeigen. Auch komprimierte Archive wie etwa ZIP-Dateien entpacken Sie per Rechtsklick. Ebenso lassen sich hier komprimierte Archive aus Dateien oder Ordnern erstellen.

Links im Fenster sehen Sie die Orte-Liste. Hier finden sich lokale Ordner auf dem Rechner und auch angeschlossene Datenträger oder solche im Netzwerk.

Möchten Sie einen Ordner zur besseren Übersicht markieren, klicken Sie ihn mit der rechten Maustaste an und lassen sich über den Eintrag EIGENSCHAFTEN seine Eigenschaften anzeigen. Auf dem Reiter EMBLEME finden Sie Markierungen, mit denen Sie den Ordner schneller finden können.

Lassen Sie sich in Nemo per Kontextmenü die Eigenschaften anzeigen, können Sie über den Reiter ÖFFNEN MIT auch festlegen, mit welcher Software eine Datei in einem bestimmten Format geöffnet werden soll.

3.1.3 Virtuelle Arbeitsflächen unter Cinnamon

Virtuelle Arbeitsflächen – auch virtuelle Desktops genannt – dienen der besseren Übersicht. Damit lassen sich viele geöffnete Fenster auf mehrere virtuelle Arbeitsflächen verteilen, sodass Sie nur wenige offene Fenster auf dem Bildschirm haben. Schalten Sie auf eine andere virtuelle Arbeitsfläche, finden sich hier andere Fenster.

Irgendwann verliert man bei vielen geöffneten Fenstern die Übersicht und man hat nicht immer mehrere Bildschirme angeschlossen, um die Fenster darauf zu verteilen.

Virtuelle Arbeitsflächen können Sie sich also vorstellen wie mehrere Bildschirme, nur dass Sie nicht alle davon gleichzeitig sehen. Drücken Sie unter Cinnamon die Tastenkombination [Strg]+[Alt]+[↑], werden alle virtuellen Arbeitsflächen am Desktop mit allen geöffneten Fenstern angezeigt.

Auf diese virtuellen Arbeitsflächen können Sie die geöffneten Fenster jetzt verteilen. Entweder klicken Sie dazu mit der rechten Maustaste in die Titelleiste eines geöffneten Fensters und wählen im Kontextmenü den Eintrag der gewünschten Arbeitsfläche oder Sie ziehen in der Übersicht der Arbeitsfläche die Fenster auf die gewünschte Arbeitsfläche. Per Mausklick in der Übersicht auf eine der virtuellen Arbeitsflächen gelangen Sie direkt auf diese und starten von hier aus wieder Software. Sieht doch gleich viel geordneter aus.

3.2 Mate – der ressourcenschonende Desktop

Mate sieht nicht nur so aus wie das alte GNOME, es wird auch so bedient – klassisch mit zwei Leisten (eine am oberen Bildschirmrand mit Anwendungsmenü, Uhr und eine am unteren Bildschirmrand mit der Fensterleiste). Nur die Bezeichnungen der Software lauten anders.

Da Mate auf der alten GNOME-Version basiert, läuft diese Desktop-Umgebung auch auf älteren Rechnern schnell und flüssig.

Optisch ähnelt Mate sehr alten Microsoft-Windows-Versionen – ist jedoch mit viel mehr Funktionen und Möglichkeiten bestückt (siehe Abbildung 3.8).

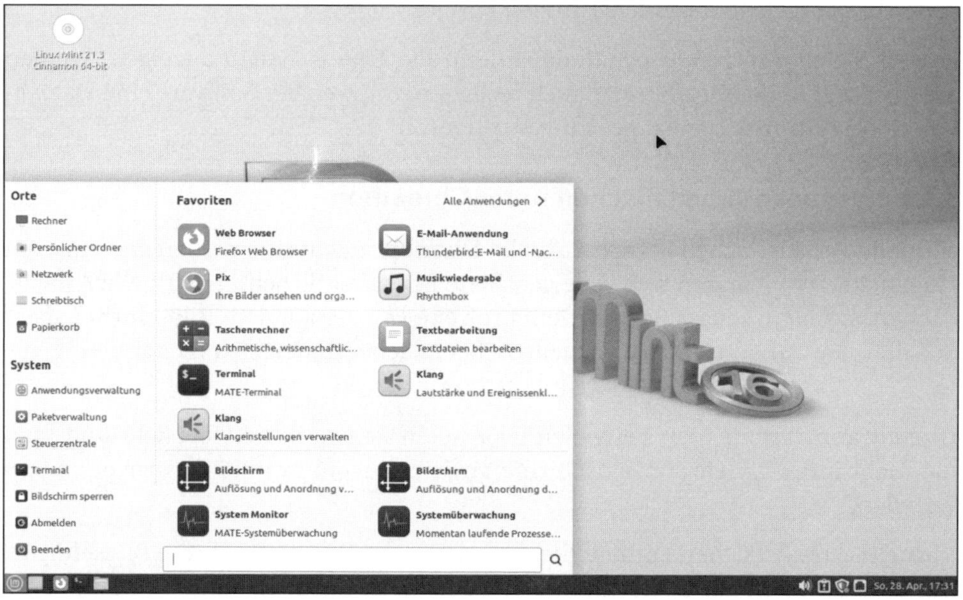

Abb. 3.8: Der Desktop Mate

Wie auch unter Cinnamon gibt es am unteren Bildschirmrand eine Leiste. Links finden Sie das Anwendungsmenü mit Symbolen für den Dateimanager und den vorinstallierten Webbrowser Firefox. In der Mitte findet sich die Fensterleiste mit geöffneten Fenstern und rechts befinden sich Systemsymbole, etwa der Network-Manager oder die Uhr.

Das Anwendungsmenü ist etwas anders aufgebaut als das von Cinnamon (siehe Abbildung 3.9).

Links zeigt sich eine Auswahl an wichtigen Ordnern und Systemanwendungen. Rechts finden sich Software und Einstellungen. Sie können ganz einfach drauflos tippen, um nach dem Namen oder dem Zweck einer Software zu suchen, etwa

»Internet«, um den Webbrowser zu finden. Alternativ klicken Sie oben rechts auf den Schalter ALLE ANWENDUNGEN, um sich die Ansicht des Menüs in Software-Kategorien anzeigen zu lassen.

Abb. 3.9: Das Mate-Anwendungsmenü

Sie müssen zum Starten von Software nicht unbedingt das Anwendungsmenü öffnen. Stattdessen können Sie auch den Schnellstarter mit der Tastenkombination [Alt]+[F2] aufrufen. Anders als beim Schnellstarter unter Cinnamon müssen Sie hier nicht die komplette Bezeichnung eingeben. Möchten Sie etwa Firefox starten, tippen Sie einfach die ersten Buchstaben der Software ein. Der Schnellstarter unter Mate sucht sofort passende Vorschläge und zeigt diese an (siehe Abbildung 3.10). Sie brauchen nur noch mit der [Eingabe]-Taste zu bestätigen.

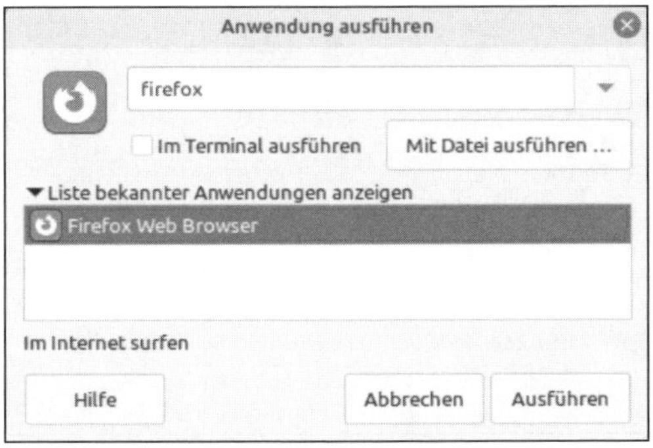

Abb. 3.10: Der Schnellstarter unter Mate

Auch unter Mate lassen sich Symbole aus dem Anwendungsmenü auf dem Desktop ablegen oder der Leiste hinzufügen. Suchen Sie den gewünschten Eintrag im Anwendungsmenü und klicken Sie diesen mit der rechten Maustaste an. Jetzt wählen Sie im Kontextmenü die passende Aktion:

- **Zum Schreibtisch hinzufügen** – legt das Symbol der Software am Desktop ab.
- **Zur Leiste hinzufügen** – legt das Symbol der Software rechts neben dem Anwendungsmenü in der Leiste ab.
- **In meinen Favoriten anzeigen** – zeigt das Symbol im Anwendungsmenü an, ohne dass auf den Schalter ALLE ANWENDUNGEN geklickt werden muss.
- **Beim Anmelden starten** – startet die Software automatisch, sobald Sie sich am Desktop anmelden.
- **Deinstallieren** – startet den Dialog zur Deinstallation der Software.

Das Hintergrundbild des Desktops ändern Sie per Rechtsklick auf den Desktop und der Wahl des Eintrags HINTERGRUND DES SCHREIBTISCHES ÄNDERN.

3.2.1 Erweiterte Desktop-Einstellungen unter Mate

Wie unter Cinnamon finden Sie auch unter Mate alle Einstellungen zu Desktop und System nicht nur unter den Einträgen EINSTELLUNGEN und SYSTEMEINSTELLUNGEN im Anwendungsmenü, sondern auch ganz links im Anwendungsmenü unter dem Eintrag STEUERZENTRALE (siehe Abbildung 3.11).

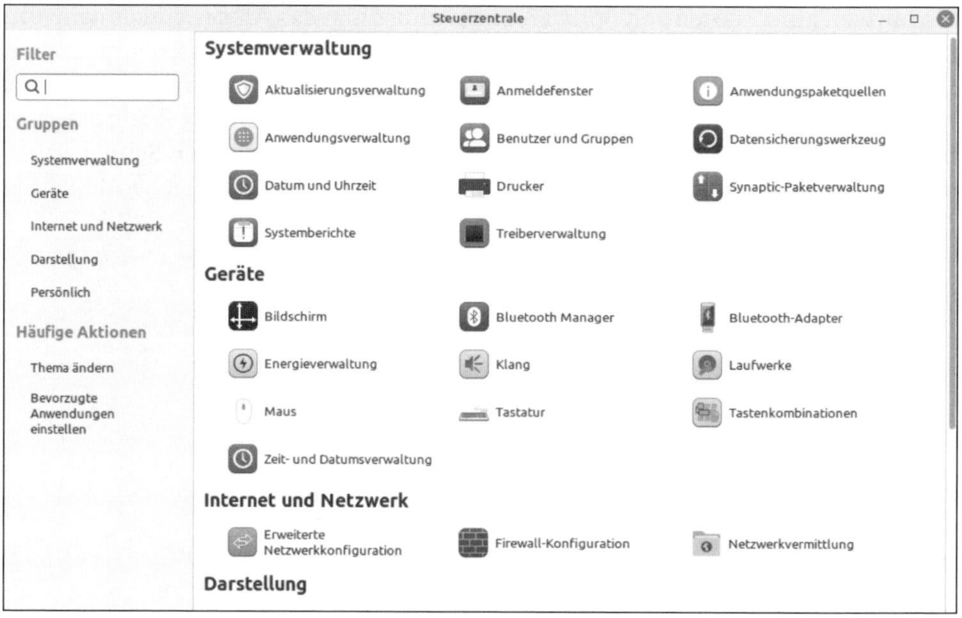

Abb. 3.11: Erweiterte Desktop-Einstellungen unter Mate

Bis auf eine etwas andere Aufteilung der großen Bereiche finden Sie in den Systemeinstellungen dieselben Einträge wie unter Cinnamon. Die für Mate speziellen Einträge werden im Folgenden genauer beschrieben:

Das ERSCHEINUNGSBILD lässt Sie das Thema wechseln. Auch die Schriften des Desktops und innerhalb von Fenstern können Sie hier anpassen. Weitere Themen für den Desktop finden Sie unter `https://www.mate-look.org/browse?cat=135` zum Download. Themen lassen sich ganz einfach installieren: Laden Sie diese von der Webseite herunter und ziehen Sie die komprimierte TAR.XZ-Datei mit der Maus aus dem Dateimanager in das Fenster mit den Themen-Einstellungen. Anschließend können Sie das neue Thema auswählen. Es ist sofort aktiv, sobald Sie es per Mausklick wählen.

Ein weiterer spezieller Eintrag unter Mate ist MATE TWEAK. Hier finden Sie zusätzliche Einstellungen für den Desktop, etwa die Möglichkeit, dass sich Mate automatisch an sehr hoch auflösende Bildschirme anpasst.

Applets in der Leiste

Der Leiste unter Mate lassen sich weitere Applets hinzufügen. Diese können Informationen über das System oder aus dem Internet zeigen, aber auch Aktionen ausführen. Solche Applets sind bereits vorinstalliert. Einige davon sind bereits aktiv. So ist etwa das Anwendungsmenü in der Leiste ein eigenes Applet.

Um der Leiste Applets hinzuzufügen, klicken Sie auf eine freie Stelle in der Leiste mit der rechten Maustaste und wählen Sie im Kontextmenü den Eintrag ZUR LEISTE HINZUFÜGEN.

In dieser Liste finden Sie alle installierten Applets. Diese sind mit Namen und einer kurzen Beschreibung aufgelistet. Um eines der Applets der Leiste hinzuzufügen, markieren Sie den Eintrag mit einem Linksklick und klicken auf den Schalter HINZUFÜGEN. Das hinzugefügte Applet landet an einer freien Stelle in der Leiste.

In folgendem Beispiel habe ich das Wetter-Applet der Leiste hinzugefügt. Per Rechtsklick auf ein Applet gelangen Sie an das Kontextmenü und an dessen Einstellungen.

Über den Eintrag EINSTELLUNGEN gelangen Sie an die eigentlichen Einstellungen des Applets. Mittels VERSCHIEBEN verschieben Sie das Applet innerhalb der Leiste. Möchten Sie das Applet aus der Leiste löschen, nutzen Sie den Eintrag AUS DER LEISTE ENTFERNEN.

Möchten Sie die Standardkonfiguration der Leiste wie beim ersten Anmelden nach der Installation wiederherstellen, klicken Sie mit der rechten Maustaste auf eine freie Stelle in der Leiste und wählen Sie den Eintrag RESET ALL PANELS.

3.2.2 Caja – der Dateimanager unter Mate

Der Dateimanager unter Mate nennt sich »Caja«. Er ist in etwa gleich aufgebaut wie sein Pendant unter Cinnamon. Die Bedienung ist auch dieselbe. Per Doppelklick öffnen Sie Ordner und Dateien und mit einem Rechtsklick öffnen Sie das Kontextmenü, über das Sie Ordner und Dateien löschen oder erstellen (siehe Abbildung 3.12).

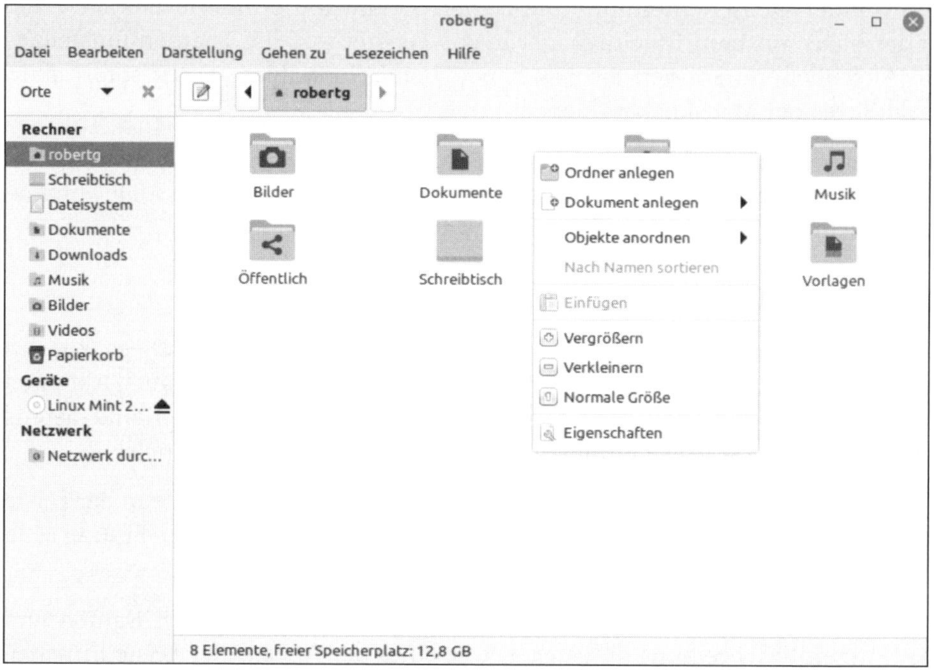

Abb. 3.12: Caja – der Dateimanager unter Mate

Über den Menüeintrag DARSTELLUNG|ZUSÄTZLICHE LEISTE teilen Sie das Fenster in zwei Hälften. So lässt sich in jeder Fensterhälfte ein eigenes Verzeichnis öffnen. Dadurch können Sie, ohne ein zweites Fenster des Dateimanagers zu öffnen, Dateien und Verzeichnisse durch Anklicken und Ziehen in ein anderes Verzeichnis kopieren oder verschieben.

3.2.3 Virtuelle Arbeitsflächen unter Mate

Fast jede Desktop-Umgebung unter Linux verfügt über virtuelle Arbeitsflächen, so auch Mate. (Mehr über deren Zweck lesen Sie in Abschnitt 3.1.3.)

Um zwischen den verschiedenen Arbeitsflächen zu wechseln, nutzen Sie die Tastenkombination [Strg]+[Alt]+[→]. Jeder Druck auf die Pfeiltaste wechselt auf eine weitere virtuelle Arbeitsfläche nach rechts. Vier haben Sie davon zur Verfügung.

Zurück gehen Sie mittels [Strg]+[Alt]+[←]. Eine Anzeige in der Mitte des Bildschirms zeigt Ihnen kurz, auf welcher Arbeitsfläche Sie sich aktuell befinden.

Arbeiten Sie lieber mit der Maus als mit Tastenkombinationen, sollten Sie sich das Applet »Arbeitsflächenumschalter« in die Leiste legen (siehe Abschnitt 3.2.1). Anschließend können Sie per Mausklick zwischen den virtuellen Arbeitsflächen wechseln.

3.3 XFCE – ressourcenschonend und schnell

XFCE ist die dritte Desktop-Umgebung unter Linux Mint und vergleichbar mit Mate. XFCE ist ebenso ressourcenschonend wie schnell und läuft auch auf älteren Computern flüssig. Ein großer Unterschied zwischen Mate und XFCE sind die Einstellungen. Unter XFCE lässt sich so gut wie alles anpassen. In Abbildung 3.13 sehen Sie ein Bildschirmfoto mit geöffnetem Anwendungsmenü und hellerem Thema als unter Linux Mint üblich.

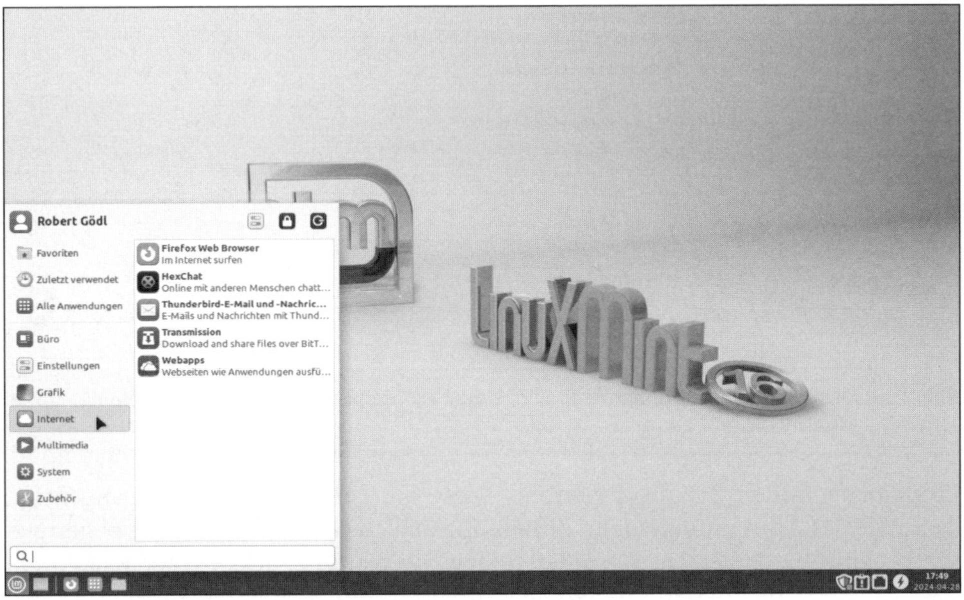

Abb. 3.13: XFCE mit geöffnetem Anwendungsmenü

Auch bei XFCE handelt es sich um eine klassische Desktop-Umgebung – Sie finden also alles an gewohnter Stelle. XFCE wird seit über 25 Jahren entwickelt und ist dementsprechend fehlerfrei. Trotzdem verfügt diese Desktop-Umgebung über mehr Funktionen als so manche andere unter Linux.

Am unteren Bildschirmrand finden Sie die Leiste. Darin zeigt sich ganz links das Anwendungsmenü. Rechts daneben befinden sich die Symbole mit Firefox und dem Dateimanager. In der Mitte liegt die Fensterleiste. Darin werden geöffnete Fenster angezeigt. Ganz rechts finden Sie Systemsymbole und die Uhr.

Das Anwendungsmenü ist eine Mischung aus den Menüs von Cinnamon und Mate. Es zeigt einerseits oft benötigte Software (Favoriten) und andererseits die Aufteilung der installierten Software in Kategorien (siehe Abbildung 3.14).

Abb. 3.14: Das XFCE-Anwendungsmenü – links die Favoriten und rechts die geöffnete Kategorie Multimedia

Links oben finden Sie die Favoriten. Diese werden standardmäßig angezeigt, wenn Sie das Anwendungsmenü öffnen. Zusätzlich lassen sich die zuletzt genutzten Programme anzeigen. Darunter finden Sie die Kategorien. Über Kategorien brauchen Sie nur mit dem Mauszeiger zu fahren, um sich deren Inhalt anzeigen zu lassen. Alternativ tippen Sie einfach drauflos und suchen über das Suchfeld nach der gewünschten Software. Sie brauchen dabei nicht in das Feld zu klicken.

Auch unter XFCE lassen sich Symbole aus dem Anwendungsmenü per Rechtsklick auf den gewünschten Eintrag auf den Desktop oder in die Leiste legen:

- **Zu Favoriten hinzufügen** – legt das Symbol der jeweiligen Software auf die Startseite des Anwendungsmenüs zu den Favoriten.
- **Zum Schreibtisch hinzufügen** – legt das Symbol der Software auf den Desktop.

- **Zur Leiste hinzufügen** – legt das Symbol der Software neben das Anwendungsmenü in die Leiste.

Das Hintergrundbild ändern Sie, indem Sie das Kontextmenü des Desktops aufrufen. Klicken Sie dazu auf eine freie Stelle im Desktop und wählen Sie einen Eintrag in den SCHREIBTISCHEINSTELLUNGEN.

Sie können vorinstallierte oder eigene Bilder benutzen. Wählen Sie über den Schalter ORDNER den Ordner, in dem das gewünschte Bild gespeichert ist. Anschließend zeigen sich in der Vorschau darüber die darin liegenden Bilder. Über die Checkbox HINTERGRUNDBILD ÄNDERN lässt sich der Hintergrund in einem Intervall automatisch ändern. Genutzt werden hierbei die Bilder im angegebenen Ordner. Daneben legen Sie fest, in welchem Intervall das Bild gewechselt werden soll. Ist die Checkbox AUF ALLEN ARBEITSFLÄCHEN ANWENDEN aktiv, wird der Hintergrund auf allen virtuellen Arbeitsflächen genutzt. Deaktivieren Sie diese Option, können Sie für jede virtuelle Arbeitsfläche ein eigenes Hintergrundbild verwenden.

3.3.1 Erweiterte Desktop-Einstellungen unter XFCE

Wie unter Cinnamon und Mate finden Sie die Einstellungen im Anwendungsmenü in einer eigenen Kategorie. In XFCE befinden sich jedoch sowohl die Desktop-Einstellungen als auch die Systemeinstellungen in der Kategorie EINSTELLUNGEN. Sie finden hier für jede Einstellung einen eigenen Menüeintrag und eine grafische Oberfläche, unter der alle Einstellungen versammelt sind. Diese nennt sich »Grafische Einstellungsverwaltung für XFCE« (siehe Abbildung 3.15).

Abb. 3.15: Grafische Einstellungsverwaltung für XFCE

Auch hier sind die verschiedenen Einstellungen in Gruppen zusammengefasst, nur die Unterteilungen heißen anders. Zwei Einstellungen werden genauer beschrieben – alle anderen sind in etwa dieselben wie unter Cinnamon und Mate.

Unter ERSCHEINUNGSBILD finden Sie optische Einstellungen rund um den Desktop, wie etwa die Symbole und die Themen, um den Desktop zu verändern. Themen für den kompletten Desktop und Symbole finden Sie unter `https://www.xfce-look.org/browse/`. Diese laden Sie einfach herunter. Die komprimierten Archive ziehen Sie unverändert in das Fenster mit den Themen-Einstellungen. Sie werden automatisch installiert. Anschließend markieren Sie das gewünschte Thema per Mausklick – schon wird das Thema umgestellt.

Neben den Themen und Symbolen passen Sie hier auch die Schriften und deren Größe an.

Wie unter Cinnamon und Mate lassen sich auch unter XFCE Applets in der Leiste unterbringen. Hierzu klicken Sie mit der rechten Maustaste auf eine freie Stelle in die Leiste und wählen LEISTE|ELEMENTE HINZUFÜGEN. Im sich öffnenden Fenster finden Sie eine Liste mit vorinstallierten Applets. Jedes Applet ist mit seiner Bezeichnung und einer kurzen Beschreibung aufgelistet. Markieren Sie ein Applet und klicken Sie auf den Schalter HINZUFÜGEN – es landet in der Leiste. Um zu den Einstellungen eines Applets zu kommen, klicken Sie es mit der rechten Maustaste an und wählen den Eintrag EIGENSCHAFTEN. Wenn Sie ein Applet verschieben möchten, gelingt dies über denselben Vorgang. Wählen Sie im Kontextmenü jedoch den Eintrag VERSCHIEBEN.

3.3.2 Thunar – der Dateimanager unter XFCE

Der Dateimanager unter XFCE nennt sich »Thunar«. Er sieht zwar etwas altmodisch aus (siehe Abbildung 3.16), hat aber eine sehr hilfreiche zusätzliche Funktion. Diese sehen wir uns gleich näher an.

Auch im Fenster von Thunar arbeiten Sie nicht anders als im Dateimanager von Windows. Sie nutzen das Kontextmenü, um Dateien zu erstellen, zu löschen oder umzubenennen. Sie ziehen Dateien und Verzeichnisse per Anklicken und Ziehen in andere Verzeichnisse. Anders als in Caja unter Mate müssen Sie jedoch ein weiteres Fenster von Thunar öffnen, um einen zusätzlichen Ordner anzeigen zu lassen.

Wie schon erwähnt, hat Thunar eine sehr nützliche Funktion, die andere Dateimanager nicht haben. Sie können nämlich mehrere Dateien gleichzeitig umbenennen, basierend auf Mustern. Hierzu markieren Sie die umzubenennenden Dateien, indem Sie ein Rechteck über die Dateien ziehen oder mittels [Strg] plus linker Mausklick eine Datei nach der anderen wählen. Anschließend klicken Sie eine der markierten Dateien mit der rechten Maustaste an und wählen im Kontextmenü den Eintrag UMBENENNEN. Im sich öffnenden Fenster zeigen sich jetzt alle markierten Dateien. Darunter passen Sie anschließend die Einstellungen an (siehe Abbildung 3.17).

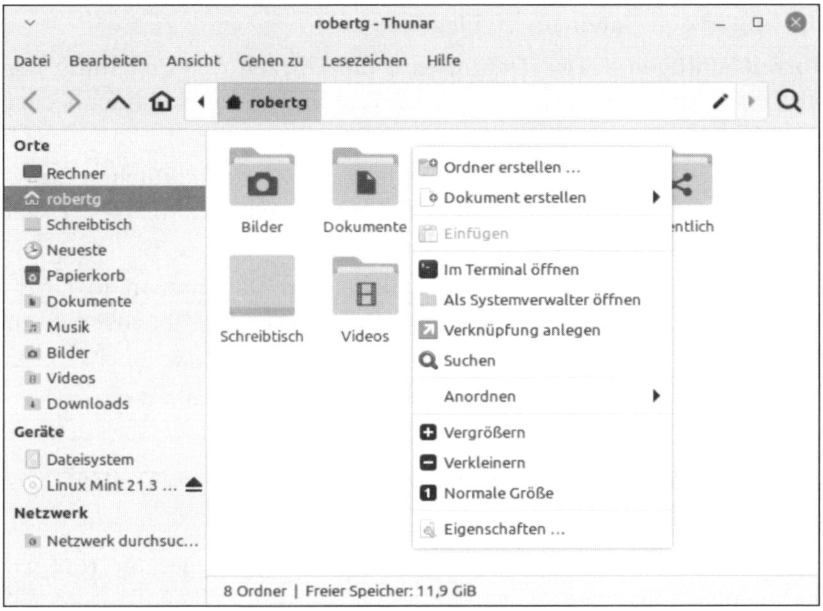

Abb. 3.16: Thunar – der Dateimanager unter XFCE

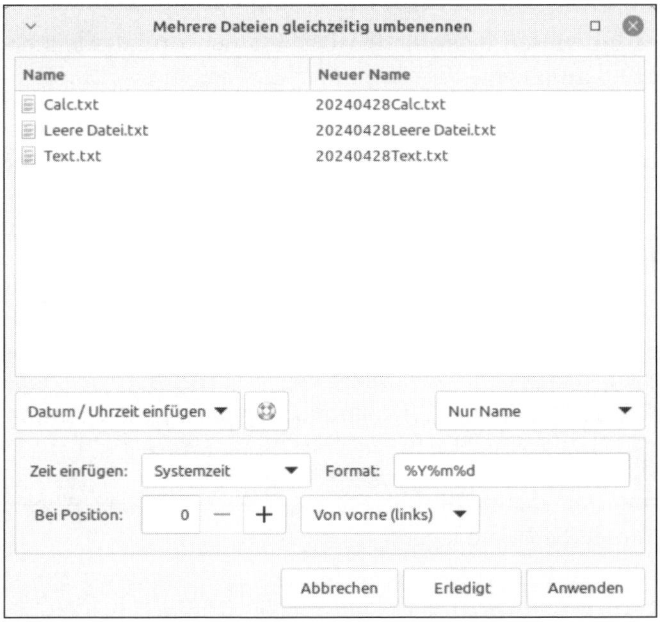

Abb. 3.17: Massenhaftes Umbenennen von Dateien unter Thunar

Über die erste Schaltfläche vor dem Fragezeichen (die Hilfe) wählen Sie aus, was mit dem ursprünglichen Dateinamen geschehen soll:

- **Audio-Schlagworte** – Die Metadaten von MP3-Dateien oder OGG-Dateien werden genutzt und in den Dateinamen integriert.
- **Datum/Uhrzeit einfügen** – Das Datum und die Uhrzeit der Erstellung der Dateien wird eingefügt. Dies ist besonders bei Bildern von Digitalkameras oder Smartphones hilfreich.
- **Einfügen/Überschreiben** – Sie geben im Textfeld an, was dem aktuellen Dateinamen angefügt werden soll, oder wodurch der aktuelle Dateiname ersetzt werden soll (siehe Abbildung 4.36 in Kapitel 4).
- **Groß-/Kleinschreibung** – Ändern Sie den bisherigen Dateinamen in Großbuchstaben oder Kleinbuchstaben. (Sie kehren damit die Großbuchstaben in Kleinbuchstaben um und umgekehrt.)
- **Nummerieren** – Fügen Sie fortlaufende Ziffern in den Dateinamen ein.
- **Suchen und ersetzen** – Ersetzen Sie Zeichenfolgen durch andere.
- **Zeichen entfernen** – Entfernen Sie bestimmte Zeichen wie etwa Umlaute aus dem Dateinamen.

Rechts neben der Hilfe (dem Schalter mit dem Fragezeichen) legen Sie fest, wo etwas verändert werden soll:

- **Nur Name** – Nur der eigentliche Dateiname soll verändert werden.
- **Nur Suffix** – Nur die letzten Zeichen vor der Dateiendung werden verändert.
- **Name und Suffix** – Sie können den eigentlichen Dateinamen und die letzten Stellen vor der Dateiendung anpassen.

Probieren Sie einfach verschiedene Einstellungen aus. Sie sehen in der Live-Vorschau oben sofort, was geschehen würde, wenn Sie auf den Schalter DATEIEN UMBENENNEN klicken.

3.3.3 Virtuelle Arbeitsflächen unter XFCE

Wozu virtuelle Arbeitsflächen dienen, lesen Sie in Abschnitt 3.1.3. Auch unter XFCE gibt es diese nützliche Funktion. Mit der Tastenkombination `Strg`+`Alt`+`→` wechseln Sie immer eine virtuelle Arbeitsfläche nach rechts. Nach der vierten gelangen Sie automatisch wieder auf die erste virtuelle Arbeitsfläche. In die andere Richtung gelingt dies mittels `Strg`+`Alt`+`←`.

Arbeiten Sie nicht so gerne mit Tastenkombinationen, sollten Sie das Applet ARBEITSFLÄCHENUMSCHALTER in die Leiste legen.

3.4 Andere Desktop-Umgebungen

Grundsätzlich lassen sich unter Linux Mint über die Paket-Verwaltung (siehe Abschnitt 5.2.1) viele weitere Desktop-Umgebungen installieren (wie auch unter den meisten anderen Linux-Distributionen). Offiziell unterstützt wird unter Linux Mint jedoch keine – dies bedeutet, es könnte Probleme damit geben, etwa, dass alles nicht richtig so wie vorgesehen funktioniert, es Probleme beim Aktualisieren gibt und Ähnliches, dies muss jedoch nicht der Fall sein. Hier eine kleine Liste:

- **KDE Plasma** – Optisch sehr ähnlich zu Microsoft Windows, aber viel mehr Möglichkeiten zur Konfiguration, an allen Ecken und Enden finden Sie Einstellungen rund um den Desktop und die eingesetzte Software (siehe Abbildung 3.18). Der Desktop benötigt mindestens 4 Gigabyte RAM (besser mehr), wird jedoch unter Linux Mint nicht unterstützt – dies bedeutet, es könnte Probleme bei Abhängigkeiten geben, die Grafik nicht perfekt sein.

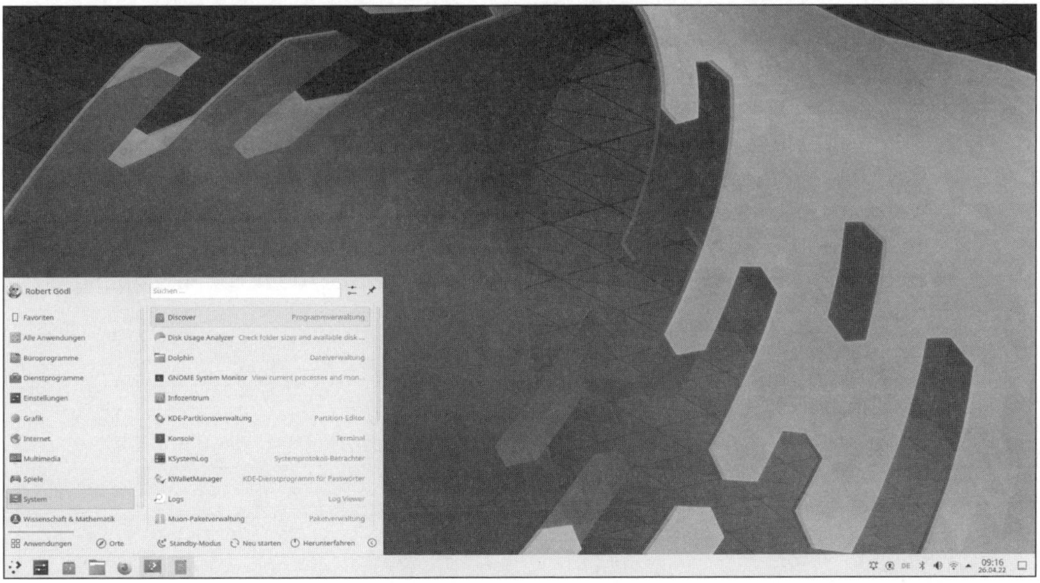

Abb. 3.18: KDE Plasma

- **GNOME** – Eine sehr einfach zu nutzende und völlig unkomplizierte Desktop-Umgebung. Auf das Arbeiten mit Tastenkombinationen optimierte grafische Oberfläche. Benötigt mindestens 4 Gigabyte RAM (besser mehr) – siehe Abbildung 3.19.

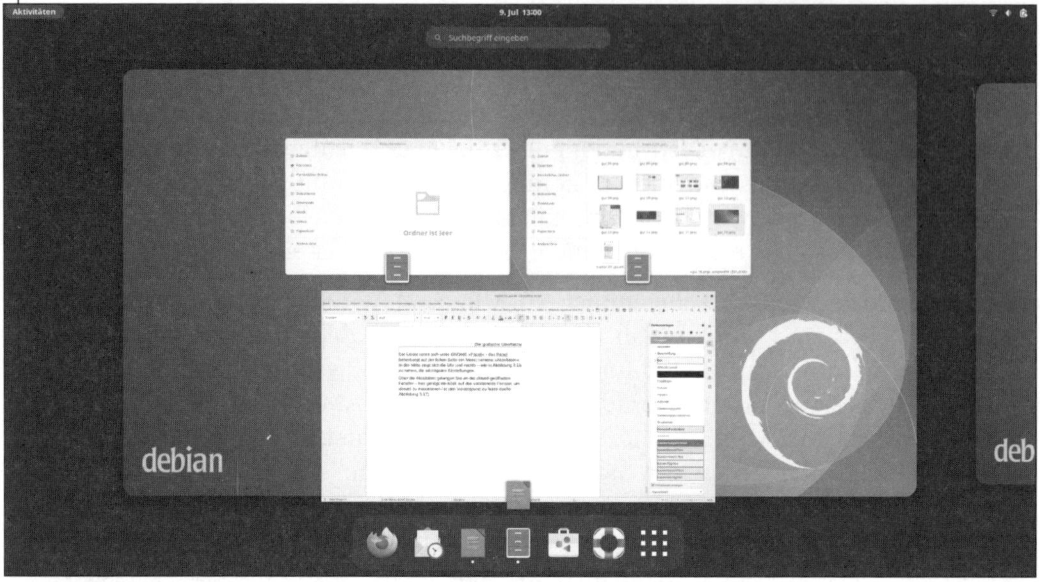

Abb. 3.19: GNOME

- **Und viele mehr** – Bei den meisten weiteren Desktop-Umgebungen handelt es sich um kleinere (weniger ausgestattete Desktops) mit weniger Ressourcen-Verbrauch. Eine sehr umfangreiche Liste an Desktop-Umgebungen, deren Installation und Nutzung finden Sie auf meiner Webseite unter der Adresse: `https://linux-bibel.at/index.php/category/desktop-umgebungen/`

Kapitel 4

Das System

In diesem Kapitel lesen Sie mehr über das eigentliche System von Linux Mint. Sie erfahren, wo welche Daten liegen, und Sie lesen mehr über den Benutzer und den Administrator und deren Rechte. Außerdem lernen Sie, mit dem Terminal umzugehen und Treiber für Drucker und Scanner zu installieren, die unter Linux Mint eventuell nicht vorhanden sind.

4.1 Die Verzeichnis-Hierarchie – wo ist was zu finden?

Linux ist, was die Verzeichnis-Hierarchie betrifft, anders aufgebaut als Windows.

Verzeichnis-Hierarchie oder Dateisystem?

In vielen Computerzeitschriften, aber auch auf vielen einschlägigen Webseiten, wird vom *Dateisystem* geschrieben, wenn es um den Aufbau der Systemverzeichnisse geht. Als »Dateisystem« wird jedoch das Format bezeichnet, mit dem man einen Datenträger formatiert, also etwa »ntfs« unter Windows oder »ext4« unter Linux. In diesem Buch wird der Begriff »Verzeichnis-Hierarchie« verwendet, wenn es um die Verzeichnisse (Ordner) geht.

Unter Windows scheint alles sehr einfach zu finden zu sein: Sie öffnen den Arbeitsplatz und alle Ordner, Partitionen und angeschlossenen oder eingelegten Datenträger sind darin zu sehen. Doch ganz so einfach ist auch Windows nicht aufgebaut. Windows versteckt Ordner im Dateimanager (Windows Explorer), um die wichtigen Ordner schneller auffindbar zu machen und den Benutzer nicht zu verwirren.

Linux Mint scheint aus dieser Sicht etwas umständlicher aufgebaut – dabei ist die Verzeichnis-Hierarchie hier sogar logischer. Unter Linux Mint hat alles seine vorgesehenen Ordner, in jedem einzelnen Ordner des Systems haben nur gewisse Dateien etwas zu suchen. So sind etwa ausführbare Dateien nur in dafür bestimmten Ordnern zu finden und Dateien zur Konfiguration des Systems wiederum nur in dafür vorgesehenen Ordnern.

Unter Linux Mint gibt es erst einmal das sogenannte *Wurzelverzeichnis*. In diesem Ordner ist das komplette System installiert. Alle weiteren Ordner des Systems liegen in diesem Ordner. Im Wurzelverzeichnis – von vielen auch fälschlicherweise als »root« bezeichnet – finden Sie auch Ihr Home-Verzeichnis. Hier liegen Ihre persönlichen Dateien – dazu gleich mehr – sowie eingelegte und angeschlossene Datenträger. In Abbildung 3.1 sehen Sie das Wurzelverzeichnis von Linux Mint.

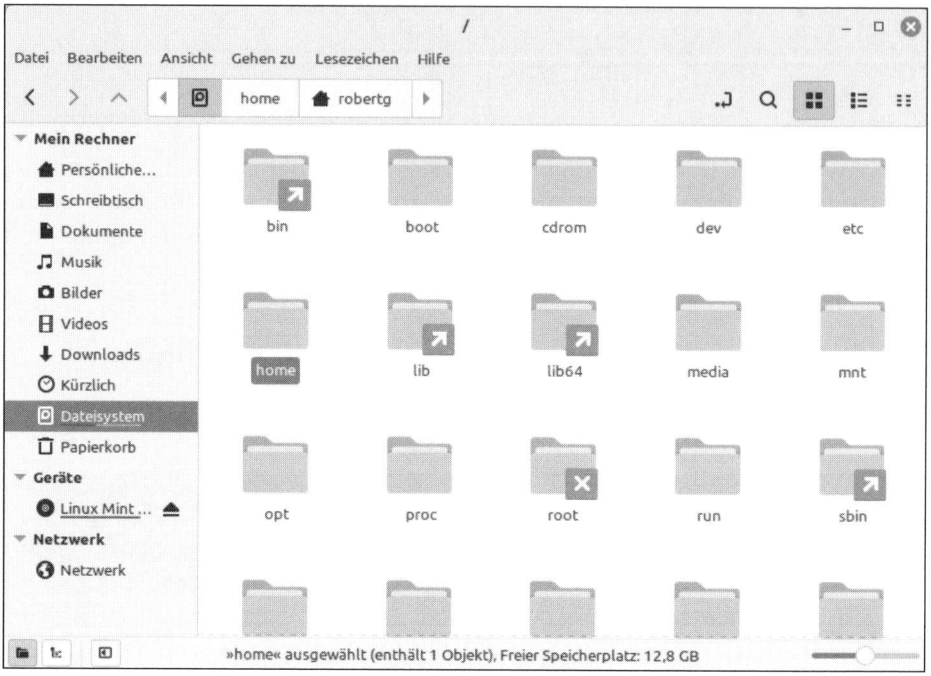

Abb. 4.1: Das Wurzelverzeichnis (Systemverzeichnis) von Linux Mint

Die folgende Liste zeigt den Inhalt der Verzeichnisse im Wurzelverzeichnis:

- **bin**: Beinhaltet wichtige ausführbare Dateien, die über Befehle (also vor allem am Terminal) genutzt werden. Die in diesem Verzeichnis liegenden Dateien können von jedem Benutzer ausgeführt werden.
- **boot**: Hier liegen die Installation des Bootloaders und dessen Konfiguration sowie die installierten Linux-Kernel.
- **dev**: Hierbei handelt es sich um ein sogenanntes *virtuelles Dateisystem*. Das bedeutet, die darin enthaltenen Dateien sind nur im Arbeitsspeicher vorhanden. Diese Dateien ermöglichen dem System Zugriff auf die eingebaute und angeschlossene Hardware.
- **etc**: Eines der wichtigsten Systemverzeichnisse. Hier liegen die komplette Konfiguration des Systems und auch die Grundkonfiguration einiger wichtiger System-Software. Installieren Sie beispielsweise einen Webserver oder eine Datenbank, werden deren Konfigurationsdateien hier abgelegt. Von gewisser Software, wie zum Beispiel dem Terminal, findet sich in diesem Verzeichnis eine Grundkonfiguration. Sie als Benutzer können von solcher Software in

Ihrem Home-Verzeichnis eine eigene Konfiguration anlegen, die daraufhin genutzt wird. Im Beispiel des Terminals liegt unter `etc` die Grundkonfiguration in der Datei `bashrc`. Sie können ohne administrative Rechte nicht an dieser Datei arbeiten. Damit Sie trotzdem Ihr Terminal anpassen können, liegt in Ihrem Home-Verzeichnis eine weitere Datei namens `.bashrc`. Diese hat den gleichen Inhalt wie die Datei unter `etc`. Bearbeiten Sie die Datei in Ihrem Home-Verzeichnis, wird diese von Ihnen modifizierte Datei genutzt.

- **home**: Das ist das Verzeichnis, in dem Sie die meiste Zeit arbeiten werden. In den Unterverzeichnissen liegen die privaten Daten der einzelnen Benutzer des Systems und die Einstellungen ihrer genutzten Software. Die meisten Einstellungen in diesem Verzeichnis sind versteckt, das heißt, Sie können sie nur sehen, wenn Sie die Anzeige von versteckten Dateien über das Fenstermenü über VERBORGENE DATEIEN ANZEIGEN aktivieren (Dateimanager).
- **lib, lib32 und lib64**: In diesem Verzeichnis liegen die Firmware-Dateien, das heißt, Dateien, die zur Steuerung der Hardware benötigt werden. Weiterhin finden Sie hier unter anderem Codecs für Multimedia-Formate.
- **lost+found**: Im besten Fall ist dieses Verzeichnis leer. Es ist nur dem Administrator zugänglich und enthält Dateien, die beispielsweise bei einem Systemabsturz vom System wiederhergestellt wurden.
- **media**: Schließen Sie externe Medien an, wie zum Beispiel externe Festplatten oder USB-Sticks, finden Sie deren Inhalt hier in den passenden Unterverzeichnissen. Dazu gehören auch CDs und DVDs.
- **mnt**: Hier liegt in entsprechenden Unterverzeichnissen der Inhalt weiterer Partitionen, die nicht zum eigentlichen System gehören, also etwa die Partitionen anderer installierter Linux-Distributionen oder auch die einer möglicherweise vorhandenen Windows-Installation. Auch Netzwerk-Verzeichnisse sind hier zu finden.
- **opt**: Der Speicherort für zusätzliche, nicht aus den Repositorien stammende Software.
- **proc, run und sys**: Hierbei handelt es sich wieder um virtuelle Dateisysteme. Die darin liegenden Dateien bieten Zugriff auf aktuelle Systeminformationen. Hauptsächlich werden sie vom System genutzt.
- **root**: Haben Sie für den Administrator während der Installation ein eigenes Passwort angelegt, werden hier für dessen Konto die Einstellungen gespeichert. Nur der Administrator, also der Benutzer »root«, hat darauf Zugriff.
- **sbin**: Wie unter `bin` liegen auch hier ausführbare Dateien. Diese sind jedoch nur mit administrativen Rechten verwendbar.
- **snap**: Hier liegen über Snap installierte Software (siehe Abschnitt 5.2.5). Dieses Verzeichnis ist unter Linux Mint nicht automatisch vorhanden.

- **tmp**: In diesem Verzeichnis befinden sich die temporären Dateien, also solche, die vom System während der aktuellen Laufzeit genutzt und bei einem Neustart gelöscht werden.
- **usr**: Das Verzeichnis der zusätzlich installierten Software oder auch Desktop-Umgebungen. Grundsätzlich landet hier jegliche Software, die nicht direkt zum Funktionieren des Systems benötigt wird.
- **var**: Hauptsächlich liegen hier veränderliche Dateien, die jedoch nicht wie in einem virtuellen Dateisystem bei jedem Neustart gelöscht und neu angelegt werden sollen. Die Dateien in diesem Verzeichnis bleiben auch bei einem Neustart erhalten. Installieren Sie zum Beispiel einen Webserver, werden die Dateien der Webseiten hier in entsprechenden Unterverzeichnissen gespeichert.
- **Weitere**: Es gibt noch weitere Verzeichnisse. Diese haben jedoch momentan keine Aufgabe und sind für zukünftige Funktionen vorgesehen. Dies bedeutet, die Linux-Entwickler haben mit diesen Verzeichnissen etwas vor, beispielsweise in späteren Linux-Kernel-Versionen neue Funktionen oder Informationen darin bereitzustellen.

4.1.1 Das Home-Verzeichnis

Das Home-Verzeichnis ist der von Ihnen am meisten genutzte Ordner. Hier liegen Ihre persönlichen Dateien, also Dokumente, Bilder, Videos und Musik-Dateien. Jeder Benutzer von Linux Mint hat ein eigenes Home-Verzeichnis. Diese Verzeichnisse liegen im Wurzelverzeichnis unter HOME. In Abbildung 4.2 finden Sie ein typisches Home-Verzeichnis.

Abb. 4.2: Das Home-Verzeichnis unter Linux Mint

Ordner wie etwa Bilder, Dokumente und Musik sind unter Linux Mint bereits vorhanden. Am besten legen Sie die passenden Dateien in die dafür vorgesehenen Ordner. So werden diese von entsprechender Software automatisch gefunden.

Über den Eintrag DATEISYSTEM links in der Liste greifen Sie auf das Wurzelverzeichnis, also auf die Systemverzeichnisse, zu.

In Ihrem Home-Verzeichnis liegen nicht nur Ihre persönlichen Dateien, hier sind auch die Einstellungen der von Ihnen genutzten Software zu finden. Diese Einstellungsdateien sind normalerweise versteckt. Das sorgt für Übersicht, und sie lassen sich auch nicht unabsichtlich löschen.

Um versteckte Dateien und Verzeichnisse sichtbar zu machen, nutzen Sie im Dateimanager das Fenstermenü mit dem Eintrag ANSICHT|VERBORGENE DATEIEN ANZEIGEN – siehe Abbildung 4.3.

Abb. 4.3: Versteckte Dateien im Home-Verzeichnis unter Linux Mint

Aktivieren Sie die Anzeige der versteckten Dateien, sehen Sie plötzlich deutlich mehr Dateien und Verzeichnisse. Dies kann verwirrend sein – schnell ist eine solche Datei oder ein solches Verzeichnis durch einen falschen Klick im Papierkorb verschwunden.

Versteckte Dateien beginnen mit einem Punkt im Datei- oder Ordnernamen, also etwa `.config`. Speziell die Ordner `.config` und `.local` sind für die Einstellungen Ihrer genutzten Software zuständig. Möchten Sie die Einstellungen einer Software komplett zurücksetzen, schließen Sie die Software und durchsuchen Sie diese beiden Ordner. In einem der beiden finden sich meist Verzeichnisse oder zumindest eine einzelne Datei mit dem Namen der jeweiligen Software. Löschen Sie diese, werden auch die Einstellungen gelöscht.

4.1.2 Rechte an Ihren Daten – Gruppen

Arbeiten mehrere Benutzer mit Ihrem Linux Mint, haben diese gewisse Rechte, Ihre Daten anzusehen. Sie brauchen im Dateimanager nur auf den Eintrag DATEISYSTEM in der Liste links zu klicken und den Ordner `Rechner` zu öffnen, darin wieder den Ordner `home`. Hier finden sich wie im Abschnitt 4.1.1 beschrieben die Home-Verzeichnisse der weiteren erstellten Benutzer. Jeder Benutzer hat hier einen Ordner mit seinem Anmelde-Namen als Bezeichnung.

Standardmäßig kann jeder andere Benutzer viele Ihrer Ordner einsehen und die Dateien darin öffnen, jedoch nicht bearbeiten oder löschen. Sie können diese Rechte für jeden Ordner und für jede Datei einzeln anpassen. Hierzu klicken Sie die Datei oder das Verzeichnis rechts an und öffnen den Eintrag EIGENSCHAFTEN (siehe Abbildung 4.4).

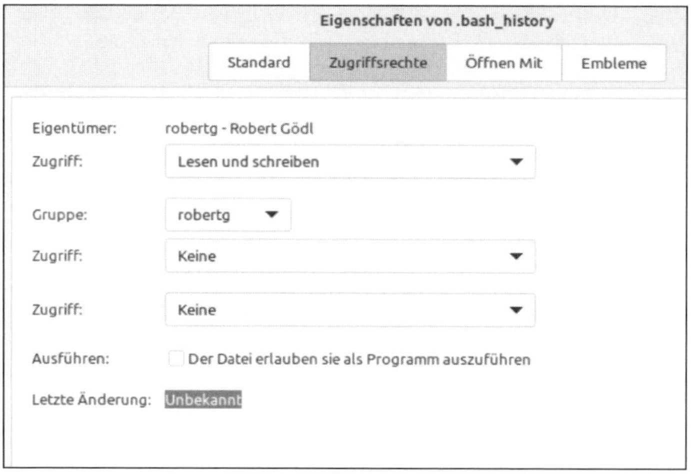

Abb. 4.4: Rechte an Dateien und Ordnern anpassen

Klicken Sie auf den Reiter ZUGRIFFSRECHTE. Hier sehen Sie ganz oben den **Besitzer** des Ordners oder der Datei. Als Besitzer gelten Sie, wenn Sie die Datei oder den Ordner erstellt, aus dem Internet heruntergeladen oder von einem anderen Datenträger kopiert haben.

Als zweite Information sehen Sie hier die **Gruppe**. Gruppen dienen dazu, Rechte an Dateien und Ordnern einfacher zu regeln. So könnten Sie etwa die Gruppe

»audio« erstellen und dieser Gruppe dann das Recht erteilen, auf den Ordner MUSIK zuzugreifen.

Die dritte Information – bezeichnet als **Andere** – regelt die Rechte für alle oben nicht genannten.

Mit den jeweiligen Schaltern passen Sie die Rechte an den Dateien und Ordnern an. Folgende Rechte sind für Ordner vorhanden:

- **Keine** – Niemand anders als Sie selbst darf den Ordner einsehen.
- **Dateien nur auflisten** – Die im Ordner liegenden Dateien und Ordner können zwar als Symbol gesehen, aber nicht geöffnet werden.
- **Auf Dateien zugreifen** – Dateien und Ordner lassen sich öffnen, aber nicht verändern.
- **Dateien erstellen und löschen** – Dateien und Ordner lassen sich öffnen und bearbeiten. Es können auch neue Dateien und Ordner angelegt und bestehende gelöscht werden.

Folgende Rechte sind für einzelne Dateien vorhanden:

- **Keine** – Niemand anders als Sie selbst kann die Datei öffnen.
- **Nur lesen** – Die Datei lässt sich öffnen, aber nicht bearbeiten.
- **Lesen und schreiben** – Die Datei lässt sich öffnen und auch bearbeiten und löschen.

Gruppen erstellen

Wie Sie in diesem Kapitel bereits gelesen haben, lassen sich mittels Gruppen die Rechte an Dateien und Ordnern schneller vergeben. Ansonsten müssten Sie dies für jeden Benutzer des Systems einzeln machen.

Um Gruppen zu erstellen, zu löschen oder um Benutzer zu vorhandenen Gruppen hinzuzufügen, müssen Sie als Administrator (Abschnitt 4.2) am Terminal (Abschnitt 4.3) arbeiten.

Um als Beispiel die Gruppe »audio« zu erstellen:

```
sudo addgroup audio
```

`addgroup` dient hier als Befehl, eine Gruppe zu erstellen. Anschließend geben Sie den Namen der Gruppe an, und zwar kleingeschrieben.

Nachdem Sie eine Gruppe angelegt haben, können Sie Benutzer dieser Gruppe hinzufügen. Für jeden Benutzer muss diese Aufgabe einzeln erledigt werden. Im Beispiel gilt es, den Benutzer »user« der Gruppe »audio« hinzuzufügen:

```
sudo usermod -aG audio user
```

Hier dient `usermod` dazu, einen Benutzer einer Gruppe hinzuzufügen. Die Option `-aG` sorgt dafür, dass er nicht aus seinen vorhandenen Gruppen entfernt wird. Es folgt die Gruppe und anschließend der Benutzername.

4.2 sudo – der Administrator unter Linux Mint

Vorsicht!

Starten Sie keine grafische Software mit administrativen Rechten, wenn dies nicht nötig ist. Wenn Sie administrative Rechte benötigen, werden Sie automatisch nach dem Passwort gefragt. Dasselbe gilt auf dem Terminal. Nutzen Sie den `sudo`-Befehl nur, wenn dies absolut notwendig ist.

Unter Linux Mint ist der bei der Installation des Systems erstellte Benutzer zugleich auch der Administrator – auch *root* genannt. Ein eigenes Konto für den Administrator anzulegen, dient der Sicherheit nicht. Es ist sogar umständlicher, denn Sie können ohnehin nur mit Ihrem Passwort administrative Tätigkeiten durchführen. Während Sie sich unter Windows bereits als Administrator anmelden können und für administrative Aufgaben das Administrator-Passwort nicht mehr anzugeben brauchen, müssen Sie unter Linux Mint das Passwort immer angeben – ein extra Konto ist also unnötig.

Starten Sie grafische Software für administrative Aufgaben aus dem Anwendungsmenü, werden Sie automatisch nach dem Administrator-Passwort gefragt. Dies kann je nach Software gleich beim Start des Programms geschehen oder erst beim Speichern oder Übernehmen der Änderungen.

Auf dem Terminal (Abschnitt 4.3) müssen Sie, um administrative Befehle auszuführen, den Befehl gleich als Administrator starten. Dies gelingt, indem Sie dem eigentlichen Befehl den Befehl `sudo` voransetzen. Ein Beispiel für das Aktualisieren des Systems auf dem Terminal:

```
sudo apt-get update
[sudo] Passwort für benutzer:
sudo apt-get upgrade
```

Nach der ersten Befehlszeile wird Sie das System nach dem Passwort fragen – Sie geben das Passwort ein. Linux Mint wird sich Ihr Passwort für fünf Minuten merken, außer, Sie starten das Terminal inzwischen neu. Anschließend müssen Sie das Passwort erneut eingeben.

Den Befehl `sudo` bei vielen administrativen Befehlen dem eigentlichen Befehl voranzusetzen, ist auf Dauer etwas umständlich. Nutzen Sie die Option `-i`, um dies nicht jedes Mal tun zu müssen. Ein Beispiel:

```
sudo -i apt-get update
[sudo] Passwort für benutzer:
apt-get upgrade
apt-get clean
```

Nach einem `sudo -i` können Sie den Befehl `sudo` vor administrativen Befehlen weglassen. Alle folgenden Befehle werden automatisch mit administrativen Rechten ausgeführt. Dies ist natürlich etwas gefährlich, denn schnell startet man unabsichtlich einen Befehl, den man eigentlich nicht als Administrator ausführen wollte. Sobald Sie alle administrativen Befehle gestartet haben, sollten Sie sich deshalb mit dem Befehl `exit` wieder als Administrator vom Terminal abmelden.

Wie schon erwähnt, kann nur der erste bei der Installation von Linux Mint erstellte Benutzer mit seinem Passwort auch administrative Befehle starten, also etwa das System aktualisieren und neue Software installieren. Möchten Sie weiteren Benutzern administrative Rechte geben, fügen Sie diese Benutzer der Gruppe »sudo« hinzu (Abschnitt 4.1.2).

Um etwa den Benutzer »benutzer« zur Gruppe »sudo« hinzuzufügen, verwenden Sie den Befehl:

```
sudo usermod -aG sudo benutzer
```

4.3 Das Terminal – die Kommandozeile

Linux Mint wurde und wird entwickelt, um es vor allem Linux-Einsteigern einfach zu machen, Linux zu installieren und zu nutzen und ohne Terminal auszukommen. Hin und wieder ist aber auch unter Linux Mint das Terminal unumgänglich, etwa beim Erstellen von Gruppen (Abschnitt 4.1.2). Auch wenn das System gröbere Probleme macht, ist das Terminal hilfreich.

Das Terminal hat überhaupt viele Vorteile, denn so manches lässt sich damit schneller erledigen als mit Klicks auf der grafischen Oberfläche. Nehmen wir ein praktisches Beispiel: Sie möchten alle Bilder mit der Dateiendung `.jpg` aus dem Ordner `Bilder/Katze` in den Ordner `Bilder/Katze_neu` verschieben. Alle PNG-Bilder sollen jedoch im alten Verzeichnis bleiben. Sie öffnen den grafischen Dateimanager, öffnen darin dann den Ordner `Bilder` und dann noch den darin liegenden Ordner `Katze`. Jetzt geben Sie in die Suche ».jpg« ein und markieren alle gefundenen Dateien, öffnen ein weiteres Fenster des Dateimanagers mit dem

Ordner, in dem die Dateien landen sollen, und ziehen die Dateien in diesen. Ziemlich umständlich.

Einfacher geht es mit diesem kurzen Befehl:

```
mv /Bilder/Katze/*.jpg /Bilder/Katze_neu/
```

Mehr zum Terminal finden sich in den folgenden Abschnitten.

4.3.1 Der Aufbau des Terminals und Grundlagen

Das Terminal ist optisch sehr einfach aufgebaut. Sie sehen links oben den Eingabeprompt. Dieser besteht aus Ihrem Benutzernamen und dem Rechnernamen, getrennt von einem »@« (siehe Abbildung 4.5).

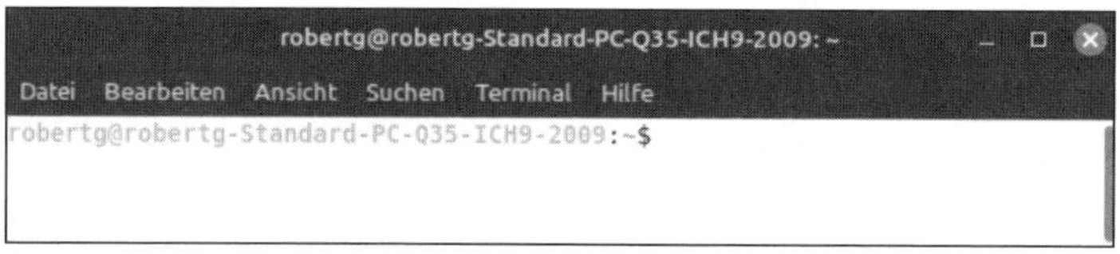

Abb. 4.5: Das Terminal von Linux Mint (hier wird ein helles Thema verwendet, standardmäßig ist das Terminal dunkel)

Nach dem Rechnernamen folgt das Verzeichnis, in dem Sie sich auf dem Terminal gerade befinden. »:~$« zeigt Ihnen, dass Sie in Ihrem Home-Verzeichnis sind. In Ihrem Home-Verzeichnis befinden Sie sich automatisch, wenn Sie das Terminal starten.

Am Eingabeprompt sehen Sie einen blinkenden Cursor – hier erwartet das Terminal Ihre Eingaben. Um einen Befehl zu starten, geben Sie diesen ein und drücken die `Eingabe`-Taste.

Wichtig bei der Arbeit auf dem Terminal: Das Terminal unterscheidet zwischen Groß- und Kleinbuchstaben. Der Befehl `nemo` und der Befehl `Nemo` könnte zwei komplett verschiedene Aufgaben ausführen.

Geben Sie Befehle ein oder auch Datei- und Ordner-Namen, müssen Sie nicht die komplette Bezeichnung eintippen. Schreiben Sie nur die ersten Zeichen und drücken Sie dann die `Tab`-Taste. Gibt es keinen weiteren Befehl, keinen weiteren Ordner oder keine weitere Datei, die mit denselben Zeichen beginnen, wird das Terminal den Befehl oder die Namen automatisch vervollständigen. Ist dies nicht der Fall, drücken Sie die `Tab`-Taste noch einmal, und das Terminal zeigt weitere Befehle, Dateien und Ordner an, die mit denselben Zeichen beginnen. Geben Sie einfach weitere Zeichen ein, bis keine andere Option mehr zutrifft.

4.3.2 Ordner-Inhalte anzeigen und in der Verzeichnis-Hierarchie navigieren

Eine der am häufigsten genutzten Funktionen des Terminals ist die Anzeige des Inhalts eines Ordners. Hierzu nutzen Sie den Befehl `ls` (siehe Abbildung 4.6).

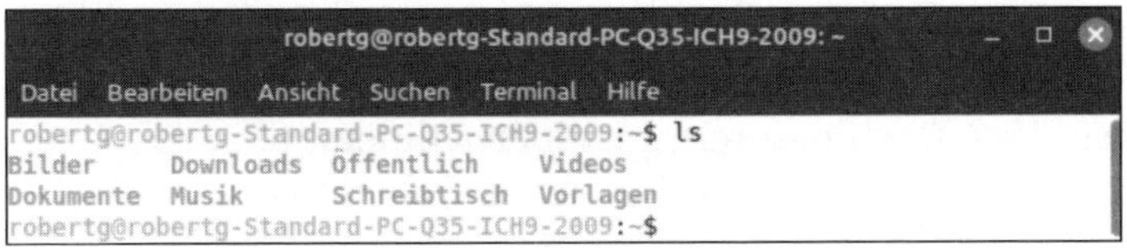

Abb. 4.6: Inhalt des aktuellen Ordners am Terminal anzeigen

Dateien und Ordner erscheinen in unterschiedlichen Farben: Verzeichnisse sind meist blau gehalten, normale Dateien schwarz und ausführbare Dateien wie Software oder Skripte rosa. Nachdem ein Befehl ausgeführt wurde, erscheint sofort der Eingabeprompt wieder, und Sie können neue Befehle starten.

Um in einen Ordner zu wechseln, nutzen Sie den Befehl `cd`. Geben Sie den Namen des Ordners an und schließen Sie ihn mit einem Slash »/« ab. Um etwa in den Ordner `Dokumente` zu wechseln:

```
cd Dokumente/
```

Beim Wechseln in Ordner können Sie auch mehrere Unter-Ordner überspringen – etwa:

```
cd Dokumente/Büro/PDF/
```

Bei Ordnern mit einem Leerzeichen, etwa `Bilder der Katze`, geben Sie vor dem Leerzeichen einen Backslash »\« ein. Als Beispiel:

```
cd Bilder\ der\ Katze/
```

Um direkt in das Wurzelverzeichnis zu wechseln, geben Sie einfach den Slash ein:

```
cd /
```

Auch hier ist es möglich, entsprechende Unterverzeichnisse anzugeben – etwa:

```
cd /etc/apt/sources.list.d/
```

Um schnell zurück in Ihr Home-Verzeichnis zu wechseln, genügt der Befehl:

```
cd
```

4.3.3 Welche Befehle für welche Aufgaben? – Hilfe am Terminal und Optionen

Gerade als Einsteiger hat man es am Terminal schwer. Welcher Befehl soll für welche Aufgabe genutzt werden? Doch das Terminal bietet Ihnen Hilfe. Als Erstes müssen Sie natürlich wissen, was Sie eigentlich machen wollen.

Installieren von deutschen Terminal-Hilfen

Sie sollten für umfassende deutschsprachige Hilfen am Terminal das Debian-Paket »manpages-de« installieren. Dies machen Sie mit folgenden Befehlen:

```
sudo apt-get update
sudp apt-get install manpages-de
```

Sie wollen zum Beispiel eine Datei in ein anderes Verzeichnis kopieren. Nutzen Sie den Befehl `apropos`, um nach entsprechenden Befehlen zu suchen. Im Beispiel:

```
apropos kopieren
```

Als Ausgabe erhalten Sie alle Befehle, die mit dem genannten Begriff zu tun haben, inklusive einer kurzen Beschreibung (Abbildung 4.7).

Abb. 4.7: Durch »apropos« gefundene Befehle

Nachdem Sie passende Befehle gefunden haben, können Sie sich deren Manpages ansehen. Dabei handelt es sich um Hilfeseiten für Befehle am Terminal. Hierzu nutzen Sie den Befehl `man` inklusive des gesuchten Befehls – etwa für den Befehl `cp`:

```
man cp
```

In der Ausgabe erhalten Sie die Handbuchseite zum angegebenen Befehl (Abbildung 4.8).

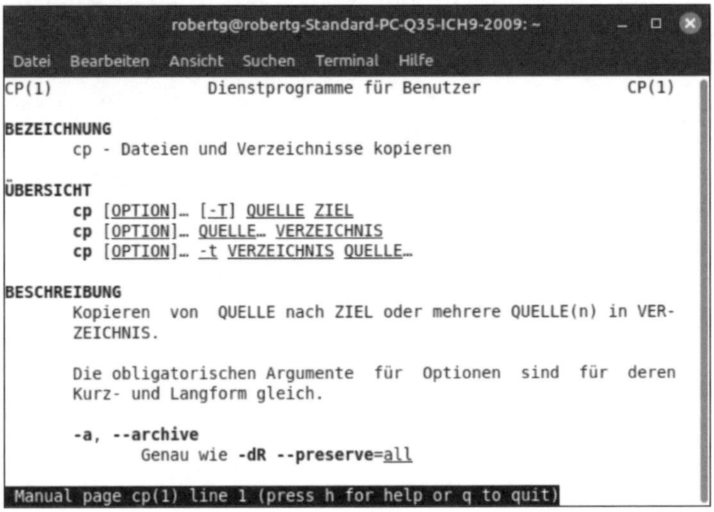

Abb. 4.8: Manpages – Hilfen zu Befehlen am Terminal

Als Erstes sehen Sie eine kurze Beschreibung. Es folgen die Syntax des Befehls und eine ausführliche Beschreibung der Optionen.

Sie scrollen durch die Hilfe am einfachsten mit den Pfeiltasten (auf und ab) und beenden die Hilfe mit der Taste [q].

Optionen

Viele Befehle lassen sich mit Optionen nutzen. Solche Optionen dienen dazu, Befehle zu verfeinern. In den oben beschriebenen Manpages finden Sie die zu jedem Befehl passenden. Optionen werden meist nach einem Bindestrich »-« genutzt.

Ein Beispiel mit dem Befehl `ls`: Ohne Optionen zeigt dieser Dateien und Verzeichnisse im aktuellen Ordner, mit der Option `-a` auch verborgene Dateien und Ordner.

4.3.4 Arbeiten mit Dateien und Ordnern am Terminal

Auch das Arbeiten mit Dateien am Terminal geht schnell und einfach. Wichtig ist dabei, dass Sie vor allem beim Löschen von Dateien darauf achten, was Sie *wirklich* löschen wollen. Dateien und Ordner werden beim Löschen übers Terminal nämlich nicht in den Papierkorb verschoben, sondern direkt gelöscht.

Arbeiten mit Systemdateien

Beim Arbeiten mit Dateien außerhalb Ihres Home-Verzeichnisses müssen Sie dem jeweiligen Befehl natürlich ein `sudo` voransetzen – nur in Ihrem Home-Verzeichnis haben Sie alle Rechte.

Dateien und Ordner löschen

Um eine einzelne Datei zu löschen, nutzen Sie den Befehl `rm`. Zusätzlich geben Sie am Ende den Dateinamen inklusive Dateiendung an. Um etwa die Datei `dateiname.jpg` zu löschen:

```
rm dateiname.jpg
```

Auch mehrere Dateien lassen sich auf einen Schlag löschen. Geben Sie diese durch ein Leerzeichen getrennt an, etwa:

```
rm dateiname.jpg dateiname_2.png dateiname.txt
```

Um alle Dateien mit der Dateiendung `.jpg` im aktuellen Ordner zu löschen:

```
rm *.jpg
```

Das Sternchen ersetzt, einfach ausgedrückt, alles, was vor der Dateiendung steht.

Um einen Ordner samt Inhalt zu löschen, müssen Sie die Option `-R` nutzen. Ansonsten wird der Befehl nur melden, dass der Ordner nicht gelöscht werden kann, da er nicht leer ist. Ein Beispiel für den Ordner `Bilder`:

```
rm -R Bilder/
```

Dateien und Ordner erstellen, verschieben und umbenennen

Mit dem Befehl `mkdir` lassen sich am Terminal Ordner erstellen. Geben Sie einfach den Namen des zu erstellenden Ordners an, etwa:

```
mkdir Bilder
```

Da der Befehl nur zum Erstellen von Ordnern dient, brauchen Sie keinen Slash anzugeben. Auch lassen sich ganze Verzeichnis-Hierarchien erstellen, also Ordner mit Unter-Ordnern. Hierzu nutzen Sie die Option `-p`. Ein Beispiel:

```
mkdir -p Bilder/Katzen/Langhaarkatzen/
```

Mit dem Befehl mv lassen sich Dateien und Ordner verschieben und umbenennen. Um einen Ordner oder eine Datei umzubenennen, geben Sie zuerst den originalen Dateinamen an, anschließend den neuen. Als Beispiel:

```
mv Alter_Name.jpg Neuer_Name.jpg
```

Dasselbe bei einem Ordner:

```
mv Alter_Ordnername/ Neuer_Ordnername
```

Bei der neuen Bezeichnung von Ordnern lassen Sie den Slash weg, ansonsten wird dieser Teil der neuen Bezeichnung.

Um Dateien und Ordner zu verschieben, geben Sie zu Beginn den Namen der Datei oder des Ordners an, anschließend den Ordner, in den er oder sie verschoben werden soll. Bei Ordnern müssen Sie zusätzlich die Option -R nutzen. Beispiele:

```
mv Dateiname.jpg Bilder/Katzen/
mv -R Verzeichnis/ Dokumente/Büro/
```

Auf dieselbe Art wie mv arbeitet auch der Befehl cp. Damit lassen sich Ordner und Dateien an andere Stellen kopieren. Dies gelingt jedoch nicht, indem Sie zuerst kopieren und anschließend an anderer Stelle einfügen, sondern Sie geben gleich den gewünschten neuen Bestimmungsort an. Bei Ordnern fügen Sie wie beim Befehl mv die Option -R hinzu, um auch den Inhalt eines Ordners zu kopieren. Beispiele:

```
cp Dateiname.pdf Dokumente/Büro/PDF/
cp -R Verzeichnis/ Bilder/Katzen/Langhaarkatzen/
```

Textdateien am Terminal bearbeiten

Textdateien bearbeiten Sie am Terminal am einfachsten mit dem bereits vorinstallierten Texteditor »nano«. Eine bereits bestehende Textdatei öffnen Sie einfach über ihren Namen. Liegt diese im Ordner, in dem Sie sich am Terminal aktuell befinden, brauchen Sie den Pfad dazu nicht anzugeben. Etwa:

```
nano .bashrc
```

Befinden Sie sich am Terminal nicht im selben Ordner, geben Sie den Pfad zur Datei an. Ein Beispiel:

```
nano /etc/fstab
```

Besteht die angegebene Textdatei noch nicht, wird sie beim Speichern mit dem Editor automatisch angelegt. Die Datei öffnet sich im Editor. Darin arbeiten Sie wie in jedem anderen grafischen Texteditor auch. Die Maus können Sie jedoch nicht nutzen.

Sie nutzen die Pfeiltasten, um den Cursor an die gewünschte Position zu setzen. Im Editor finden Sie unten ein Menü mit Funktionen. Die Funktionen des Menüs werden durch Tastenkombinationen ausgeführt. Vor jeder Funktion finden Sie eine Taste und das Zeichen »^«. Dieses Zeichen steht für die [Strg]-Taste. Um zu speichern, nutzen Sie also die Tastenkombination [Strg]+[o]. Der Editor fragt noch einmal nach – Sie bestätigen mit [Eingabe]. Mit [Strg]+[x] wird der Editor geschlossen.

4.3.5 Kopieren und Einfügen am Terminal

Kopieren und Einfügen funktioniert am Terminal nicht mittels der gewohnten Tastenkombinationen [Strg]+[c] und [Strg]+[v]. Um vom Terminal zu kopieren, markieren Sie erst die Zeile oder die Zeilen, klicken anschließend rechts – egal wo – in das Terminal und wählen im Kontextmenü den Eintrag KOPIEREN.

Das Einfügen am Terminal funktioniert ebenso einfach. Sie nutzen das Kontextmenü per Rechtsklick irgendwo im Terminal – eingefügt wird automatisch am Eingabeprompt – und verwenden den Eintrag EINFÜGEN.

4.4 Drucker- und Scannertreiber

In Abschnitt 5.3 lesen Sie, wie Sie wichtige Treiber für die Grafikkarte und das WLAN sowie andere Hardware per Mausklick installieren. Viele Drucker und Scanner funktionieren unter Linux Mint bereits ohne die Installation weiterer Treiber. Ausnahmen gibt es jedoch leider immer.

Funktioniert der Drucker nicht automatisch, gehen Sie auf der Webseite des Herstellers der Hardware auf die Suche. Meist hilft eine Internetsuche mit den Begriffen »hardware-hersteller modell driver«.

Bei den heruntergeladenen Dateien handelt es sich größtenteils um komprimierte Archive. In diesem Format sind die Treiber nicht einfach per Mausklick zu installieren. Sie entpacken zunächst das komprimierte Archiv per Rechtsklick und wechseln dann in den entpackten Ordner.

Die entpackten Ordner enthalten meist mehrere Dateien. Sie suchen nach Dateien mit der Bezeichnung »install.run« oder »install.sh«. Per Rechtsklick auf die Datei öffnen Sie das Kontextmenü und nutzen den Eintrag EIGENSCHAFTEN. Wechseln Sie auf den Reiter ZUGRIFFSRECHTE und kontrollieren Sie, ob hier die Checkbox

DATEI ALS PROGRAMM AUSFÜHREN aktiv ist. Ist dies nicht der Fall, aktivieren Sie die Funktion.

Sie öffnen anschließend das Terminal per Rechtsklick an einer freien Stelle im Dateimanager und führen die Datei mit administrativen Rechten aus. Etwa:

```
sudo ./install.run
sudo ./install.sh
```

Je nach Hersteller wird der Treiber anschließend entweder automatisch installiert oder Sie müssen noch ein paar Angaben machen. Der Assistent leitet Sie durch die Installation. Lesen Sie sich die Optionen durch. Meist geben Sie Angaben durch entsprechende vorgegebene Zifferntasten ein. Nach der Installation der Treiber ist der Drucker in den Einstellungen der jeweiligen Desktop-Umgebung unter dem Eintrag DRUCKER verfügbar.

Kapitel 5

Software unter Linux Mint verwalten

Linux Mint basiert auf Ubuntu, das wiederum auf Debian basiert. Von Debian bezieht Linux Mint auch das grundlegende System. Aus diesem Grund können Sie unter Linux Mint alle für Debian verfügbare Software nutzen. Zusätzlich erstellen die Entwickler von Linux Mint auch eigene Software-Pakete.

Linux-Software hat aber viele Abhängigkeiten – um eine Software zu installieren, sind oft viele weitere Software-Pakete nötig. So wie etwa eine Software Java als Bibliothek benötigt, kann andere Software viele andere Bibliotheken voraussetzen. Dies macht es schwierig, Software innerhalb eines Linux-Mint-Releases zu aktualisieren. Die Software und ihre Abhängigkeiten müssen zusammenpassen, ansonsten funktioniert die Software nicht oder nur fehlerhaft.

Red Hat, eine weitere Linux-Distribution, hat mit Flatpak ein eigenes Paket-Format entwickelt. Es bietet die Möglichkeit, unter allen Distributionen verwendet zu werden. Dazu gibt es noch das alte DEB-Format, AppImages und einiges mehr – also sehr viel Software für Linux Mint. In diesem Kapitel lesen Sie, wie Sie solche Software installieren.

Hinweis für Ubuntu-Benutzer

Linux Mint basiert zwar auf Ubuntu, aktiviert jedoch das Ubuntu-eigene Paket-Format »Snap« nicht automatisch. Stattdessen wird Flatpak genutzt. Snap lässt sich aber auch unter Linux Mint aktivieren und verwenden (siehe Abschnitt 5.2.5).

5.1 Linux Mint aktuell halten

Linux Mint ist eine Mischung aus dem Paket-Format DEB von Debian – hieraus bestehen das eigentliche System und standardmäßig installierte Software – und Flatpak, also Software, die man gerne aktueller hat oder die unter Linux Mint im DEB-Format nicht verfügbar ist.

Sie sollten das System und die darauf installierte Software aktuell halten. Dies gelingt über die AKTUALISIERUNGSVERWALTUNG, die Sie im Anwendungsmenü finden. Damit bringen Sie System und Programme, also auch Flatpak-Pakete, auf den neuesten Stand. Tun Sie dies nicht von sich aus, wird Linux Mint Sie in Intervallen darauf aufmerksam machen (siehe Abbildung 3.1).

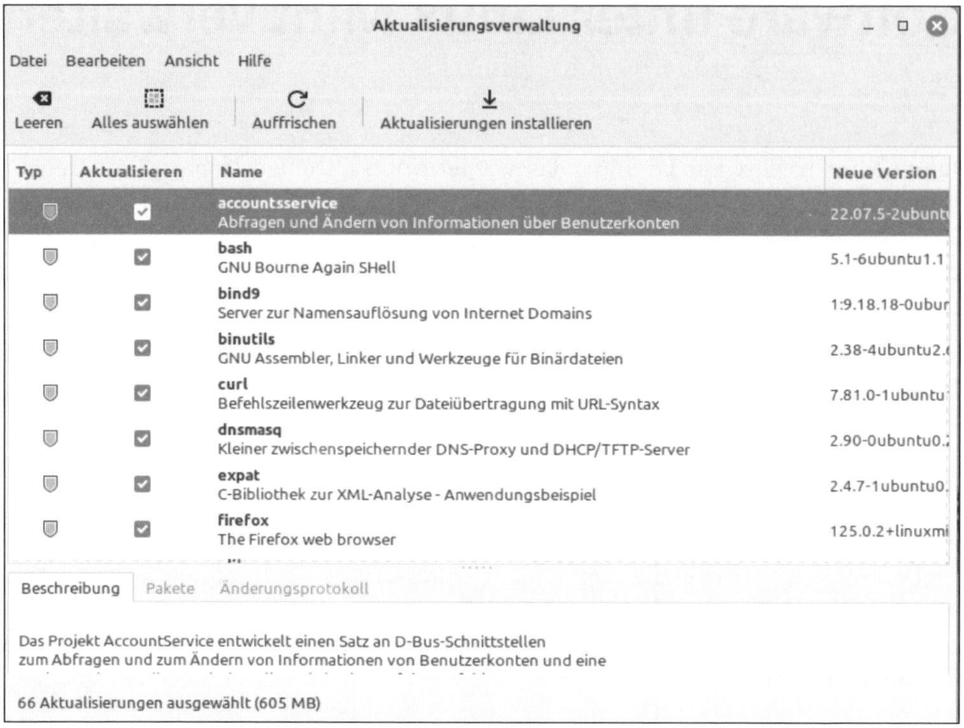

Abb. 5.1: Die Aktualisierungsverwaltung

Das System zeigt die vorhandenen Aktualisierungen. Sie brauchen nur noch auf den Schalter AKTUALISIERUNGEN INSTALLIEREN zu klicken. Die Aktualisierungsverwaltung zeigt vor jedem Paket, das aktualisiert werden könnte, die Art der Aktualisierung und bietet die Möglichkeit, selbst zu entscheiden, ob Sie die Aktualisierung vornehmen wollen oder nicht. Dies regeln Sie über die Checkbox vor dem Paket

- **Sicherheitsaktualisierung** – ein sicherheitsrelevantes Update des Software-Pakets. Diese Aktualisierungen sollten Sie unbedingt vornehmen, es handelt sich um Behebungen von Sicherheitslücken.
- **Anwendungsaktualisierung** – Hierbei handelt es sich um Updates, die neue Funktionen bringen und kleine Fehler in der Software bereinigen. Diese Aktualisierung können Sie ablehnen, sie bringt aber meist Verbesserungen.

Um welche Art der Aktualisierung es sich handelt, erkennen Sie, indem Sie den Mauszeiger über dem Symbol ganz links positionieren – ein Pop-up-Fenster gibt Ihnen die gesuchte Information.

Dauert Ihnen das Herunterladen der Aktualisierungen zu lange oder geht beim Download gar nichts mehr weiter, sollten Sie die Aktualisierung mit einem Klick auf den Schalter ABBRECHEN vorzeitig beenden. Standardmäßig ist unter Linux Mint ein Server in den USA aktiv und ein Server für Ubuntu in Großbritannien. Diese sollten Sie auf jeden Fall auf einen deutschen Server umstellen. Dies gelingt in der Aktualisierungsverwaltung über das Menü BEARBEITEN|EINSTELLUNGEN.

Hier klicken Sie unter OFFIZIELLE PAKETQUELLEN doppelt auf die bisher aktive Adresse für Linux Mint (LINUX MINT (VANESSA)) und Ubuntu (BASIS (JAMMY)). Es öffnet sich ein weiteres Fenster. Warten Sie kurz ab, bis die Software den schnellsten Server gefunden hat (der oberste). Diesen Server markieren Sie mit einem Mausklick und klicken dann auf den Schalter ANWENDEN.

Anschließend bestätigen Sie die Nachfrage zur Aktualisierung des Zwischenspeichers. Ist dies abgeschlossen, schließen Sie das Fenster und starten Sie die Aktualisierung mit einem Klick auf AKTUALISIERUNGEN INSTALLIEREN.

Gibt es eine neue Version von Linux Mint, wird Sie das System darauf hinweisen. Die Aktualisierung auf die neue Version gelingt anschließend per Mausklick.

Da Linux Mint direkt auf Ubuntu LTS (Long Term Support) basiert, wird es auch nach dessen Update-Zeiträumen unterstützt. Dies bedeutet, Sie erhalten fünf Jahre lang Updates (auch, wenn Ubuntu inzwischen über zehn Jahre anbietet – unter Mint sind es fünf). Anschließend sollten Sie auf die neue Version von Linux Mint aktualisieren.

Erscheint eine neue Version von Linux Mint, wird Sie die Aktualisierungsverwaltung darauf aufmerksam machen. Alternativ können Sie dann auch das Paket »mint-upgrade« am Terminal mit dem Befehl:

```
sudo mint-upgrade
```

installieren.

5.2 Software installieren und aktualisieren

5.2.1 Der Linux-Mint-Standard – Debian-Pakete (die Paket-Verwaltung)

Der Grundaufbau von Linux Mint – also das System und die standardmäßig installierte Software – besteht aus Debian-Paketen. Debian hat eines der größten Software-Archive aller Linux-Distributionen. Ubuntu bezieht diese Pakete aus dem Software-Archiv von Debian und passt sie auf Ubuntu an und Linux Mint übernimmt diese anschließend von Ubuntu.

Um unter Linux Mint nach weiterer Software zu suchen, geben Sie im Anwendungsmenü den Begriff »anwendungsverwaltung« ein. Alternativ öffnen Sie im

Anwendungsmenü die Kategorie SYSTEMVERWALTUNG. Hier findet sich die Anwendungsverwaltung (siehe Abbildung 5.2).

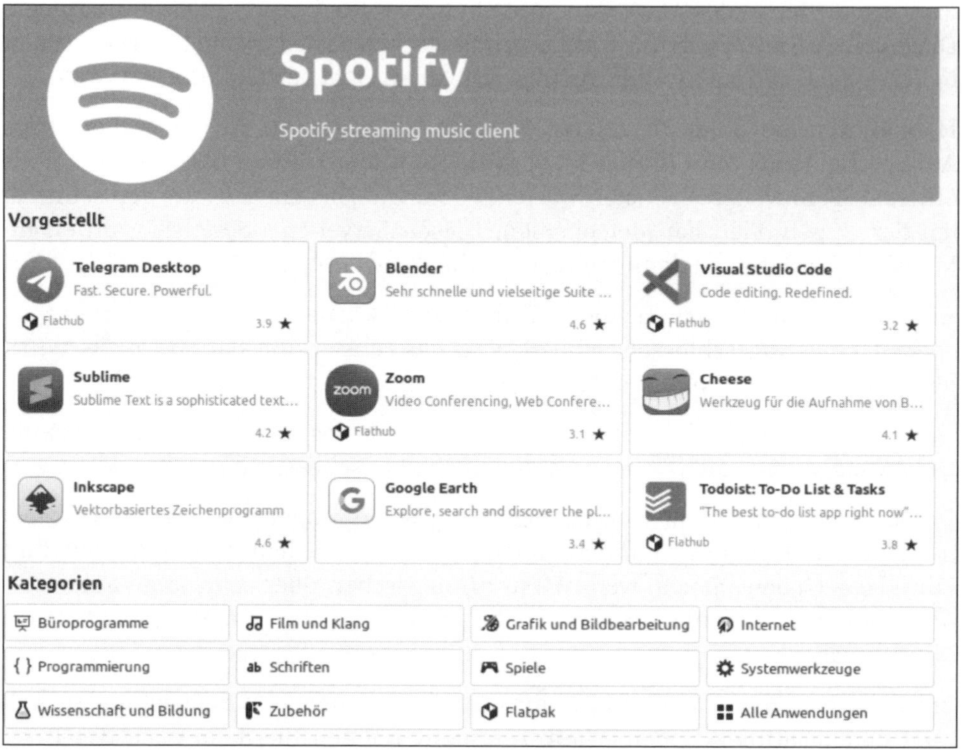

Abb. 5.2: Die grafische Anwendungsverwaltung von Linux Mint

Diese Software ist einfachst zu nutzen – ähnlich wie ein App-Store unter Android oder iOS. Sie finden oben einige Empfehlungen, darunter Software-Kategorien. Klicken Sie eine Software an, öffnet sich deren Beschreibung – hier finden Sie einen Schalter namens INSTALLIEREN – ein Mausklick, und die Software wird ohne weiteres Zutun installiert. Ist die Software bereits installiert, bietet die Anwendungsverwaltung an, sie zu deinstallieren.

Die Anwendungsverwaltung zeigt nur grafische Software an, jedoch keine Software für das Terminal oder Server – hierfür dient Synaptic, auch diese Software ist unter Linux Mint bereits installiert (siehe Abbildung 5.3).

Synaptic ist recht einfach aufgebaut: Links oben finden Sie eine Liste mit Software-Kategorien. Klicken Sie eine solche mit der linken Maustaste an, werden rechts oben die in dieser Kategorie vorhandenen Software-Pakete angezeigt. Ein Klick auf ein solches Paket zeigt darunter die Beschreibung der jeweiligen Software. Klicken

Sie in der Beschreibung auf den Schalter BILDSCHIRMFOTO HERUNTERLADEN, wird Ihnen auch ein Screenshot angezeigt (wenn ein solcher vorhanden ist).

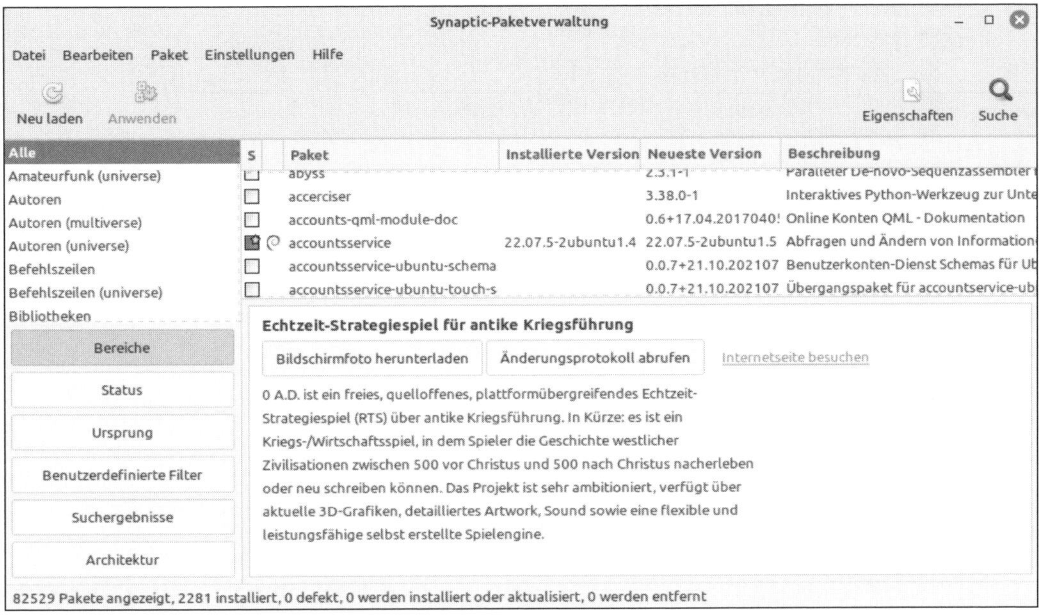

Abb. 5.3: Synaptic – Softwareverwaltung für Debian-Pakete

Vor jedem Paket in der Liste rechts oben finden Sie eine Checkbox. Diese ist entweder leer oder mit einer Farbe bzw. einem Symbol gefüllt. Die Farbe oder das Symbol zeigt den Status des jeweiligen Pakets an – folgende Symbole sind zu finden:

- **Grün gefüllt** – Das Paket (die Software) ist installiert und funktioniert.
- **Rot gefüllt** – Das Paket ist installiert, jedoch liegt ein Fehler vor, möglich wäre, dass ein Update nicht funktioniert hat.
- **Gelber Pfeil** – Das Paket ist zur Installation vorgemerkt.
- **Gelber Pfeil in grün gefüllter Checkbox** – Das Paket ist zur Aktualisierung vorgemerkt.
- **Gelber Stern in grün gefüllter Checkbox** – Für das Paket gibt es eine Aktualisierung.

Es gibt noch weitere Markierungen – welche dies sind, zeigt Ihnen in Synaptic die Nutzung des Menüeintrages HILFE|SYMBOLLEGENDE (siehe Abbildung 5.4).

Abb. 5.4: Synaptic – Symbole für den Status von Software-Paketen

Mit der Checkbox lässt sich der Status eines Pakets ändern. Klicken Sie mit der linken Maustaste in die Checkbox, so können Sie das Paket installieren oder deinstallieren.

Ein Klick auf den Schalter Anwenden links oben führt die Aufgabe aus. Sollten sich hierbei Probleme ergeben – Synaptic findet etwa die Pakete nicht –, klicken Sie auf den Schalter Neu laden und starten noch einmal mit Anwenden.

Debian-Pakete auf dem Terminal verwalten

Sie müssen Debian-Software-Pakete nicht unbedingt mit grafischer Software verwalten. Sie können dies auch auf dem Terminal (siehe Abschnitt 4.3) tun.

Hinweis für Debian- und Ubuntu-Benutzer

Unter Linux Mint verwendet man auf dem Terminal noch den älteren Befehl `apt-get` statt des unter Debian und Ubuntu aktuelleren Befehls `apt`. Zwar lässt sich auch der aktuellere Befehl nutzen, optimiert ist Linux Mint jedoch für den älteren. Keinesfalls sollten Sie beide Befehle verwenden. Diese nutzen unterschiedliche Markierungen für die Softwareverwaltung, was das System durcheinanderbringen kann.

Als Erstes sollten Sie die Internet-Archive, auf denen die Debian-Pakete liegen, mit dem lokalen System synchronisieren. Dies gelingt mit dem Befehl:

```
sudo apt-get update
```

Jetzt lässt sich das komplette Grundsystem, also Ubuntu und die Software, die als Debian-Paket installiert ist, mit folgendem Befehl aktualisieren:

```
sudo apt-get upgrade
```

Sie können natürlich auch nach Software suchen. Hierzu nutzen Sie die Option `search` *`begriff`*. Als Suchbegriff geben Sie den Namen einer Software ein, eine Programm-Kategorie oder Dateiformate, mit denen die Software umgehen kann. Etwa:

```
sudo apt-cache search inkscape
```

Abbildung 5.5 zeigt eine solche Suche.

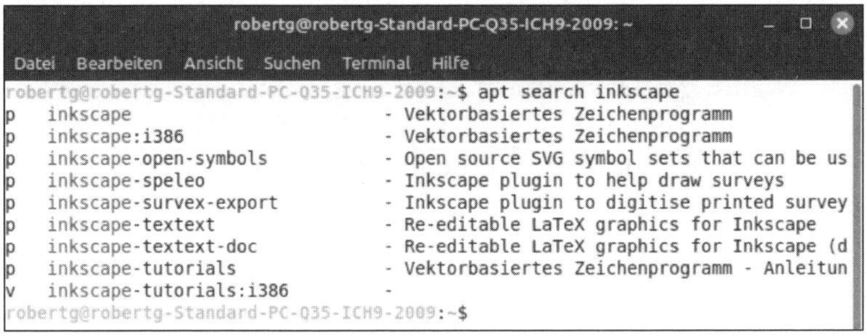

Abb. 5.5: Software-Suche am Terminal

Angezeigt werden zu Beginn der Name des Pakets und nach dem Bindestrich eine kurze Beschreibung. Zur Installation eines Pakets nutzen Sie die Option `install` und geben dessen Namen an. Ein Beispiel:

```
sudo apt-get install inkscape
```

Die Deinstallation von Software-Paketen erfolgt durch die Option `remove`. Hier ein Beispiel mit dem zuvor installierten Paket `inkscape`:

```
sudo apt-get remove inkscape
```

Debian speichert die Debian-Pakete zur Installation und zur Aktualisierung im Systemverzeichnis `/var/cache/apt/archives/` und löscht sie nicht automatisch. Daher sollten Sie diese Pakete, die nur zur Installation dienen und anschließend nicht mehr benötigt werden, hin und wieder manuell löschen. Ansonsten benötigen sie nur unnötig Platz. Hierzu dient folgender Befehl:

```
sudo apt-get clean
```

Auch aktualisieren lässt sich Linux Mint am Terminal. Dies gelingt mit den Befehlen:

```
sudo apt-get update
sudo apt-get upgrade
```

5.2.2 Flatpak – noch mehr Software

Es handelt sich bei Flatpak um eine Eigenentwicklung von Fedora (Fedora ist die kostenlose Testplattform für Red Hat), eine weitere Linux-Distribution, die vor allem auf Aktualität setzt. Flatpak kann auch von anderen Linux-Distributionen genutzt werden. Dieses Paket-Format hat den Vorteil, dass Entwickler es damit einfacher haben, aktuellere Software für Linux zu liefern.

In der Anwendungsverwaltung zeigt sich solche Software mit einem kleinen Würfel als Logo; ist ein solches Paket auch als Debian-Paket verfügbar, haben Sie die Wahl zwischen beiden – siehe Abbildung 5.6. Beim System-Paket handelt es sich um ein Debian-Paket.

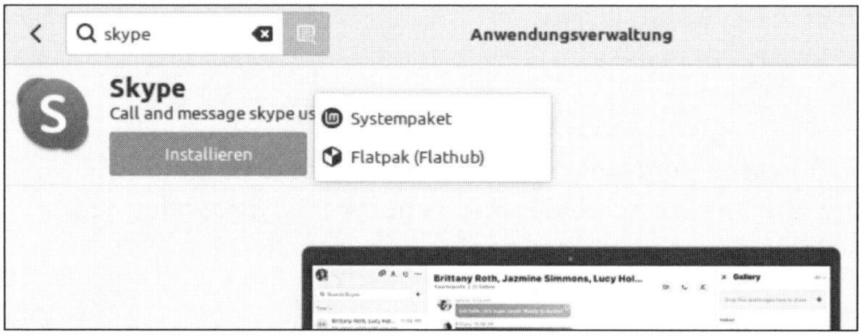

Abb. 5.6: Auswahl zwischen Debian-Paket und Flatpak-Paket

Sie finden das Software-Archiv von Flatpak im Internet unter der Adresse: `https://flathub.org/home`.

5.2.3 AppImages – ausführbare Dateien

Ein weiteres wichtiges Paket-Format unter Linux Mint nennt sich »AppImage«. Es handelt sich hierbei um ausführbare Dateien, ähnlich der EXE-Dateien unter Microsoft Windows. Solche Dateien lassen sich unter allen Linux-Distributionen nutzen. Eine Installation ist dabei nicht nötig.

Sie finden solche Software immer wieder auf Webseiten. Sie brauchen sie nur herunterzuladen und in einem beliebigen Verzeichnis zu speichern. Diese Dateien haben die Dateiendung `.appimage`.

AppImages müssen einmalig ausführbar gemacht werden. Dies gelingt per Rechtsklick auf die Datei und der Wahl von EIGENSCHAFTEN|ZUGRIFFSRECHTE. Hier aktivieren Sie die Checkbox DER DATEI ERLAUBEN SIE ALS PROGRAMM AUSZUFÜHREN. Anschließend lässt sich die Software per Doppelklick auf die Datei starten.

5.2.4 PPAs – Software von Ubuntu- und Linux-Mint-Benutzern

PPAs (Personal Package Archive) sind Software-Archive, die von Ubuntu-Benutzern bereitgestellt werden. Software aus solchen Archiven ist zwar kein offizieller Bestandteil von Ubuntu, die Idee dahinter stammt aber von Ubuntu selbst. PPAs sind auch für Linux Mint verfügbar.

PPAs bieten Benutzern die Möglichkeit, Software bereitzustellen, die in Ubuntu und darauf basierenden Linux-Distributionen wie Linux Mint entweder nicht vorhanden ist, oder aktuellere Versionen verfügbarer Software. So bieten PPAs etwa aktuellere Versionen von LibreOffice oder vom Webbrowser Firefox.

PPAs bieten Fremdsoftware

Wie schon beschrieben – in PPAs wird Software angeboten, die von Benutzern bereitgestellt wird. Es handelt sich dabei um Software, die nicht von Ubuntu oder Linux Mint geprüft wird. Unter normalen Umständen wird solche Software problemlos funktionieren. Sie könnte jedoch auch die Stabilität des Systems gefährden. Die Nutzung von PPAs erfolgt also auf eigene Gefahr.

Sie finden die Sammlung von PPAs unter der Adresse `https://launchpad.net/ubuntu/+ppas`. Jedes PPA enthält eine Beschreibung der Software sowie Anweisungen, wie man es in Ubuntu und somit auch in Linux Mint integriert.

Die Integration eines PPAs in Linux Mint wird als Administrator auf dem Terminal (siehe Abschnitt 4.3) vorgenommen. Die Syntax dazu lautet:

```
sudo add-apt-repository ppa:benutzername/ppa
```

Hierbei brauchen Sie nur `nutzername/ppa` durch die Angaben aus der Beschreibung auf der Webseite zu ersetzen. Im Grunde brauchen Sie bloß die Befehle auf der Webseite zu kopieren und am Terminal per Rechtsklick einzufügen.

Die ganze Abfolge der Befehle lautet schließlich:

```
sudo add-apt-repository ppa:benutzername/ppa
sudo apt-get update
sudo apt-get install paket
```

Ist ein PPA in Linux Mint integriert und die Software daraus installiert, hält sich die Software mit der Aktualisierung des Systems von selbst aktuell. Um ein PPA wieder aus dem System zu entfernen, nutzen Sie erst folgenden Befehl, um alle PPAs anzuzeigen (kann als normaler Benutzer ohne `sudo` genutzt werden):

```
apt policy
```

Jetzt können Sie den Namen des PPAs nutzen, um es wieder aus dem System zu entfernen – etwa:

```
sudo ppa-purge ppa:benutzername/ppa
sudo apt-get update
```

Damit wird nicht nur die über das PPA installierte Software entfernt, sondern auch das PPA selbst aus dem System gelöscht.

Probleme mit PPAs beheben

Hin und wieder kommt es vor, dass man PPAs mehrfach in das System integriert. Das kann vor allem am Terminal passieren (siehe Abschnitt 4.3). In solchen Fällen meldet das System Fehler. Auch hierbei hilft die Software »Anwendungspaketquellen« aus dem Anwendungsmenü.

Hier klicken Sie links in der Liste auf den Schalter WARTUNG. Unter den sich öffnenden Möglichkeiten dient der Schalter MERGELIST-PROBLEME BEHEBEN zum Entfernen doppelter Einträge von PPAs. Mehrfach vorhandene Einträge werden automatisch gelöscht.

5.2.5 Snap – der Ubuntu-Standard

Snap ermöglicht es, aktuellere Software zu installieren, als für das Ubuntu-Release eigentlich vorgesehen ist. Dies gilt natürlich auch für Linux Mint. Zudem hat der Distributor der Distribution weniger Arbeit mit der Anpassung der Software an das System. Snap ist seit Kurzem der Standard unter Ubuntu für Benutzer-Software.

Anders als Flatpak (Abschnitt 5.2.2) ist Snap unter Linux Mint nicht aktiviert. Der Grund ist recht einfach erklärt: So einiges rund um das Thema Snap legt Ubuntu nicht offen. Vor allem Dinge rund um das Software-Archiv (anders als unter Flatpak – hier ist alles offen zugänglich). Dies missfällt den Entwicklern von Linux Mint. So oder so – Snap bietet zusätzliche Software.

Was bedeutet Snap?

Snap ist ein von Ubuntu entwickeltes Software-Paket-Format. Standardmäßig installiert Ubuntu benötigte Abhängigkeiten als eigene Pakete. Braucht ein Programm etwa Java als Abhängigkeit, wird dieses Paket zusätzlich installiert. Ein Snap-Paket besteht wiederum aus der eigentlichen Software *plus* den Abhängigkeiten, also aus allem, was das Programm zum Funktionieren benötigt. »Snap-Pakete« werden häufig »Snaps« genannt.

Snaps sind meist aktueller als DEB-Pakete, weil die Entwickler nicht auf die Abhängigkeiten der Ubuntu-Version achten müssen. Bei der Stabilität solcher Software gibt es keine Unterschiede zu Debian-Paketen unter Ubuntu (Abschnitt 5.2.1).

Snap aktivieren

Die Entwickler von Linux Mint haben nicht nur einfach das unter Ubuntu vorinstallierte Paket für Snap namens »snapd« nicht installiert, nein, sie haben die Installation dieses Pakets sogar unterbunden. Dabei sollte es dem Benutzer freistehen zu entscheiden, ob er Snap-Pakete verwenden will oder nicht. Probleme mit dem System wird es durch die Installation von Snap-Paketen unter Linux Mint keine geben.

Um Snap zu aktivieren, öffnen Sie das Terminal und geben folgende Befehle ein:

```
sudo rm /etc/apt/preferences.d/nosnap.pref
sudo apt-get update
apt-get install snapd
```

Möchten Sie dies wieder rückgängig machen, deinstallieren Sie das Paket »snapd« auf dem Terminal:

```
sudo apt-get purge snapd
```

Anschließend erstellen Sie die zuvor gelöschte Datei neu durch folgenden Befehl:

```
sudo nano /etc/apt/preferences.d/nosnap.pref
```

Es öffnet sich der Terminal-Editor »nano«. Fügen Sie folgende Zeilen in die Datei ein:

```
Package: snapd
Pin: release a=*
Pin-Priority: -10
```

Nachdem der Text in der Datei vorhanden ist, speichern Sie die Datei mit [Strg]+[o], bestätigen mit [Eingabe] und schließen den Editor mit [Strg]+[x].

Snap-Pakete installieren, aktualisieren und deinstallieren

Snap-Pakete verwalten Sie unter Linux Mint am Terminal mit administrativen Rechten. Dies funktioniert sehr einfach: Sie finden Snap-Pakete im Internet unter der Adresse `https://snapcraft.io/store`. Dort sehen Sie unter anderem Bildschirmfotos und Beschreibungen zur Software. Sie wählen hier die gewünschte Version der Software aus und klicken auf den Schalter INSTALL (siehe Abbildung 5.7).

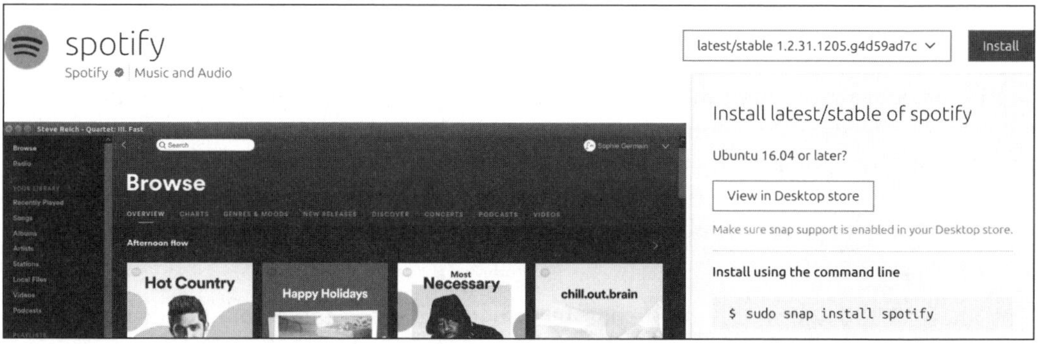

Abb. 5.7: Der Befehl zur Installation von Snap-Software

Es öffnet sich ein Menü mit Informationen. Wichtig für die Installation ist der Befehl unter INSTALL USING THE COMMAND LINE. Im Beispiel oben:

```
sudo snap install slack
```

Sie erhalten keine Nachfragen. Snap lädt die Software herunter, installiert sie und integriert sie im Anwendungsmenü.

Um sich installierte Snap-Pakete anzeigen zu lassen, nutzen Sie den Befehl:

```
snap list
```

Durch diesen Befehl werden nicht nur die von Ihnen installierten Snap-Pakete angezeigt, sondern auch durch das System automatisch installierte Abhängigkeiten. Auch wenn Snap-Pakete eigentlich alles beinhalten, um zu funktionieren, werden einige Abhängigkeiten doch extra installiert.

Ganz links sehen Sie den Herausgeber, also den Ersteller des Pakets. Es folgt der Hinweis »base«, der eine Abhängigkeit zeigt. Weiter folgen Informationen zur Version der Software.

Um installierte Snap-Pakete zu aktualisieren, nutzen Sie den Befehl:

```
sudo snap refresh
```

Zur Deinstallation eines Snap-Pakets geben Sie dessen Namen in folgendem Befehl an – hier das Paket »slack«:

```
sudo snap remove slack
```

5.3 Wichtige Treiber installieren

Haben Sie, wie in Abschnitt 2.5 beschrieben, Linux Mint mit aktiver Internetverbindung installiert und die Option INSTALLIEREN SIE SOFTWARE VON DRITTANBIETERN FÜR GRAFIK- UND WLAN-HARDWARE UND ZUSÄTZLICHE MEDIENFORMATE aktiviert, sind benötigte Treiber für Grafikkarte und WLAN schon automatisch installiert. Möchten Sie dies nachholen oder bauen Sie neue Hardware ein, schließen Sie diese Hardware an, etwa WLAN-Sticks, und öffnen Sie aus dem Anwendungsmenü den Eintrag TREIBERVERWALTUNG.

Diese Systemanwendung überprüft die eingebaute und angeschlossene Hardware und bietet dazu benötigte Treiber zur Installation an. Sie markieren einfach den angezeigten Treiber und klicken auf den Schalter ÄNDERUNGEN ANWENDEN (siehe Abbildung 5.8. Demnach sind keine weiteren Treiber notwendig).

Abb. 5.8: Benötigte Treiber unter Linux Mint installieren

5.4 Weitere Schriften installieren

Linux Mint kommt in der Standardinstallation mit vielen Schriften daher. Besonders bei unter Windows erstellten Dokumenten sehen diese aber anders aus, da Standard-Windows-Schriften nicht installiert sind.

Eine der ersten Aktionen nach der Installation von Linux Mint sollte daher die Installation von unter Windows häufig genutzten Schriften sein. Dies erledigen Sie am Terminal mit dem Befehl:

```
sudo apt-get install ttf-mscorefonts-installer
```

Sie müssen die Installation der proprietären Schriften bestätigen. Dafür wechseln Sie mit der [Tab]-Taste auf den Schalter OK und bestätigen mit [Eingabe]. Anschließend führen Sie dieselbe Prozedur mit der Lizenz aus. Sie wechseln mit der [Tab]-Taste von NEIN auf JA und bestätigen mit [Eingabe].

Haben Sie weitere Schriften aus dem Internet heruntergeladen, gelingt deren Installation sehr einfach. Meist sind sie in ein ZIP-Archiv komprimiert. Entpacken Sie das Archiv per Rechtsklick auf ENTPACKEN und klicken Sie anschließend die Schrift-Dateien doppelt an. Es öffnet sich ein Fenster mit einer Vorschau der Schrift. Sie brauchen nun nur noch auf den Schalter INSTALLIEREN zu klicken.

Kapitel 6

Häufig genutzte Software und Alternativen zu Windows-Software

In diesem Kapitel finden Sie unter Linux häufig genutzte Software und Alternativen zu Software unter Windows. Darunter werden Sie aber natürlich auch Software finden, die Sie bereits von Windows kennen.

Viel Software wird unter Linux über die Paket-Verwaltung installiert – mehr dazu lesen Sie in Abschnitt 5.2.1. Ein Teil der beschriebenen Software wird von den Webseiten der Hersteller heruntergeladen und dann ebenfalls über die Paket-Verwaltung installiert.

Hinweis

Dieses Kapitel zeigt Ihnen nur eine sehr kleine Auswahl an Software unter Linux. Nutzen Sie eine Linux-Distribution, finden Sie in deren Repositories Tausende Software-Pakete aller Art, ob es um Office, Bildbearbeitung, Programmieren oder auch um das Spielen geht – Linux bringt vieles mit, noch mehr lässt sich nachinstallieren.

Was Sie in den Repositories nicht finden, finden Sie im Internet.

6.1 Dateimanager

Die Dateimanager Nemo (Cinnamon), Caja (Mate) und Thunar (XFCE) wurden schon unter den Desktop-Umgebungen in Kapitel 3 beschrieben. Hier finden Sie weitere mit deren eigenen Vorzügen.

Tipp

Sie können den vorinstallierten Dateimanager problemlos durch einen beliebigen von Ihnen nachinstallierten ersetzen (dazu suchen Sie in den Einstellungen der jeweiligen Desktop-Umgebung nach ANWENDUNGEN oder auch STANDARD-ANWENDUNGEN und setzen den gewünschten Dateimanager dann per Mausklick als Standard).

6.1.1 Dolphin – der KDE-Dateimanager

Dolphin ist der Dateimanager unter der Desktop-Umgebung KDE Plasma, er besitzt Funktionen, die in anderen Dateimanagern fehlen. Die Ansicht lässt sich teilen, sodass Sie zum Kopieren und Verschieben kein zweites Fenster öffnen müssen, und Dolphin ist durch viele weitere Funktionen erweiterbar. Er besitzt so viele Einstellungen wie kein anderer Dateimanager. In Abbildung 3.1 sehen Sie Dolphin mit zweigeteiltem Fenster.

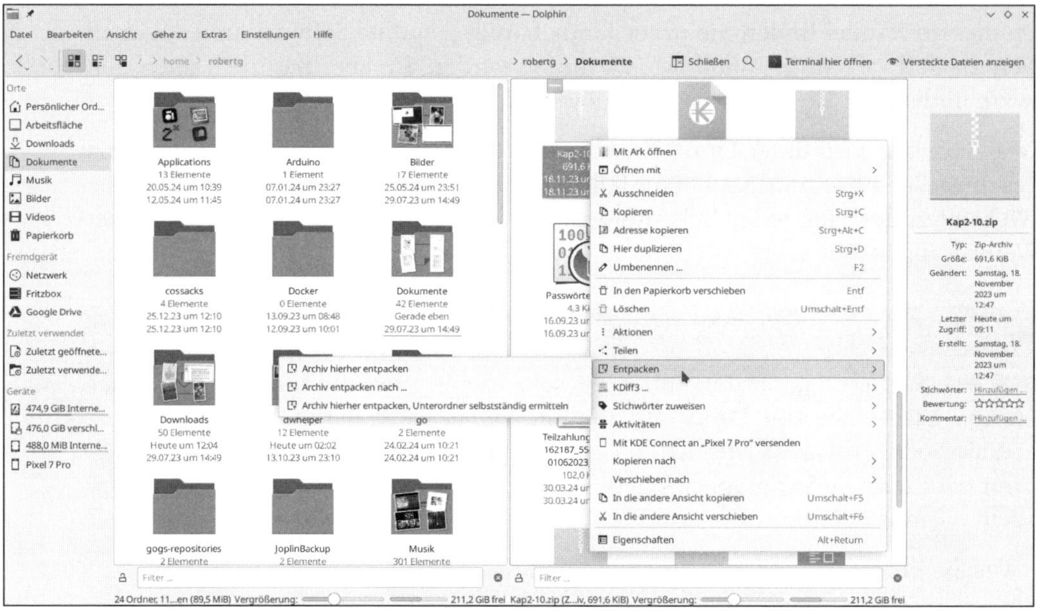

Abb. 6.1: Dolphin mit zweigeteiltem Fenster

Über die Einstellungen, die Sie im Menü EINSTELLUNGEN|DOLPHIN EINRICHTEN| KONTEXTMENÜ finden, lässt sich dieser Dateimanager über die Schaltfläche NEUE DIENSTE HERUNTERLADEN um viele Funktionen erweitern. Sie sollten dabei immer auf die Beschreibung der jeweiligen Erweiterung achten – manchmal müssen über die Paket-Verwaltung zusätzliche Software-Pakete installiert werden. Die Erweiterung selbst installieren Sie per Mausklick.

6.1.2 Krusader – Funktionen ohne Ende

Krusader wird ebenfalls hauptsächlich unter der Desktop-Umgebung KDE Plasma genutzt, besitzt jedoch noch um einiges mehr Funktionen als jeder andere Dateimanager unter Linux. Sie installieren diese Software über die Paket-Verwaltung durch das Paket »krusader«. Krusader startet automatisch mit zweigeteiltem Fenster (siehe Abbildung 6.2).

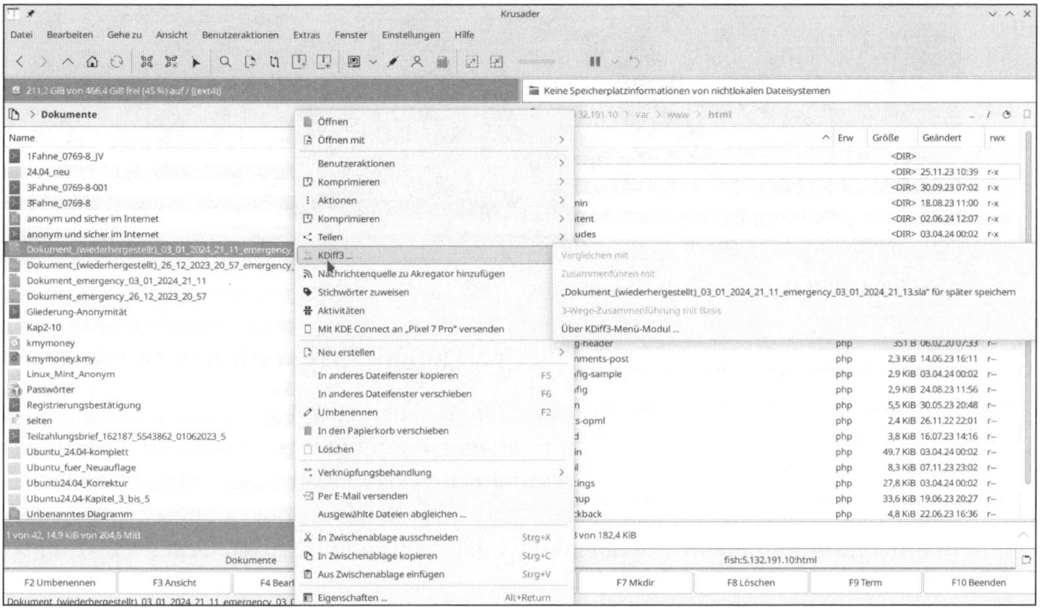

Abb. 6.2: Der funktionsreiche Dateimanager Krusader

Mit diesem Dateimanager greifen Sie nicht nur auf die lokale Festplatte und angeschlossene Datenträger zu, sondern auch auf Verzeichnisse im Netzwerk und im Internet. Krusader versteht sich mit allen möglichen Netzwerk-Protokollen (so können Sie etwa grafisch per SSH, SMB – besonders unter Windows bekannt –, NFS – Network File-System – und auch weniger bekannten Protokollen auf die Verzeichnisse und Dateien auf anderen Rechnern im Netzwerk oder Internet zugreifen).

6.1.3 GNOME Commander – das Gegenstück zu Krusader

Krusader (siehe Anschnitt darüber) wird hauptsächlich unter KDE Plasma genutzt. Möchten Sie einen Dateimanager mit demselben Funktionsumfang unter anderen Desktop-Umgebungen nutzen, der auch zu deren Optik passt, ist GNOME Commander die passende Software. Sie installieren diese Software über die Paket-Verwaltung durch das Paket »gnome-commander«.

GNOME Commander ist nicht viel anders aufgebaut als Krusader (siehe Abschnitt 6.1.2) und hat dieselben Funktionen und Netzwerk-Protokolle (siehe Abbildung 6.3).

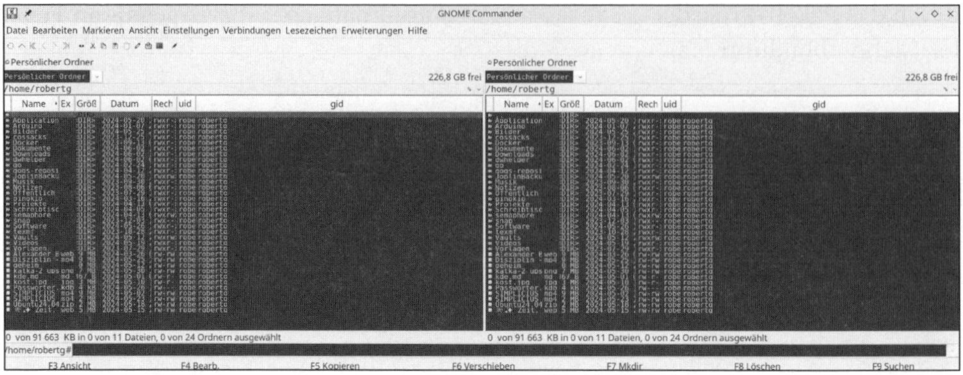

Abb. 6.3: GNOME Commander – funktionsreicher Dateimanager

6.1.4 Midnight Commander (MC) – Dateimanager für das Terminal

Arbeiten Sie gerne auf dem Terminal (siehe Abschnitt 4.3), müssen Sie auch da nicht auf einen komfortablen Dateimanager verzichten. Sie installieren Midnight Commander über die Paket-Verwaltung durch das Paket »mc«. MC ist zu bedienen wie der Norton Commander – sind Sie schon ein etwas älterer Computer-Benutzer, kennen Sie ihn vielleicht noch (siehe Abbildung 6.4). Gestartet wird MC auf dem Terminal mit dem Befehl:

```
mc
```

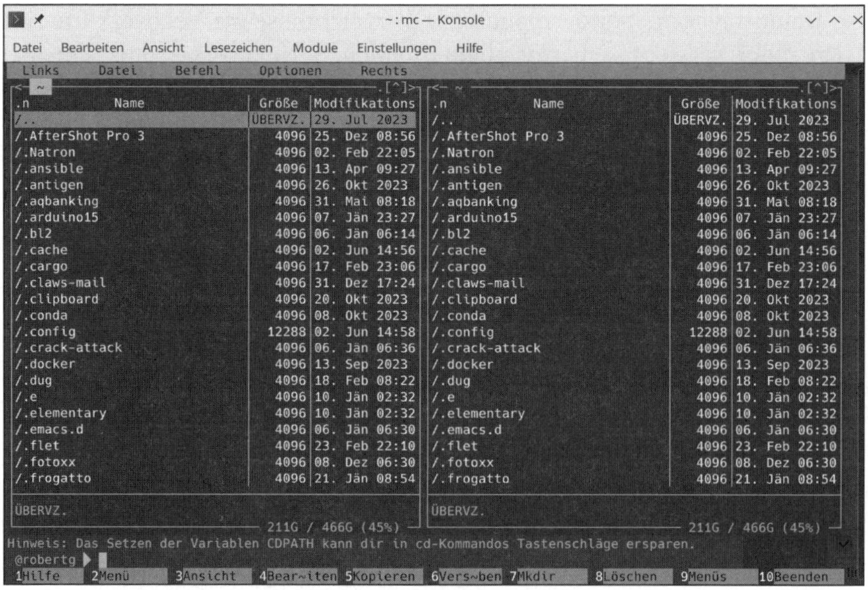

Abb. 6.4: MC – Dateimanager für das Terminal

Bedient wird MC hauptsächlich mittels Tastenkombinationen. Am unteren Fensterrand finden Sie entsprechende Hilfen.

6.2 Webbrowser

Firefox vom Hersteller Mozilla ist zwar der bekannteste Webbrowser unter Linux und auf den meisten Linux-Distributionen vorinstalliert, aber noch lange nicht der einzige. In diesem Abschnitt finden Sie einige interessante Software dieser Art.

6.2.1 Firefox – der bekannte Webbrowser

Firefox ist wohl der letzte Webbrowser, der nicht auf Chromium basiert. Unter den meisten Linux-Distributionen ist diese Software schon vorinstalliert. Er ist schnell, benötigt wenig Ressourcen und lässt sich durch viele Funktionen erweitern.

Die aktuellste Version von Firefox für Linux laden Sie sich unter `https://www.mozilla.org/de/firefox/new/` herunter, entpacken das komprimierte Archiv per Rechtsklick und starten die Software per Mausklick auf die darin liegende Datei `firefox`. Der so gestartete Firefox hält sich von selbst aktuell (siehe Abbildung 6.5).

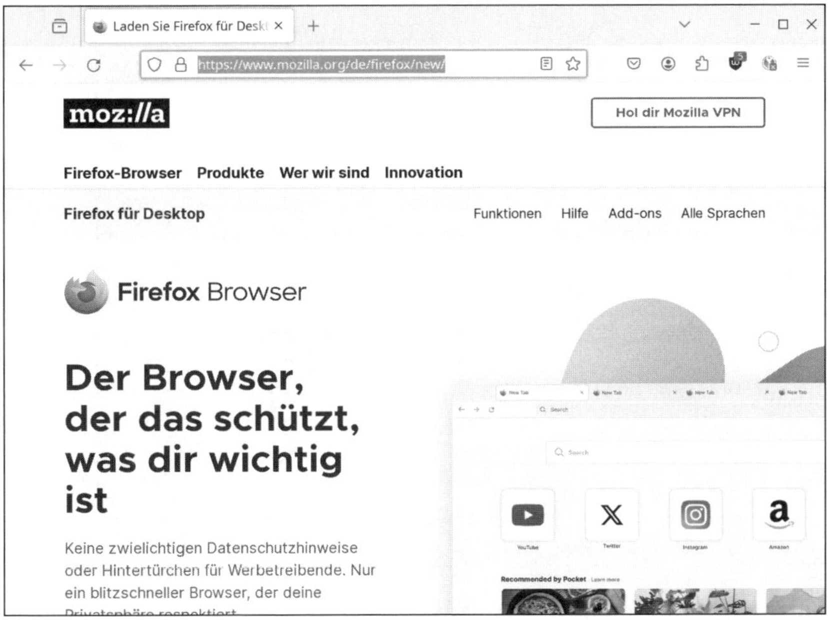

Abb. 6.5: Firefox – der bekannte Webbrowser

Um dem Webbrowser weitere Funktionen hinzuzufügen, öffnen Sie am einfachsten die Webseite `https://addons.mozilla.org/de/firefox/` in Firefox, suchen sich die passenden Erweiterungen unter der riesigen Anzahl heraus und klicken auf HINZUFÜGEN.

6.2.2 Waterfox – ressourcenschonender Firefox

Auf älteren Computern kann Firefox träge reagieren, langsam starten und Webseiten langsam öffnen – hier bietet sich die auf Firefox basierende Alternative Waterfox an.

Genau genommen handelt es sich bei Waterfox um Firefox, es wurden nur viele zusätzliche Funktionen, die Mozilla in Firefox einbaut, wieder entfernt, da viele Benutzer diese Funktionen ganz einfach nicht brauchen bzw. nicht benutzen.

Sie finden diese Software unter `https://www.waterfox.net/download/` zum Download. Sie müssen nur das komprimierte Archiv entpacken und die im entpackten Verzeichnis liegende Datei `waterfox` per Mausklick starten, die Software hält sich von selbst aktuell und lässt sich ebenso mit den Erweiterungen von Firefox erweitern (siehe Abbildung 6.6).

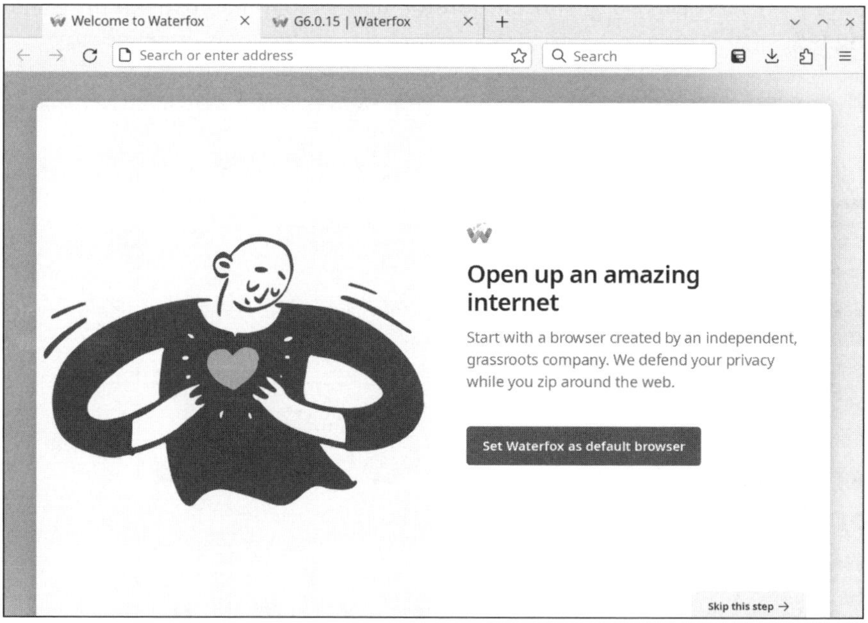

Abb. 6.6: Waterfox – schneller als Firefox

6.2.3 Vivaldi – der Nachfolger von Opera

Opera ist schon vor einigen Jahren von seinem Hersteller zu einer chinesischen Firma gewechselt und ist daher aus Datenschutzgründen so gesehen nicht mehr benutzbar.

Der ehemalige Hersteller hat inzwischen einen Nachfolger namens Vivaldi entwickelt – Sie sollten aber trotzdem wissen, dass es sich dabei nicht um freie Software handelt. Trotzdem ist Vivaldi aber natürlich kostenlos.

Sie finden Vivaldi unter `https://vivaldi.com/de/download/` zum Download. Installiert wird die heruntergeladene Datei anschließend über die Paket-Verwaltung (siehe Abbildung 6.7).

Nach der Installation wird diese Software automatisch mit dem System aktualisiert.

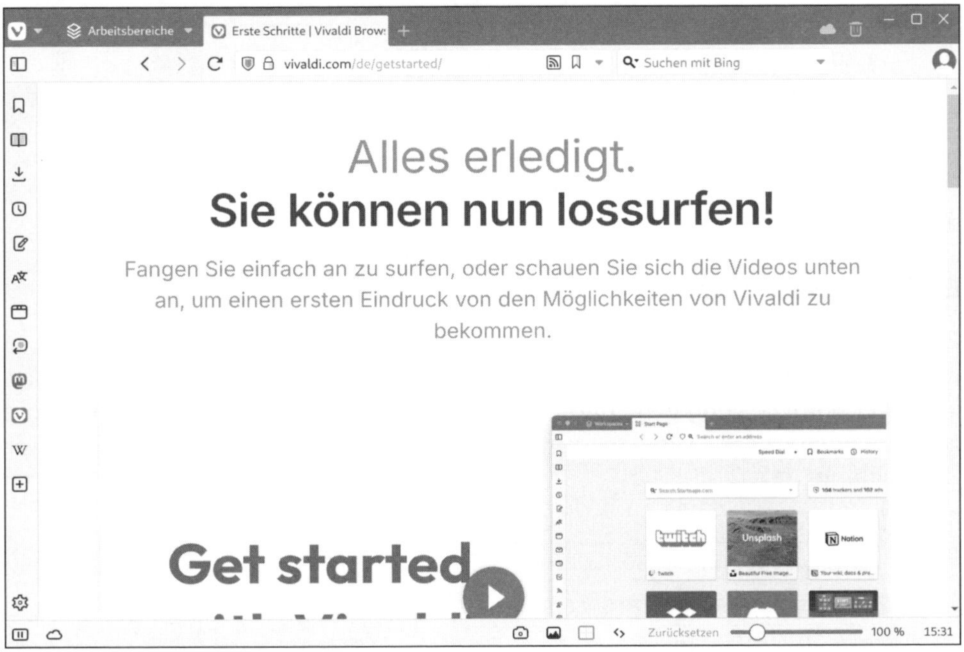

Abb. 6.7: Der Webbrowser Vivaldi

6.2.4 Google Chrome

Chrome vom Suchmaschinen-Betreiber Google (bzw. der Dachgesellschaft Alphabet) ist auch unter Linux keine unbekannte Software. Für Streaming in hoher Qualität ist dieser Webbrowser die einfachste Option. Die Software lässt sich durch etliche Erweiterungen von `https://chromewebstore.google.com/` um Funktionen erweitern. Zum Thema Datenschutz eignet sich dieser Webbrowser natürlich nicht unbedingt.

Sie finden diesen Webbrowser unter `https://google.com/chrome/` zum Download. Die heruntergeladene Datei installieren Sie über die Paket-Verwaltung (siehe Abbildung 6.8).

Abb. 6.8: Google Chrome

6.2.5 Microsoft Edge

Edge ist der Standard-Webbrowser unter Microsoft Windows. Eigentlich gibt es nur wenige Gründe, diesen Webbrowser unter Linux zu installieren – achtet man auf Datenschutz, schon ganz und gar nicht. Wenn es um Anonymität im Internet geht, ist Edge in der Liste ganz unten – vielleicht neben Opera aus chinesischer Entwicklung.

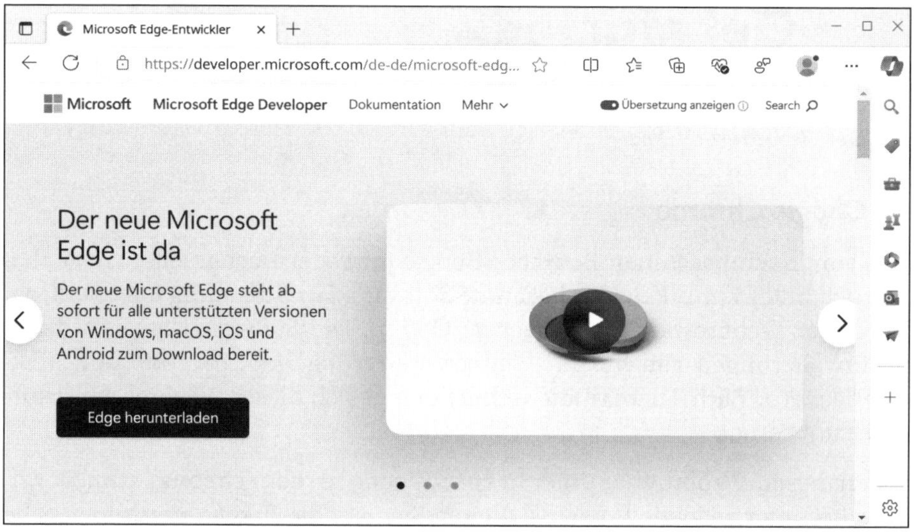

Abb. 6.9: Edge – der Webbrowser von Microsoft

Einen Grund, Edge zu installieren, gibt es natürlich: wenn man Microsoft Teams nutzen will oder muss.

Sie finden diesen Webbrowser unter `https://www.microsoft.com/en-us/edge/download/` zum Download. Die heruntergeladene Datei installieren Sie über die Paket-Verwaltung (siehe Abbildung 6.9).

6.3 Office

Unter Linux können Sie Microsoft Office nur in älteren Versionen nutzen, und dies ist auch etwas umständlich. Doch es gibt auch unter Linux zahlreiche Office-Suiten, die mehr oder weniger kompatibel zu Microsoft Office sind.

6.3.1 LibreOffice – der Standard unter Linux

LibreOffice ist unter den meisten Linux-Distributionen vorinstalliert und besteht aus folgenden Bestandteilen:

- **Writer** – Die Textverarbeitung, einigermaßen kompatibel mit Microsoft Word
- **Calc** – Tabellenbearbeitung, Formeln sind teilweise mit Microsoft Excel kompatibel, Makros nicht

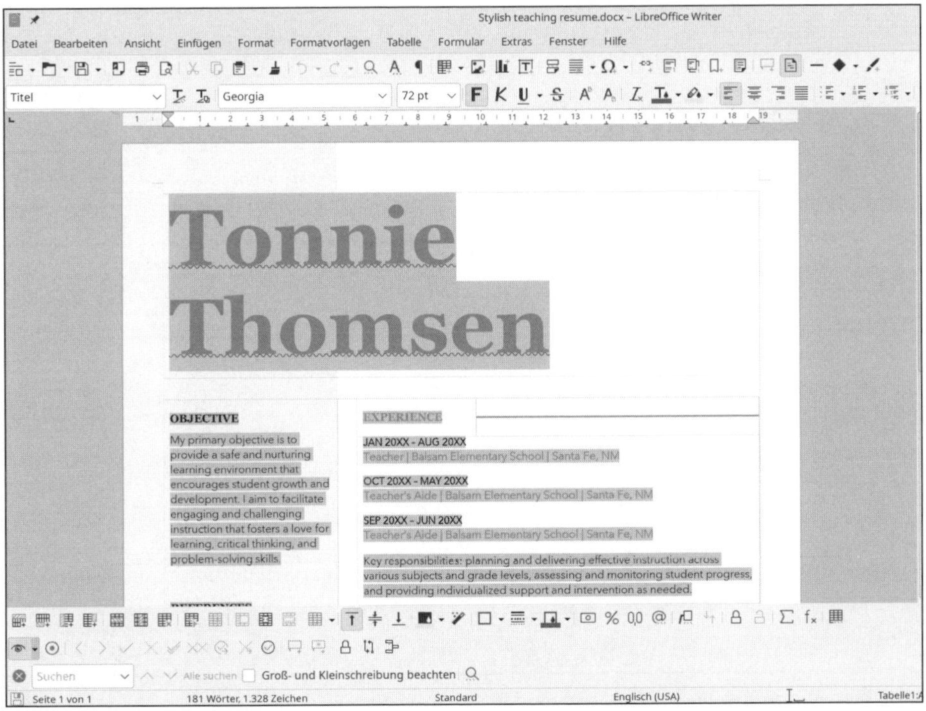

Abb. 6.10: LibreOffice mit einer Vorlage von Microsoft Office

- **Impress** – Das Pendant zu PowerPoint, teilweise kompatibel. Übergänge sind meist anders gestaltet.
- **Draw** – wird für einfache Grafiken und Darstellungen genutzt.
- **Math** – Zum Erstellen von mathematischen Formeln
- **Base** – Datenbanken erstellen und verwalten

Mit den meisten Vorlagen von Microsoft Office (Office 365) kommt LibreOffice problemlos klar, manche Formatierungen können jedoch Probleme bereiten. Ein Beispiel für eine MS-Office-Vorlage sehen Sie in Abbildung 6.10.

6.3.2 FreeOffice und Softmaker Office

Bei Softmaker handelt es sich um einen deutschen Software-Hersteller für Office-Software. Dieser bietet seine zu Microsoft Office sehr kompatible Office-Suite seit Jahrzehnten auch für Linux an. Es handelt sich hierbei nicht um freie Software.

Besonders die Textverarbeitung ist kompatibel mit Microsoft Word.

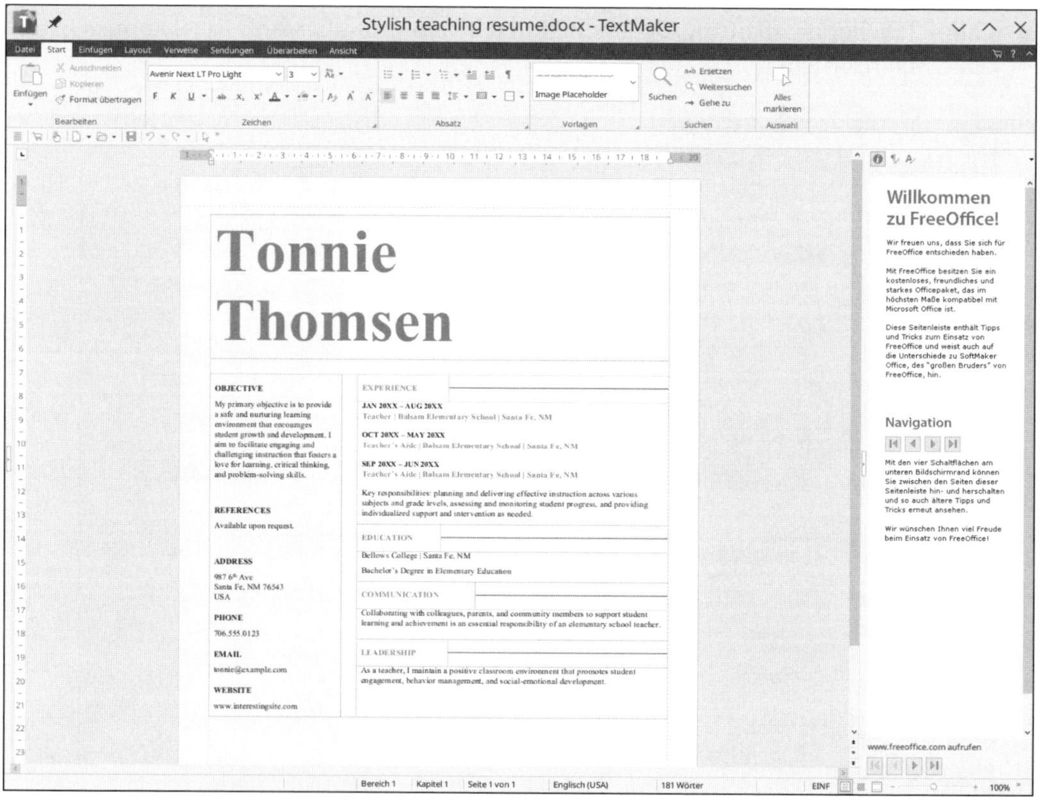

Abb. 6.11: Softmaker FreeOffice

Der Unterschied zwischen beiden Versionen sind die Kosten. FreeOffice ist kostenlos, Softmaker Office gibt es gegen Geld – diese Version beinhaltet zusätzlich den Duden für die Grammatik und einige weitere Funktionen. Sie finden die kommerzielle Variante unter `https://www.softmaker.de/shop/softmaker-office/kaufen` (kann auch einige Tage kostenlos getestet werden. Die kostenlose Variante finden Sie unter `https://www.freeoffice.com/de/` zum Download). Beide heruntergeladenen Dateien werden über die Paket-Verwaltung installiert. In Abbildung 6.11 sehen Sie FreeOffice (es handelt sich übrigens um dasselbe Template von Microsoft Office wie bei LibreOffice).

Softmaker Office und FreeOffice bestehen aus folgenden Komponenten:

- **TextMaker** – Textverarbeitung
- **PlanMaker** – Tabellenbearbeitung
- **Presentations** – Präsentationen

6.3.3 Onlyoffice – perfekt kompatibel

Bei Onlyoffice handelt es sich wiederum um komplett freie Software. Gleich einmal zu Beginn: Die Software wird in Russland entwickelt, aber die Entwickler haben sich vom Krieg gegen die Ukraine vollkommen distanziert.

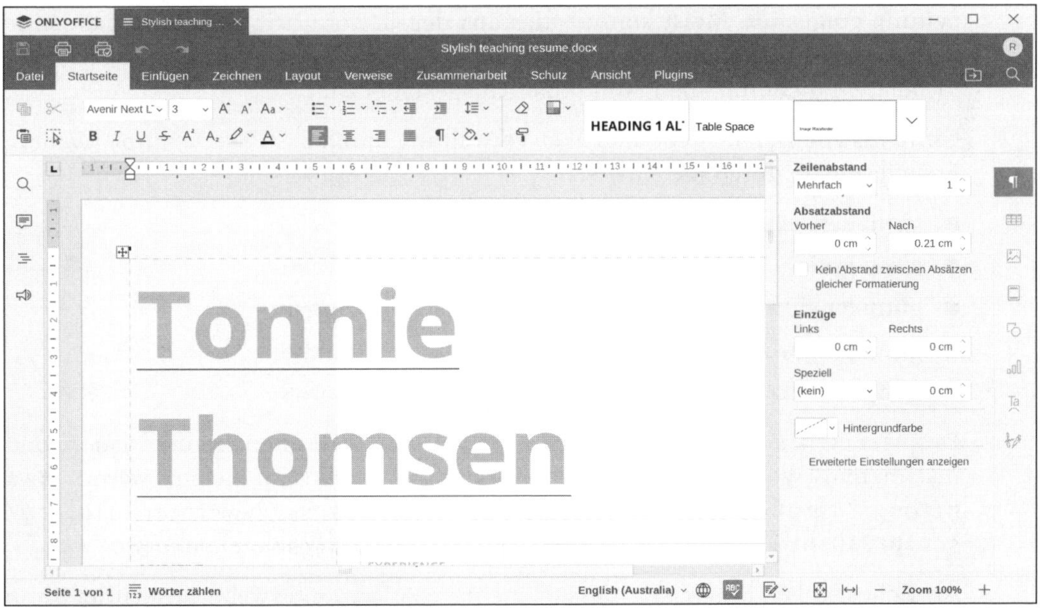

Abb. 6.12: Onlyoffice – Textverarbeitung

Die Software ist gegenüber den bisher genannten Office-Suiten vor allem beim Thema Textverarbeitung extrem kompatibel.

Die Software besteht aus folgenden Komponenten:

- **Textverarbeitung**
- **Tabellenbearbeitung**
- **Präsentation**

Sie finden diese Software unter `https://www.onlyoffice.com/de/download-desktop.aspx?from=desktop` zum Download und die heruntergeladene Datei installieren Sie über die Paket-Verwaltung. In Abbildung 6.12 sehen Sie die Textverarbeitung mit demselben Template von Microsoft Office wie unter LibreOffice und FreeOffice.

6.4 Bildbearbeitung

Unter Windows benutzt man meist Photoshop, um Bilder zu bearbeiten, wirklich nötig ist dies aber gerade im privaten Bereich kaum.

6.4.1 Gimp – die professionelle Bildbearbeitung

Gimp wird unter Photoshop-Benutzern gerne als »nicht professionelle« Bildbearbeitung eingestuft. Meist kommt dies aus der Gewohnheit, immer nur die eine Software zu nutzen, auf der anderen Seite aber auch, weil Gimp in der Grundinstallation nicht mit allen Funktionen ausgestattet ist.

Gimp installieren Sie über die Paket-Verwaltung durch das Paket »gimp«. Weitere Erweiterungen durch die Pakete:

- **gimp-data-extras** – Weitere Funktionen
- **gimp-gmic** – Viele weitere Funktionen
- **gimp-lensfun** – Probleme von Kameralinsen beseitigen
- **gimp-plugin-registry** – Unendlich viele weitere Funktionen und Pinsel
- **gimp-texturize** – Erzeugt aus kleinen Bildern sehr große

Des Weiteren können Sie Plugins manuell von Webseiten herunterladen und installieren. Webseiten, die solche Plugins kostenlos anbieten, wären etwa `https://gimpfx-foundry.sourceforge.net/`, `https://www.gimphelp.org/script210.html` und `https://www.deviantart.com/search?q=gimp`.

Als Erstes sollten Sie wissen, dass es mehrere Arten von Erweiterungen für Gimp gibt: Plugins, Module, Skripte und Filter (für Filter müssen Sie die Installationsanleitungen auf den jeweiligen Webseiten beachten). Plugins sind fix integrierte

Funktionen wie auch Module. Skripte sind flexible Erweiterungen, die Sie schnell wieder tauschen können, und Filter erfüllen diverse kleinere Funktionen.

Als Erstes wollen wir uns gleich einmal ansehen, in welches Verzeichnis die jeweiligen Erweiterungen auf welchem System gehören. Auch gibt es zwei Varianten, die User-Version, bei der nur der jeweilige User die Funktion nutzen kann, und die systemweite Installation, bei der jeder User diese nutzen kann (siehe dazu Tabelle 6.1).

Verzeichnis	Plug-ins	Skripte	Module	Pinsel
home/benutzer/.config/GIMP/2.10/	plug-ins	scripts	modules	brushes

Tabelle 6.1: Verzeichnisse zur Installation von Erweiterungen für Gimp

Skripte

Skripte (haben die Datei-Endung ».scm«) lädt man sich ganz einfach von der jeweiligen Homepage herunter, entpackt sie, wenn sie in einem komprimierten Archiv vorliegen, und verschiebt sie wie oben beschrieben in die jeweiligen Verzeichnisse. Sollen sie systemweit nutzbar sein, geschieht dies natürlich als User »root«. Unter auf UNIX basierenden Systemen wie Linux und macOS gilt es, diese Skripte danach erst ausführbar zu machen. Dies funktioniert bei vielen Skripten natürlich am einfachsten und schnellsten auf dem Terminal – etwa wenn die Dateien unter `/home/user/.gimp/scripts` liegen durch den Befehl:

```
chmod +x /home/benutzer/.config/GIMP/2.10/scripts/*
```

Starten Sie Gimp neu, finden sich die entsprechenden Skripte in den Menüs einsetzbar.

Plugins

Die Installation von Plugins ist etwas aufwendiger. Sie haben die Datei-Endung ».c«, sind also im Quelltext geschrieben und müssen erst in eine funktionierende Anwendung übersetzt werden. Dies ist jedoch sehr einfach. Sie installieren hierzu über die Paket-Verwaltung das Paket »libgimp2.0-dev«.

Wieder entpacken Sie die Dateien, wenn nötig, aus dem komprimierten Archiv und starten die Übersetzung, je nachdem, ob Sie die Software alleine oder systemweit nutzen wollen, als normaler User oder als User »root«, durch den Befehl:

```
gimptool-2.0 - -install dateiname.c
```

`dateiname` ersetzen Sie dabei natürlich durch den richtigen Namen der Datei.

Pinsel

Auch Pinsel finden Sie ohne Ende etwa auf `https://www.deviantart.com/search?q=gimp%20brushes` oder auch, indem Sie einfach unter Google nach »gimp brushes« suchen. Sie können auch Pinsel von Photoshop problemlos nutzen. Zur Installation entpacken Sie wieder, wenn nötig, die Archive und speichern die Dateien in den oben angegebenen Verzeichnissen im Unterverzeichnis `brushes`. Nach einem Neustart von Gimp sind sie verfügbar.

6.4.2 Darktable – RAW-Bildbearbeitung

Mit den normalen Einstellungen einer digitalen Kamera oder eines Smartphones erhalten Sie Bilder im JPG-Format – das Ergebnis muss jedoch nicht optimal sein, es kommt dabei darauf an, was der Hersteller der Kamera vorgesehen hat. Ist man mit dem Ergebnis nicht zufrieden oder will einfach mehr, erstellt man Bilder im RAW-Format, also im Roh-Format.

Darktable ist so gesehen das kostenlose Pendant zu Adobe Lightroom unter Linux. Sie installieren diese Software über die Paket-Verwaltung durch das Paket »darktable«. Die Software ist optisch zwar etwas anders aufgebaut als Lightroom, hat aber dieselben Funktionen (siehe Abbildung 6.13).

Abb. 6.13: Darktable – RAW-Bildbearbeitung

6.4.3 digiKam – Bilder sammeln und organisieren

Bilder wollen nicht nur bearbeitet, sondern auch wiedergefunden werden. Mit der Software digiKam organisieren Sie Ihre Bilder nach verschiedenen Kriterien und finden sie auch wieder. Zudem lassen sich Ihre Bilder auch mit verschiedenen Funktionen bearbeiten, wie man sie auch in besseren Bildbearbeitungen findet. Bilder lassen sich auch stapelweise nach Ihren Vorgaben bearbeiten.

Organisieren und suchen lassen sich Ihre Bilder nach folgenden Kriterien:

- **Alben** – Ihre Bilder werden nach Verzeichnissen angezeigt, in denen sie liegen.
- **Stichwörter** – Sie fügen Ihren Bildern Stichwörter in die Metadaten hinzu.
- **Markierungen** – Sie fügen Ihren Bildern Markierungen hinzu, etwa Fähnchen, Sternchen ...
- **Datum** – Ihre Bilder lassen sich nach dem Aufnahme-Datum sortieren / durchsuchen.
- **Ähnlichkeit** – Sie erstellen eine Skizze und digiKam sucht nach passenden Treffern unter Ihren Bildern.
- **Karte** – Sie klicken auf der Weltkarte auf einen Ort und gigiKam zeigt Ihnen Bilder mit den passenden Geodaten.
- **Gesichtserkennung** – digiKam zeigt Ihnen nur Bilder an, auf denen auch Personen zu erkennen sind.
- **Personen** – digiKam zeigt Ihnen Personen, die Sie gerade sehen möchten.

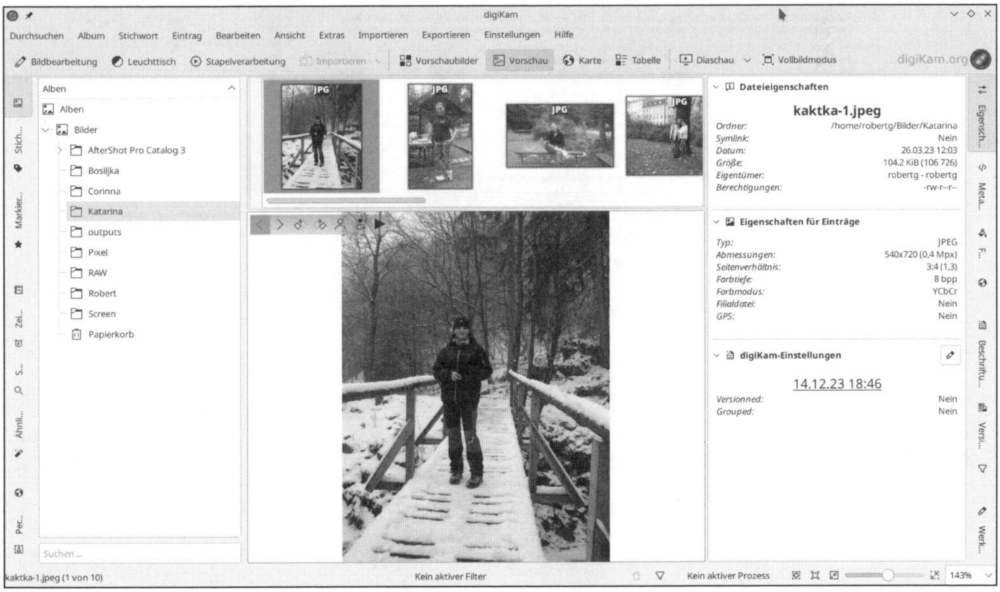

Abb. 6.14: digiKam – Bilder sortieren, organisieren und wiederfinden

digiKam ist eine äußerst umfangreiche Software, zur Beschreibung könnte man darüber selbst ein Buch schreiben – ein Bildschirmfoto sehen Sie in Abbildung 6.14.

6.5 PDF-Editor

Unter Windows nutzt man für professionelle PDF-Erstellung meist die Software Adobe Acrobat – diese gibt es für Linux nicht. Eine professionelle Alternative dazu ist Master PDF Editor.

Master PDF Editor ist eine professionelle Software zur Erstellung von PDF-Dateien mit allen möglichen Funktionen. Egal ob es darum geht, Felder zum Ausfüllen einzufügen, Schalter oder Checkboxen oder was auch immer – Master PDF Editor kann damit umgehen.

Master PDF Editor ist keine freie Software, kann jedoch kostenlos im privaten Umfeld genutzt werden. Sie finden diese Software unter `https://code-industry.net/free-pdf-editor/` zum Download. Die heruntergeladene Datei wird über die Paket-Verwaltung installiert. Ein Bildschirmfoto finden Sie in Abbildung 6.15.

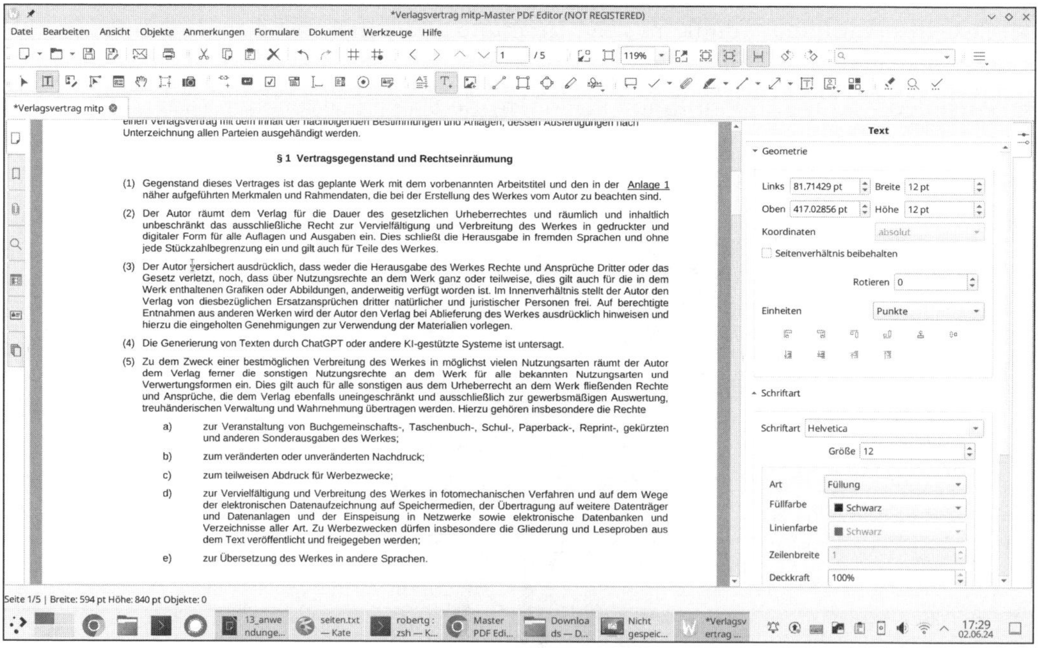

Abb. 6.15: Master PDF Editor – professionelle PDF-Dateien erstellen

Teil II

Anonym und sicher surfen mit Linux

In diesem Teil:

Kapitel 7

Anonym im Internet

In diesem Kapitel werden wir uns mit dem Thema Anonymität im Internet befassen. Wie schon ganz zu Beginn dieses Buches beschrieben, ist im Internet nahezu jeder auf der Jagd nach Daten anderer.

Sie werden lernen, mit welchen Methoden nach Ihren Daten gefahndet wird, wie diese Methoden arbeiten und welche Daten damit gesammelt werden – natürlich auch, wie Sie dagegen vorgehen können.

Es gibt einfache Methoden der Datensammlung – um das zu verhindern, helfen meist auch einfache Strategien. Dann gibt es natürlich auch die ausgeklügelteren Methoden, gegen die etwas gröbere Gegenmethoden notwendig sind.

> **Hinweis**
>
> Dass in diesem Buch Linux als Betriebssystem genutzt wird, hat natürlich seinen Grund: Windows und macOS sammeln von sich aus schon Daten über ihre Benutzer.

7.1 Anonyme Webbrowser

Wie kommen Datensammler am einfachsten an die Daten der Internet-Benutzer? Über die Software, mit der Sie das Internet besuchen – dies ist natürlich der Webbrowser. Jede Webseite, die Sie besuchen, jeder Mausklick, den Sie vornehmen, und jede Eingabe wird aufgezeichnet.

7.1.1 Den passenden Browser finden

Nutzen Sie einen Webbrowser, der zum Sammeln von Daten programmiert wurde, helfen auch keine Add-ons (Erweiterungen), die das Sammeln von Daten blockieren sollen.

Eine kurze Liste der Webbrowser, die Sie nicht nutzen sollten, wenn Sie auf Anonymität im Internet achten:

- **Google Chrome** – Der Webbrowser von Google. Das Sammeln von Daten über die Benutzer ist Googles Geschäft. Ganz nebenbei, es handelt sich dabei um den meistgenutzten Webbrowser (darüber hinaus basieren die meisten Webbrowser auf dieser Software, nämlich Chromium – dies ist nicht grundsätzlich etwas Schlechtes, nur ein Hinweis, warum Chrome, oder besser ausgedrückt Chromium, der meistgenutzte Webbrowser ist).

- **Microsoft Edge** – Der Webbrowser von Microsoft, heute bei jedem Windows vorinstalliert. Auch wenn man einen anderen Webbrowser zum Standard-Webbrowser macht, macht Edge dies immer wieder rückgängig. Auch Microsoft will natürlich Geld mit Ihren Daten und mit Werbung verdienen.
- **Opera** – Opera wurde eigentlich in Norwegen entwickelt und dessen Entwickler verdienten ihr Geld hauptsächlich mit Werbung. Der Webbrowser wurde 2015 an eine chinesische Firma verkauft und China ist wie bekannt nicht sonderlich mit Datenschutz befreundet.
- **Yandex Browser** – Yandex ist so gesehen der russische Konkurrent von Google (größte russische Suchmaschine) und erstellt natürlich auch seinen eigenen Webbrowser. Daten sind wie bei Google das Geschäft von Yandex.

Diese Liste kann man noch länger so fortführen – sinnvoller ist es jedoch, Webbrowser aufzulisten, die für den Datenschutz gedacht bzw. dafür entwickelt worden sind. Hier eine Liste:

- **Firefox** – Der wohl bekannteste freie Webbrowser. Hinter der Entwicklung von Firefox steht die Mozilla Foundation, eine gemeinnützige Organisation, die nur von Spenden lebt. Der größte Spender ist zwar Google – Mozilla verdient daran, dass die Suchmaschine von Google in den Browser integriert wird – dies lässt sich jedoch mit wenigen Mausklicks deaktivieren. Firefox ist auf den meisten Linux-Distributionen bereits vorinstalliert.
- **Waterfox** – Ein Webbrowser, der auf Firefox basiert, jedoch anders als Firefox nicht einmal anonym Telemetrie-Daten sammelt. Auch sonst wurden überflüssige Funktionen entfernt. So ist der Browser um einiges schneller als Firefox. Sie finden Waterfox unter `https://www.waterfox.net/` als komprimiertes Archiv zum Download – einfach per Rechtsklick entpacken und den entpackten Ordner in Ihrem Home-Verzeichnis speichern und die darin liegende Datei `waterfox` per Mausklick starten. Der Browser hält sich von selbst aktuell.
- **Vivaldi** – Der ehemalige Hersteller von Opera. Er bietet zwar auf seiner Startseite Werbung an, jedoch ohne Daten zu sammeln. Sie finden diesen Webbrowser unter `https://vivaldi.com/de/` zum Download, einfach auf die heruntergeladene Datei klicken und die Installation dem System überlassen.
- **Mullvad Browser** – Mullvad ist ein schwedischer VPN-Anbieter, der in Sachen Datenschutz ganz vorne steht, und bietet natürlich auch seinen eigenen (kostenlosen) Webbrowser an. Diesen Webbrowser finden Sie unter `https://mullvad.net/en/download/browser/linux` als komprimiertes Archiv zum Download – einfach per Rechtsklick entpacken und den entpackten Ordner in einem beliebigen Verzeichnis speichern, die darin liegende Datei `start-mullvad-browser.desktop` per Mausklick starten. Die Software hält sich von selbst aktuell.

- **Konqueror** – Ein Webbrowser der KDE-Community (Entwickler der Desktop-Umgebung KDE). Er ist nicht nur extrem anpassbar, sondern auch auf Datenschutz getrimmt. Diesen Webbrowser können Sie sich in Abschnitt 7.1.2 näher ansehen.
- **Chromium** – Chromium ist die freie Variante von Google Chrome. Dies bedeutet, in dieser Software ist alles entfernt, was Google betrifft, also keine Übermittlung von Telemetrie und keine Datensammlung. Dieser Webbrowser findet sich in den Repositories aller gängigen Linux-Distributionen.
- **Brave** – Ein auf Datenschutz getrimmter Webbrowser mit gutem Werbefilter. Hier findet sich jedoch ein kleines Aber: Sie erkaufen sich den Datenschutz mit Werbung vom Hersteller des Browsers. Dies bedeutet, Sie werden von Werbung zwar weniger genervt, aber es gibt doch welche.

7.1.2 Konqueror – der anonyme Webbrowser

Konqueror ist besonders dann sehr sinnvoll, wenn Sie Cookies (Abschnitt 7.2) selbst verwalten wollen und klassischen Werbeblockern (Abschnitt 7.5) nicht vertrauen. Eines vorweg: Konqueror ist KDE-Software, dies bedeutet, es werden in etwa 100 Megabyte KDE-Bibliotheken installiert, die Sie ohne diese Software wohl nicht benötigen würden. Mehr als Speicherplatz benötigen diese aber nicht (ansonsten keine Verschwendung von Hardware-Ressourcen).

Sie installieren Konqueror entweder über die Anwendungsverwaltung (siehe Abschnitt 5.2.1) oder am Terminal (siehe Abschnitt 4.3) mit den Befehlen:

- **Linux Mint:**

```
sudo apt-get update
sudo apt-get install konqueror
```

- **Ubuntu / Debian:**

```
sudo apt update
sudo apt install konqueror
```

- **Fedora:**

```
sudo dnf install konqueror
```

- **OpenSUSE:**

```
sudo zypper install konqueror
```

Unter den meisten Linux-Distributionen nennt sich das Paket gleich. Nach dem Start zeigt Konqueror eine Übersichtsseite (siehe Abbildung 3.1).

Abb. 7.1: Konqueror – Übersichtsseite

Bis auf die Lesezeichen sind alle Funktionen zur Verwaltung von Dateien gedacht, die Software ist nämlich auch ein hervorragender Dateimanager.

Genutzt wird Konqueror abgesehen davon wie jeder andere Webbrowser auch. Zur Suche nutzen Sie das Feld rechts oben. Hierbei wird standardmäßig die Datenschutz-freundliche Suchmaschine DuckDuckGo (`https://duckduckgo.com/`) genutzt – dies können Sie über den kleinen Pfeil im Suchfeld natürlich auch ändern. Alternativ geben Sie eine Web-Adresse in das Adressfeld ein.

Aber zuerst sollten Sie einige wichtige Einstellungen vornehmen.

Cookies verwalten

Die Einstellungen erreichen Sie über das Menü EINSTELLUNGEN|KONQUEROR EINRICHTEN. Hier klicken Sie in der Liste links auf COOKIES (siehe Abbildung 7.2).

Auf dem Reiter REGELUNG legen Sie fest, ob alle, keine oder nur gewünschte Cookies angenommen werden sollen:

- **Cookies zulassen** – Hiermit legen Sie fest, ob Sie überhaupt Cookies zulassen wollen. Ganz deaktivieren sollten Sie diese nicht, denn manche sind auch nützlich, etwa zum Speichern von Einstellungen auf Websites.

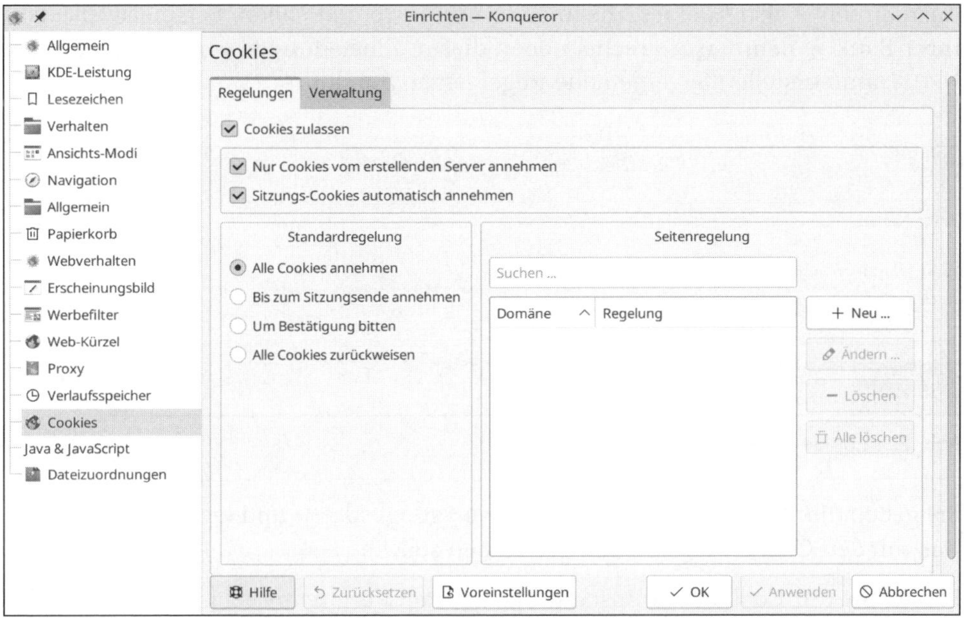

Abb. 7.2: Cookie-Einstellungen in Konqueror

- **Nur Cookies vom erstellenden Server annehmen** – Es werden nur Cookies angenommen, die vom Server kommen, dessen Website Sie gerade besuchen (alle anderen Cookies dienen nur zum Sammeln von Daten und haben mit der geöffneten Website und ihren Funktionen nichts zu tun).
- **Sitzungs-Cookies automatisch annehmen** – Dies sind Cookies, die Ihre Einstellungen auf Websites speichern. Diese sollten Sie annehmen.
- **Alle Cookies annehmen** – Aus Datenschutz-Gründen sollten Sie dies nicht tun.
- **Bis zum Sitzungsende annehmen** – Cookies werden auf dem Computer gespeichert, aber nur so lange, bis Sie Konqueror schließen – dann werden diese automatisch gelöscht.
- **Um Bestätigung bitten** – Sobald ein Cookie auf Ihrem Computer gespeichert werden soll, fragt Konqueror nach – Sie können dann festlegen, ob nur dieses eine Cookie gespeichert werden soll oder alle von diesem Server.
- **Alle Cookies zurückweisen** – Es werden keine Cookies am Computer gespeichert, außer von Ihnen aktivierte Ausnahmen.

Bei Websites, die Sie öfter besuchen, ist es sinnvoll, Cookies zu speichern – zumindest, wenn es sich um eine vertrauenswürdige Website handelt. Ansonsten müssten Sie dieselben Einstellungen an den Cookies beim nächsten Besuch der Website jedes Mal wieder vornehmen.

Ausnahmen – also Cookies, die angenommen werden sollen, beispielsweise von Ihrer Bank –, nehmen Sie rechts neben diesen Einstellungen vor. Klicken Sie auf NEU. Damit erstellen Sie eine neue Regel (siehe Abbildung 7.3).

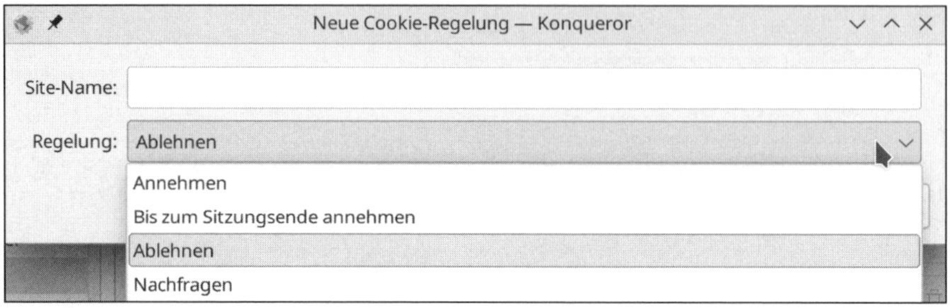

Abb. 7.3: Cookie-Regeln in Konqueror

Sie geben die Web-Adresse ein – also etwa »google.de« – und legen darunter fest, was mit den Cookies dieser Seite geschehen soll.

Lassen Sie nur Cookies auf Bestätigung zu, fragt Konqueror bei jedem Cookie, das auf Ihrem Rechner gespeichert werden soll, nach und Sie können entscheiden, wie Sie vorgehen wollen (siehe Abbildung 7.4).

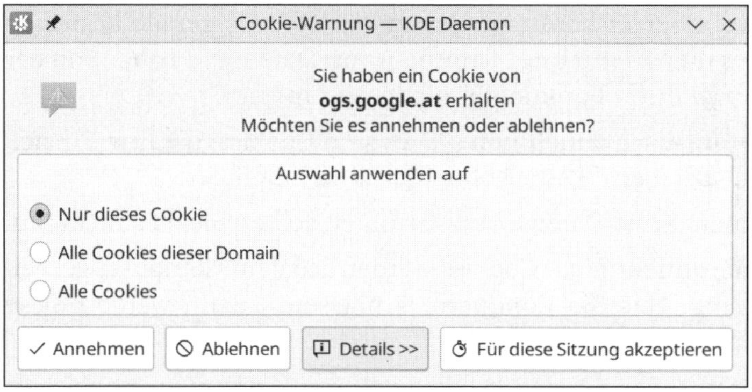

Abb. 7.4: Soll Konqueror ein Cookie speichern oder nicht?

Klicken Sie bei dieser Nachfrage auf DETAILS, zeigt die Software auch nähere Informationen zu diesem Cookie. In den Einstellungen von Konqueror unter den Cookies können Sie auf dem Reiter VERWALTUNG diese Details ebenfalls einsehen und einzelne Cookies auch löschen (siehe Abbildung 7.5).

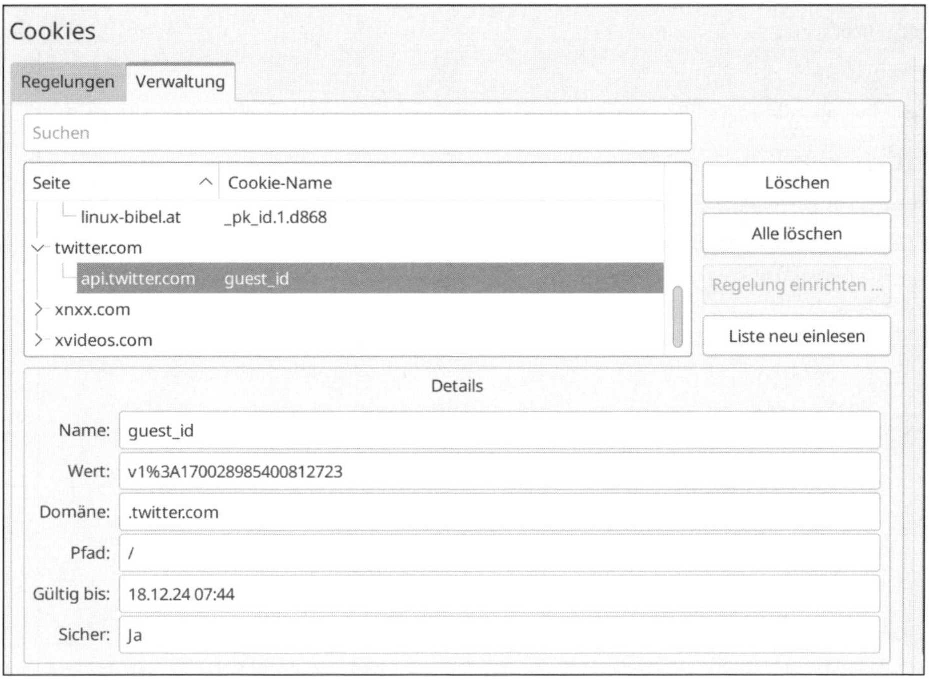

Abb. 7.5: Details der Cookies und Cookies löschen

AdBlocker aktivieren

Auch AdBlocker (siehe auch Abschnitt 7.5), also Werbeblocker, dienen zeitgleich zur Verhinderung der Datensammlung. In Konqueror gehen Sie dagegen unter den Einstellungen unter WERBEFILTER vor (das ist dasselbe wie ein Werbeblocker, nur mit anderer Bezeichnung). Hier können Sie Server angeben, von denen Sie wissen, dass von ihnen Werbung kommt.

Mit dem Werbefilter können Sie aber nicht nur Werbung blockieren, sondern auch alles, was von den Werbetreibenden sonst noch kommt. Auf dem Reiter MANUELLER FILTER geben Sie solche Adressen ein und klicken auf den Schalter EINFÜGEN. Hier können Sie über den Schalter IMPORTIEREN auch ganze Textdateien – also Listen mit unerwünschten Servern einfügen – solche finden Sie im Internet etwa mit einer Suche nach den Begriffen »werbeblocker liste« oder »adblock list«.

Auf dem Reiter AUTOMATISCHER FILTER finden Sie auch bereits vorgefertigte Listen. Diese aktivieren Sie einfach per Mausklick in die Checkbox (siehe Abbildung 7.6).

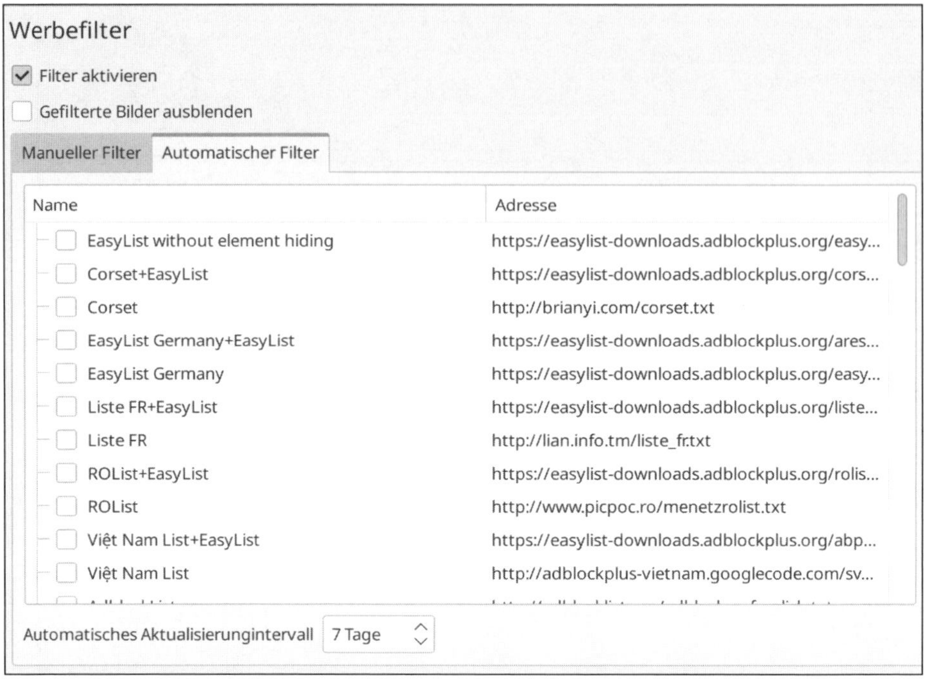

Abb. 7.6: Filterlisten gegen Werbung in Konqueror

7.2 Cookies – kleine Datenspeicher

Cookies sind eigentlich nichts anderes als sehr kleine Textdateien. Sie liegen auf einem Server und warten, bis sich jemand die Website ansehen will, dann werden sie auf dem Computer des Besuchers gespeichert.

Grundsätzlich sind Cookies an sich nichts Schlechtes – früher hat man sie dazu genutzt, um Einstellungen zu speichern. Nehmen Sie etwa Einstellungen auf der Website Ihrer Bank vor, werden diese im Cookie auf Ihrem Computer gespeichert. Besuchen Sie die Website wieder, lädt der Webbrowser das Cookie auf die Website, diese erkennt Ihre Einstellungen und nimmt sie vor, damit Sie alles so vorfinden, wie von Ihnen angepasst.

Doch mit der Zeit haben Datensammler erkannt, dass sich mit Cookies auch mehr anfangen lässt. So speichern Cookies etwa auch die Uhrzeit, wann Sie die Website zuletzt besucht haben. Nehmen wir einmal an, Sie sehen sich gerade etwas auf Facebook um (oder auf Google, X (vormals Twitter) oder wo auch immer) und das Cookie von Facebook liegt auf Ihrem Computer. Jetzt schließen Sie die Website von Facebook und besuchen eine andere Website. Auf dieser wird ein Bild angezeigt, das liegt aber auf einem Server von Facebook (möglicherweise sehen Sie es nicht einmal – siehe Zählpixel in Abschnitt 7.3). Da das Bild nicht auf dieser Website liegt, sondern auf einem Server von Facebook, wird es von Ihrem Webbrowser vom Facebook-Server geladen. Der Server von Facebook ruft das Facebook-Cookie auf Ihrem Computer ab und Facebook weiß so (dies ist aber nicht nur bei Facebook so, sondern bei allen sozialen Netzwerken), Sie haben genau um diese Uhrzeit die Website besucht (siehe Abbildung 7.7).

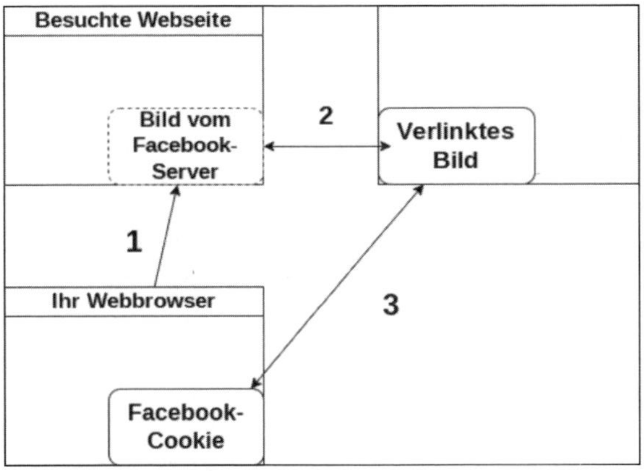

Abb. 7.7: Cookies genügen, um zu sehen, welche Websites Sie besuchen.

Sie besuchen eine Website (1), auf dieser befindet sich eine Grafik, die auf einem Server von Facebook liegt, sie ist also nur verlinkt. Da Ihr Webbrowser das Bild automatisch lädt, wird es vom Facebook-Server geladen (2), dieser gelangt dadurch wieder an Ihr Facebook-Cookie (3).

So gelangen aber nicht nur Websites, die Sie besucht haben, an Daten über Sie (im Beispiel also Facebook), sondern auch Websites, die Sie nicht besucht haben, vielleicht nicht einmal kennen.

Gehen wir einen Schritt weiter: Sie haben X noch nie besucht (oder irgendeine andere Firma, die einfach nur Daten sammelt und damit Geschäfte macht). Sie öffnen eine Website, auf der ein Bild von X verlinkt ist, und schon landet ein Cookie von X auf Ihrem Computer.

Um das zu verhindern, können Sie bestimmte Add-ons bzw. Erweiterungen für Ihren Browser nutzen.

Hinweis zu Add-ons / Erweiterungen

Die hier beschriebenen Add-ons / Erweiterungen gibt es für alle Browser, die auf Firefox und Google Chrome / Chromium basieren. Die Erweiterungen lassen sich über die Einstellungen des Webbrowsers installieren oder auch, indem Sie die entsprechende Website besuchen. Für auf Firefox basierende Webbrowser `https://addons.mozilla.org/de/firefox/` und für auf Google und Chromium basierende Webbrowser `https://chromewebstore.google.com/`. Sie besuchen die jeweilige Website mit dem dazu passenden Webbrowser, wählen das Add-on aus und klicken auf HINZUFÜGEN – den Rest erledigt der Webbrowser.

7.2.1 Cookies von Drittanbietern unterbinden

Cookies, die nicht von einer Website stammen, die Sie besuchen (also auf einem anderen Server liegen), nennt man »Cookies von Drittanbietern«. Solche Cookies haben keinen Nutzen, außer Ihre Bewegungen im Internet aufzuzeichnen. Solche sollten unbedingt unterbunden werden, wenn Sie sich anonym im Internet bewegen wollen. Es ist zumindest ein erster Schritt in Richtung Anonymität.

Die erste Anlaufstelle zum Unterbinden von Drittanbieter-Cookies ist Ihr genutzter Webbrowser selbst. Unter Firefox öffnen Sie die Einstellungen über das Menü rechts oben und klicken anschließend in der Liste links auf den Schalter DATENSCHUTZ & SICHERHEIT. Hier sollte zumindest die Option STANDARD per Checkbox aktiviert sein (siehe Abbildung 7.8).

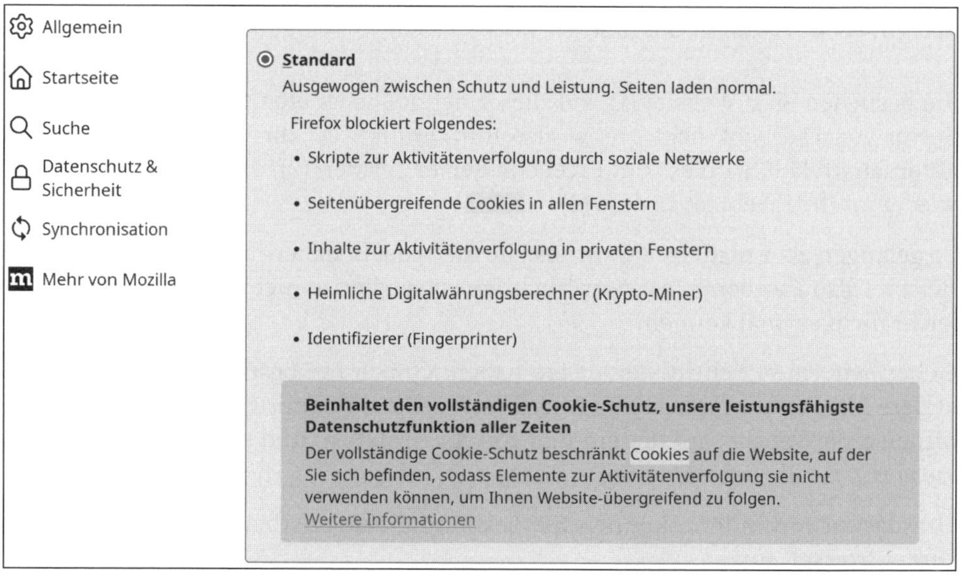

Abb. 7.8: Cookies von Drittanbietern unterbinden

In Webbrowsern, die auf Firefox basieren, finden Sie die Einstellungen an denselben Stellen. Geben Sie im Suchfeld den Begriff »cookies« ein, finden Sie gleich weitere Einstellungen. So können Sie über COOKIES UND WEBSITE-DATEN gespeicherte Cookies löschen und mit COOKIES UND WEBSITE-DATEN BEIM BEENDEN VON FIREFOX LÖSCHEN gespeicherte Cookies beim Schließen von Firefox automatisch löschen lassen.

Bei den meisten anderen Webbrowsern finden Sie diese Möglichkeit ebenfalls, indem Sie in den Einstellungen nach dem Begriff »cookies« suchen.

Für Firefox gibt es auch Erweiterungen, die Ihnen das Leben mit Cookies erleichtern. Erweiterungen suchen Sie bei Firefox, indem Sie das Menü rechts oben öffnen und auf den Eintrag ADD-ONS UND THEMES klicken. Im Suchfeld geben Sie den Begriff »cookie« ein und bestätigen. Als Ausgabe erhalten Sie alle möglichen Erweiterungen rund um das Thema Cookies. Empfehlenswert in diesem Zusammenhang wäre etwa »Cookie AutoDelete« – hiermit lässt sich festlegen, dass unerwünschte Cookies nach dem Beenden von Firefox automatisch gelöscht werden, dabei lassen sich gezielt gewünschte und nicht erwünschte Cookies auswählen. Mit »Cookie Manager« lassen sich gespeicherte Cookies gezielt löschen und auswählen, von welchen Websites Sie Cookies annehmen möchten und von welchen nicht.

Zur Installation wählen Sie ein solches Add-on aus und klicken auf den Schalter ZU FIREFOX HINZUFÜGEN, anschließend werden Sie gefragt, ob Sie dies wirklich möchten. Dies bestätigen Sie mit einem Klick auf HINZUFÜGEN.

Installierte Add-ons finden Sie nach der Installation links neben dem Menü unter einem Icon ähnlich einem Puzzle-Stück.

7.2.2 Nervige Cookie-Meldungen blockieren

Blockiert man das Speichern von Cookies oder löscht sie beim Beenden des Webbrowsers, werden sie beim nächsten Besuch der Website wieder zur Nutzung angeboten. Die EU hat die Betreiber von Websites per Gesetz dazu verpflichtet, den Besuchern die Wahl zu lassen, ob und welche Cookies sie annehmen wollen. Dies ist auf der einen Seite zwar sehr nett, kann andererseits aber auch sehr nervig sein. Die sogenannten »Cookie-Banner« poppen auf und bieten an, etwa nur notwendige Cookies auf dem Computer zu speichern (für den reinen Besuch einer Website, ohne Anmeldung, sind solche etwa überhaupt nicht nötig, insofern gibt es in diesem Fall keine notwendigen Cookies) oder auch solche für Werbung, die Erfassung Ihrer Daten und so weiter und so fort. Bei so manchen Websites sind diese Banner so aufdringlich, dass man die Website gar nicht richtig lesen kann, ohne sich durch die unübersichtlichen Einstellungen durchzuklicken.

Der Cookie-Banner

Der Cookie-Banner ist nützlich, zumindest wenn sich der Betreiber der Website auch an die EU-Gesetze hält. Man liest in entsprechenden Nachrichten aber immer wieder, dass dies nicht der Fall ist. Viele der selbst erstellten Banner sind verwirrend, sodass man gleich alle Cookies annimmt oder ablehnt, ohne sich durch die Einstellungen zu klicken. Auch muss der Cookie-Banner von Ihnen abgelehnte Cookies nicht wirklich sperren – müssen schon (laut Gesetz), ob er dies auch tatsächlich tut, ist jedoch eine andere Geschichte.

Besuchen Sie manche Websites öfter, ohne deren Cookies speichern zu wollen, liegt nichts näher, als die Ablehnung solcher Cookies zu automatisieren. Die kann das Add-on »I DON'T CARE ABOUT COOKIES« für Sie erledigen.

Nach der Installation über den Add-on-Manager des jeweiligen Webbrowsers arbeitet die Software auch schon ohne weitere Einstellungen. Sie blockiert alle Cookie-Banner und lehnt alle Cookies automatisch ab.

Dies wird natürlich zu einem Problem, wenn Sie die Cookies einer Website dann doch annehmen möchten – etwa in Web-Shops, Foren und Ähnlichen, die ohne Cookies nicht richtig funktionieren. In solchen Fällen öffnen Sie die Einstellungen des Add-ons und geben im Feld EINSTELLUNGEN - I DON'T CARE ABOUT COOKIES Zeile für Zeile die Websites ein, bei denen Sie die Cookies erlauben möchten (siehe Abbildung 7.9), und klicken auf EINSTELLUNGEN SPEICHERN.

Abb. 7.9: Blockierung der Cookie-Banner für bestimmte Websites erlauben

7.3 Zählpixel – unsichtbare Links

In Abschnitt 7.2 und Abbildung 7.7 wurde beschrieben, wie mit verlinkten Bildern mittels Cookies Ihre Bewegungen im Internet verfolgt werden können. Es geht also um Bilder, die vom Webbrowser geladen werden, auch wenn sie gar nicht auf dem Webserver liegen, auf dem die geöffnete Webeite gespeichert ist.

Dasselbe gelingt mittels Zählpixel, auch »Trackingpixel« genannt. Hierbei handelt es sich um winzige Grafiken, meist ein Pixel groß, also winzig und meist gar nicht sichtbar. Sie sollen sie nämlich nicht sehen. Man will ja nicht, dass Sie bemerken, dass Sie auf Ihrem Weg durch das Internet verfolgt werden.

7.3.1 Zählpixel blocken

Auch Zählpixel können durch Add-ons blockiert werden – solche werden nämlich nicht als einfache Grafiken in eine Website eingebunden, sondern mittels Skript. Ein passendes Add-on wie zum Beispiel Ghostery erkennt so eingebundene Grafiken und blockiert anschließend das Laden durch den Webbrowser.

Zur Installation öffnen Sie unter Firefox das Menü und darin den Eintrag ADD-ONS UND THEMES und suchen nach dem Begriff »ghostery«. Nach einem Klick auf ZU FIREFOX HINZUFÜGEN und HINZUFÜGEN wirkt diese Erweiterung automatisch.

7.4 Skripte – Software zur Datensammlung

Webseiten sind heutzutage sehr aufwendig aufgebaut: Videos lassen sich in der Bildgröße verändern, Sie können Daten eingeben und suchen oder durch Skripte in Online-Shops einkaufen.

Aber in Webseiten eingebaute Skripte dienen häufig auch dazu, Daten über Sie zu sammeln. Manchmal sind dies kleinere Skripte, die nur Ihre Besuche auf der Webseite speichern, manche sammeln aber auch alles Mögliche über Sie und erstellen daraus ein Profil – diese Daten können dann an Daten-Händler weiterverkauft werden.

In Abbildung 7.10 sehen Sie ein so erstelltes Profil mit der Software Matomo.

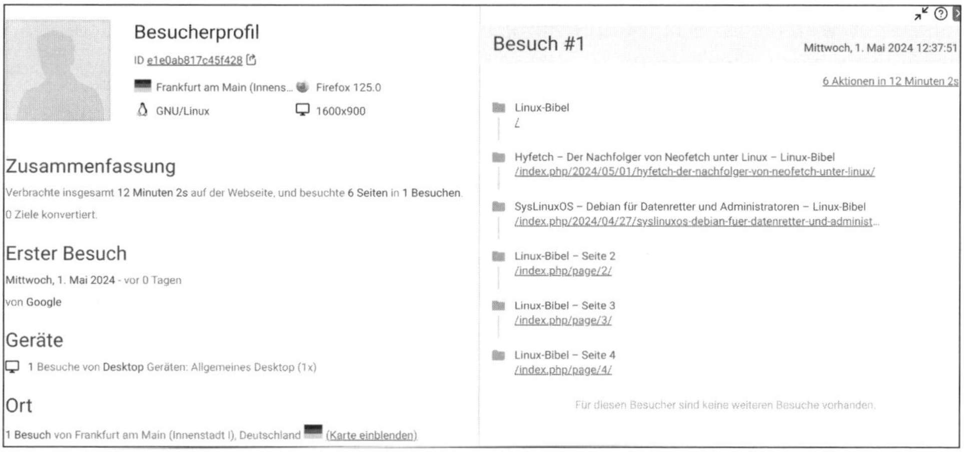

Abb. 7.10: Erstelltes Besucher-Profil mit der Software Matomo

Zu diesen Daten gehört unter anderem Ihre genutzte IP-Adresse, Ihr Webbrowser, Ihr genutztes Betriebssystem, welche Bildschirmauflösung Sie haben, welche Hardware Sie nutzen, Ihre Stadt, Ihr Land, Ihre Region, welche Website Sie wie lange angesehen haben, auf welche Links oder Bilder Sie geklickt haben, und die Liste lässt sich noch weiter fortsetzen.

7.4.1 NoScript – Skripte auf Websites blockieren

Auch solche Skripte lassen sich unterbinden – hierzu dient das Add-on »NoScript«. Nach der Installation finden Sie z.B. in Firefox (jeder Webbrowser handhabt die

Positionierung von Erweiterungen bzw. Add-ons leider etwas anders) links neben dem Menü ein neues Icon mit einem roten »S« (siehe Abbildung 7.11). Ist dieses Icon mit einem roten Sperrzeichen versehen (durchgestrichener roter Kreis), bedeutet dies, auf dieser Webeite wurden Skripte gesperrt.

Abb. 7.11: Skripte mit NoSkript blockieren

Standardmäßig sperrt die Software alle Skripte auf allen Webseiten – dies ist aber nicht überall sinnvoll. Das Online-Banking auf der Website Ihrer Bank wird mit gesperrten Skripten etwa nicht funktionieren, auch Online-Shopping ganz sicher nicht. Skripte sollten Sie also nur unterbinden, wenn Sie sie nicht benötigen.

Um einer Website zu erlauben, Skripte auszuführen, klicken Sie auf das Icon und wählen die passende Option:

- **Einschränkungen global deaktivieren** – Allen Webseiten erlauben, Skripte auszuführen
- **Einschränkungen für diesen Tab deaktivieren** – Nur dieser Webseite erlauben, Skripte auszuführen
- **Temporär allem auf dieser Webseite vertrauen** – Bis zum Deaktivieren der Option (siehe nächster Punkt) alle Skripte auf der aktuellen Webseite ausführen
- **Sämtliche temporären Ausnahmen deaktivieren** – Alle temporär erlaubten Skripte deaktivieren

7.5 AdBlocker / Werbeblocker – Blockieren von Werbung und Datensammlung

Beinahe jede Webseite im Internet beinhaltet heutzutage auch Werbung. Überall poppt etwas auf, um Ihnen mitzuteilen, was Sie nicht alles brauchen könnten. Oft ist die Werbung auf einer Webseite so aufdringlich, dass der Prozessor alleine nur durch die Werbung heiß läuft.

Über Werbung kommen aber auch Datensammler an Ihre Daten, denn Werbung ist oft nicht auf dem Server gespeichert, auf dem die Website liegt, die Sie gerade ansehen, sondern auf einem anderen Server, auf dem die Werbung liegt. So kommen Datensammler an Ihre Daten, obwohl Sie nicht einmal deren Server besuchen wollen.

AdBlocker, auch »Werbeblocker« genannt, blockieren nicht nur sehr zuverlässig Werbung, sondern auch so einige andere unerwünschte Arten der Datensammlung. Meine Empfehlung lautet »uBlock Origin«.

Ist das Add-on installiert, blockiert es automatisch jede Werbung auf jeder besuchten Website. Das Icon des Add-ons zeigt auch die blockierten Werbungen an und mit einem Mausklick darauf erhalten Sie nähere Informationen (siehe Abbildung 7.12).

Abb. 7.12: Blockierte Werbung durch einen Werbeblocker

Klicken Sie auf das große Icon (in Abbildung 7.12 ganz oben), das einen Schalter darstellt, lässt sich die Blockierung für die aktuelle Webeite wenn gewünscht auch aufheben.

Auch wenn auf der aktuellen Website nur Werbung und vielleicht keine Datensammler unterwegs sind, hat das Blockieren der Werbung einen Vorteil: Ohne Werbung lädt die Website um vieles schneller und der Laptop-Akku hält länger durch.

7.6 Tor Browser – viel Anonymität mit wenig Aufwand

Vielleicht haben Sie schon einmal vom Tor-Netzwerk gehört. Es handelt sich hierbei um ein anonymisierendes Netzwerk innerhalb des Internets. Tor ist die Abkürzung für »The Onion Router« – auf Deutsch: »Der Zwiebel-Router«. Die Bezeichnung deutet auf die Arbeitsweise dieses Netzwerks hin. Mehr über die Technik dahinter und die fortschrittlichere Nutzung von Tor lesen Sie in Abschnitt 8.4. In diesem Abschnitt lernen Sie, wie Sie Tor am einfachsten nutzen.

Tor Browser ist ein Webbrowser basierend auf Firefox, der dafür angepasst wurde, das Tor-Netzwerk so einfach wie möglich zu nutzen. Sie finden Tor Browser unter `https://www.torproject.org/de/download/` zum Download. Das heruntergeladene komprimierte Archiv entpacken Sie via Rechtsklick auf die Datei und der Wahl von HIER ENTPACKEN. Das entpackte Verzeichnis speichern Sie in Ihrem Home-Verzeichnis.

Im entpackten Verzeichnis (`tor-browser`) finden Sie eine Datei namens `start-tor-browser.desktop`, mit der Sie per Mausklick Tor Browser starten (siehe Abbildung 7.13).

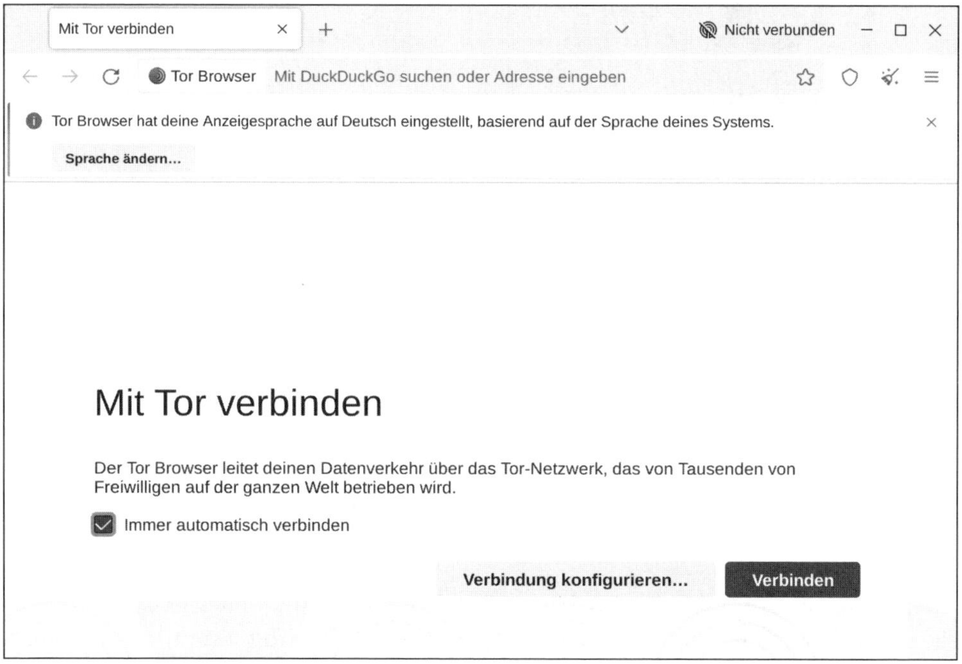

Abb. 7.13: Start des Tor Browsers

Auf der Startseite aktivieren Sie der Bequemlichkeit halber die Checkbox IMMER AUTOMATISCH VERBINDEN und klicken anschließend auf den Schalter VERBINDEN.

Bis die Verbindung mit dem Tor-Netzwerk hergestellt ist, dauert es vier bis fünf Sekunden – anschließend können Sie lossurfen. Hin und wieder wird Ihnen Tor Tipps geben, um noch mehr Anonymität zu erreichen – etwa, indem Sie die Sprache im Webbrowser ändern (siehe Abbildung 7.14).

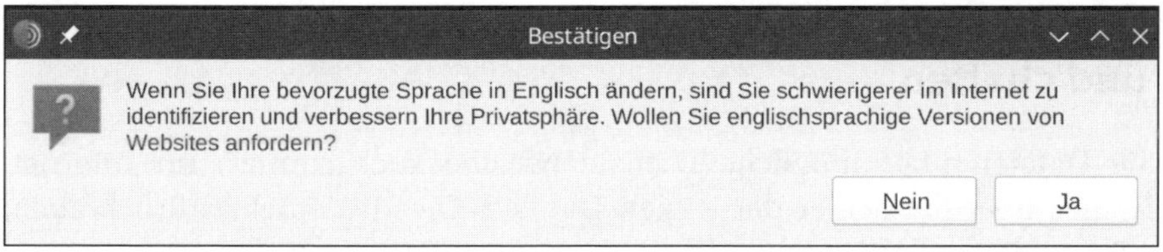

Abb. 7.14: Vorschläge für mehr Anonymität in Tor Browser

Die Vorschläge, die Tor Browser macht, sind nicht müßig – für ein maximales Maß an Anonymität ist so gut wie jedes kleine Detail wichtig.

Das Surfen mit Tor Browser dauert ein wenig länger, das liegt daran, dass die Verbindung über mehrere Server des Tor-Netzwerks im Internet läuft und dadurch etwa Ihre IP-Adresse verschleiert. Speziell Videos laden so um einiges langsamer. Für einen kleinen Test können Sie die Website `https://www.wieistmeineip.de/` im Tor Browser aufrufen und sich zeigen lassen, wie Tor Ihre Daten verschleiert (siehe Abbildung 7.15). Ich nutze beispielsweise aktuell die IP-Adresse 91.141.62.217, Linux als Betriebssystem, Chromium als Webbrowser und bin in Österreich.

Abb. 7.15: Tor Browser verschleiert Ihre Daten.

Tor und die US-Geheimdienste

Immer wieder hört man von Unwissenden, Tor wurde von diversen US-Geheimdiensten entwickelt, also wird dieses Netzwerk auch von diesen unterwandert sein, deshalb sollte man es besser nicht nutzen. Ersteres ist richtig: Tor wurde in seinen Anfängen von US-Geheimdiensten entwickelt, wurde aber schnell zu freier Software erklärt und liegt seit Jahren in den Händen freier Entwickler.

7.7 OnionShare – anonym Dateien über das Internet teilen und chatten

Teilen Sie Dateien über mögliche Dienste (welche auch immer) im Internet, geschieht dies über die Server derjenigen Dienste. Dies bedeutet natürlich auch, dass die Server-Betreiber Zugriff auf diese geteilten Dateien haben. Die meisten solcher Dienste verschlüsseln die Dateien zwar, die Betreiber stellen die Software jedoch in der Regel selbst her, somit sind Sie gezwungen, ihnen zu vertrauen.

Mit der Software OnionShare lassen sich Dateien anonym über das Internet teilen – hierzu wird das Tor-Netzwerk genutzt (siehe Abschnitt 8.4). Nur derjenige, der die Tor-Adresse zu Ihren Dateien kennt, kommt auch an die Dateien heran – das Ganze natürlich verschlüsselt. Nebenbei lässt sich mit OnionShare auch eine Website betreiben – diese ist nur über das Tor-Netzwerk erreichbar und nur für diejenigen, die die Adresse kennen. Mit sehr aktuellen OnionShare-Versionen lässt es sich auch anonym chatten.

Wichtig: Um Dateien mit OnionShare zu teilen, müssen der Sender und der Empfänger der Dateien zur selben Zeit online sein und die Software OnionShare installiert haben bzw. der Empfänger der Dateien kann auch Tor Browser nutzen. Für weitere Betriebssysteme (Windows, macOS, Android und iOS) finden Sie diese Software unter `https://onionshare.org/#download` zum Download.

Unter auf Debian basierenden Linux-Distributionen installieren Sie die Software wie üblich über die Paket-Verwaltung durch das Paket »onionshare«. Alternativ nutzen Sie das Flatpak-Paket (siehe Abschnitt 5.2.2) oder das Snap-Paket (siehe Abschnitt 5.2.5) – über die letzten beiden kommen Sie auch an die aktuellste Version.

Sie finden die Software nach der Installation im Anwendungsmenü unter der Kategorie INTERNET, alternativ nutzen Sie den Schnellstarter [Alt]+[F2] oder das Terminal mit dem Befehl:

```
onionshare-gui
```

Im sich öffnenden Fenster aktivieren Sie den Schalter AUTOMATISCH MIT DEM TOR-NETZWERK VERBINDEN und starten die Software neu. Anschließend bietet OnionShare vier Möglichkeiten an (siehe Abbildung 7.16):

- **Dateien teilen** – Sie können damit jemandem eine oder mehrere Dateien über das Internet übergeben.
- **Dateien empfangen** – Hiermit können Sie geteilte Dateien empfangen.
- **Webseiten-Freigabe starten** – Mit dieser Möglichkeit stellen Sie eine Webseite in das Internet, die nur über das Tor-Netzwerk erreichbar ist (also etwa mit Tor

Browser – siehe Abschnitt 7.6. Dazu muss OnionShare jedoch aktiv sein. Beenden Sie die Software, ist auch die Webseite nicht zu sehen).

- **Anonym Chatten** – Diese Möglichkeit bietet es an, anonym über das Tor-Netzwerk mit anderen zu chatten.

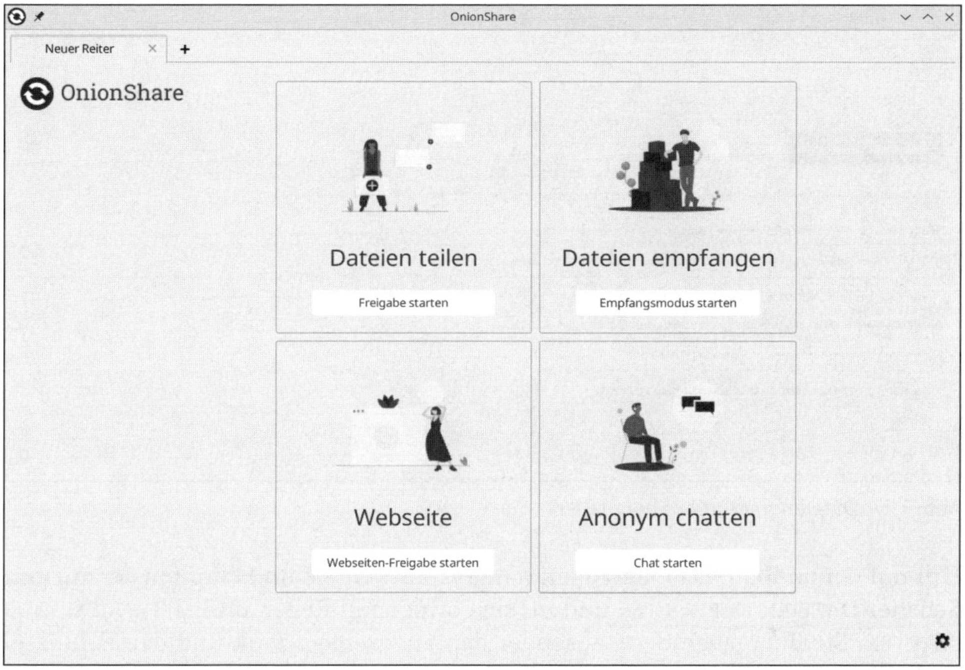

Abb. 7.16: OnionShare – Startfenster

Um beispielsweise Dateien zu teilen, klicken Sie auf den Schalter DATEIEN TEILEN und im sich öffnenden Reiter klicken Sie auf den Schalter HINZUFÜGEN. Hier wählen Sie über den Dateimanager die gewünschten Dateien aus. Haben Sie alle Dateien gewählt, klicken Sie unten links auf den Schalter TEILEN BEGINNEN.

Die Software benötigt anschließend einige Sekunden (je nach Größe der zu teilenden Dateien) und bietet eine Adresse für den Zugriff und einen privaten Schlüssel an (siehe Abbildung 7.17). Beides übergeben Sie dem Empfänger. Hierzu können Sie ihm auch einen QR-Code für Smartphones senden, die entsprechenden Schalter finden sich unter der Adresse und unter dem Schlüssel.

Der Empfänger öffnet Tor Browser und gibt die Adresse in das Adressfeld ein. Der Webbrowser verbindet sich mit der Adresse und wird nach dem privaten Schlüssel des Absenders gefragt – dieser wird eingefügt und schon sind die geteilten Dateien im Webbrowser zu sehen. Jede Datei beinhaltet einen Download-Schalter, ein Klick genügt.

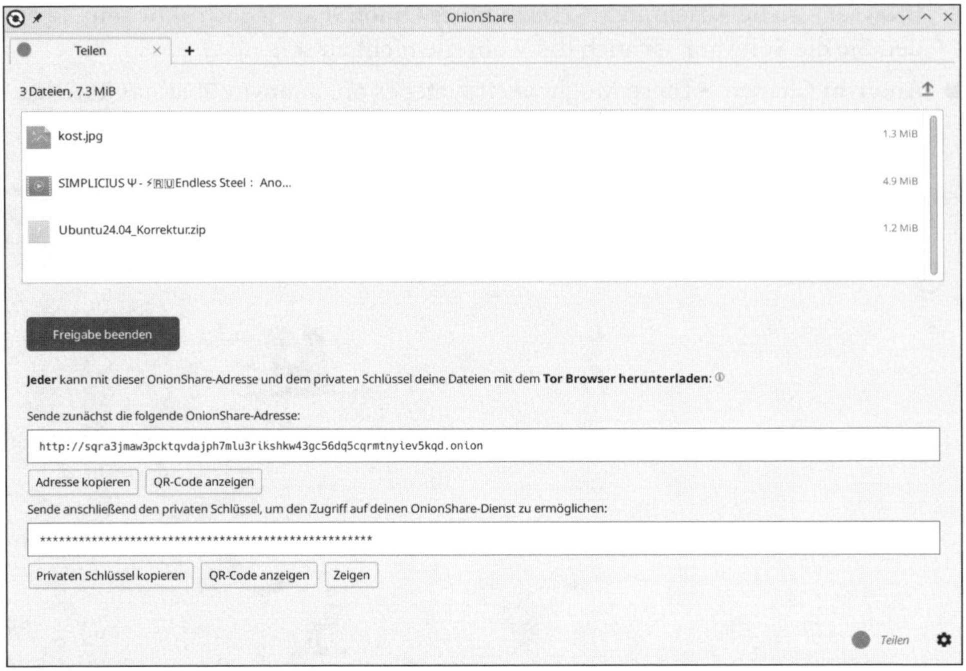

Abb. 7.17: Dateien mit OnionShare teilen

Um mit OnionShare Dateien zu empfangen, klicken Sie im Hauptfenster auf den Schalter DATEIEN EMPFANGEN und im sich öffnenden Reiter auf EMPFANGSMODUS STARTEN. Sie übergeben dem Absender den angezeigten Link und den Schlüssel und dieser nutzt beides im Tor Browser, um die Dateien an Sie zu senden. In den Einstellungen der Software (das Zahnrad rechts unten) lässt sich festlegen, wo heruntergeladene Dateien landen.

Um anonym mit der Software zu chatten, klicken Sie im Hauptfenster auf den Schalter ANONYM CHATTEN und im sich öffnenden Reiter auf CHATSERVER STARTEN. Auch hier werden anschließend ein Link und Ihr privater Schlüssel gezeigt. Beides übergeben Sie Ihrem Gegenüber, der beides wieder über Tor Browser nutzt. Auch Sie selbst geben beides im Tor Browser ein. Das funktioniert auch für mehrere Teilnehmer. Über den Tor Browser können Sie anschließend anonym chatten, bis Sie den Chatserver beenden.

7.8 Anonym chatten mit Jami

Die meisten Messenger, mit denen Sie über das Internet chatten können, laufen über einen Server im Internet. Auch wenn die Chats offiziell Ende-zu-Ende-verschlüsselt sind, müssen Sie dem Chat-Betreiber (etwa WhatsApp, Facebook Messenger, Signal ...) vertrauen, dass er nicht eine Funktion eingebaut hat, die Verschlüsselung zu umgehen.

Jami ist eine Software, die nicht über Server im Internet läuft – Sie werden nur mit dem Jami-Server verbunden, damit andere sehen können, dass Sie online sind. Der Chat selbst läuft direkt von Ihrer Jami-Software zu Ihren Chat-Partnern.

Alle, mit denen Sie über Jami chatten wollen, müssen Jami auf ihrem Computer, Tablet oder Smartphone installiert haben. Unter auf Debian basierenden Linux-Distributionen installieren Sie diese Software über den Paket-Manager durch das Paket »jami«. Für weitere Betriebssysteme (Windows oder macOS) finden Sie die Software unter `https://jami.net/` zum Download. Auch in den jeweiligen App-Stores (Android und iOS) findet sie sich.

Nach der Installation befindet sich Jami im Anwendungsmenü unter der Kategorie INTERNET. Beim ersten Start gilt es, die Software zu konfigurieren. Um einen neuen Account zu erstellen, klicken Sie auf den Schalter MITMACHEN BEI JAMI. Haben Sie bereits einen Account erstellt (etwa auf einem anderen Computer, Tablet oder Smartphone), klicken Sie auf den Schalter ICH HABE BEREITS EINEN ACCOUNT.

Um einen neuen Account zu erstellen, geben Sie Ihren gewünschten Benutzernamen an und klicken auf den Schalter MITMACHEN BEI JAMI – schon finden Sie sich in der eigentlichen Chat-Software wieder.

Nach der Erstellung Ihres Accounts können Sie ihn über die Einstellungen (rechts oben das Zahnrad) anpassen, etwa ein Profilbild angeben und diverse Erweiterungen installieren. Ihren Chat-Partnern geben Sie Ihren Benutzernamen oder schicken ihnen Ihren CR-Code, den Sie sich über den zweiten Schalter von rechts oben anzeigen lassen (siehe Abbildung 7.18).

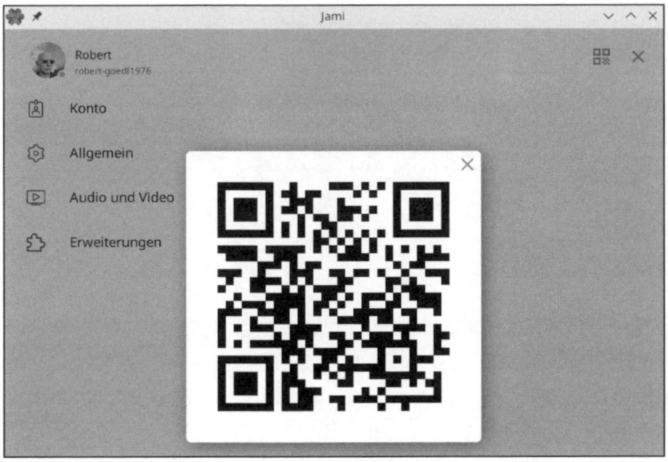

Abb. 7.18: QR-Code zum Teilen Ihres Kontakts

Um den Chat zu beginnen, klicken Sie auf Ihr erstelltes Konto (in Abbildung 7.18 ganz oben) und suchen nach Ihren Kontakten, mit dem Schalter rechts daneben können Sie einen Gruppenchat starten und so mit mehreren Kontakten gleichzeitig chatten.

Möchten Sie Ihren Jami-Account nicht nur auf Ihrem Computer unter Linux verwenden, öffnen Sie die Einstellungen rechts oben und klicken auf NEUES GERÄT VERBINDEN – somit erhalten Sie einen Code und für Smartphones einen QR-Code (siehe Abbildung 7.19). Auf dem anderen Gerät wählen Sie ICH HABE BEREITS EINEN ACCOUNT und scannen den QR-Code oder geben den Code ein. Auf Smartphones nennt sich die Option KONTO VON EINEM ANDEREN GERÄT HERSTELLEN.

Abb. 7.19: Jami-Konto auf andere Geräte übertragen

Wichtig: Jami-Konto sichern

Ihr Jami-Konto besteht nur auf Ihren Geräten, auf denen Jami installiert und Ihr Konto aktiv ist. Haben Sie nur ein Gerät, auf dem Jami installiert ist, und das funktioniert aus welchem Grund auch immer nicht mehr, lässt sich der Account nicht wiederherstellen, denn Ihr Konto existiert nur auf Ihrem Computer. Weder Ihr Konto noch Ihre Konto-Einstellungen oder Kontakte werden auf einem Server gespeichert.

Um Ihr Jami-Konto zu sichern, erstellen Sie über die Einstellungen und den Schalter KONTO SICHERN eine Sicherung und speichern die Datei etwa auf einem USB-Stick. Installieren Sie Jami neu, importieren Sie diese Datei beim ersten Start der Software über ICH HABE BEREITS EINEN ACCOUNT.

7.9 Rclone – verschlüsselte Backups in der Cloud

Kommerzielle Datenablagen im Internet – einfacher ausgedrückt, die Cloud – werden gerne genutzt, weil eben einfach und schnell verfügbar. Bis zu einer gewissen Datengröße sind viele dieser Clouds sogar kostenlos. Manche der Betreiber verschlüsseln Ihre dort gespeicherten Daten sogar. Ob die Betreiber selbst jedoch nicht doch auf die Daten zugreifen können, ist eine andere Geschichte.

Mit der Software Rclone verschlüsseln Sie Ihre Daten, die Sie in der Cloud speichern wollen, bevor Sie sie hochladen. Nach einer kurzen Einrichtung der Software erledigt sie die Verschlüsselung vor dem Senden in die Cloud und das Entschlüsseln beim Herunterladen automatisch.

Unter auf Debian basierenden Linux-Distributionen installieren Sie diese Software über die Paket-Verwaltung durch das Paket »rclone«. Für weitere Linux-Distributionen, die das Paket nicht in ihren Repositories führen, finden Sie entsprechende Pakete unter `https://rclone.org/downloads/` (auch für Windows und macOS).

Welche Clouds die Software unterstützt, lesen Sie unter `https://rclone.org/overview/`. Darunter sind Dropbox, Google Drive, Mega, Microsoft OneDrive und viele mehr.

Mit Rclone lassen sich Ihre Daten auch unverschlüsselt in der Cloud speichern, wenn Sie das möchten (etwa, weil Sie nicht alle Daten in der Cloud verschlüsseln möchten – verschlüsselte Daten lassen sich z.B. über den Webbrowser in der Cloud nicht öffnen. Außerdem lassen sich diese Dateien zwar teilen, der Empfänger wird mit einer von Ihnen verschlüsselten Datei jedoch nicht viel anfangen können. Aus diesem Grund sollten Sie nur Dateien verschlüsseln, bei denen Sie dies auch wirklich nützlich finden – die Verbindung beim Übertragen der Daten vom lokalen Rechner in die Cloud und umgekehrt ist natürlich immer verschlüsselt). In Abschnitt 7.9.1 sehen Sie den unverschlüsselten Vorgang, in Abschnitt 7.9.2 den Vorgang für verschlüsselte Backups.

7.9.1 Unverschlüsselte Backups mit Rclone

Die Einrichtung der Software wird am Terminal (siehe Abschnitt 4.3) vorgenommen. Sie beginnen mit dem Befehl:

```
rclone config
```

Und erhalten folgende Ausgabe:

```
<5>NOTICE: Config file "/home/robertg/.config/rclone/
rclone.conf" not found - using defaults
No remotes found, make a new one?
n) New remote
s) Set configuration password
q) Quit config
n/s/q>
```

Sie finden hier vier Optionen. Vor jeder davon ist ein Buchstabe zu sehen. Um eine der Optionen zu nutzen, geben Sie den jeweiligen Buchstaben ein und bestätigen mit `Eingabe`:

- **n** – Einen neuen Cloud-Betreiber auswählen
- **s** – Die Konfiguration mit einem Passwort absichern (damit keine weiteren Benutzer Ihres Computers diese einsehen können)
- **q** – Die Konfiguration beenden

Beim ersten Start der Software drücken Sie natürlich die Taste `n` und bestätigen mit `Eingabe`.

Jetzt fragt die Software nach einer Bezeichnung für die neue Cloud-Verbindung:

```
Enter name for new remote.
Name>
```

Hier geben Sie eine Bezeichnung ein, die Ihnen gefällt – ein Beispiel wäre ganz einfach »Google« für Google Drive oder »Microsoft« ... Alle Eingaben bestätigen Sie mit `Eingabe`.

Jetzt erhalten Sie eine Ausgabe, in der Sie alle möglichen Cloud-Betreiber sehen, die die Software unterstützt (siehe Abbildung 7.20). Vor jeder Cloud sehen Sie eine Zahl, diese geben Sie ein und bestätigen.

Ab jetzt kann die weitere Konfiguration je nach Cloud variieren, Rclone zeigt dies nach der Auswahl der Cloud. Entweder gilt es, nur den Benutzernamen und das Passwort für den Cloud-Account anzugeben, oder die weitere Konfiguration wird etwas umfangreicher. In diesem Fall zeigt die Software einen Link zur Online-Hilfe an. Um einen solchen Link zu öffnen, legen Sie den Mauszeiger auf den Link, drücken die linke `Strg`-Taste und klicken auf den Link – dann befinden Sie sich im Webbrowser.

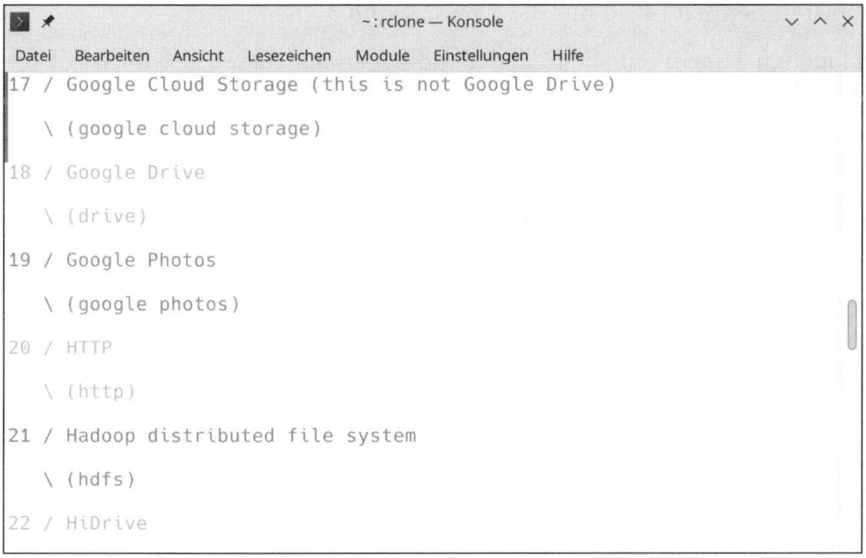

Abb. 7.20: Rclone – Konfiguration, die gewünschte Cloud auswählen

Im Beispiel von Google Drive erstellen Sie in Ihrem Google-Konto einen API-Schlüssel (eine Datei, mit der man auf gewisse Funktionen zugreifen kann) für Google Drive, geben dann dessen Benutzernamen und das zugehörige Passwort ein. Anschließend erhalten Sie die Ausgabe wie in Abbildung 7.21.

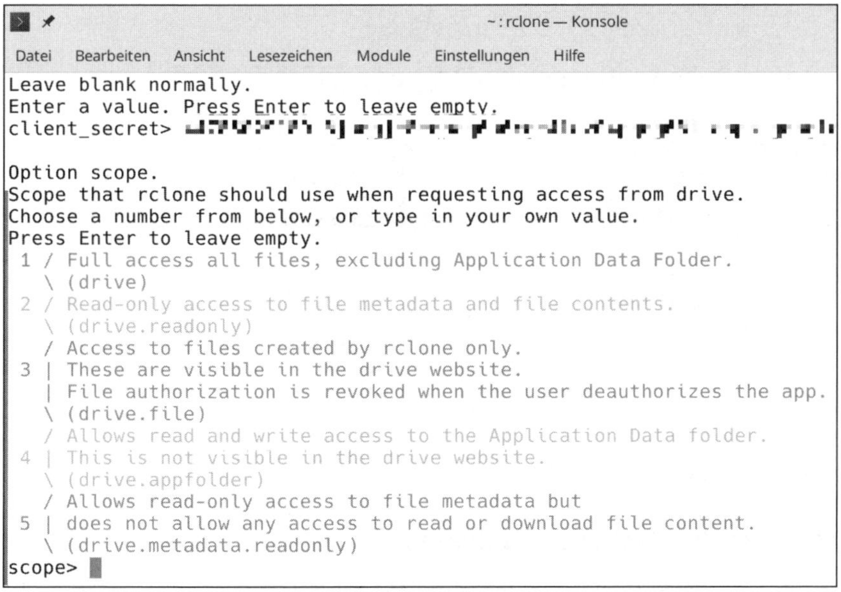

Abb. 7.21: Eingabe, welche Daten wirklich verschlüsselt werden sollen

Für die meisten Benutzer sind nur die Punkte 1 und 3 interessant:

- 1 – Rclone hat Zugriff auf alle in der Cloud liegenden Daten, also auch auf solche, die schon vor dem Einsatz mit Rclone in der Cloud gespeichert wurden.
- 3 – Rclone hat nur Zugriff auf Daten, die durch Rclone in der Cloud gespeichert wurden.

Geben Sie nach folgender Eingabe-Aufforderung die entsprechende Zahl ein:

```
scope>
```

Die folgende Nachfrage bestätigen Sie ohne Eingabe (hiermit können Sie angeben, ob Sie die Konfiguration in einem bestimmten Verzeichnis speichern wollen):

```
Enter a value. Press Enter to leave empty.
service_account_file>
```

Die anschließende Nachfrage können Sie mit der Eingabe von [n] und [Eingabe] bestätigen – hier geht es vor allem um die Geschwindigkeit, mit der Rclone Dateien in die Cloud kopiert:

```
Edit advanced config?
y) Yes
n) No (default)
y/n>
```

Zuletzt speichern Sie die Konfiguration mit [y] und [Eingabe]:

```
Use auto config?
* Say Y if not sure
* Say N if you are working on a remote or headless
machine

y) Yes (default)
n) No
y/n>
```

Damit wäre die Konfiguration abgeschlossen.

7.9.2 Verschlüsselte Backups mit Rclone

Bisher wurde das normale Backup – also ohne Verschlüsselung – beschrieben. In diesem Fall liegen die Dateien unverschlüsselt in der Cloud, Sie können also mit jedem Dateimanager (mit Netzwerk-Fähigkeit) und jedem Webbrowser auf die Dateien zugreifen – das kann aber auch der Cloud-Betreiber. In diesem Abschnitt werden die Daten in der Cloud verschlüsselt, das heißt, Sie können nur mit Rclone auf die verschlüsselten Daten zugreifen.

Die Konfiguration von verschlüsselten Backups läuft fast identisch wie die der unverschlüsselten Backups ab. Sie beginnen also mit dem Start der Konfiguration:

```
rclone config
```

Erstellen Sie eine neue Cloud-Verbindung, vergeben Sie einen Namen und wählen Sie anschließend statt des Cloud-Betreibers den Eintrag 14:

```
14 / Encrypt/Decrypt a remote
   \ (crypt)
```

Sie geben also die Zahl »14« ein und bestätigen – damit wird die Verschlüsselung aktiviert. Jetzt geht es wie bei den unverschlüsselten Backups weiter und Sie wählen den Cloud-Betreiber, die neue Verbindung nennen Sie statt etwa »google« »google-verschlüsselt« usw.

7.9.3 Backups mit Rclone erstellen und aus der Cloud herunterladen

Egal ob verschlüsselt oder unverschlüsselt – normalerweise arbeiten Sie mit Rclone auf dem Terminal. Es gibt auch eine grafische Oberfläche, sie beherrscht jedoch nicht alle Funktionen.

Einzelne Dateien und Verzeichnisse in der Cloud sichern

Um eine einzelne Datei mit Rclone zu sichern, lautet die Syntax des Befehls:

```
rclone copy /pfad/zur/Dateiname cloud-name:verzeichnis
```

Mit der Option `copy` kopieren Sie die Datei in die Cloud. Ersetzen Sie `copy` durch `move`, wird die Datei in die Cloud verschoben. Nach `copy` oder `move` geben Sie den Pfad zur Datei auf dem lokalen Computer an, die in die Cloud kopiert/verschoben werden soll. `cloud-name` ersetzen Sie durch den Namen, den Sie bei der Erstellung der Cloud-Verbindung in Rclone angegeben haben – also etwa `google`. Nach einem Doppelpunkt geben Sie das Verzeichnis in der Cloud an, in das die Datei kopiert oder verschoben werden soll. Besteht dieses Verzeichnis in der Cloud nicht, wird es automatisch erstellt.

Ein Beispiel, um die Datei `Bild.jpg` aus dem lokalen Verzeichnis `Bilder/Katzen` in die Google-Cloud in das Verzeichnis `Katzenbilder` zu kopieren:

```
rclone copy Bilder/Katzen/Bild.jpg google:Katzenbilder
```

Bei größeren Dateien lassen sich auch die Geschwindigkeit und der Fortschritt des Kopierens bzw. Verschiebens anzeigen, hierzu dient die Option `-P` (ein Beispiel zeigt Abbildung 7.22):

```
rclone -P copy Bilder/Katzen/Bild.jpg google:Katzenbilder
```

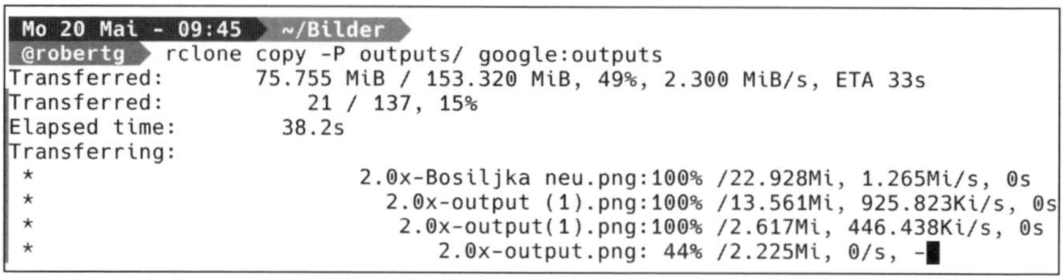

Abb. 7.22: Kopieren von Dateien mit Rclone in die Cloud

Um ein komplettes Verzeichnis in die Cloud zu kopieren, geben Sie es an, etwa das Verzeichnis `Katzen` unter `Bilder`:

```
rclone -P copy Bilder/Katzen/ google:Katzenbilder
```

Mit der Option `sync` synchronisieren Sie Verzeichnisse. Haben Sie etwa das Verzeichnis `Bilder/Katzen` bereits in die Cloud kopiert und anschließend im lokalen Verzeichnis `Bilder` hinzugefügt, gelöscht oder geändert, werden diese Änderungen automatisch in der Cloud übernommen (ansonsten werden lokal veränderte Dateien nicht in die Cloud hochgeladen und Sie müssten es jedes Mal manuell erledigen):

```
rclone sync -P Bilder/Katzen/ google:Katzenbilder
```

Dateien und Verzeichnisse anzeigen und aus der Cloud laden

Mit der Option `ls` lassen Sie sich Dateien in der Cloud anzeigen – im folgenden Beispiel alle:

```
rclone ls google:
```

Oder solche in einem speziellen Verzeichnis:

```
rclone ls google:Katzenbilder
```

Ein Beispiel für das Anzeigen von Dateien in der Cloud sehen Sie in Abbildung 7.23.

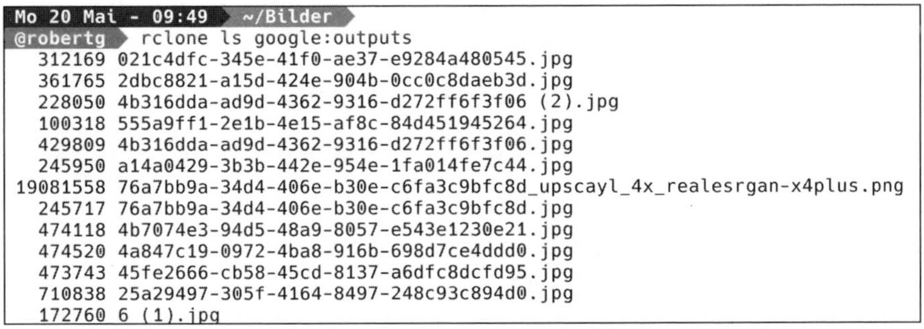

Abb. 7.23: Anzeigen von Dateien in der Cloud mit Rclone

Um Dateien oder Verzeichnisse aus der Cloud auf den lokalen Computer zu kopieren oder zu verschieben, wechseln Sie auf dem Terminal in das gewünschte lokale Verzeichnis und geben anschließend die zu kopierende Datei oder das Verzeichnis an:

```
cd Bilder/
rclone copy google:Katzenbilder/Bild.jpg
rclone copy google:Katzenbilder/
```

Auch auf den lokalen Rechner lassen sich Verzeichnisse synchronisieren – etwa, weil Sie Dateien aus einem Verzeichnis unabsichtlich gelöscht haben. Dazu wechseln Sie wieder in das gewünschte Verzeichnis:

```
cd Bilder/
rclone sync google:Katzenbilder
```

Grafisch mit Rclone arbeiten

Rclone besitzt wie schon beschrieben auch eine grafische Oberfläche, Rclone Browser, sie beinhaltet jedoch nur rudimentäre Funktionen. Dazu zählen das Kopieren und Verschieben in beide Richtungen sowie das Erstellen und Löschen von Dateien und Verzeichnissen – Verzeichnisse synchronisieren können Sie mit der grafischen Oberfläche beispielsweise nicht.

Sie installieren Rclone Browser unter auf Debian basierenden Linux-Distributionen über das Paket »rclone-browser«. Rclone Browser funktioniert erst nach der Einrichtung von Rclone am Terminal, anschließend können Sie die grafische Software am Terminal mit dem folgenden Befehl starten und mit der Maus arbeiten (siehe Abbildung 7.24):

```
rclone-browser
```

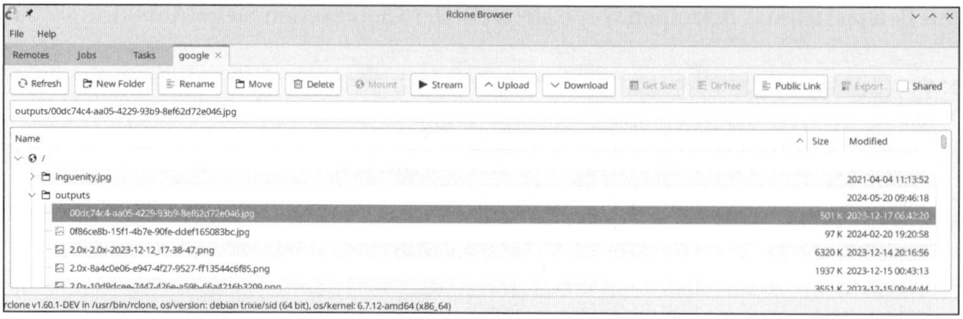

Abb. 7.24: Rclone Browser – grafische Oberfläche für Rclone

7.9.4 Bestehende Cloud-Zugänge mit Rclone bearbeiten, löschen und neue hinzufügen

Um bereits erstellte Cloud-Zugänge zu bearbeiten (beispielsweise um das Passwort zu ändern), solche zu löschen oder weitere hinzuzufügen, starten Sie den schon bekannten Befehl:

```
rclone config
```

Besteht schon ein Cloud-Zugang, wird die Ausgabe erweitert (siehe Abbildung 7.25).

```
Mo 20 Mai - 10:08  ~/Bilder
@robertg  rclone config
Current remotes:

Name                 Type
====                 ====
google               drive

e) Edit existing remote
n) New remote
d) Delete remote
r) Rename remote
c) Copy remote
s) Set configuration password
q) Quit config
e/n/d/r/c/s/q>
```

Abb. 7.25: Bestehende Accounts in Rclone bearbeiten, löschen und neue hinzufügen

Unter `Current remotes` sehen Sie bestehende Zugänge, darunter die schon bekannten Optionen – hier nur die neuen:

- **e** – Einen schon bestehenden Zugang bearbeiten
- **d** – Einen bestehenden Zugang löschen
- **r** – Einen bestehenden Zugang umbenennen
- **c** – Einen bestehende Zugang kopieren, um ihn für einen anderen Zugang zu bearbeiten

7.10 Joplin – anonyme Notizen auf allen Geräten

Notizen hat man immer gerne überall dabei – hierzu gibt es auch entsprechende Dienste im Internet. Ein bekannter Dienst wäre etwa Evernote, aber wie üblich gilt: Sie müssen damit rechnen, dass der Betreiber Zugriff auf Ihre Notizen hat.

Joplin hingegen ist freie Software, und wenn gewünscht lassen sich Ihre Notizen verschlüsseln. Sie finden diese Software für alle Linux-Distributionen unter `https://joplinapp.org/help/install` als AppImage (siehe Abschnitt 5.2.3) zum Download. Sie müssen die heruntergeladene Datei also nur ausführbar machen: Rechtsklick auf die Datei und EINGENSCHAFTEN|ZUGRIFFSRECHTE. Hier klicken Sie in die Checkbox AUSFÜHRBAR. Alternativ erledigen Sie dies auf dem Terminal mit dem Befehl:

```
chmod +x Joplin-VERSION.Appimage
```

Die Software findet sich unter demselben Link auch für Windows und macOS. Für Android und iOS finden Sie Joplin in deren App-Stores.

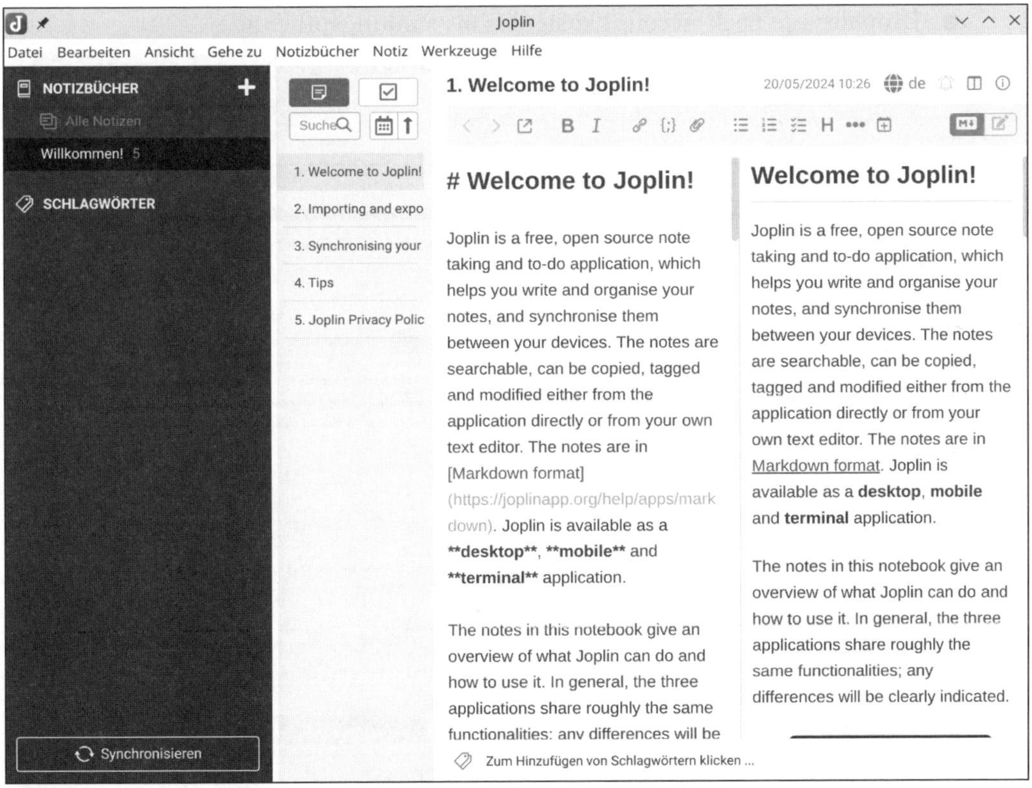

Abb. 7.26: Anonyme Notizen mit Joplin auf allen Geräten

Nachdem Sie die Datei ausführbar gemacht haben, starten Sie die Software per Mausklick. Die Software zeigt gleich zu Beginn ein paar Beispiele, wie Ihre Notizen aussehen könnten (siehe Abbildung 7.26).

Links können Sie Notizbücher für alle möglichen Zwecke anlegen – hierfür genügt ein Klick auf den Schalter mit dem Plus. Gleich daneben finden Sie die in einem Notizbuch liegenden Notizen aufgelistet. Markieren Sie ein Notizbuch und eine darin liegende Notiz, zeigt sich der Inhalt der Notiz rechts daneben.

Die Notiz selbst ist in zwei Teile geteilt. Links sehen Sie den Editor und rechts daneben, wie die Notiz fertig bearbeitet aussieht. Die Software ist so einfach zu benutzen wie ein einfacher Texteditor, etwa Microsoft Office oder LibreOffice.

Standardmäßig werden Ihre Notizen nur lokal gespeichert, Sie können die Synchronisation jedoch aktivieren und mit dem gewünschten Cloud-Account verbinden. Dies erledigen Sie über das Menü WERKZEUGE|OPTIONEN|SYNCHRONISATION. Hier klicken Sie auf den Schalter SYNC-ASSISTENTEN ÖFFNEN. Sie finden anschließend die Möglichkeit, sich mit folgenden Clouds zu verbinden (siehe Abbildung 7.27):

- **Joplin Cloud** – Nicht kostenlos, von 2,40 € bis 6,69 € monatlich und 2 GB bis 50 GB Speicher
- **Dropbox** – Je nach Account kostenlos bis zahlungspflichtig
- **OneDrive** – Je nach Account kostenlos, ab einer gewissen Datengröße zahlungspflichtig

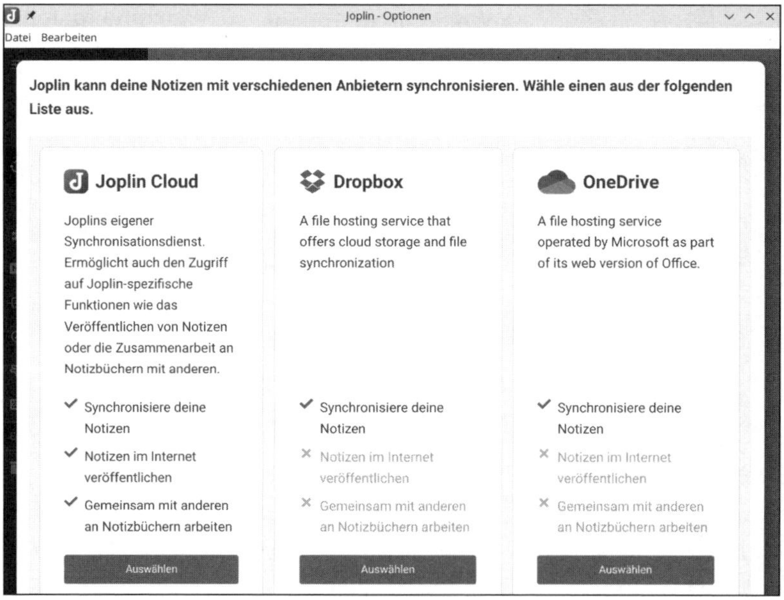

Abb. 7.27: Auswahl der Clouds zum Synchronisieren der Notizen

Sie wählen den gewünschten Anbieter mit einem Klick auf AUSWÄHLEN, anschließend bekommen Sie einen Link, auf den Sie klicken. Der Webbrowser öffnet den angeforderten Link und Sie wählen ZULASSEN, kopieren den im Webbrowser angezeigten Code, fügen diesen in Joplin in das darunter liegende Feld ein und klicken auf ABSENDEN.

In den Einstellungen klicken Sie unter SYNCHRONISATION|VERSCHLÜSSELUNG auf MASTERPASSWORT VERWALTEN, erstellen ein neues Passwort und bestätigen es – dies aktiviert auch gleichzeitig die Verschlüsselung.

Auf den anderen Geräten verbinden Sie sich mit Ihrem erstellten Account und schon haben Sie all Ihre Notizen auf all Ihren Geräten.

Kapitel 8

Erweiterte Möglichkeiten für Anonymität im Internet

In diesem Kapitel erfahren Sie erweiterte Möglichkeiten, um sich im Internet anonym zu bewegen. Sie sind nicht mehr ganz so einfach zu bewerkstelligen, wie etwa ein Browser-Add-on zu installieren, aber trotzdem für jeden zu schaffen.

8.1 DNS-Server ändern

Einen DNS-Server (Domain Name System) können Sie sich vorstellen wie das Telefonbuch des Internets. Möchten Sie im Webbrowser etwa eine Google-Suche starten, geben Sie dazu die Adresse `https://www.google.de/` ein, und schon öffnet der Webbrowser die Google-Suche in Deutschland. Doch so einfach ist es nicht – das Internet arbeitet nicht mit für uns einfach verständlichen Eingaben wie etwa »google.de«, sondern mit IP-Adressen.

Wollen wir uns einmal die IP-Adresse von Google.de ansehen. Öffnen Sie dazu einfach das Terminal (siehe Abschnitt 4.3) und starten Sie den Befehl:

```
host google.de
```

Der Befehl `host` dient dazu, die IP-Adresse(n) eines Hosts abzufragen. (Ein Host ist ein Computer irgendeiner Art, egal ob im Internet oder im lokalen Netzwerk – hierbei kann es sich auch um jegliche Art von iOT-Gerät handeln, eine smarte Kaffeemaschine, smarte Lampe etc.) Als Ausgabe erhalten wir in diesem Fall:

```
google.de has address 142.250.185.163
google.de has IPv6 address 2a00:1450:400d:80d::2003
google.de mail is handled by 0 smtp.google.com.
```

Google.de hat die IPv4-(Internet-Protokoll-Version-4-)Adresse »142.250.185.163« und die IPv6-(Internet-Protokoll-Version-6)Adresse »2a00:1450:400d:80d::2003«. Der Unterschied ist ganz einfach: IPv4 ist älter und IPv6 ist aktueller und kann viel mehr IP-Adressen verwalten. (Dies ist nötig, weil es immer mehr Geräte im Internet gibt.) Manche Server (Hosts) haben nur eine alte, manche aber auch eine alte und eine neue IP-Adresse.

Zurück zum DNS-Server: Das Internet (Netzwerk) will von Ihnen kein »google.de«, es kann damit nichts anfangen – es will die IP-Adresse (alt oder neu ist egal). Sie können es ausprobieren: Geben Sie statt »google.de« einfach einmal die IP-Adresse »142.250.185.163« ein. Bestätigen Sie dann die Warnung und der Browser wird die Google-Suche öffnen.

Wie schon beschrieben, ist der DNS-Server einfach ausgedrückt ein Telefonbuch. Geben Sie in Ihrem Webbrowser (welcher es auch immer sein mag) die Adresse »google.de« ein, kennt dieser die IP-Adresse nicht – er muss sich beim DNS-Server erkundigen. Schnell und einfach: Ihr Webbrowser sendet dem DNS-Server die von Ihnen eingegebene Adresse und will dafür die IP-Adresse zurückhaben. Mit dieser IP-Adresse ruft Ihr Webbrowser anschließend die von Ihnen geforderte Webseite auf.

Und jetzt kommt es: Der DNS-Server steht bei Ihrem Internet-Anbieter. Ihr Internet-Anbieter kann darauf natürlich zugreifen und sehen, was darauf passiert. Ihr Internet-Anbieter sieht also, für welche URL Sie die IP-Adresse haben möchten, und damit, welche Web-Adresse Sie öffnen. Unter Anonymität versteht man etwas anderes.

Der DNS-Server lässt sich problemlos ändern und das bringt keine Nachteile – je nach DNS-Server kann sich das Öffnen von Webseiten sogar massiv beschleunigen. Viele Benutzer nehmen dazu die beiden DNS-Server mit den IP-Adressen 8.8.8.8 und 8.8.4.4, aber anonym ist das nicht, da dies die DNS-Server von Google sind. Eine Liste von freien DNS-Servern weltweit finden Sie unter `https://www.ungefiltert-surfen.de/nameserver/de.html`.

8.1.1 DNS-Server unter Linux ändern

Sie können den DNS-Server am lokalen Computer unter Linux ändern. Dies hat vor allem auf Laptops Vorteile, wenn Sie mit ihnen nicht sichere Netzwerke benutzen (etwa im Hotel, in einem Lokal oder auch bei UMTS-Verbindungen – Internet-Stick –, da Sie nicht wissen, welchen DNS-Server die dortige Verbindung nutzt. Der Betreiber könnte beispielsweise seine Kunden mit seinem eigenen DNS-Server beobachten und so Daten für Unternehmen sammeln).

Hierzu öffnen Sie unter Linux Mint den Network-Manager mit einem Rechtsklick auf dessen Icon und klicken auf die Einstellungen. Unter IPv4 und IPv6 geben Sie die IP-Adressen der DNS-Server ein. Zur Sicherheit (falls einer gerade nicht erreichbar ist) sollten dies zwei unterschiedliche sein (siehe Abbildung 8.1).

Bei den meisten Linux-Distributionen läuft es ähnlich, es gibt nur optische Unterschiede. In Abbildung 8.2 sehen Sie dieselben Einstellungen unter KDE Plasma.

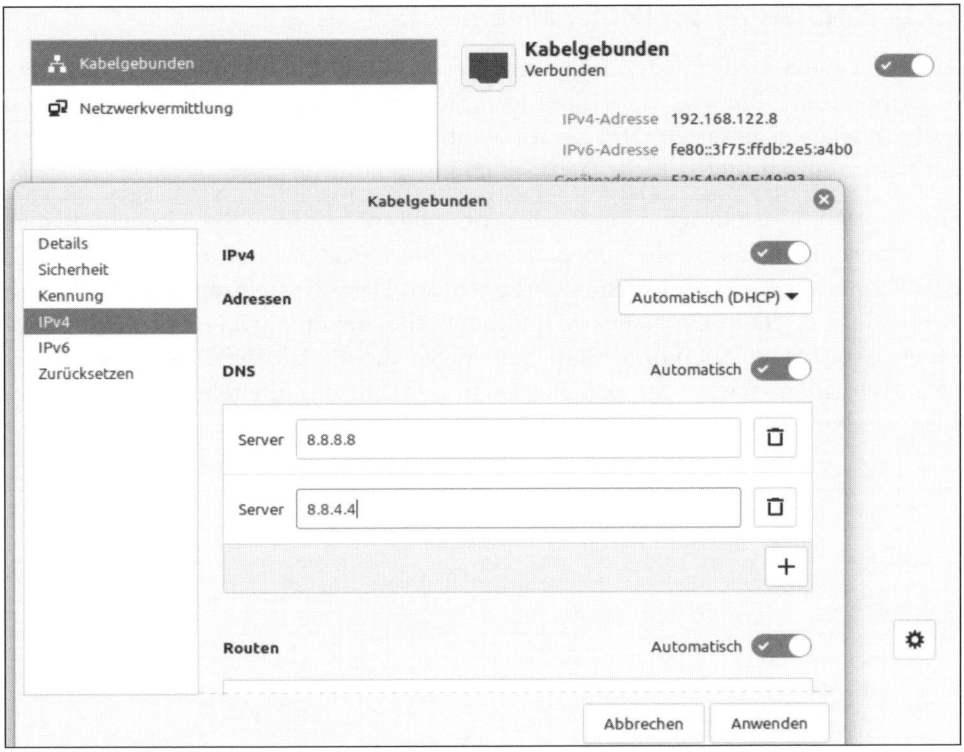

Abb. 8.1: DNS-Einstellungen auf dem lokalen Rechner unter Linux (hier Linux Mint)

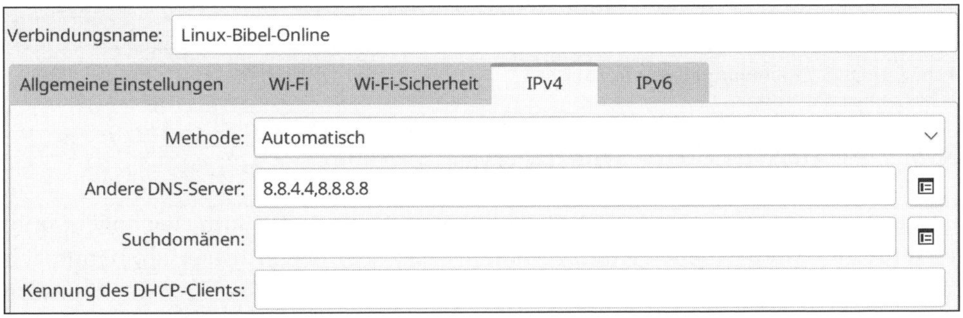

Abb. 8.2: DNS-Einstellungen unter KDE Plasma

Dies können Sie natürlich auf jedem Computer zu Hause in Ihrem lokalen Netzwerk machen, es ist aber etwas umständlich. In Abschnitt 9.1.2 lesen Sie, wie Sie die Einstellungen auf dem Router vornehmen und so für alle Geräte die Einstellungen nur einmal machen.

8.1.2 DNS-Server am Router ändern

Ändern Sie die DNS-Einstellungen am Router, über den alle Geräte (Computer, Smartphones, Tablets ...) via WLAN oder Netzwerkkabel verbunden sind, nutzen auch diese die geänderten DNS-Server – außer, Sie haben auf den einzelnen Geräten (wie in Abschnitt 9.1.1) die DNS-Server ebenfalls angepasst.

Um die DNS-Einstellungen am Router vorzunehmen, öffnen Sie dessen grafische Oberfläche im Webbrowser, geben also die IP-Adresse des Routers im Adressfeld des Webbrowsers ein und suchen dort nach den DNS-Einstellungen. Diese finden sich leider bei jedem Hersteller an anderer Stelle. Bei einem TP-Link-Router etwa unter LAN (siehe Abbildung 8.3). Sobald Sie die IP-Adressen der DNS-Server geändert haben, starten Sie den Router neu, damit die Einstellungen übernommen werden.

Abb. 8.3: DNS-Einstellungen am Router

8.2 Firefox und die Telemetrie

Firefox ist zwar freie Software, aber auch dieser Webbrowser sammelt sogenannte »Telemetrie-Daten« (bei welchen Aktionen stürzt der Webbrowser ab, hängt sich auf, wo gibt es Probleme?). Diese Daten dienen der Verbesserung der Software und werden anonym an den Hersteller Mozilla gesendet – also ohne Daten über Sie selbst. Doch nicht jedem gefällt das, deshalb lässt sich diese Datenübertragung auch abstellen.

Um die Telemetrie-Übertragung zu verhindern, finden Sie in den Einstellungen unter Datenschutz & Sicherheit unter dem Eintrag Datenerhebung durch Firefox und deren Verwendung die Möglichkeit, die drei aktivierten Checkboxen zu deaktivieren (siehe Abbildung 8.4).

Abb. 8.4: Telemetrie-Daten in Firefox deaktivieren

Doch auch dann sendet die Software weiter Daten an seinen Hersteller. Um dies zu deaktivieren, müssen Sie etwas tiefer vordringen. Geben Sie im Adressfeld folgende Adresse ein: »about:config«. Sie erhalten jetzt eine Warnung – diese akzeptieren Sie mit einem Klick auf den Schalter RISIKO AKZEPTIEREN UND FORTFAHREN.

Hier finden Sie ein neues Suchfeld. Um die Einstellungen anzupassen, geben Sie erst die Zeichenfolge in der linken Spalte von Tabelle 8.1in das Suchfeld ein. Wird diese im Webbrowser angezeigt, klicken Sie rechts daneben auf den Schalter mit dem Plus und geben den in der rechten Spalte der Tabelle angegebenen Wert ein (siehe Abbildung 8.5).

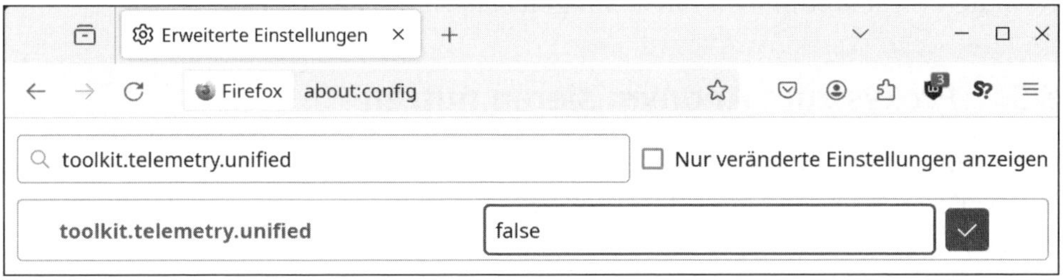

Abb. 8.5: Telemetrie in Firefox deaktivieren

Einstellung	Wert
browser.newtabpage.activity-stream.feeds.telemetry	false
browser.newtabpage.activity-stream.telemetry	false
browser.ping-centre.telemetry	false
datareporting.healthreport.service.enabled	false

Tabelle 8.1: Telemetrie in Firefox deaktivieren

Einstellung	Wert
datareporting.healthreport.uploadEnabled	false
datareporting.policy.dataSubmissionEnabled	false
datareporting.sessions.current.clean	true
devtools.onboarding.telemetry.logged	false
toolkit.telemetry.archive.enabled	false
toolkit.telemetry.bhrPing.enabled	false
toolkit.telemetry.enabled	false
toolkit.telemetry.firstShutdownPing.enabled	false
toolkit.telemetry.hybridContent.enabled	false
toolkit.telemetry.newProfilePing.enabled	false
toolkit.telemetry.prompted	Nummer 2
toolkit.telemetry.rejected	true
toolkit.telemetry.reportingpolicy.firstRun	false
toolkit.telemetry.server	Hier löschen Sie den Server
toolkit.telemetry.shutdownPingSender.enabled	false
toolkit.telemetry.unified	false
toolkit.telemetry.unifiedIsOptIn	false
toolkit.telemetry.updatePing.enabled	false

Tabelle 8.1: Telemetrie in Firefox deaktivieren (Forts.)

Nach den vorgenommenen Einstellungen starten Sie Firefox neu.

8.3 Proxys zum Anonymisieren nutzen

Einen Proxy können Sie sich wie eine Umleitung vorstellen. Öffnen Sie im Webbrowser eine Webseite, wird Ihre IP-Adresse direkt an den Webserver geleitet, auf dem die Website liegt. Dies ist erforderlich, weil der Server die Webseite auch an Ihren Webbrowser zurückübertragen muss.

Leiten Sie den kompletten Netzwerk-Verkehr über einen Proxy weiter, sieht der Webserver hingegen nur die IP-Adresse des Proxys. Ein Proxy verschleiert nur Ihre IP-Adresse, je nach Einstellungen des genutzten Proxy-Servers könnte dieser jedoch auch mögliche Werbung herausfiltern.

Im Vergleich mit Tor (siehe Abschnitt 8.4) ist ein Proxy schneller, aber – wie schon beschrieben, wird nur Ihre IP-Adresse vor dem Webserver verborgen. (Tor dagegen verbirgt Ihre IP-Adresse, Ihren Webbrowser, Ihr Betriebssystem und so einiges mehr.)

Bei der Nutzung eines Proxys müssen Sie jedoch dem Betreiber vertrauen – schließlich kann zumindest dieser sehen, welche Webseiten Sie sich ansehen (auf einen Proxy-Server in China oder Russland würde ich also lieber verzichten).

Eine Liste von kostenlosen Proxy-Servern finden Sie etwa unter `https://www.netzwelt.de/proxy/index.html#proxy-server-einrichten`.

Um einen Proxy-Server zum Surfen zu benutzen, öffnen Sie die Einstellungen des Webbrowsers (hier Firefox) und suchen über das Suchfeld nach dem Begriff »proxy«. Hier finden Sie die VERBINDUNGS-EINSTELLUNGEN. Ein Klick auf den Schalter EINSTELLUNGEN und Sie sind richtig.

Nun aktivieren Sie die Checkbox MANUELLE PROXY-KONFIGURATION und geben anschließend in die Felder die entsprechenden Daten ein (die IP-Adresse des Proxys und den Port) – siehe Abbildung 8.6.

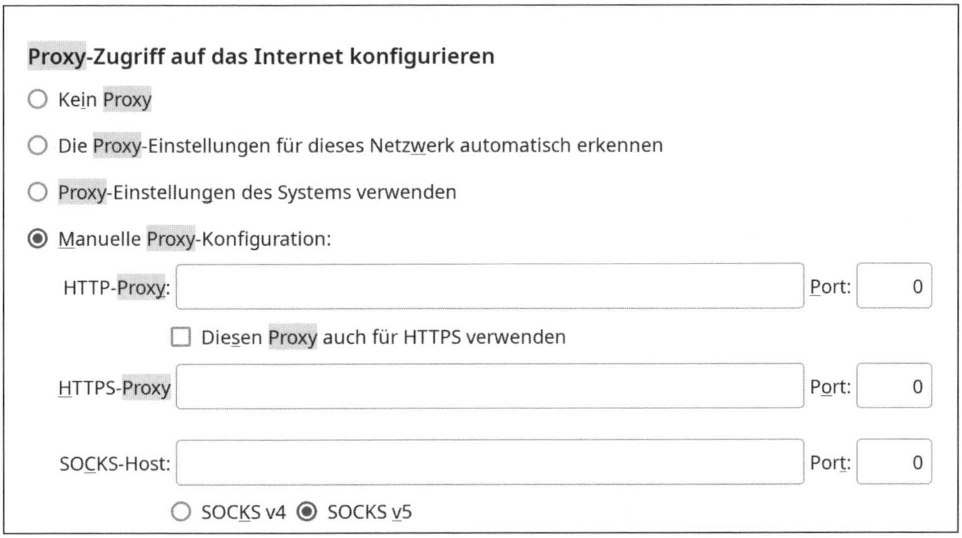

Abb. 8.6: Einrichtung eines Proxys zum Surfen im Webbrowser

Wichtig

Nutzen Sie nur HTTPS-Proxys, nur so sind Verbindungen sicher und mögliche Passwort-Eingaben können nicht mitgelesen werden (das ist etwa in der Liste auf der angeführten Webseite zu sehen wie auch die Ports). Proxy und SOCKS-Host haben dieselben Adressen und Ports.

Nachdem Sie die Einstellungen vorgenommen haben, starten Sie den Webbrowser neu.

8.4 Das Tor-Netzwerk für das komplette Betriebssystem nutzen

Das Tor-Netzwerk (The Onion Router) ist ein weltumspannendes Netzwerk von Servern, das zur umfassenden Verschleierung von Daten der Benutzer dient. Es ist sehr sicher und verschleiert so gut wie alle Daten (siehe auch Abschnitt 7.6).

Dies funktioniert so: Ihr Webbrowser oder Ihr Betriebssystem verbindet sich mit einem Tor-Server – einem sogenannten »Einstiegsknoten«. Öffnen Sie eine Webseite, wird die Anfrage an diesen Einstiegsknoten gesendet und alle Ihre gesendeten Daten – bis auf die zu öffnende Webseite – bleiben auf diesem Server liegen. Der Einstiegsknoten sendet die Adresse der zu öffnenden Webseite an einen zufälligen Tor-Knoten, dieser kennt nur die IP-Adresse des Einstiegsknotens. Der Tor-Knoten sendet die zu öffnende Webseite an einen Ausstiegsknoten und erst dieser öffnet die Webseite. Der Server, auf dem die Website liegt, bekommt nur die IP-Adresse des Ausstiegsknotens und dessen verfälschte Daten. Die geöffnete Webseite geht den kompletten Weg zurück (siehe Abbildung 8.7).

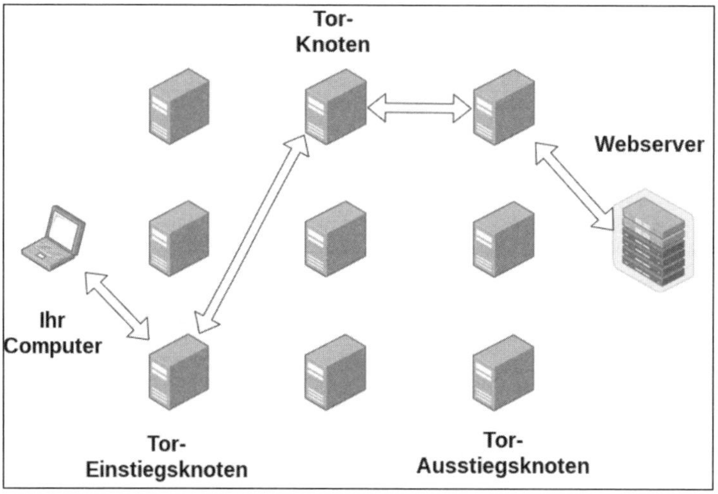

Abb. 8.7: Das Tor-Netzwerk

Das Sichere daran: Selbst wenn gewisse Tor-Knoten oder Einstiegsknoten/Ausstiegsknoten überwacht werden (von wem auch immer), kennt jeder Knoten nur die Daten (etwa die IP-Adresse) seines Vorgängers, von dem dieser die Daten übermittelt bekommen hat. Ihre persönlichen Daten kennt nur der Tor-Einstiegsknoten, über den Sie sich in das Tor-Netzwerk eingewählt haben.

Dieses Hintergrundwissen ist für die Benutzung von Tor allerdings nicht notwendig – Tor übernimmt das alles für Sie.

Es gibt vier Arten, Tor zu nutzen, schwierig ist keine:

- **Tor Browser** – Die einfachste Art, Tor zu nutzen. Sie laden sich Tor Browser herunter und starten ihn, jedoch lässt sich damit nur ein Webbrowser nutzen (siehe Abschnitt 7.6).
- **Tor als Client** – Sie installieren den Tor-Client auf Ihrem Betriebssystem, konfigurieren dann beliebige Webbrowser, andere Anwendungen wie etwa Ihren E-Mail-Client oder das komplette Betriebssystem darauf, den Tor-Client zu nutzen.
- **Tor mit Knoten-Wahl** – Wie bei »Tor als Client«, jedoch können Sie den Ausstiegsknoten wählen. Dies hat den Vorteil, dass Sie sich etwa den aktuell schnellsten Tor-Knoten selbst aussuchen können.
- **Tails** – Tails ist ein auf Debian basierendes Live-System, das darauf konfiguriert ist, jede Netzwerk-Verbindung über das Tor-Netzwerk zu leiten. Hierbei handelt es sich um kein Betriebssystem, das sich auf der Festplatte installieren lässt, aber etwa auf einem USB-Stick.

Tor ist dazu gedacht, Ihre Daten so gut wie möglich im Internet zu verschleiern. Eines muss Ihnen aber klar sein: Da alle Anfragen über mehrere Server geleitet werden, ist die Verbindung nicht die schnellste.

8.4.1 Tor als Client nutzen

Um Tor als Client zu nutzen, installieren Sie am einfachsten das Paket »tor« über das Terminal mit folgenden Befehlen:

Linux Mint:

```
sudo apt-get update
sudo apt-get install tor
```

Anderen auf Debian basierende Distributionen:

```
sudo apt update
sudo apt install tor
```

Unter den meisten anderen Linux-Distributionen sollte sich das Paket ähnlich nennen – suchen Sie einfach über die jeweilige Paket-Verwaltung nach dem Begriff »tor«.

Anschließend müssen Sie nur noch die gewünschte Software darauf konfigurieren, Tor zu nutzen. In diesem Beispiel konfigurieren wir den Webbrowser Firefox. Da Sie Tor nicht dauerhaft nutzen werden – dafür ist das Netzwerk zu langsam und System-Updates würden wohl Stunden dauern –, laden Sie sich von `https://`

`www.mozilla.org/de/firefox/new/` die aktuellste Version von Firefox herunter, entpacken das heruntergeladene komprimierte Archiv per Rechtsklick auf die Datei und der Wahl von HIER ENTPACKEN. Das entpackte Verzeichnis speichern Sie in Ihrem Home-Verzeichnis und starten die darin liegende Datei `firefox` per Mausklick. (Sie können natürlich auch den bereits installierten Firefox nutzen, müssten dann aber immer wieder die Einstellungen anpassen, um auf das normale Netzwerk umzuschalten.)

Anschließend öffnen Sie die Einstellungen von Firefox und suchen über das Suchfeld nach dem Begriff »proxy«. Unter VERBINDUNGS-EINSTELLUNGEN klicken Sie auf den Schalter EINSTELLUNGEN und aktivieren die Checkbox MANUELLE PROXY-KONFIGURATION. Hier passen Sie jetzt die Konfiguration an wie in Tabelle 8.2 (siehe auch Abbildung 8.6).

Einstellung	Wert	Port
HTTP-Proxy	127.0.0.1	9050
HTTPS-Proxy	127.0.0.1	9050
SOCKS-Host	127.0.0.1	9050
Kein Proxy für	127.0.0.1	

Tabelle 8.2: Einstellungen, um Tor im Webbrowser zu nutzen

Nutzen Sie Tor als Client, ist es möglich, Tor für jede Software zu verwenden, die die Möglichkeit bietet, einen Proxy zu benutzen. Die meisten Webbrowser bieten diese Möglichkeit, außerdem einige E-Mail-Anwendungen, wie etwa Thunderbird und Chat-Anwendungen. Sehen Sie sich einfach die Einstellungen der jeweiligen Software an, suchen Sie nach »Internet-Verbindung«, und dort sollten Sie auch die Proxy-Konfiguration finden.

8.4.2 SelekTor – den Tor-Endknoten wählen

SelekTor ist eine grafische Oberfläche für Tor, mit der Sie den Endknoten von Tor selbst wählen können – so können Sie etwa eine Website in den USA schneller öffnen, wenn Sie einen Endknoten in den USA wählen, als wenn der Endknoten in Russland oder in Italien liegt, oder auch Ländersperren umgehen.

Wichtig

So lange SelekTor aktiv ist, wird die komplette Internet-Verbindung über Tor geschleust. Also nicht nur das Surfen mit dem Webbrowser, sondern jegliche Kommunikation mit dem Internet.

Normalerweise wählt Tor einen zufälligen Endknoten – dies bedeutet, Sie wohnen beispielsweise in Deutschland, Tor wählt einen Knoten in den USA – Sie würden dann mit einer US-IP-Adresse auf Webseiten zugreifen. Dabei müssen Sie bedenken, dass die Verbindung erst einmal über einen Tor-Einstiegsknoten in Ihrer Umgebung läuft, dann weiter über einen Tor-Knoten auf demselben Kontinent geht und anschließend an einem Tor-Endknoten auf einem beliebigen Kontinent endet. Liegt die zu öffnende Webseite in Deutschland, läuft die Internet-Verbindung erst über die USA und von dort wieder zurück nach Deutschland, dies dauert natürlich seine Zeit. Würden Sie dagegen beispielsweise einen Tor-Endknoten in der Schweiz oder in Italien wählen, öffnet sich die Webseite um vieles schneller.

SelekTor installieren

Sie installieren diese Software unter Linux Mint (und allen anderen auf Debian basierenden Linux-Distributionen) am einfachsten über das Terminal mit den Befehlen:

Linux Mint:

```
sudo apt-get update
sudo apt-get install tor selektor
```

Andere auf Debian basierende Linux-Distributionen:

```
sudo apt update
sudo apt install tor selektor
```

Nutzen Sie eine nicht auf Debian basierende Linux-Distribution, installieren Sie Tor über deren Paket-Verwaltung und SelekTor laden Sie von `https://www.dazzleships.net/selektor-for-linux/` herunter. Eine Anleitung zur Installation findet sich im heruntergeladenen Paket.

Anders, als wenn Sie Tor als Client nutzen (siehe Abschnitt 8.4.1), darf Tor in diesem Fall nicht automatisch starten – den Start soll Selektor übernehmen. Dazu führen Sie am Terminal folgenden Befehl aus:

```
systemctl disable -now tor.service
```

Als Nächstes öffnen Sie mit dem Texteditor Nano auf dem Terminal die Konfigurationsdatei `/etc/default/tor`:

```
sudo nano /etc/default/tor
```

Hier passen Sie gleich zu Beginn der Datei folgende Zeile an:

```
RUN_DAEMON="yes"
```

Hier ersetzen Sie `yes` durch `no` (siehe Abbildung 8.8).

```
  GNU nano 6.2                              /etc/default/tor *
# Defaults for tor initscript
# sourced by /etc/init.d/tor
# installed at /etc/default/tor by the maintainer scripts
#
# Note that this file is not being used for controlling Tor-startup
# when Tor is launched by systemd.
#


#
# This is a bash shell fragment
#
RUN_DAEMON="no"
```

Abb. 8.8: Einstellung, um Tor nur manuell zu starten

Die Datei speichern Sie mit `Strg`+`o`, bestätigen mit `Eingabe` und schließen den Editor mit `Strg`+`x`.

SelekTor nutzen

Nach den oben vorgenommenen Einstellungen lässt sich Tor durch SelekTor steuern. Sie finden SelekTor im Anwendungsmenü unter der Kategorie INTERNET:

- **SelekTor** – Hiermit starten Sie die Software direkt.
- **SelekTor Proxy Reset** – Hiermit löschen Sie alle unter SelekTor vorgenommenen Einstellungen.

Der Start kann einige Sekunden dauern. SelekTor lädt erst einmal alle verfügbaren Tor-Endknoten aus dem Tor-Netzwerk und zeigt sie anschließend an (siehe Abbildung 8.9).

Über das Menü EXIT COUNTRY wählen Sie den Staat, anschließend zeigt die Software darunter die in diesem Staat liegenden Tor-Endknoten an:

- **ExitNode** – Der Name des Tor-Endknotens
- **Latency** – Die Zeit, die Datenpakete von Ihnen bis zum Tor-Endknoten benötigen

Die wichtigste Spalte ist LATENCY. Sie zeigt, wie schnell sich Ihr Computer mit dem Tor-Endknoten verbinden kann bzw. wie schnell die Verbindung nach der Auswahl des Knotens sein wird. Je kleiner die Zahl in dieser Spalte, desto schneller wird auch die Verbindung sein und desto schneller werden sich Webseiten öffnen. Die anderen Spalten in dieser Liste sind unwichtig. Der Name dient nur der Orientierung – schnellere Knoten werden Sie öfter nutzen wollen.

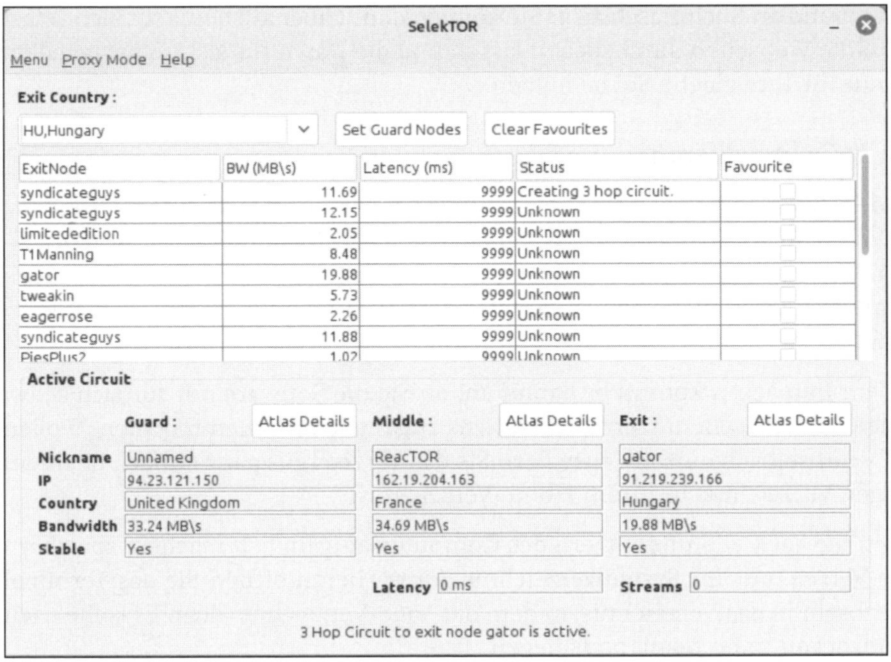

Abb. 8.9: Selektor – Tor-Endknoten auswählen

Sobald Sie SelekTor aktivieren, läuft jegliche Kommunikation mit dem Internet über Tor, sobald Sie SelekTor jedoch schließen, sind Sie nicht mehr anonym. Einstellungen am Webbrowser oder am Betriebssystem sind nicht nötig.

8.5 Anonym im Internet suchen

Suchmaschinen und deren Betreiber sind die Ersten im Internet, die Informationen über Sie wollen und bekommen, und somit auch mit die wichtigsten bzw. größten Datensammler. Google, Bing, Yandex – die großen Suchmaschinen sind bekannt und natürlich auch, wie deren Betreiber ihr Geld machen.

Sicherlich gibt es auch Suchmaschinen wie etwa DuckDuckGo und Quant. Diese bieten ihre Dienste anonym an – müssen aber natürlich auch finanziert werden. Absolut anonym ist auch keine dieser Suchmaschinen, auch DuckDuckGo hat schon hinter dem Rücken der Benutzer Daten gesammelt, wirklich sicher kann man bei keinem solchen Dienst sein.

Eine freie Software dagegen, hinter der kein Unternehmen steht, nennt sich YaCy. Es handelt sich hierbei um eine Suchmaschine, bei der sich jeder beteiligen kann und kein Wissen dafür benötigt. YaCy ist eine sogenannte »dezentrale Software« – Sie installieren sie also und zeigen ihr, welche Webseiten durchsucht werden sollen. YaCy verbindet sich mit anderen YaCy-Instanzen im Internet und bildet so einen Verbund an Suchmaschinen. Sie können damit aber auch nur für sich selbst interessante Webseiten durchsuchen lassen und die Daten für sich selbst behalten – also nur für Ihre eigene Suche nutzen.

8.5.1 YaCy installieren

Sie finden diese Software unter `https://yacy.net/download_installation/` zum Download. Dort laden Sie das generische Paket für Linux herunter (DOWNLOAD YACY FOR LINUX). Sie erhalten ein komprimiertes Archiv namens `yacy-xxx.tar.gz`, dieses entpacken Sie per Rechtsklick auf die Datei und der Wahl von HIER ENTPACKEN.

Nach dem Entpacken kommt es darauf an, ob Sie die Software nur für sich selbst benutzen oder allen Benutzern des Systems zugänglich machen möchten. Wollen Sie YaCy nur selbst benutzen, speichern Sie das Verzeichnis ganz einfach in einem beliebigen Verzeichnis in Ihrem Home-Verzeichnis.

Möchten Sie YaCy allen Benutzern des Computers zugänglich machen, speichern Sie das Verzeichnis im Systemverzeichnis `/opt`. Hierzu öffnen Sie das Terminal und wechseln in das Verzeichnis, in dem das YaCy-Verzeichnis liegt. Es sollte nach dem Entpacken unter `Downloads` liegen, also:

```
cd Downloads/
```

Jetzt verschieben Sie das Verzeichnis `yacy` mit administrativen Rechten (siehe Abschnitt 4.2):

```
mv yacy/ /opt/
```

Um zu funktionieren, benötigt YaCy eine Java-Laufzeit-Umgebung. Unter Linux Mint ist diese automatisch vorinstalliert – unter anderen auf Debian basierenden Linux-Distributionen installieren Sie sie am einfachsten auf dem Terminal mit den Befehlen:

```
apt update
apt install default-jre
```

Auf nicht auf Debian basierenden Linux-Distributionen suchen Sie in der Paket-Verwaltung nach dem Begriff »java«.

8.5.2 YaCy nutzen

Sie starten YaCy als normaler Benutzer am Terminal. Hierfür lässt sich auch im Anwendungsmenü manuell ein Starter anlegen, dies sehen wir uns aber später an.

Sie können im Verzeichnis von YaCy ein Terminal öffnen, indem Sie im Verzeichnis an eine freie Stelle klicken und IM TERMINAL ÖFFNEN wählen – anschließend starten Sie die Software mit dem Befehl:

```
./startYACY.sh
```

Stoppen lässt sich die Suchmaschine mit dem Befehl (ebenfalls im Verzeichnis):

```
./stopYACY.sh
```

Alternativ geben Sie den Pfad zur entsprechenden Datei an, etwa:

```
/home/benutzername/yacy/startYACY.sh
/home/benutzername/yacy/stopYACY.sh
```

Haben Sie das Verzeichnis unter `/opt` gespeichert, passen Sie den Pfad entsprechend an:

```
/opt/yacy/startYACY.sh
/opt/yacy/stopYACY.sh
```

Bequemer ist natürlich ein Eintrag im Anwendungsmenü. Einen solchen erstellen Sie unter Linux Mint, indem Sie das Anwendungsmenü rechts anklicken und den Eintrag MENÜ BEARBEITEN wählen. In der Liste links klicken Sie etwa unter ANWENDUNGEN auf den Eintrag INTERNET und anschließend rechts oben auf den Schalter NEUER EINTRAG (siehe Abbildung 8.10).

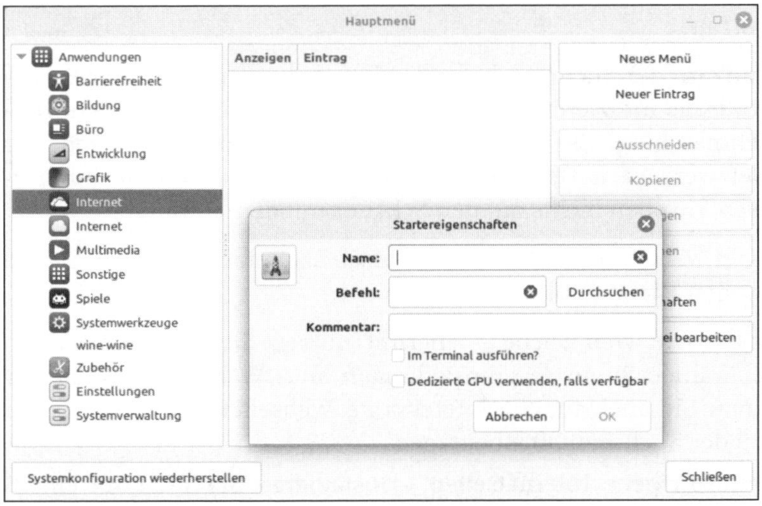

Abb. 8.10: Neue Einträge im Anwendungsmenü anlegen

Hier geben Sie unter NAME einen Namen für den Eintrag an, etwa »Start YaCy«, unter BEFEHL klicken Sie auf den Schalter DURCHSUCHEN, navigieren im Dateimanager in das YaCy-Verzeichnis und wählen die Datei `startYACY.sh`. Die möglichen restlichen Angaben sind optional. Dasselbe erledigen Sie für die Datei `stopYACY.sh`, um die Software wenn gewünscht zu stoppen. Haben Sie die Software gestartet, öffnet sich nach wenigen Sekunden automatisch Ihr vorkonfigurierter Webbrowser mit der Startseite von YaCy (siehe Abbildung 8.11).

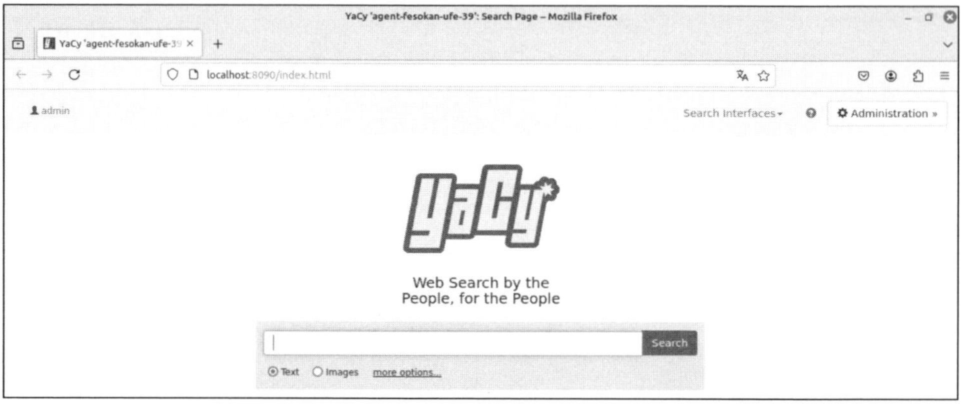

Abb. 8.11: Die Startseite von YaCy

Schließen Sie die Webseite, erreichen Sie sie wieder über die Adresse `http://localhost:8090/`.

Ist die Webseite geöffnet, können Sie YaCy schon ohne weitere Einstellungen benutzen und nach Begriffen im Internet suchen. Links neben den gefundenen Treffern finden sich unzählige Filter, mit denen Sie die Suche verfeinern können (siehe Abbildung 8.12).

YaCy lebt von Benutzern der Suchmaschine, die dazu beitragen – je mehr Benutzer mit YaCy das Internet indizieren (durchsuchen), desto mehr und bessere Treffer bietet die Suchmaschine. Sie können YaCy jedoch auch dazu nutzen, Ihr eigenes lokales Netzwerk nach Dokumenten, Bildern und Dateien zu durchsuchen. Hierzu klicken Sie oben rechts auf den Schalter mit dem Zahnrad.

In den Einstellungen wählen Sie erst einmal Deutsch als Sprache und wie Sie die Software nutzen wollen (siehe Abbildung 8.13):

- **Gemeinschafts-basierte Web Suche** – Hiermit nutzen Sie YaCy einfach als Suchmaschine. Wählen Sie in den Einstellungen links WEBSEITEN LADEN MIT CRAWLER, können Sie auch für Sie interessante Webseiten selbst indizieren und so selbst zu der Suchmaschine beitragen.
- **Suchportal für Ihre eigene Internetseiten** – Installieren Sie YaCy auf einem Webserver, können Sie damit eine sehr gute Suche für Ihre Webseite erstellen.

- **Intranet Indexierung** – Hiermit durchsuchen Sie Ihr lokales Netzwerk nach Dateien aller Art.

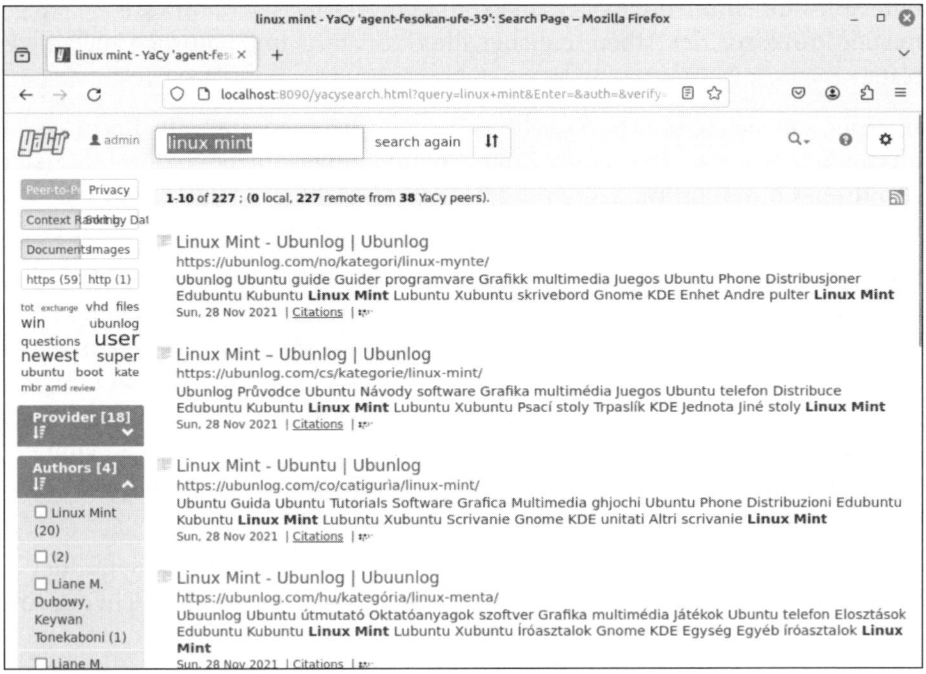

Abb. 8.12: Gefundene Treffer und Filter in der Suchmaschine YaCy

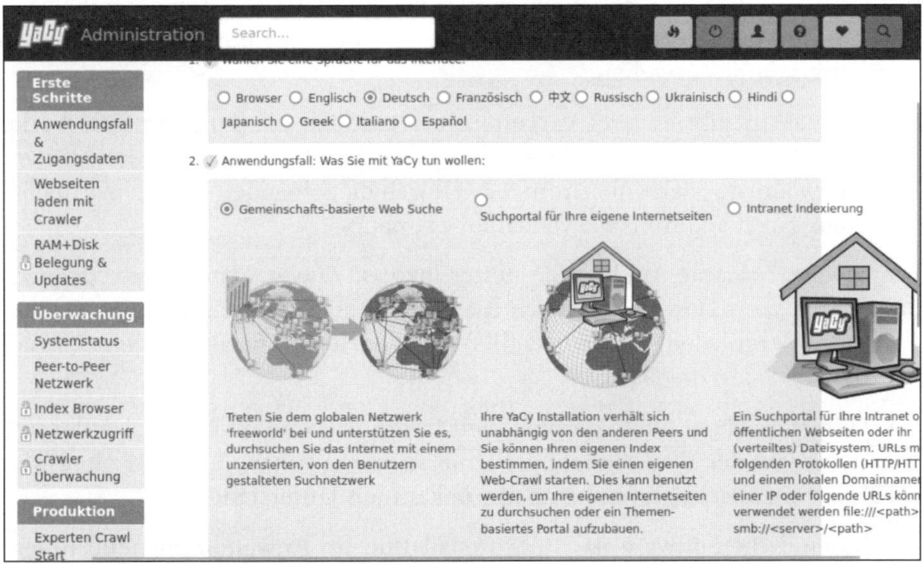

Abb. 8.13: Die Einstellungen der Suchmaschine YaCy

8.6 Virtuelle Maschinen

Virtuelle Maschinen können Sie sich vorstellen wie einen Computer aus Software. Eine Software emuliert dabei einen Computer, also dessen Hardware – dazu gehören der Prozessor, der Arbeitsspeicher, die Grafikkarte und natürlich auch die Festplatte.

In einer solchen virtuellen Maschine können Sie wiederum ein Betriebssystem installieren, etwa weitere Linux-Distributionen, aber auch Windows. Sie starten also Ihren Computer, auf dem Linux läuft, und auf diesem Linux starten Sie wiederum eine virtuelle Maschine, in der wieder ein anderes Betriebssystem läuft.

Das Betriebssystem in einer virtuellen Maschine kann vollkommen abgeschottet vom realen Computer laufen – auf dem Betriebssystem in der virtuellen Maschine haben Sie Ihre eigenen Einstellungen, etwa nur Standard-Einstellungen, die überhaupt nicht auf Sie hinweisen und so ein höheres Maß an Anonymität bringen. Da sich eine virtuelle Maschine vollkommen vom real installierten Betriebssystem abschotten lässt, bietet es auch ein sehr hohes Maß an Sicherheit. So können Sie in der virtuellen Maschine beispielsweise Software installieren und nutzen, die Sie auf dem realen System nie installieren würden.

Wenn gewünscht, können Sie aber auch Dateien über gemeinsame Ordner (Verzeichnisse) zwischen dem real installierten Betriebssystem und dem in der virtuellen Maschine teilen.

8.6.1 VirtualBox – einfach zu benutzen

VirtualBox ist sehr einfach gehalten, dies bedeutet, Sie benötigen keine besonderen Kenntnisse, um die Software zu nutzen. Jeder Einsteiger ohne Wissen kann problemlos damit umgehen.

Von VirtualBox gibt es zwei Varianten. Die erste ist die komplett freie Variante, diese installieren Sie unter auf Debian basierenden Linux-Distributionen über die Paket-Verwaltung (siehe Abschnitt 5.2.1) durch die folgenden Pakete: »virtualbox-qt virtualbox-guest-additions-iso virtualbox-ext-pack«.

Die zweite Variante finden Sie unter `https://www.virtualbox.org/wiki/Downloads` zum Download – auch hier vergessen Sie bitte nicht, das Extension-Pack herunterzuladen, dieses installieren Sie nach der Installation von VirtualBox per Mausklick auf die Datei.

Der Unterschied zwischen der komplett freien Variante und der kostenlosen (per Download von der Webseite) ist die Unterstützung von Windows 11 ohne weitere Schritte – ansonsten gibt es keine mir bekannten Unterschiede.

Sie finden diese Software nach der Installation im Anwendungsmenü unter der Kategorie SYSTEM (siehe Abbildung 8.14).

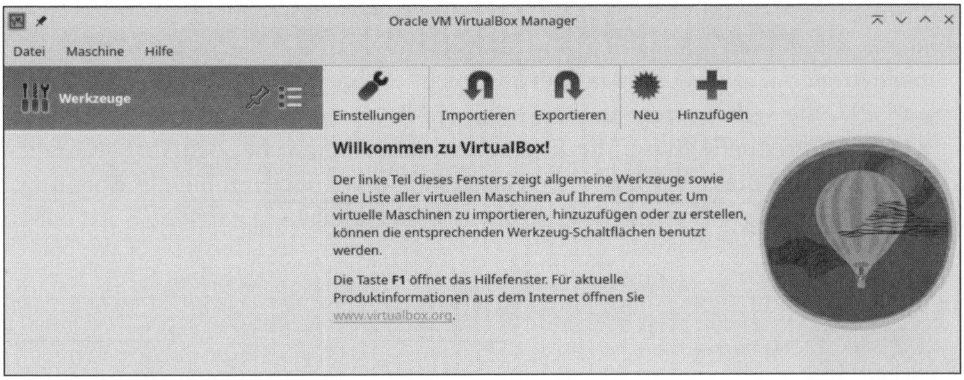

Abb. 8.14: Software für virtuelle Maschinen unter Linux

Zu Beginn gilt es, eine erste virtuelle Maschine, also einen virtuellen Computer, zu erstellen. Hierzu klicken Sie einfach auf den Schalter NEU.

Im sich öffnenden Fenster vergeben Sie einen Namen für die VM (Virtuelle Maschine) und geben das Betriebssystem an sowie die ISO-Datei zur Installation des Betriebssystems (siehe Abbildung 8.15).

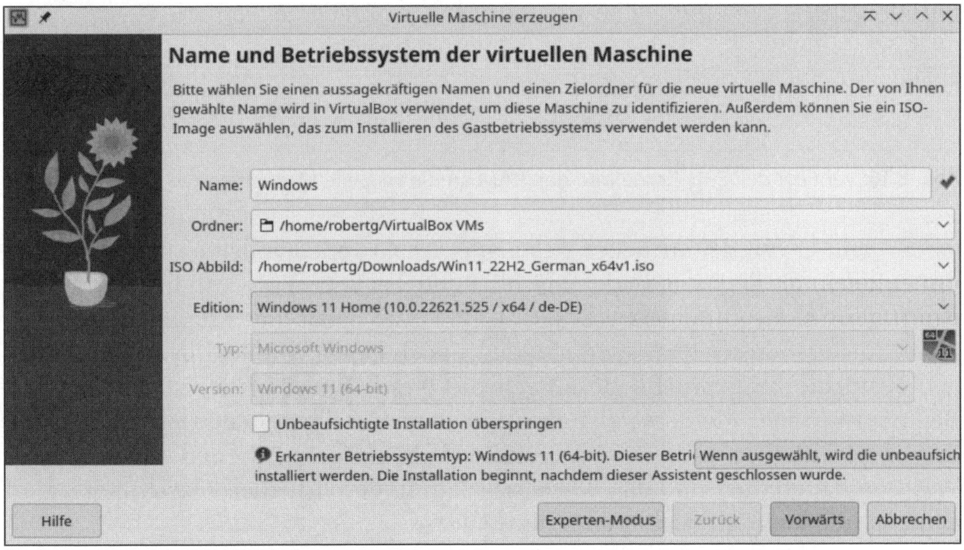

Abb. 8.15: Namen für die virtuelle Maschine in VirtualBox angeben, das Betriebssystem wählen und die ISO-Datei angeben

Jetzt geht es an den Arbeitsspeicher/Hauptspeicher (RAM) und um die CPU-Kerne, die Sie dem virtuellen Rechner zur Verfügung stellen möchten (siehe Abbildung 8.16).

Wichtig

Überschreiten Sie die rote Markierung nicht. Beide Systeme teilen sich RAM und CPU. Sie sollten nicht mehr als die Hälfte des im Computer eingebauten RAM an die virtuelle Maschine übergeben, dasselbe gilt bei den CPU-Kernen. VirtualBox wird Sie in solchen Fällen auch warnen. Ignorieren Sie die Warnung, könnte es sein, dass der Computer einfach stehen bleibt.

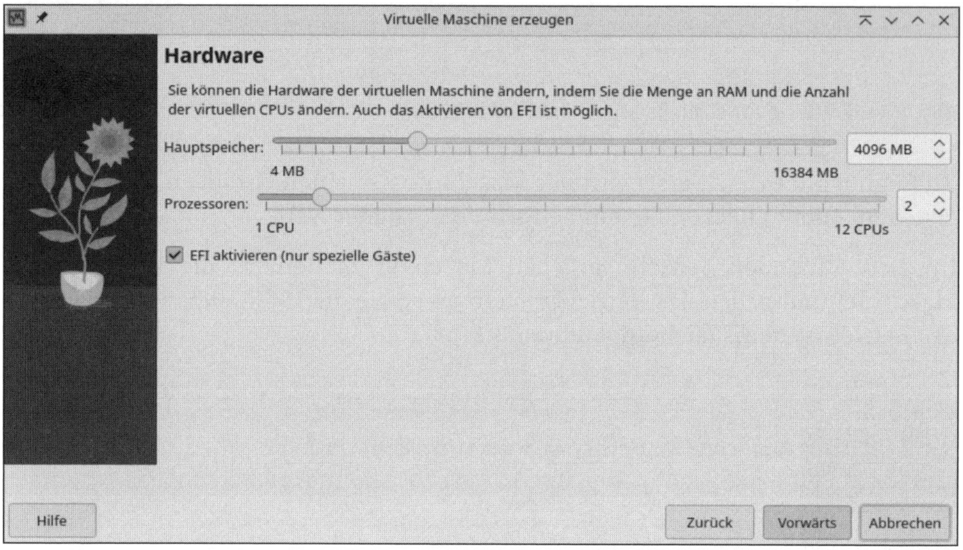

Abb. 8.16: Vergabe der CPU-Kerne und des RAM an die virtuelle Maschine

Weiter geht es mit der virtuellen Festplatte. Im Grunde handelt es sich dabei nur um eine sehr große Datei, in der anschließend das Betriebssystem installiert wird. Bestätigen Sie die Option VOLLE GRÖẞE ERZEUGEN, geht die Installation um einiges schneller – dieser Platz wird allerdings auch gleich von Beginn auf der richtigen Festplatte beansprucht. Bestätigen Sie diese Option nicht, ist die Datei zu Beginn zwar sehr klein, wächst aber mit dem installierten Betriebssystem, der darauf zu installierenden Software und den darauf gespeicherten Daten. Dieses Wachsen dauert aber und das Betriebssystem in der virtuellen Maschine reagiert dann extrem langsam (siehe Abbildung 8.17).

Größe der virtuellen Festplatte

Die virtuelle Festplatte sollte zumindest so groß sein wie vom darauf zu installierenden Betriebssystem verlangt. In der Regel sollten 20 Gigabyte ausreichen. Zusätzlich wollen Sie vielleicht auch Dokumente (welcher Art auch immer) auf der virtuellen Festplatte speichern – diesen Platz sollten Sie hinzurechnen.

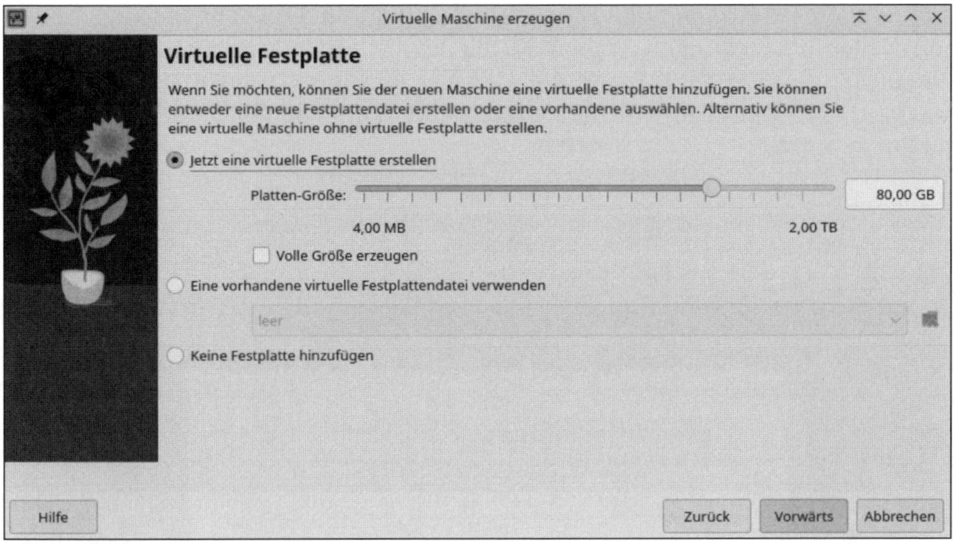

Abb. 8.17: Die virtuelle Festplatte anpassen

Anschließend sehen Sie einen Überblick über den zu erstellenden Rechner. Bestätigen Sie die Angaben. Sie landen wieder im Hauptfenster. Links sehen Sie die Liste der virtuellen Rechner. Markieren Sie einen Eintrag, sehen Sie rechts dazu die Details. Über den Schalter ÄNDERN kommen Sie an die genaueren Einstellungen (siehe Abbildung 8.18).

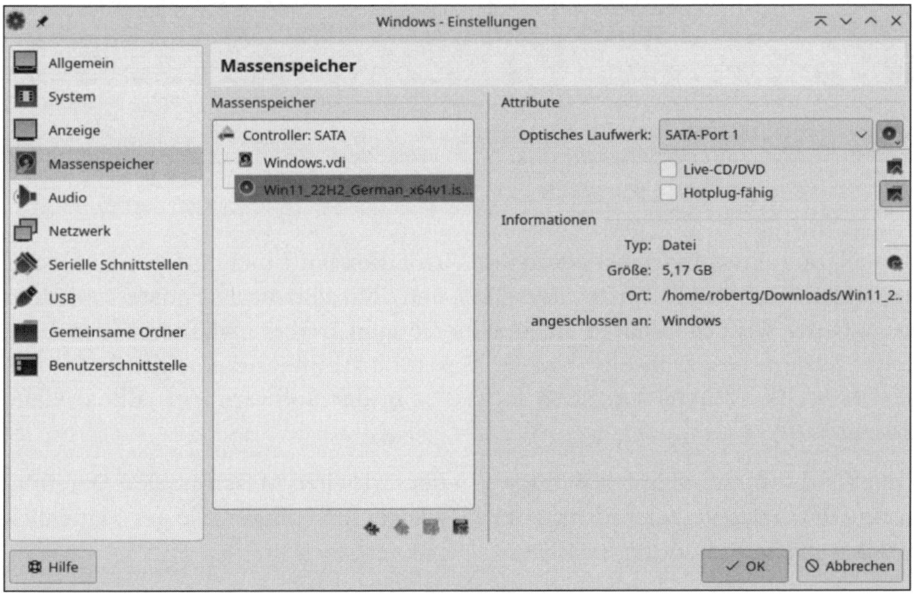

Abb. 8.18: ISO-Datei zum Starten / Installieren des Betriebssystems angeben

Hier können Sie etwa die ISO-Datei anpassen oder die DVD zur Installation und viele weitere Einstellungen. Haben Sie alle Einstellungen vorgenommen, klicken Sie auf den Schalter START und der virtuelle Rechner startet in einem eigenen Fenster. Im Beispiel wird in der virtuellen Maschine Windows gestartet (siehe Abbildung 8.19).

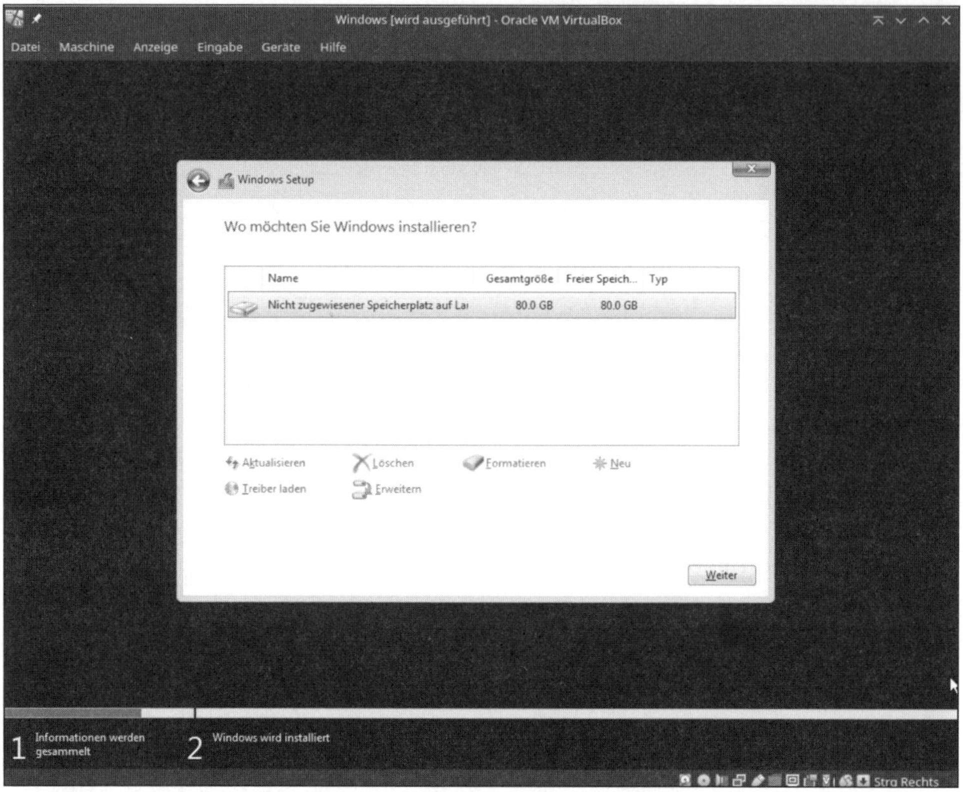

Abb. 8.19: Start der Installation von Windows in VirtualBox

Die Installation eines Betriebssystems in VirtualBox läuft nicht anders ab als auf einem realen Computer – nur, Sie sehen den Bildschirm als Fenster auf dem Desktop. Unter Windows sollten Sie jetzt die nötigen Treiber installieren, das dient dazu, das System besser in die virtuelle Maschine zu integrieren. Öffnen Sie das Menü GERÄTE|GASTERWEITERUNGEN EINLEGEN in der Software VirtualBox (siehe Abbildung 8.20).

Anschließend öffnen Sie unter Windows in der virtuellen Maschine den Dateimanager und darin das Verzeichnis mit der ISO-Datei. Installieren Sie per Mausklick den Treiber (siehe Abbildung 8.21).

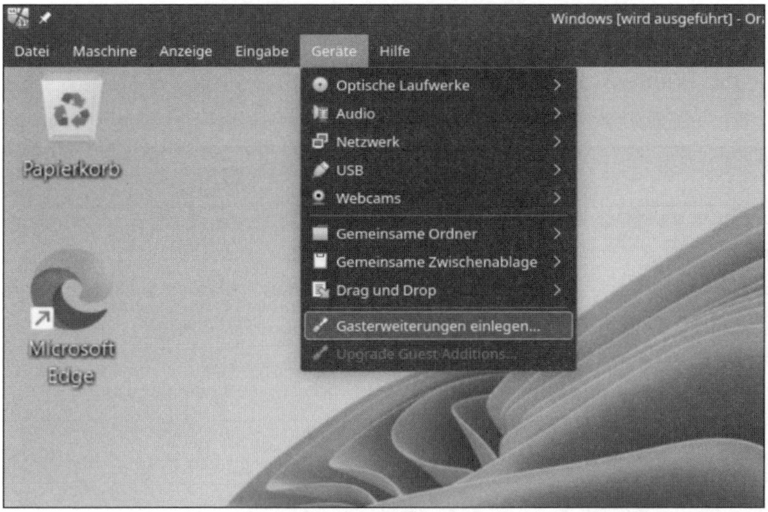

Abb. 8.20: Installation der nötigen Treiber für Windows in VirtualBox

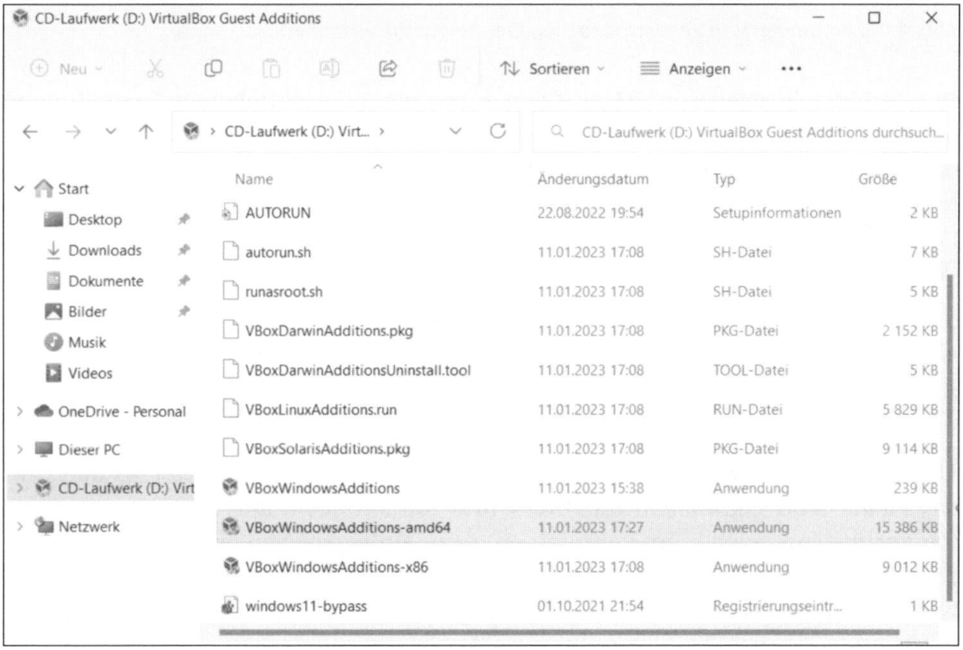

Abb. 8.21: Installation der Windows-Treiber für VirtualBox

Jetzt können Sie unter anderem die Größe des Fensters anpassen, und der Windows-Desktop passt sich automatisch an das Fenster an. Über das Menü ANSICHT können Sie die VM auch in den Vollbild-Modus schalten.

Über das Menü GERÄTE binden Sie reale, am Computer angeschlossene oder eingebaute Geräte (Drucker, Scanner, USB-Sticks, Webcam und dergleichen) in die virtuelle Maschine ein (siehe Abbildung 8.22).

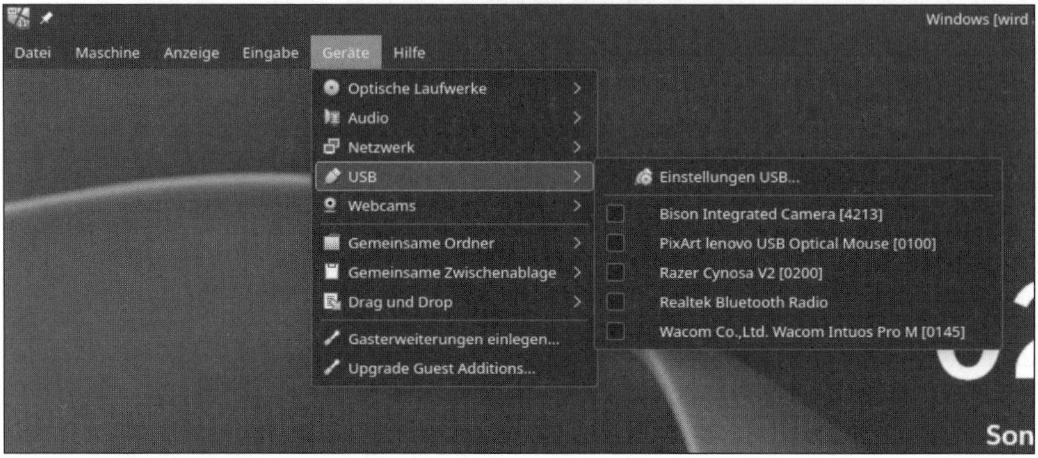

Abb. 8.22: Einbinden von angeschlossenen Geräten in die virtuelle Maschine

In den Einstellungen der VM und den zuvor schon beschriebenen Einstellungen finden Sie auch den Eintrag GEMEINSAME ORDNER. Gemeinsame Ordner dienen dazu, Dateien zwischen dem realen Betriebssystem und dem in der virtuellen Maschine zu teilen. Über diese Einstellung geben Sie ein oder mehrere Verzeichnisse an, die Sie mit der virtuellen Maschine – in diesem Beispiel also mit Windows – teilen möchten.

Sie sollten auf keinen Fall Ihr komplettes Home-Verzeichnis teilen – würde das virtuelle Betriebssystem von Ransomware befallen, könnten auch Ihre Dateien in Ihrem Home-Verzeichnis unter Linux verschlüsselt werden (siehe Abbildung 8.23).

Um einen Ordner zum Teilen von Dateien zu nutzen, klicken Sie rechts oben auf das kleine Icon ORDNER HINZUFÜGEN und wählen ein unter Linux bestehendes Verzeichnis aus – ich würde empfehlen, dazu ein eigenes zu erstellen und in diesem wirklich nur Dateien abzulegen, die auch mit der virtuellen Maschine geteilt werden sollen.

Unter Windows klicken Sie im Dateimanager anschließend auf den Eintrag NETZWERK und zeigen Windows, es soll das Netzwerk nutzen (siehe Abbildung 8.24).

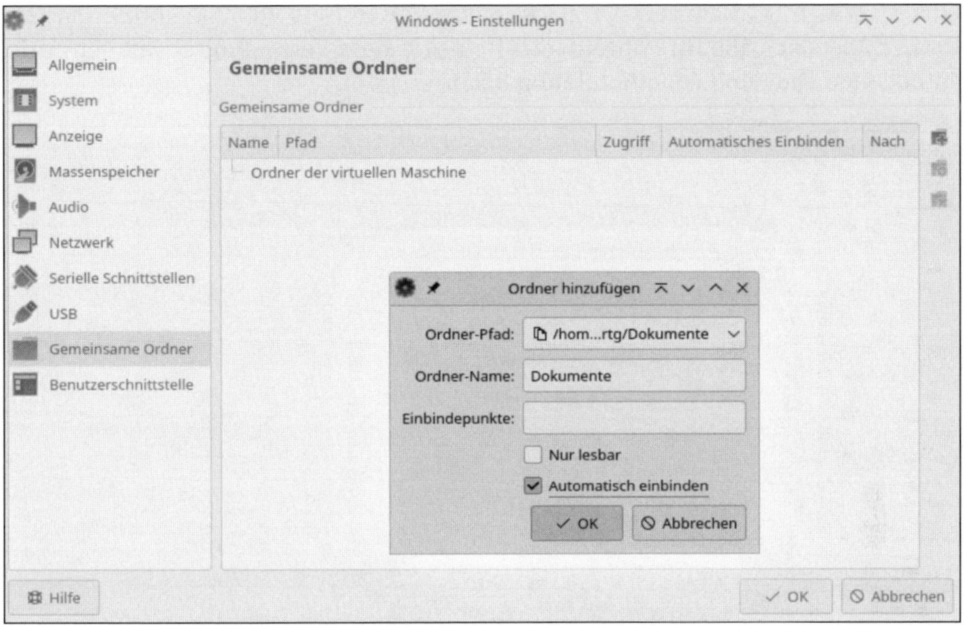

Abb. 8.23: Gemeinsame Ordner / Verzeichnisse unter VirtualBox erstellen

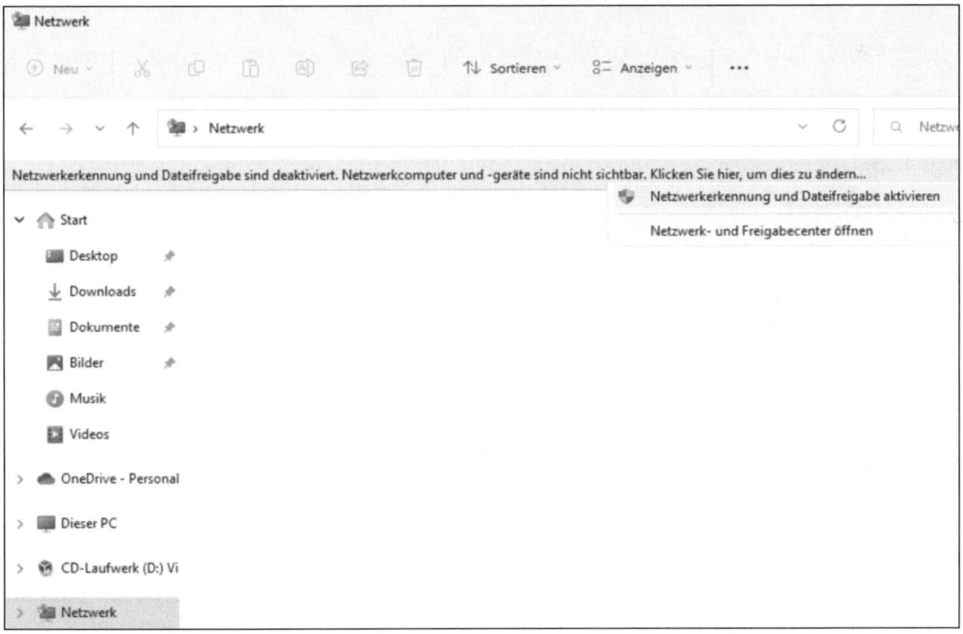

Abb. 8.24: Das Netzwerk im Microsoft Explorer (der Windows-Dateimanager) aktivieren

Jetzt zeigt sich im Netzwerk-Verzeichnis das Verzeichnis VBOXSRV, öffnen Sie es. Darin finden sich alle Ihre unter Linux freigegebenen Verzeichnisse mit den darin enthaltenen Dateien (siehe Abbildung 8.25).

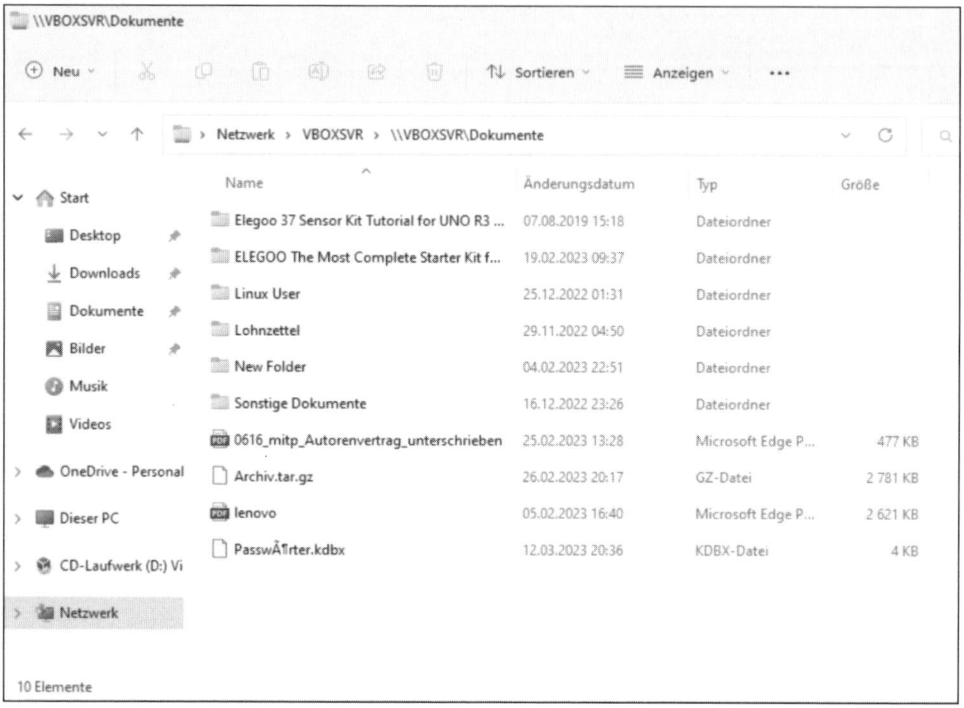

Abb. 8.25: Dateien zwischen dem real installierten Betriebssystem und dem in der virtuellen Maschine teilen

Anschließend können Sie das Betriebssystem innerhalb von VirtualBox wie das auf einem realen Computer nutzen. Das Betriebssystem innerhalb von VirtualBox erkennt den Unterschied nicht.

8.6.2 Virt-Manager – schnell und performant

VirtualBox ist zwar sehr einfach zu benutzen, aber auch sehr träge. Auf älteren Computern mit weniger RAM (Arbeitsspeicher) und weniger CPU-Kernen ist die Software sehr langsam. Hier hilft Virt-Manager. Neben der hohen Performance und dem geringen Ressourcen-Hunger besteht noch ein weiterer Vorteil: Mit Qemu, der Software, die im Hintergrund von Virt-Manager arbeitet, lässt sich so gut wie alles emulieren (Linux, Windows, Android, macOS und vieles mehr). Die Software bietet dafür auch etwas mehr Einstellungen und verlangt vom Benutzer auch, diese richtig vorzunehmen.

Sie installieren Virt-Manager unter auf Debian basierenden Linux-Distributionen über die Paket-Verwaltung (siehe Abschnitt 5.2.1) durch das Paket »virt-manager«.

Die Software darf unter normalen Umständen nur der Administrator des Systems starten. Um dies auch als normaler Benutzer tun zu können, fügen Sie sich der Gruppe »libvirt« hinzu. Dies gelingt mit administrativen Rechten (siehe Abschnitt 4.2) auf dem Terminal mit folgendem Befehl:

```
adduser Benutzername libvirt
```

`Benutzername` ersetzen Sie hierbei durch Ihren. Nach einer Ab- und wieder Anmeldung am Desktop können Sie die Software auch als normaler Benutzer starten und nutzen.

Sie finden sie nach der Installation im Anwendungsmenü unter der Kategorie SYSTEM, alternativ nutzen Sie den Schnellstarter `Alt`+`F2` oder das Terminal mit dem Befehl:

```
virt-manager
```

Haben Sie sich nicht der Gruppe »libvirt« hinzugefügt, werden Sie an dieser Stelle nach dem Administrator-Passwort gefragt.

Es startet die grafische Oberfläche zur Verwaltung der virtuellen Maschinen (siehe Abbildung 8.26).

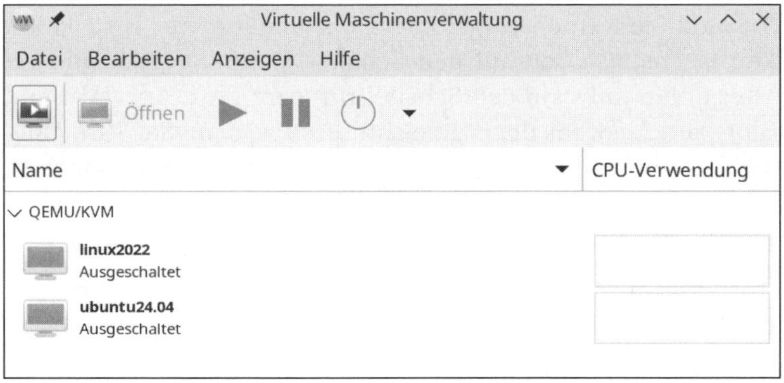

Abb. 8.26: Virt-Manager – grafische Oberfläche zur Verwaltung virtueller Maschinen

Hier können Sie neue virtuelle Maschinen erstellen und starten. In Abbildung 8.26 sind bereits zwei solcher virtuellen Maschinen vorhanden.

Eine virtuelle Maschine erstellen

Beim ersten Start gilt es natürlich, eine virtuelle Maschine anzulegen, dies gelingt über den ersten Schalter von links – NEUE VIRTUELLE MASCHINE ANLEGEN. Weiter geht es mit der Auswahl des Installationsmediums. In den meisten Fällen haben Sie hierzu bereits ein ISO-Image heruntergeladen oder eine CD/DVD in das optische Laufwerk eingelegt. In beiden Fällen wählen Sie die oberste Option (siehe Abbildung 8.27).

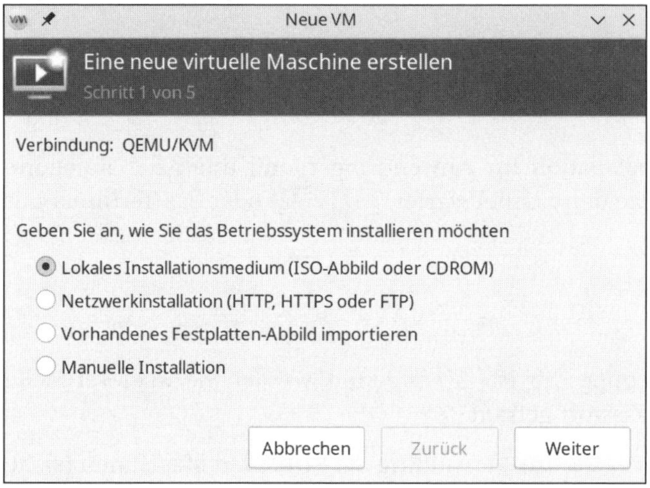

Abb. 8.27: Virt-Manager – das Medium zur Installation auswählen

Ein Klick auf WEITER, und Sie werden aufgefordert, das Medium zur Installation auszuwählen. Klicken Sie rechts oben auf den Schalter DURCHSUCHEN und im sich öffnenden Fenster unten links auf den Schalter mit dem Plus. Anschließend öffnet sich der Dialog zur Auswahl des Verzeichnisses, in dem Sie Ihre ISO-Images gespeichert haben. Wählen Sie dieses Verzeichnis und klicken Sie unten rechts auf den Schalter CHOOSE VOLUME (siehe Abbildung 8.28).

Über diesen Dialog wählen Sie anschließend auch das gewünschte ISO-Image zum Start oder zur Installation des Betriebssystems in der virtuellen Maschine mit dem Schalter CHOOSE VOLUME.

Nach der Auswahl der ISO-Datei versucht Virt-Manager, das Betriebssystem auf dem ISO-Image zu erkennen. Erscheint hier kein Eintrag (im Feld unten links), deaktivieren Sie die Checkbox AUTOMATISCHE ERKENNUNG. Geben Sie die ersten Buchstaben des Systems ein und wählen Sie anschließend das passende System (siehe Abbildung 8.29).

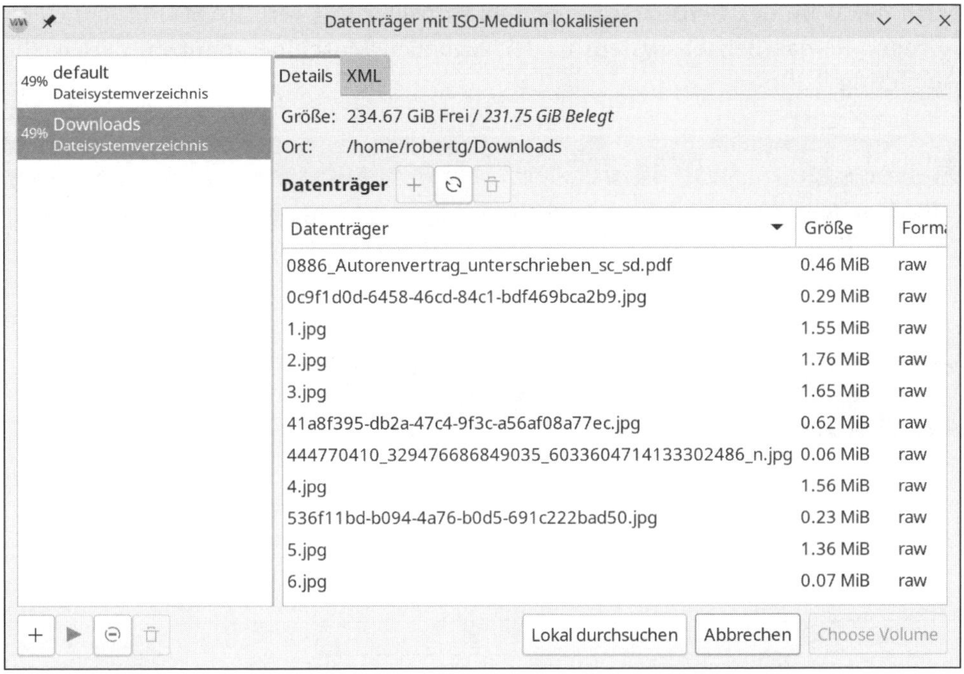

Abb. 8.28: Auswahl der Verzeichnisse, in denen die ISO-Images liegen, und Auswahl der ISO-Images

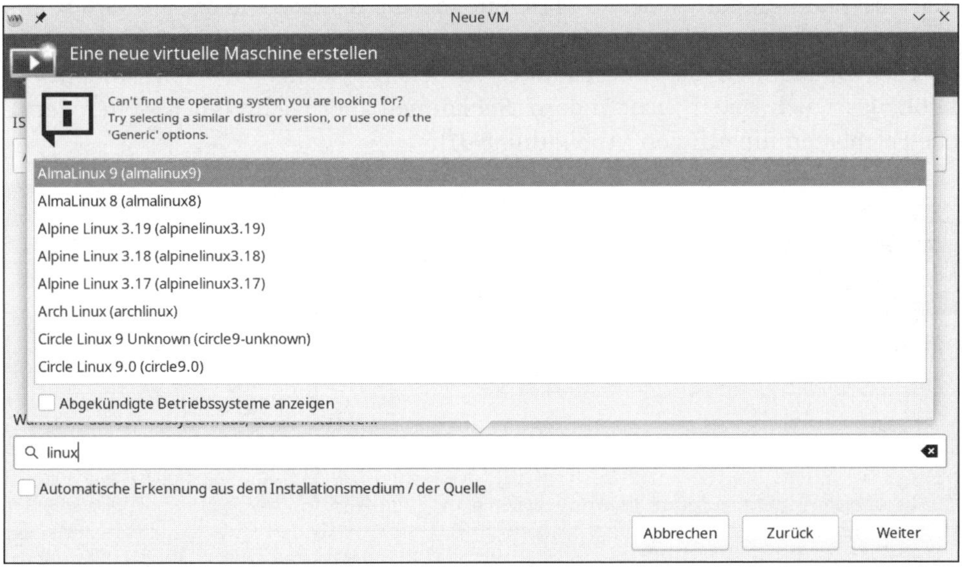

Abb. 8.29: Auswahl des Betriebssystems in der virtuellen Maschine

Nach der Wahl des Betriebssystems geht es weiter mit dem RAM und den CPU-Kernen, die das Betriebssystem in der virtuellen Maschine benutzen darf (siehe Abbildung 8.30).

Achtung

Virt-Manager warnt nicht, wenn Sie mehr als die Hälfte der zur Verfügung stehenden Ressourcen an die virtuelle Maschine übergeben.

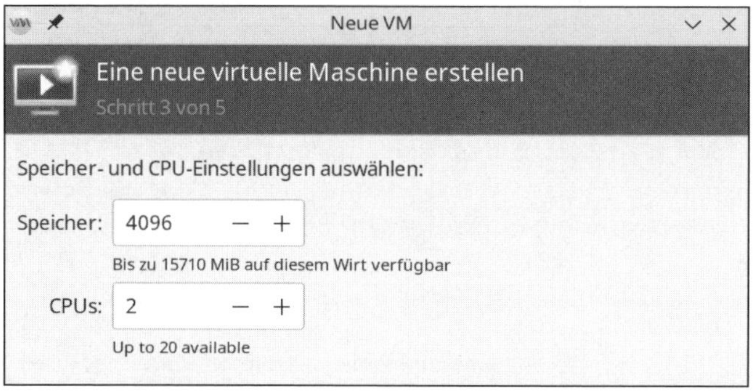

Abb. 8.30: Arbeitsspeicher und CPU-Kerne für die virtuelle Maschine vergeben

Es folgt die Größe der virtuellen Festplatte, also die Größe der Datei, auf der das Betriebssystem in der virtuellen Maschine installiert wird. Wie bei VirtualBox gilt: Es wird der Platz benötigt, den das Betriebssystem verlangt, und zusätzlicher Speicher für Dateien, die Sie innerhalb des virtuellen Systems speichern wollen. Die Größe lässt sich später nicht ändern, Sie können aber nachträglich weitere virtuelle Festplatten hinzufügen (Abbildung 8.31).

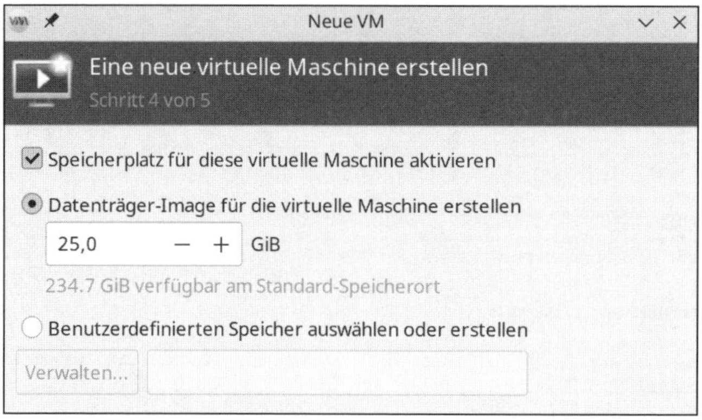

Abb. 8.31: Virtuelle Festplatte für die virtuelle Maschine erstellen

Zuletzt können Sie noch den Namen der virtuellen Maschine anpassen und Netzwerk-Einstellungen vornehmen – dies ist in den meisten Fällen aber nicht nötig. Nach einem Klick auf den Schalter FERTIG ist die virtuelle Maschine bereit.

Im Hauptfenster markieren Sie die gewünschte virtuelle Maschine und klicken oben auf den Schalter ÖFFNEN. Klicken Sie auf den Schalter mit dem »i« in der Werkzeugleiste, um an die weiteren Einstellungen zu kommen (siehe Abbildung 8.32).

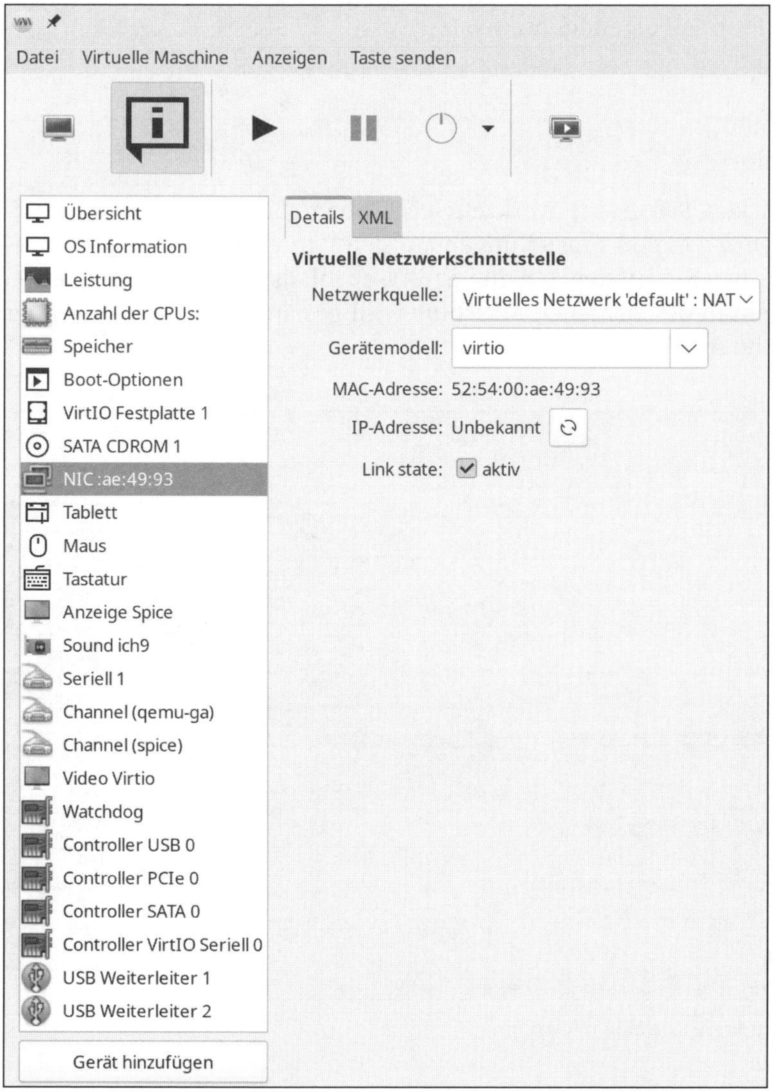

Abb. 8.32: Erweiterte Einstellungen rund um die virtuelle Maschine

Hier haben Sie alle Möglichkeiten, die virtuelle Maschine anzupassen: die IP-Adresse, das Netzwerk, zu nutzende ISO-Images, Boot-Optionen und vieles mehr. Wichtig sind vor allem die Einstellungen unter dem Eintrag ANZEIGE SPICE in der Liste links. Manche Desktop-Umgebungen – etwa GNOME oder Cinnamon – benötigen eine 3D-Grafikkarte (dies kann auch eine einfache Intel-Grafikkarte sein, wie sie in jedem günstigen Laptop verbaut ist). Eine solche ist in einer virtuellen Maschine standardmäßig nicht verfügbar, sie lässt sich aber vom realen Computer in die virtuelle Maschine durchreichen – wird dies nicht getan, läuft das Betriebssystem in der virtuellen Maschine sehr träge. Passen Sie also unter dem oben genannten Eintrag Folgendes an:

- **Typ** – SPICE-Server
- **Listen Typ** – Keiner
- **OpenGL** – Auto

Anschließend klicken Sie in der Werkzeugleiste oben ganz links auf den Bildschirm – damit wird von den Einstellungen auf den virtuellen Bildschirm umgeschaltet. Dann klicken Sie auf den Schalter START, ebenfalls in der Werkzeugleiste. Das Betriebssystem in der virtuellen Maschine wird gestartet und angezeigt (hier Linux Mint) – siehe Abbildung 8.33.

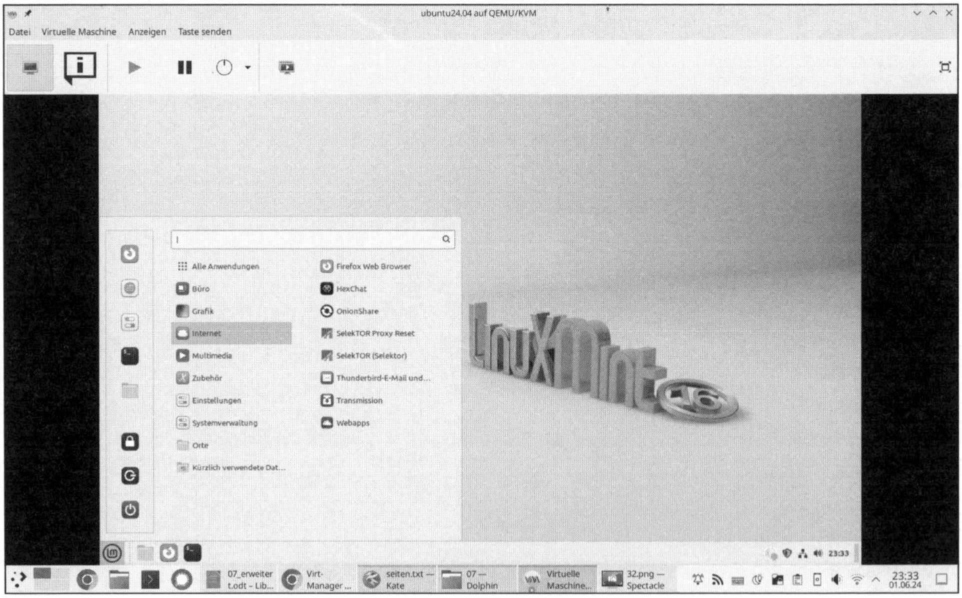

Abb. 8.33: Linux Mint in der virtuellen Maschine

Über das Menü ANZEIGEN|ANZEIGE SKALIEREN|IMMER wird der Desktop an die Größe des Fensters angepasst, dies wirkt sich vor allem im Vollbild aus. Den Vollbildmodus aktivieren Sie über das Menü ANZEIGEN|VOLLBILDMODUS und deaktivieren ihn wieder, indem Sie den Mauszeiger in die Mitte des Bildschirms ganz oben bewegen. Das kleine Menü öffnet sich, klicken Sie darauf (siehe Abbildung 8.34).

Abb. 8.34: Den Vollbildmodus in der virtuellen Maschine verlassen

Dateien mit dem real installierten Betriebssystem teilen

Installieren Sie über die jeweilige Paket-Verwaltung der Distribution das Paket »virtiofsd«. Dies tun Sie auf dem real installierten Betriebssystem wie auch auf dem Betriebssystem in der virtuellen Maschine.

Um unter Virt-Manager Dateien zwischen dem real installierten Betriebssystem und dem Betriebssystem in der virtuellen Maschine zu teilen, öffnen Sie die Einstellungen der virtuellen Maschine, wählen in der Liste links den Eintrag SPEICHER und aktivieren die Checkbox GEMEINSAMEN SPEICHER AKTIVIEREN (siehe Abbildung 8.35).

Anschließend klicken Sie ganz unten unter der Liste auf den Schalter GERÄT HINZUFÜGEN. Im sich öffnenden Fenster klicken Sie in der Liste links auf den Eintrag DATEISYSTEM (siehe Abbildung 8.36) und anschließend auf DURCHSUCHEN.

Abb. 8.35: Gemeinsamen Speicher zum Teilen von Dateien aktivieren

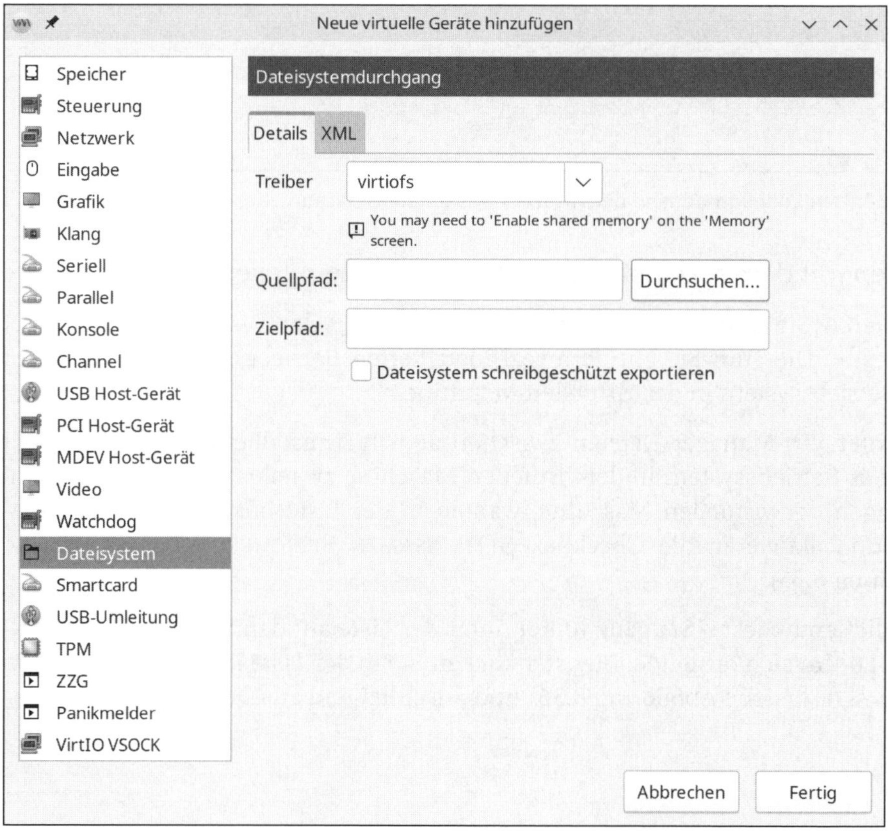

Abb. 8.36: Gemeinsame Dateien aktivieren

Über DURCHSUCHEN geben Sie an, welches Verzeichnis auf dem real installierten Betriebssystem genutzt werden soll. Wie auch bei VirtualBox sollten Sie ein spezielles Verzeichnis nutzen, das Sie nur zum Teilen der Dateien mit der virtuellen Maschine nutzen wollen.

Im sich öffnenden Fenster klicken Sie auf den Schalter LOKAL DURCHSUCHEN, wählen das gewünschte Verzeichnis und klicken anschließend auf ÖFFNEN. Dies wäre dann der Quellpfad.

Weiter geht es mit dem Zielpfad: Hierfür geben Sie als Erstes eine kleingeschriebene Bezeichnung, also einen Namen, an – in meinem Beispiel werde ich diesen »download« nennen (auch, wenn Sie das richtige Verzeichnis später »Download« nennen möchten – Systemverzeichnisse werden unter Linux in der Regel kleingeschrieben). Es wird also »download« in das Feld eingegeben.

Jetzt gilt es, im laufenden Betriebssystem in der virtuellen Maschine mit administrativen Rechten (siehe Abschnitt 4.2) auf dem Terminal ein Systemverzeichnis anzulegen, hierzu dient folgender Befehl:

```
cd /mnt/
mkdir download
```

Im Beispiel habe ich dieses Verzeichnis »Download« genannt, dies können Sie natürlich anpassen, wie Sie möchten. Jetzt lässt sich dieses Verzeichnis mit administrativen Rechten in das System einbinden (natürlich in der virtuellen Maschine). Hierzu nutzen Sie folgende Syntax:

```
mount -t virtiofs Bezeichnung /mnt/Verzeichnis/
```

`Bezeichnung` ersetzen Sie durch den in den Einstellungen vergebenen Namen und `Verzeichnis` durch das erstellte Verzeichnis, nach dem Beispiel oben also:

```
mount -t virtiofs download /mnt/Download/
```

Anschließend können Sie im Dateimanager aus der virtuellen Maschine auf das Verzeichnis im real installierten System zugreifen.

## Kapitel 9

Daten verschlüsseln

In diesem Kapitel lernen Sie, wie Sie Daten auf der Festplatte, auf externen Datenträgern und E-Mails verschlüsseln – und warum Sie dies tun sollten. Viele Benutzer verschlüsseln ihre Linux-Installation nicht, vor allem aus dem Grund, dass in diversen Foren dazu geraten wird, dies nicht zu tun, denn wenn das System nicht mehr funktioniert, kommt man nicht mehr an die Daten heran. Dies ist absolut falsch. Sie müssen nur das Passwort kennen, mit dem Sie die Verschlüsselung des Systems aufheben, doch dazu mehr in Abschnitt 9.2.

9.1 Daten auf dem Computer verschlüsseln – verschlüsselte Container

Auch wenn Sie nicht das komplette System bei der Installation verschlüsselt haben (siehe Abschnitt 2.5.1), können Sie Daten innerhalb des installierten Systems verschlüsseln. Einfach ausgedrückt, wird dabei ein Verzeichnis angelegt, das verschlüsselt wird, und nur wenn man das zugehörige Passwort kennt, bekommt man auch Zugang zu den darin liegenden Daten. Solche verschlüsselten Verzeichnisse nennt man »Container«. In den folgenden Abschnitten finden Sie passende Software für verschlüsselte Container.

9.1.1 zuluCrypt – für alle Desktop-Umgebungen und USB-Sticks/externe Festplatten

zuluCrypt ist der Nachfolger der Software VeraCrypt, die auch unter Windows recht bekannt war. Damit lassen sich mit wenigen Schritten und ohne besondere Kenntnisse schnell verschlüsselte Container einrichten, um Daten zu verschlüsseln. zuluCrypt ist für alle Linux-Distributionen verfügbar und lässt sich auf allen Desktop-Umgebungen nutzen. Die Software kann auch USB-Sticks und externe Festplatten verschlüsseln.

zuluCrypt installieren

Sie installieren diese Software unter Linux Mint und anderen auf Debian basierenden Linux-Distributionen am schnellsten auf dem Terminal (siehe Abschnitt 4.3) mit den Befehlen:

Linux Mint:

```
apt-get update
apt-get install zulucrypt-gui
```

Andere auf Debian basierende Linux-Distributionen:

```
apt update
apt install zulucrypt-gui
```

Verschlüsselte Container mit zuluCrypt erstellen und Daten verschlüsseln

Sie finden diese Software nach der Installation im Anwendungsmenü unter der Kategorie SYSTEM. Alternativ nutzen Sie den Schnellstarter mit der Tastenkombination [Alt]+[F2] oder das Terminal mit dem Befehl:

```
zulucrypt-gui
```

Die Software erfordert das Benutzer-Passwort. Als Erstes sollten Sie die Sprache anpassen, dies gelingt über das Menü OPTIONS|SELECT LANGUAGE|DE_DE.

Über das Menü ERSTELLEN haben Sie die Möglichkeit, verschlüsselte Container in verschiedenen Varianten zu erstellen (siehe Abbildung 3.1).

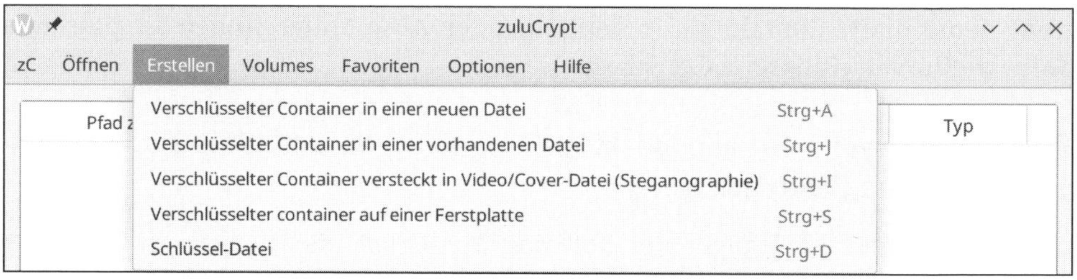

Abb. 9.1: Verschlüsselte Container mit zuluCrypt erstellen

- **Verschlüsselter Container in einer neuen Datei** – Hiermit erstellen Sie eine Datei, in der die gewünschten Daten gespeichert und verschlüsselt werden.
- **Verschlüsselter Container in einer vorhandenen Datei** – Hiermit nutzen Sie eine vorhandene Datei, in der anschließend die Daten verschlüsselt gespeichert werden.
- **Verschlüsselter Container versteckt in Video/...** – Hiermit wird eine vorhandene Video-Datei genutzt und Daten darin versteckt (Steganografie).

- **Verschlüsselter container auf einer Festplatte** – Hiermit erstellen Sie einen Container auf einer Partition, also etwa auch auf einem USB-Stick oder einer externen/internen Festplatte. Die ganze Partition wird in diesem Fall genutzt.

Der Vorgang ist eigentlich immer derselbe: Sie wählen einen Speicherort, vergeben einen Namen und geben die Dateigröße an. Wählen Sie eine Partition, wird die komplette Partition genutzt. **Vorsicht:** In diesem Fall werden vorhandene Daten überschrieben. In Abbildung 9.2 wird beispielsweise eine neue Datei angelegt.

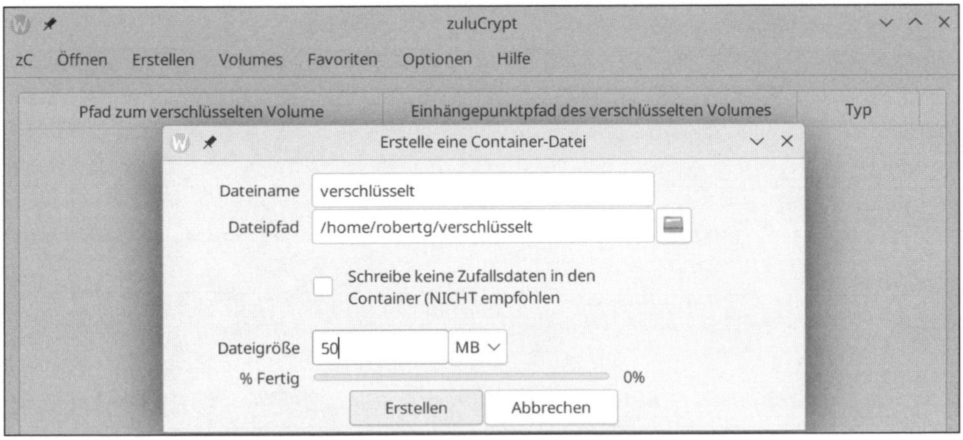

Abb. 9.2: Einen verschlüsselten Container mit zuluCrypt anlegen

Nach einem Klick auf ERSTELLEN wird der Container angelegt, dies kann je nach der vorgegebenen Größe einige Sekunden dauern.

Im sich daraufhin öffnenden Fenster geht es an die weiteren Einstellungen (siehe Abbildung 9.3):

- **Schlüssel** – Sie wählen, womit Sie den Container absichern möchten – mit einem Schlüssel (Passwort), mit einer Schlüsseldatei (Sie wählen eine Datei, diese müssen Sie zum Öffnen des Containers anklicken – verlieren Sie diese Datei, kommen Sie nie mehr an die Daten), Passwort und Schlüsseldatei oder YubiKey (USB-Stick mit YubiKey-Software – siehe `https://www.yubico.com/der-yubikey/?lang=de`).
- **Volume-Typ** – Die Art des Containers. Hier können Sie die Vorgabe bestehen lassen – die sicherste Variante.
- **Dateisystem** – Im Container wird ein eigenes Dateisystem angelegt. Je nach Auswahl können verschiedene Betriebssysteme dann auf die verschlüsselten Daten zugreifen (unter Linux nutzen Sie etwa »ext4«, für Linux und Windows »ntfs« oder »exfat«).

Die restlichen Einstellungen sind nebensächlich.

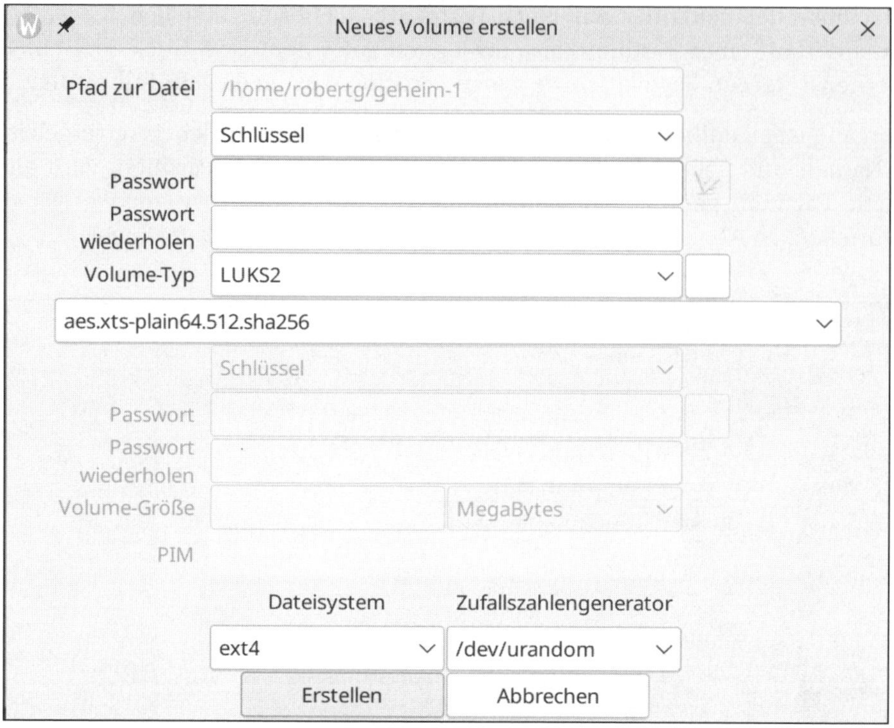

Abb. 9.3: Weitere Einstellungen zum Erstellen eines verschlüsselten Containers mit zuluCrypt

Wichtig

Nutzen Sie keine Umlaute und Sonderzeichen als Dateinamen.

Ein Klick auf ERSTELLEN, und der Container wird fertig angelegt.

Um einen verschlüsselten Container zu öffnen, nutzen Sie in zuluCrypt das Menü ÖFFNEN und wählen im sich öffnenden Dialog den Container bzw. die Datei und geben das Passwort oder die Schlüsseldatei oder beides an. Nach einem Klick auf ÖFFNEN öffnet sich der Dateimanager. Sie können jetzt Dateien und Verzeichnisse in den verschlüsselten Container kopieren, verschieben oder darin Dateien erstellen.

In zuluCrypt selbst finden Sie den aktuell geöffneten Container ebenfalls. Per Rechtsklick auf den jeweiligen Eintrag können Sie ihn mit Aushängen wieder schließen (verschlüsseln) oder seine Eigenschaften anpassen (siehe Abbildung 9.4).

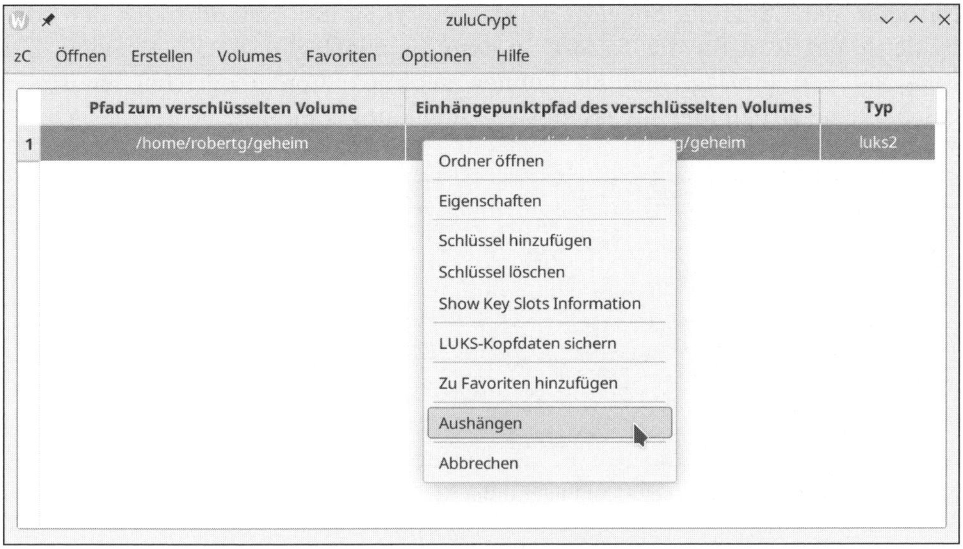

Abb. 9.4: Verschlüsselten Container schließen und anpassen

9.1.2 Plasma Vault – verschlüsselte Container unter KDE

Nutzen Sie KDE Plasma als Desktop-Umgebung, haben Sie bereits eine Software für verschlüsselte Container integriert. Sie öffnen diese, indem Sie links neben der Uhr auf den kleinen Pfeil klicken und auf das Icon TRESORE klicken.

Zu Beginn ist noch kein Container eingerichtet. Um einen solchen zu erstellen, klicken Sie auf den Schalter NEUEN TRESOR ERSTELLEN (siehe Abbildung 9.5).

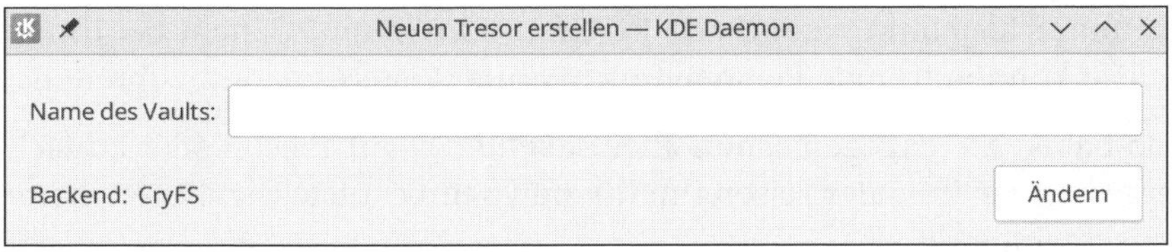

Abb. 9.5: Neuen Container unter KDE Plasma erstellen

Sie geben einen Namen für den verschlüsselten Container ein. Mit einem Klick auf ÄNDERN können Sie die Art der Verschlüsselung ändern, dies ist im Grunde jedoch nicht nötig.

Mit einem Klick auf WEITER erstellen Sie ein sicheres Passwort, um den Container abzusichern. Die weiteren Einstellungen sind nebensächlich – Sie können jedoch auch angeben, auf welchem Datenträger (etwa auf einem USB-Stick) der Container abgelegt werden soll.

Nachdem der Container angelegt wurde, finden Sie im Systembereich der Kontrollleiste das Icon für die Tresore, in dem Sie angelegte Container finden. Ein Klick auf den Eintrag, und Sie können geöffnete Container schließen sowie geschlossene öffnen und anpassen (siehe Abbildung 9.6).

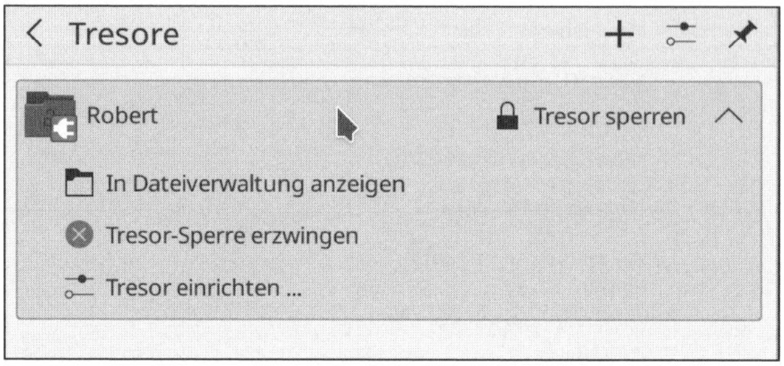

Abb. 9.6: Tresore – verschlüsselte Container unter KDE Plasma

9.2 Linux-Distribution verschlüsseln

Um das komplette Betriebssystem zu verschlüsseln – die sicherste Methode, um Ihre Daten zu schützen –, wählen Sie dies gleich bei der Installation des Betriebssystems aus (siehe Abschnitt 2.5.1). Eine nachträgliche komplette Verschlüsselung ist zwar möglich, aber sehr umständlich, fehleranfällig (es könnten Daten verloren gehen) und kompliziert.

9.2.1 Warum verschlüsselt man ein komplettes Betriebssystem?

Verschlüsselte Container, wie in Abschnitt 9.1 beschrieben, ergeben auf einem Desktop-Computer, also auf einem Stand-PC Sinn. Ein Stand-PC steht bei Ihnen zu Hause, meist können fremde Personen nicht ohne Weiteres darauf zugreifen.

Einen Laptop haben Sie dagegen schon eher dabei, etwa auf Reisen oder einfach im Café. Vergessen Sie ihn oder lassen ihn irgendwo unbeaufsichtigt liegen, kann er schnell verschwinden.

Natürlich ist Ihr Account unter Linux mit Ihrem Passwort abgesichert, zumindest wenn Sie nicht die automatische Anmeldung deaktiviert haben. Ist das Betriebssystem jedoch nicht verschlüsselt, ist es möglich, die Passwortabfrage zu umgehen. Wird der Computer mit einem Live-System (also einem anderen Betriebssystem von einer DVD oder einem USB-Stick) gestartet, wird Ihr Account nicht mit Ihrem Passwort geschützt, da das installierte Betriebssystem nicht läuft. Starten Sie oder jemand anders Ihren Computer also mit einem Live-System und das Betriebssystem ist nicht verschlüsselt (die Verschlüsselung aktivieren Sie während der Installation des Betriebssystems beim Partitionieren – siehe Abschnitt 2.5.1), können Sie (oder jemand anders) ohne Ihr Passwort zu kennen auf Ihre Daten zugreifen.

Selbst wenn Sie Ihre wichtigen Daten, wie unter Abschnitt 9.1 beschrieben, in einem Container gespeichert haben, ist es mit einem Live-System zumindest möglich, etwa auf die Einstellungen von Firefox, Thunderbird und so weiter zuzugreifen. Also, auf Ihre Benutzernamen und Passwörter für Webseiten, Dienste, Chat-Zugänge ...

Haben Sie Ihr Betriebssystem hingegen verschlüsselt, hilft auch ein Live-System nichts – ohne das Passwort zu kennen, gibt es keinen Zugriff.

Tipp

Sie können das Entschlüsseln des Betriebssystems automatisch vom System via TMP-Chip erledigen lassen, mehr dazu in Abschnitt 9.2.3.

9.2.2 Auf verschlüsselte Linux-Distributionen zugreifen

Wie zu Beginn des Kapitels schon beschrieben, verzichten viele Linux-Benutzer auf die Verschlüsselung des Systems bei der Installation. Eben weil in manchen Foren vor der Gefahr gewarnt wird: Geht beim System etwas schief, kann man nicht mehr auf die Daten darauf zugreifen.

Natürlich kommen Sie noch an alle Daten, Sie müssen nur das Passwort kennen, mit dem Sie das System beim System-Start entschlüsseln. Dieses Passwort haben Sie bei der Installation des Systems vergeben (siehe Abschnitt 2.5.1). Mit einem Live-System können Sie so selbst auf die Daten eines komplett verschlüsselten Betriebssystems zugreifen.

Zum Retten von Daten auf einem verschlüsselten Linux-Betriebssystem können Sie jedes beliebige Linux-Live-System benutzen (egal ob von CD/DVD oder USB-Stick mit einem Linux-System darauf). Sie starten erst das Live-System und öffnen das Terminal und führen folgenden Befehl aus, um administrative Rechte zu erlangen:

```
sudo -i
```

Ein Passwort für administrative Rechte müssen Sie auf Live-Systemen meist nicht angeben.

Als Erstes laden Sie die Treiber für verschlüsselte Dateisysteme, dies gelingt mit folgendem Befehl:

```
modprobe dm-crypt
```

Anschließend lassen Sie sich die Partitionen bzw. Dateisysteme anzeigen, hierzu dient der Befehl:

```
fdisk -l
```

Ein Beispiel für die Ausgabe sehen Sie in Abbildung 9.7.

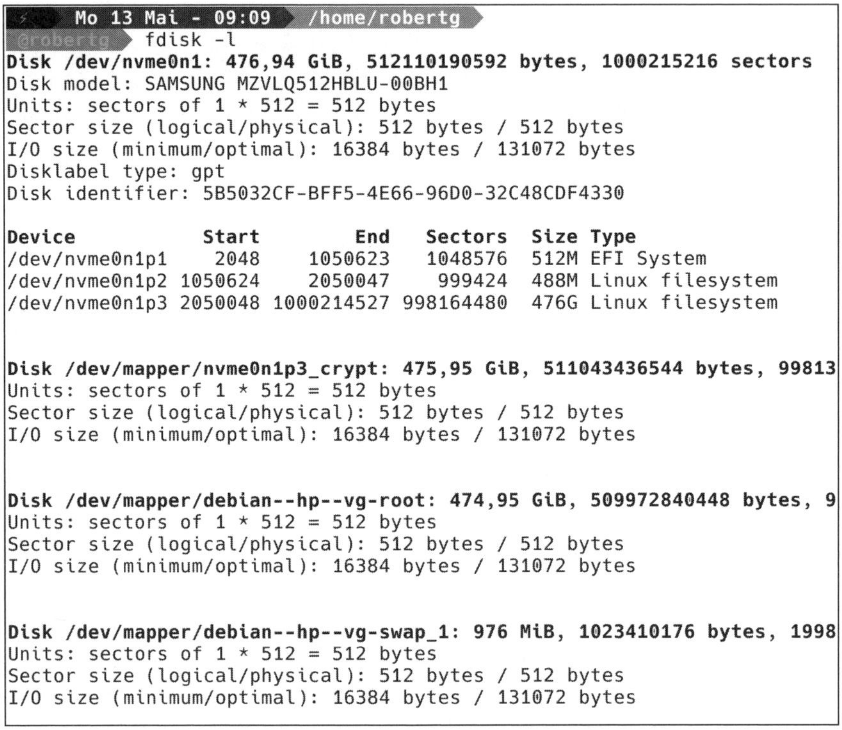

```
Mo 13 Mai - 09:09  /home/robertg
@robertg  fdisk -l
Disk /dev/nvme0n1: 476,94 GiB, 512110190592 bytes, 1000215216 sectors
Disk model: SAMSUNG MZVLQ512HBLU-00BH1
Units: sectors of 1 * 512 = 512 bytes
Sector size (logical/physical): 512 bytes / 512 bytes
I/O size (minimum/optimal): 16384 bytes / 131072 bytes
Disklabel type: gpt
Disk identifier: 5B5032CF-BFF5-4E66-96D0-32C48CDF4330

Device            Start        End   Sectors  Size Type
/dev/nvme0n1p1     2048    1050623   1048576  512M EFI System
/dev/nvme0n1p2 1050624    2050047    999424  488M Linux filesystem
/dev/nvme0n1p3 2050048 1000214527 998164480  476G Linux filesystem


Disk /dev/mapper/nvme0n1p3_crypt: 475,95 GiB, 511043436544 bytes, 99813
Units: sectors of 1 * 512 = 512 bytes
Sector size (logical/physical): 512 bytes / 512 bytes
I/O size (minimum/optimal): 16384 bytes / 131072 bytes


Disk /dev/mapper/debian--hp--vg-root: 474,95 GiB, 509972840448 bytes, 9
Units: sectors of 1 * 512 = 512 bytes
Sector size (logical/physical): 512 bytes / 512 bytes
I/O size (minimum/optimal): 16384 bytes / 131072 bytes


Disk /dev/mapper/debian--hp--vg-swap_1: 976 MiB, 1023410176 bytes, 1998
Units: sectors of 1 * 512 = 512 bytes
Sector size (logical/physical): 512 bytes / 512 bytes
I/O size (minimum/optimal): 16384 bytes / 131072 bytes
```

Abb. 9.7: Anzeigen der Partitionen / Dateisysteme auf dem Terminal

Angezeigt werden in der Ausgabe dieses Befehls alle gefundenen Partitionen (Dateisysteme), auch die des Live-Systems. Die Partitionen des Live-Systems interessieren Sie nicht, auch nicht verschlüsselte Partitionen sind nicht interessant – Sie suchen nach verschlüsselten Partitionen. Verschlüsselte Partitionen enden mit einem `_crypt`. Im Beispiel nach Abbildung 9.7 wäre dies die Partition `/dev/mapper/nvme0n1p3_crypt`, ziemlich mittig zu sehen.

Diese verschlüsselte Partition gilt es zu entschlüsseln. Hierzu müssen Sie den Befehl entsprechend Ihrer Ausgabe anpassen. Zum Entschlüsseln nutzen Sie den Befehl `cryptsetup luksOpen`:

```
cryptsetup luskOpen /dev/mapper/nvme0n1p3_crypt
```

Nach der Eingabe des Befehls wird das Passwort zum Entschlüsseln abgefragt, dieses geben Sie ein. Jetzt wurde das komplette Betriebssystem entschlüsselt und Sie können sich die Partitionen anzeigen lassen – dies tun Sie mit dem Befehl:

```
vgscan --nodes
```

Die Ausgabe könnte etwa wie folgt aussehen:

```
NAME                          MAJ:MIN RM   SIZE RO TYPE  MOUNTPOINTS
nvme0n1                       259:0    0 476,9G  0 disk
├─nvme0n1p1                   259:1    0   512M  0 part  /boot/efi
├─nvme0n1p2                   259:2    0   488M  0 part  /boot
└─nvme0n1p3                   259:3    0   476G  0 part
  └─nvme0n1p3_crypt           254:0    0 475,9G  0 crypt
    ├─debian--hp--vg-root     254:1    0 474,9G  0 lvm   /
    └─debian--hp--vg-swap_1   254:2    0   976M  0 lvm   [SWAP]
    └─debian--hp--vg-home 254:1    0 474,9G  0 lvm   /home
```

Ganz oben in der Ausgabe sehen Sie die einzelnen Partitionen, darunter in einer Baumstruktur die richtigen Namen der Partitionen, mit denen das System sie anspricht. Sie suchen nach Bezeichnungen, die ein `--vg--` beinhalten. So etwa `debian--hp--vg-root` – dies ist die richtige Partition, um Ihre privaten Daten etwa auf einen USB-Stick zu sichern, wenn Sie während der Installation von Linux keine eigene Home-Partition angelegt haben. Haben Sie eine eigene Home-Partition angelegt, würde dies nach der Ausgabe oben `debian--hp--vg-home` sein.

Damit Sie auf die im Home-Verzeichnis liegenden Daten zugreifen können, legen Sie erst ein Systemverzeichnis an – darin wird die verschlüsselte Partition anschließend eingehängt. Weiter geht es am Terminal:

```
mkdir /mnt/vg-home
```

In diesem Beispiel wird unter dem Systemverzeichnis `/mnt` das Verzeichnis `vg-home` erstellt. Wie Sie dieses Verzeichnis nennen, ist egal, der Name sollte nur keine Leerzeichen oder Sonderzeichen beinhalten.

Es folgt der Befehl:

```
vgchange -ay
```

Mit diesem Befehl werden verschlüsselte Partitionen erlaubt. Jetzt wird die verschlüsselte Home-Partition – nach dem Beispiel oben `debian--hp--vg-home` oder eben debian--hp--vg-root – in das zuvor erstellte Verzeichnis eingehängt. Erst kommen die ersten zwei Abschnitte, also etwa debian--hp und nach einem Slash der Name der Partition – etwa vg--home:

```
mount /dev/debian--hp/vg--home/
mount /dev/debian--hp/vg--root/
```

Jetzt können Sie den grafischen Dateimanager öffnen. In der Orte-Liste links finden Sie den gerade eingehängten Ordner. Klicken Sie darauf und kopieren die zu rettenden Daten etwa auf einen USB-Stick.

9.2.3 Verschlüsseltes Linux automatisch per TPM-Chip entschlüsseln

Haben Sie bei der Installation von Linux Ihr komplettes Betriebssystem verschlüsselt, werden Sie beim Start des Computers aufgefordert, das Passwort zum Entschlüsseln einzugeben. Dies ist natürlich nervig – einmal das Passwort zum Entschlüsseln eingeben und einmal zum Entsperren Ihres Accounts.

Abhilfe schafft eine automatische Entschlüsselung per TPM-Chip. Ein komplett verschlüsseltes Betriebssystem ist nur dann nötig, wenn es nicht läuft, denn haben Sie Ihren Account beim Anmelden mit einem Passwort abgesichert (also die automatische Anmeldung nicht aktiviert), kann sich ohne das Passwort zu kennen sowieso niemand anmelden.

TPM-Chip

Ein TPM-Chip ist ein kleiner Chip und heute in jedem aktuellem Computer eingebaut. Dieser hat den Zweck, für diverse Sicherheitsfunktionen bereitzustehen. Hauptsächlich handelt es sich dabei um einen kleinen Speicher mit einfachen Prozessor-Funktionen.

Nehmen wir an, Ihr Laptop wird gestohlen, Sie lassen ihn irgendwo liegen oder Ähnliches. Jemand hat jetzt Ihren Laptop und will an Ihre Daten. Er wird zu Beginn versuchen, den Laptop zu starten, Sie haben aber das Betriebssystem verschlüsselt und die automatische Entschlüsselung aktiviert. Der Angreifer kommt trotzdem nicht weiter als bis zur Anmeldung Ihres Accounts. Er müsste dazu Ihr Passwort für die Anmeldung kennen, also Ende. Mit einem Live-System kommt er nicht an die Daten, weil das System verschlüsselt ist – es wird nur entschlüsselt, wenn es auch läuft (Live-System und installiertes Betriebssystem können nicht gleichzeitig laufen).

Selbst wenn der Angreifer die Festplatte ausbaut, kommt er nicht an die Daten, weil das Passwort zur Entschlüsselung aus dem TPM-Chip kommt und die Festplatte ausgebaut wurde.

Die Verschlüsselung soll also nur dann nicht automatisch stattfinden, wenn das installierte Betriebssystem nicht läuft. Unter Linux können Sie den TPM-Chip dazu nutzen, das Betriebssystem automatisch zu entschlüsseln. Ohne administrative Rechte und dem zugehörigen Passwort des installierten Betriebssystems kommt man nicht an die darauf liegenden Daten.

Um das Betriebssystem automatisch zu entschlüsseln, gilt es also, das Passwort auf dem TPM-Chip zu speichern und das Betriebssystem anzuweisen, das Passwort zur Entschlüsselung aus dem Chip zu holen.

Als Erstes sehen Sie nach, ob auch wirklich ein TPM-Chip eingebaut ist (dies sollte bei jedem Gerät der letzten zehn Jahre der Fall sein). Hierzu starten Sie auf dem Terminal mit administrativen Rechten (siehe Abschnitt 4.2) folgenden Befehl:

```
dmesg | grep -i tpm
```

Erhalten Sie in der Ausgabe den Begriff »TPM2«, ist ein TPM-Chip verbaut. In diesem Fall können Sie das verschlüsselte System automatisch beim Systemstart entschlüsseln lassen.

Für kleine Erleichterungen starten Sie erst folgenden Befehl (damit lassen sich die eigentlich längeren Befehle wie unten zu sehen abkürzen):

```
export PATH=/sbin:$PATH
```

Zu Beginn müssen Sie wissen, welche Partition entschlüsselt werden muss. Hierbei handelt es sich um die System-Partition (Wurzel-Partition) – also »/«. Wie sich die Partition genau nennt, erfahren Sie mit dem folgenden Befehl:

```
fdisk -l
```

Ein Beispiel zeigt die Ausgabe in Abbildung 9.8.

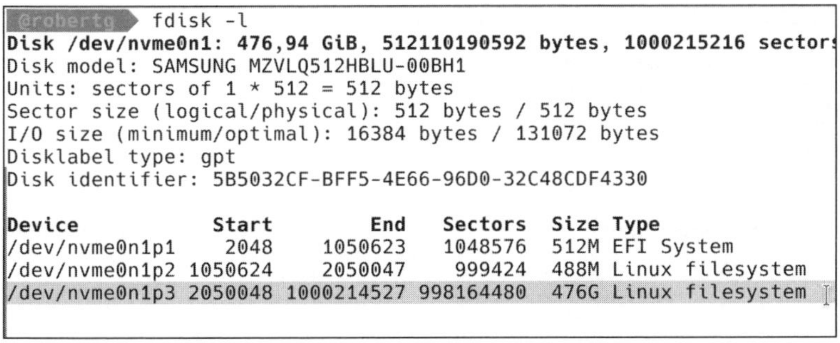

Abb. 9.8: Suche nach der System-Partition

Sie suchen im Bereich `Device` nach der Partition, die die System-Partition bildet – diese sollten Sie der Größe nach unterscheiden können, je nachdem wie groß Sie sie angelegt haben – im Beispiel wäre dies die Zeile:

```
/dev/nvme0n1p3 2050048 1000214527 998164480  476G Linux filesystem
```

Sie benötigen also die Zeichenfolge nach `/dev/` – in diesem Fall `nvme0n1p3`. Jetzt installieren Sie auf dem Terminal mit administrativen Rechten die nötigen Pakete. Nutzen Sie eine auf Debian basierende Linux-Distribution (Debian, Ubuntu, Kubuntu, Xubuntu und so weiter, aber nicht Linux Mint), ersetzen Sie `apt-get` durch `apt`:

```
apt-get update
apt-get install clevis clevis-tpm2 clevis-luks clevis-udisks2 clevis-
  systemd clevis-initramfs
```

Jetzt müssen Sie herausfinden, welchen Hash (berechneter Wert, der für den Benutzer weniger interessant ist, für das System aber umso mehr) der TPM-Chip unterstützt – dies zeigt folgender Befehl:

```
tpm2_pcrread
```

Ein Beispiel für die Ausgabe zeigt Abbildung 9.9.

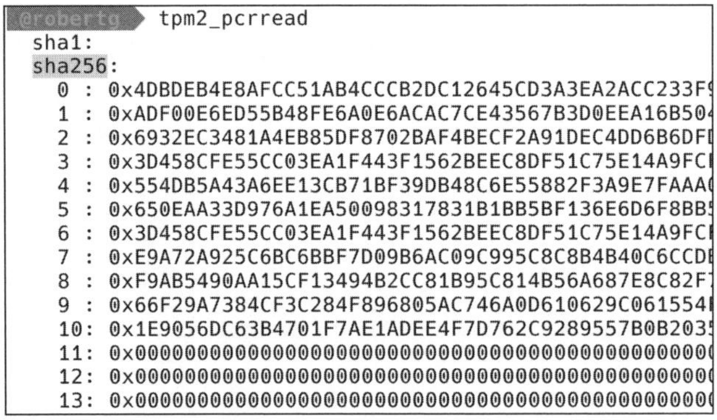

Abb. 9.9: Vom TPM-Chip unterstützte Hash-Werte

Sie benötigen nur den obersten Wert, also die zweite Zeile, im Beispiel etwa `sha256`. Mit den ermittelten Ausgaben starten Sie den Befehl nach folgender Syntax:

```
clevis luks bind -d /dev/PARTITION tpm2 '{"pcr_bank":"HASH","pcr_ids":
  "0,1,7"}'
```

Im Beispiel also:

```
clevis luks bind -d /dev/nvme0n1p3 tpm2 '{"pcr_bank":"sha256","pcr_ids":
  "0,1,7"}'
```

Jetzt werden Sie nach dem Passwort zum Entschlüsseln gefragt. Nach der Bestätigung mit [Eingabe] aktualisieren Sie die Einstellungen mit folgendem Befehl:

```
update-initramfs -u -k 'all'
```

Ab sofort wird Ihr verschlüsseltes Linux automatisch entschlüsselt.

9.3 E-Mails verschlüsseln und signieren

Egal, ob Sie jetzt eine E-Mail mit reinem Text sehen bzw. schreiben oder schön hübsch mit Bildern – es handelt sich immer um reinen Text. Dasselbe gilt auch für die speziellen Formate, wie sie etwa mit Outlook versendet werden.

Wenn Sie eine E-Mail schreiben, egal ob im Webbrowser oder auch im Mail-Client, handelt es sich um eine ganz einfache Textdatei. Sie schicken diese an den Empfänger, beispielsweise nutzen Sie jetzt Gmail, der Empfänger nutzt GMX. Über Ihren Mail-Client oder über Ihren Webbrowser schicken Sie die E-Mail ab.

Als Erstes landet die Textdatei auf dem Mailserver von Google. Jeder, der Zugriff auf diesen Mailserver hat (z.B. so einige Administratoren), kann Ihre E-Mail mit jedem beliebigen Texteditor lesen, beispielsweise mit dem Befehl:

```
cat dateiname.txt
```

Ein Beispiel für eine solche E-Mail als reinen Text sehen Sie in Abbildung 9.10.

Als Nächstes kommt Ihre E-Mail aber nicht gleich zum Mailserver von GMX, sondern geht oftmals über mehrere Mailserver, die im Internet für solche Zwecke bereitstehen – darüber wird Ihre ganz einfache Textdatei geleitet, bis die E-Mail am Server von GMX ankommt. Auf jedem Mailserver kann Ihre E-Mail auch gelesen werden (siehe Abbildung 9.10) – schlimmer noch, sie kann auch verändert werden.

Hier setzt GPG (unter Linux openPGP) an: Es verschlüsselt die E-Mail, sodass sie nur noch vom Empfänger gelesen werden kann. Wenn man nicht verschlüsseln will, kann PGP dem Empfänger zeigen, dass die E-Mail nicht unterwegs von jemandem verändert wurde – dies nennt man Signieren.

```
To: robert.goedl76@gmail.com
Subject: Prickelndes Finale | Unprickelnder Abgesang
X-Mailer: class SMTPMail
From: "Krone - Guten Morgen" <newsletter@letter.krone.at>
MIME-Version: 1.0
List-Id: 877564731 <Krone - Guten Morgen>
X-EMarSys-Identify: 877564731_5906340_67269
X-EMarSys-Environment: suite45
X-Report-Abuse: Please report abuse here: abuse-report@emarsys.com
List-Unsubscribe: <mailto:list-unsubscribe+877564731_5906340_67269_OjBGHizwpl@emarsys.net>, <https://list-uns
List-Unsubscribe-Post: List-Unsubscribe=One-Click
Content-Type: multipart/alternative;
 boundary="--=_---NextPart--=_-zB9UnTFCsP"
Message-ID: <0.0.2.1B1.1DAA4F2852C35BE.0@mta-2d567516.ip4.emsmtp.us>
Date: Mon, 13 May 2024 07:00:48 +0200



----=_---NextPart--=_-zB9UnTFCsP
Content-Type: text/plain; charset=utf-8
Content-transfer-encoding: quoted-printable

Ihr morgendliches Nachrichtenupdate aus der "Krone"-Redaktion

13. Mai 2024
Im Browser =C3=B6ffnen
https://link.letter.krone.at/u/gm.php?prm=3DOjBGHizwpl_877564731_5906340_67=
269&_esuh=3D_11_94336bec34f7ee2a4e0a25105322a283333668a5cb429434dd9b903c88d=
cd5f6


Krone Zeitung
https://link.letter.krone.at/u/nrd.php?p=3DOjBGHizwpl_67269_5906340_1_2&ems=
_l=3D7502342&i=3D1&d=3DR3V0ZW4rTW9yZ2VuKy0rMTMuMDUuMjAyNA%3D%3D%7CMjAyNA%3D=
%3D%7CMDU%3D%7CMTM%3D%7CNTg3OTgyMzMw%7CT2pCR0hpendwbA%3D%3D%7CM2MxZjA4MmVkN=
zM3NGNiYzE%3D%7C&_esuh=3D_11_d71f9872d2ac7793c833c3dbc8f3d1f7a7ba9d14915e4f=
9d184ca8dcbb628556
```

Abb. 9.10: Eine E-Mail ist reiner Text, den jeder öffnen kann.

9.3.1 Wie funktionieren GPG und PGP?

Die Verschlüsselung von E-Mails funktioniert mittels sog. Schlüssel (Keys). Mit einem Schlüssel wird verschlüsselt und mit einem anderen entschlüsselt. Es handelt sich also um zwei verschiedene Schlüssel:

- **Privater Schlüssel** – Dieser Schlüssel dient dazu, an Sie gerichtete verschlüsselte E-Mails zu entschlüsseln. Diesen Schlüssel dürfen Sie an niemanden weitergeben.
- **Öffentlicher Schlüssel** – Dieser Schlüssel dient dazu, an Sie gerichtete E-Mails zu verschlüsseln. Diesen Schlüssel geben Sie an andere weiter oder veröffentlichen ihn auf einem Schlüssel-Server.

Meist hört man im Internet, das Verschlüsseln von E-Mails wäre umständlich, doch diese Zeit ist schon lange vorbei. Sie erstellen einfach unter Linux einen sogenannten »GPG-Schlüssel«. Dieser ist kompatibel mit unter anderen Betriebssystemen und Software bekannten PGP-Schlüsseln.

Eigentlich handelt es sich um einen Schlüssel-Satz, der aus einem privaten Schlüssel und einem öffentlichen Schlüssel besteht. Ihren öffentlichen Schlüssel verteilen Sie an Benutzer, die verschlüsselte E-Mails an Sie schicken sollen.

Möchten Sie selbst jemandem eine verschlüsselte E-Mail senden, müssen Sie dessen öffentlichen Schlüssel haben. Nahmen wir an, Sie wollen an Hans eine verschlüsselte E-Mail senden. Sie schreiben die E-Mail und nutzen den öffentlichen Schlüssel von Hans, um diese E-Mail zu verschlüsseln. Im öffentlichen Schlüssel von Hans stehen Daten, damit ausschließlich Hans mit seinem privaten Schlüssel diese E-Mail öffnen und lesen kann.

Dies klingt jetzt ein wenig kompliziert, ist es aber gar nicht. Sie müssen unter Linux nur einen GPG-Schlüssel erstellen, den Rest übernimmt Ihre E-Mail-Software.

9.3.2 GPG-Schlüssel unter Linux erstellen

Um einen GPG-Schlüssel zu erstellen, gibt es mehrere Möglichkeiten – je nachdem, welche E-Mail-Software Sie verwenden möchten. Nutzen Sie Thunderbird, geht es am einfachsten, es gibt aber auch speziell dafür entwickelte grafische Software und am Terminal ist es ebenso möglich.

GPG-Schlüssel unter Thunderbird erstellen

Thunderbird hat eine Schlüsselverwaltung bereits integriert, diese öffnen Sie über das Menü rechts oben und wählen WERKZEUGE|OPENPGP-SCHLÜSSEL VERWALTEN (siehe Abbildung 9.11).

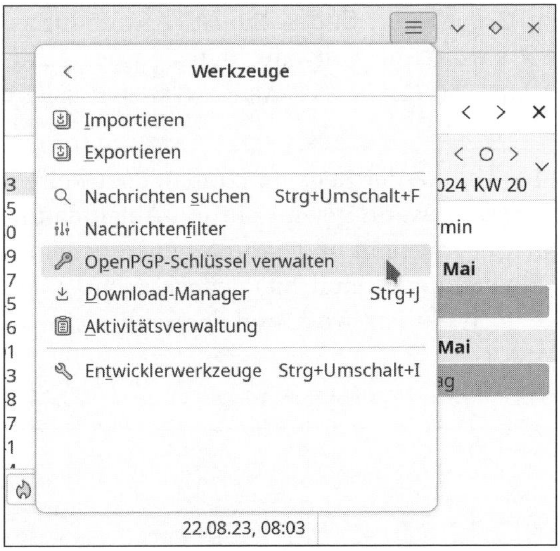

Abb. 9.11: Thunderbird – Hauptmenü

Im sich öffnenden Fenster nutzen Sie das Menü ERZEUGEN|NEUES SCHLÜSSELPAAR. Hier können Sie jetzt die gewünschte E-Mail-Adresse auswählen (Ihre genutzte), ein Ablaufdatum für den Schlüssel (dies muss nicht sein) eingeben und weitere Einstellungen zur Verschlüsselung vornehmen. Die Standardeinstellungen zur Verschlüsselung genügen im Normalfall (siehe Abbildung 9.12).

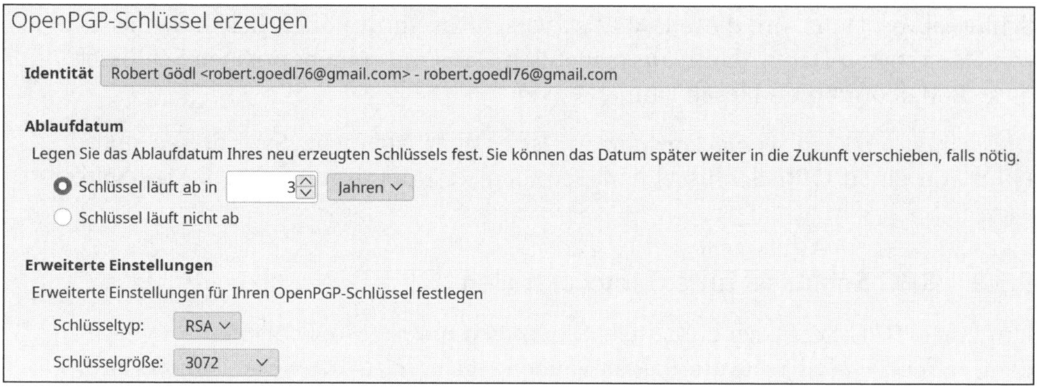

Abb. 9.12: Einstellungen zur Erstellung eines GPG-Schlüssels

Nach diesen Einstellungen klicken Sie rechts unten auf SCHLÜSSEL ERZEUGEN und bestätigen diesen Vorgang. Die Erstellung sollte auf aktueller Hardware nur wenige Sekunden dauern, anschließend sehen Sie den neuen Schlüssel in der Schlüsselverwaltung.

KGpg – GPG-Schlüssel unter KDE Plasma erstellen

Nutzen Sie KDE Plasma als Desktop-Umgebung, finden Sie im Anwendungsmenü unter der Kategorie DIENSTPROGRAMME die Software KGpg. In der geöffneten Software klicken Sie auf SCHLÜSSEL|SCHLÜSSELPAAR GENERIEREN (siehe Abbildung 9.13).

Sie geben einen Namen für den Schlüssel an, in der Regel nutzt man dazu seinen eigenen Namen. Es folgt die E-Mail-Adresse, wenn gewünscht ein Ablaufdatum (danach müssen Sie einen neuen Schlüssel erstellen) und darunter die Einstellungen zur Verschlüsselung – weitere Einstellungen sind hier jedoch nicht nötig. Nach einem Klick auf OK vergeben Sie noch ein Passwort, und der Schlüssel wird erstellt.

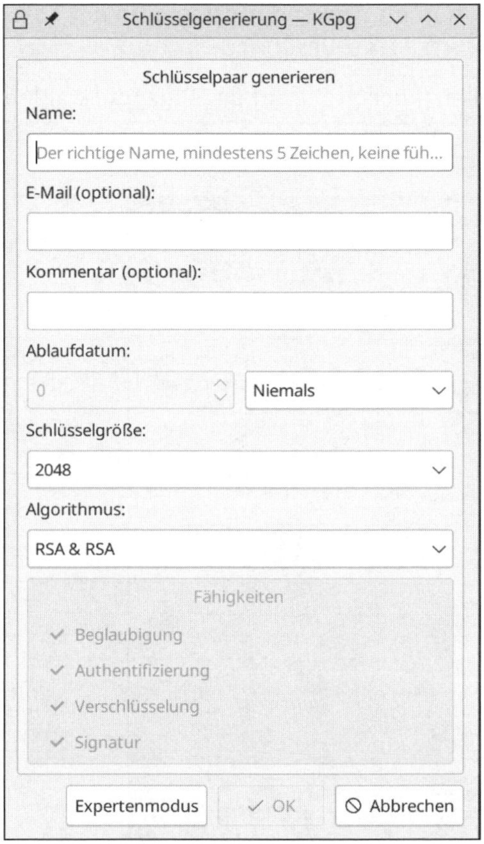

Abb. 9.13: GPG-Schlüssel unter KDE Plasma mit KGpg erstellen

Seahorse – GPG-Schlüssel unter allen Desktop-Umgebungen erstellen

Mit Seahorse können Sie GPG-Schlüssel unter allen Desktop-Umgebungen erstellen – etwa unter Cinnamon, XFCE oder Mate (alle drei Desktop-Umgebungen werden auch unter Linux Mint genutzt). Installiert wird die Software ganz einfach über die jeweilige Paket-Verwaltung der genutzten Linux-Distribution oder unter auf Debian basierenden Linux-Distributionen über das Terminal:

Linux Mint:

```
apt-get update
apt-get install seahorse
```

Andere auf Debian basierende Linux-Distributionen:

```
apt update
apt install seahorse
```

Sie finden diese Software nach der Installation im Anwendungsmenü in der Kategorie ZUBEHÖR unter dem Namen PASSWÖRTER UND VERSCHLÜSSELUNG.

Um einen neuen GPG-Schlüssel zu erstellen, klicken Sie auf das Plus und wählen den Eintrag GPG-SCHLÜSSEL (siehe Abbildung 9.14).

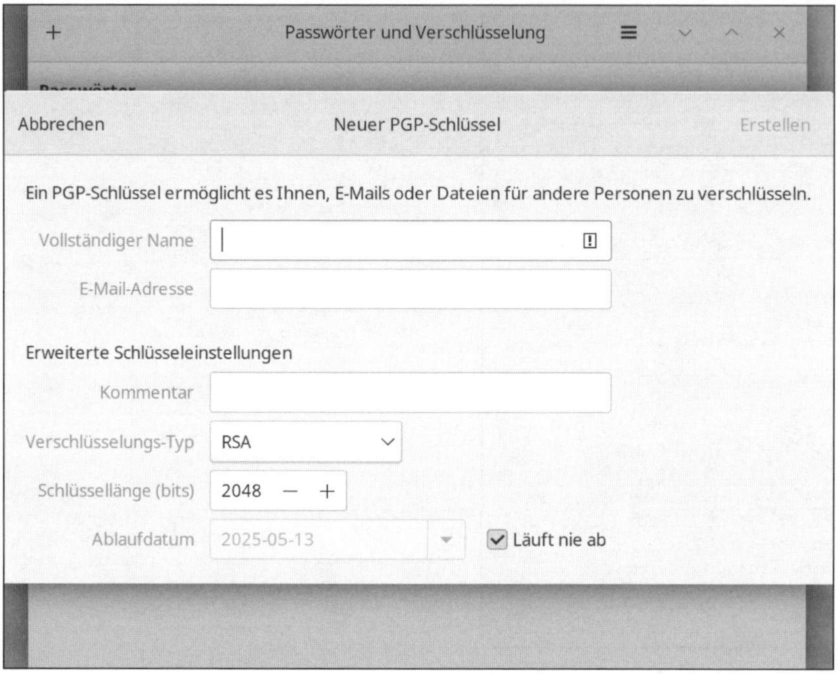

Abb. 9.14: Erstellen eines GPG-Schlüssels mit Seahorse

Sie geben Ihren Namen und Ihre E-Mail-Adresse an und können wenn gewünscht noch weitere Einstellungen zur Verschlüsselung anpassen, dies ist jedoch nicht unbedingt nötig, und klicken auf den Schalter ERSTELLEN.

GPG-Schlüssel auf dem Terminal erstellen

Auch auf dem Terminal lässt sich in kürzester Zeit ein GPG-Schlüssel erstellen. Hierzu nutzen Sie als normaler Benutzer ohne administrative Rechte den Befehl:

```
gpg --full-gen-key
```

Sie müssen anschließend einige Fragen beantworten – einige davon haben bereits Standard-Vorgaben voreingestellt, diese sind mit `voreingestellt` gekennzeichnet. Solche Vorgaben können Sie ohne Weiteres mit [Eingabe] bestätigen. Es beginnt mit der Art der Verschlüsselung (siehe Abbildung 9.15).

```
 Mo 13 Mai - 11:28  ~
 @robertg  gpg --full-gen-key
gpg (GnuPG) 2.2.40; Copyright (C) 2022 g10 Code GmbH
This is free software: you are free to change and redistribute it.
There is NO WARRANTY, to the extent permitted by law.

Bitte wählen Sie, welche Art von Schlüssel Sie möchten:
   (1) RSA und RSA (voreingestellt)
   (2) DSA und Elgamal
   (3) DSA (nur signieren/beglaubigen)
   (4) RSA (nur signieren/beglaubigen)
   (14) Vorhandener Schlüssel auf der Karte
Ihre Auswahl? █
```

Abb. 9.15: GPG-Schlüssel am Terminal erstellen

Möchten Sie tatsächlich eine andere Art der Verschlüsselung, geben Sie einfach die Ziffer in Klammern vor der Art ein. Sie sollten sich hierbei aber auch sicher sein, was Sie tun.

Nach der Art der Verschlüsselung folgt die Schlüssellänge. Je länger der Schlüssel, desto sicherer bzw. höher die Verschlüsselung, die Vorgabe kann jedoch problemlos übernommen werden.

Weiter geht es mit dem Ablaufdatum – mit `0` hat der Schlüssel keines.

Es folgt der Name des Schlüssels. Normalerweise gibt man hier seinen Namen ein (siehe Abbildung 9.16).

```
GnuPG erstellt eine User-ID, um Ihren Schlüssel identifizierbar zu machen.

Ihr Name ("Vorname Nachname"): Robert Gödl█
```

Abb. 9.16: Namen für den GPG-Schlüssel am Terminal vergeben

Zuletzt geben Sie noch Ihre E-Mail-Adresse an und wenn gewünscht einen Kommentar. Mit [f] bestätigen Sie am Ende die Erstellung des Schlüssels.

9.3.3 E-Mails verschlüsseln

Wie schon beschrieben, handelt es sich bei E-Mails um normale Textdateien. Für dieses Beispiel habe ich mir selbst eine kurze verschlüsselte E-Mail gesendet. In Abbildung 9.17 sehen Sie diese entschlüsselt.

Jemand, der nicht im Besitz des privaten Schlüssels zum Entschlüsseln ist, würde nur den Titel der E-Mail und den Absender sehen. Der Text ist nicht zu lesen – ohne den privaten Schlüssel würde man nur eine Datei namens `msg.asc` sehen, darin ist der verschlüsselte Text zu finden, der sich nur mit dem privaten Schlüssel anzeigen lassen würde (siehe Abbildung 9.18).

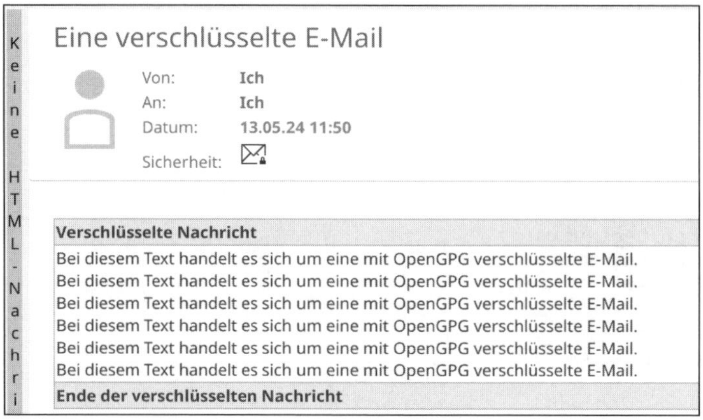

Abb. 9.17: Eine verschlüsselte E-Mail, entschlüsselt in der E-Mail-Software Kmail

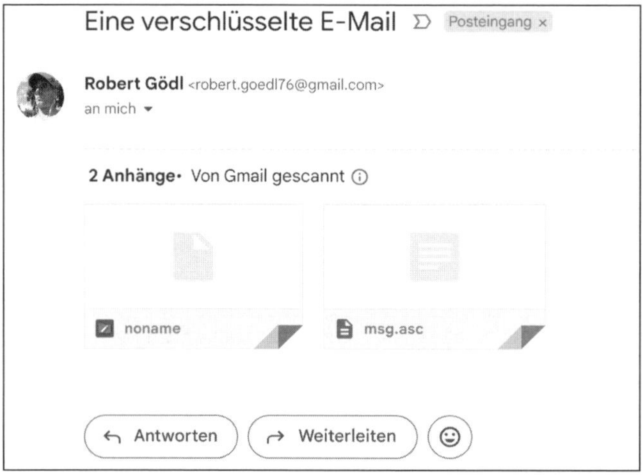

Abb. 9.18: Eine verschlüsselte E-Mail

Entschlüsseln von E-Mails

Je nach Software (E-Mail-Client) brauchen Sie zum Entschlüsseln einer E-Mail entweder gar nichts zu tun – die Software erledigt dies dann von selbst –, oder Sie klicken auf den Schalter NACHRICHT ENTSCHLÜSSELN über der verschlüsselten E-Mail.

E-Mails mit Thunderbird verschlüsseln und entschlüsseln

Haben Sie in Thunderbird den GPG-Schlüssel wie in Abschnitt 9.3.2 erstellt, müssen Sie den erstellten Schlüssel noch zum Verschlüsseln auswählen – dies erledigen Sie über das Hauptmenü rechts oben: KONTENEINSTELLUNGEN|ENDE-ZU-ENDE-

VERSCHLÜSSELUNG. Hier klicken Sie unter OPENPGP den erstellten Schlüssel an (siehe Abbildung 9.19).

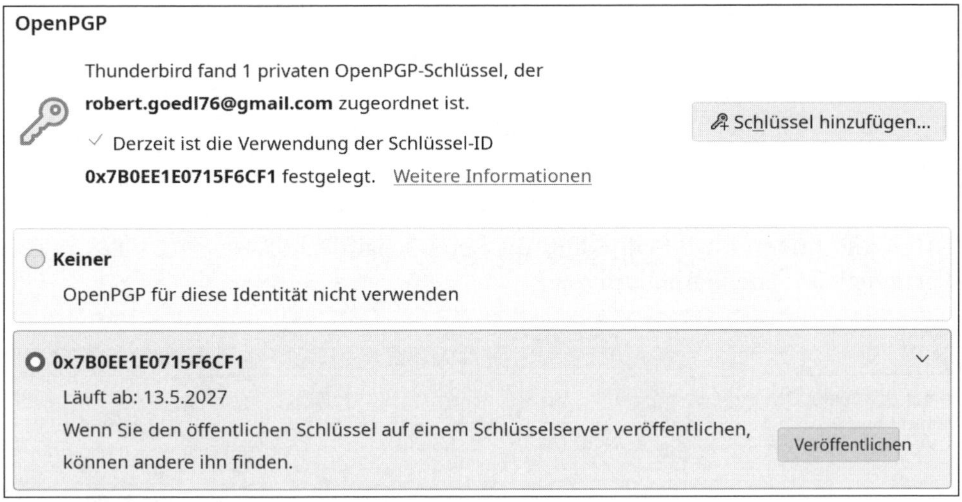

Abb. 9.19: Schlüssel in Thunderbird auswählen

Hier klicken Sie auf den Schalter VERÖFFENTLICHEN – damit veröffentlichen Sie Ihren öffentlichen Schlüssel auf einem bekannten Schlüssel-Server. So kann er von anderen Benutzern über deren E-Mail-Software gefunden werden. Ihren öffentlichen Schlüssel benötigt jeder, der Ihnen eine verschlüsselte E-Mail senden möchte. Sie können Ihren öffentlichen Schlüssel auch direkt per E-Mail versenden. Dies gelingt über das Menü WERKZEUGE|OPENPGP-SCHLÜSSEL VERWALTEN. Hier klicken Sie Ihren Schlüssel mit der rechten Maustaste an und wählen ÖFFENTLICHE SCHLÜSSEL PER E-MAIL SENDEN (siehe Abbildung 9.20).

Abb. 9.20: Öffentlichen Schlüssel per E-Mail an andere senden

Wird Ihnen ein öffentlicher Schlüssel zugesendet, importieren Sie ihn über dieselben Einstellungen über das Menü DATEI|ÖFFENTLICHEN SCHLÜSSEL AUS DATEI IMPORTIEREN. Den öffentlichen Schlüssel eines anderen benötigen Sie, um ihm eine verschlüsselte E-Mail senden zu können.

Sie können auch nach öffentlichen Schlüsseln suchen, indem Sie in denselben Einstellungen das Menü SCHLÜSSELSERVER|SCHLÜSSEL ONLINE FINDEN nutzen. Hier geben Sie einfach die E-Mail-Adresse des Empfängers an.

Haben Sie erst einmal den öffentlichen Schlüssel des Empfängers, ist es ganz einfach, eine verschlüsselte E-Mail zu versenden. Sie verfassen wie üblich eine neue E-Mail und finden im E-Mail-Editor die neue Schaltfläche VERSCHLÜSSELN in der Werkzeugleiste (siehe Abbildung 9.21).

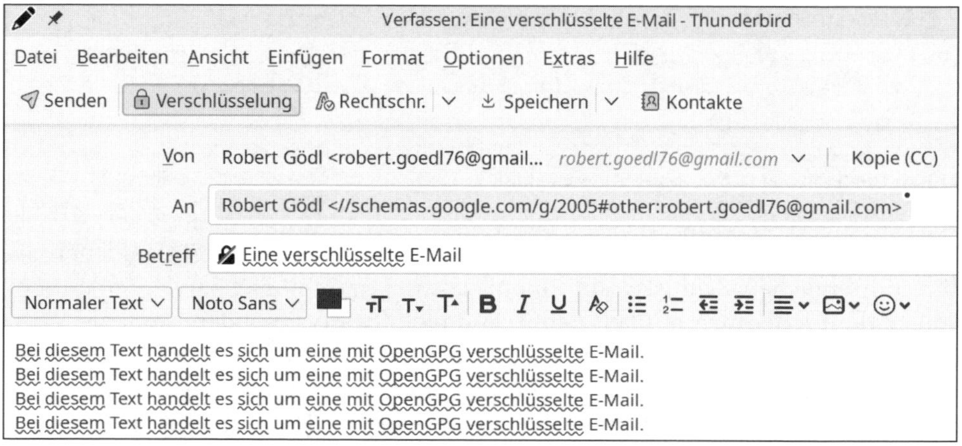

Abb. 9.21: E-Mails in Thunderbird verschlüsseln

E-Mails in Kmail verschlüsseln und entschlüsseln

Kmail ist die unter KDE Plasma gerne genutzte E-Mail-Software. Auch hier gilt es, den erstellten Schlüssel erst einmal einzurichten. Hierzu nutzen Sie das Menü EINSTELLUNGEN|KMAIL EINRICHTEN und klicken unter ZUGÄNGE auf Ihren Account, um ihn zu markieren. Anschließend klicken Sie rechts auf den Schalter ÄNDERN.

Im sich öffnenden Fenster öffnen Sie den Reiter KRYPTOGRAFIE und wählen mit dem Schalter OPENPGP-KEY Ihren erstellten Schlüssel (siehe Abbildung 9.22).

Anschließend schließen Sie das Fenster und klicken links in der Liste auf den Schalter SICHERHEIT. Hier aktivieren Sie ganz unten die beiden Checkboxen VERSCHLÜSSELTE NACHRICHTEN, damit Kmail verschlüsselte Nachrichten automatisch entschlüsselt, und ZERTIFIKATE UND SCHLÜSSELBUND-ANHÄNGE, damit in E-Mails enthaltene Schlüssel automatisch importiert werden.

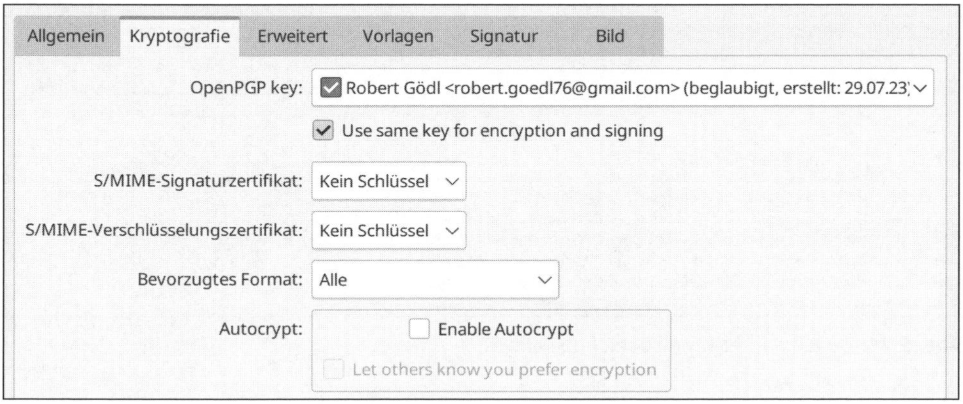

Abb. 9.22: Integration des Schlüssels in Kmail

Um Ihren öffentlichen Schlüssel an andere per E-Mail zu versenden, nutzen Sie am einfachsten KGpg wie in Abschnitt 9.3.2 beschrieben. Sie klicken Ihren Schlüssel mit der rechten Maustaste an und wählen MIT E-MAIL VERSENDEN (siehe Abbildung 9.23).

Abb. 9.23: Schlüssel unter KDE Plasma importieren

In KGpg können Sie ebenfalls über das Menü SCHLÜSSEL|SCHLÜSSEL NEU VON SCHLÜSSELSERVER IMPORTIEREN nach Schlüsseln anderer suchen oder erhaltene Schlüssel über SCHLÜSSEL|SCHLÜSSEL IMPORTIEREN importieren.

Um eine verschlüsselte Nachricht an jemanden zu senden, finden Sie nach der Einrichtung im E-Mail-Editor anschließend den Schalter VERSCHLÜSSELN (siehe Abbildung 9.24).

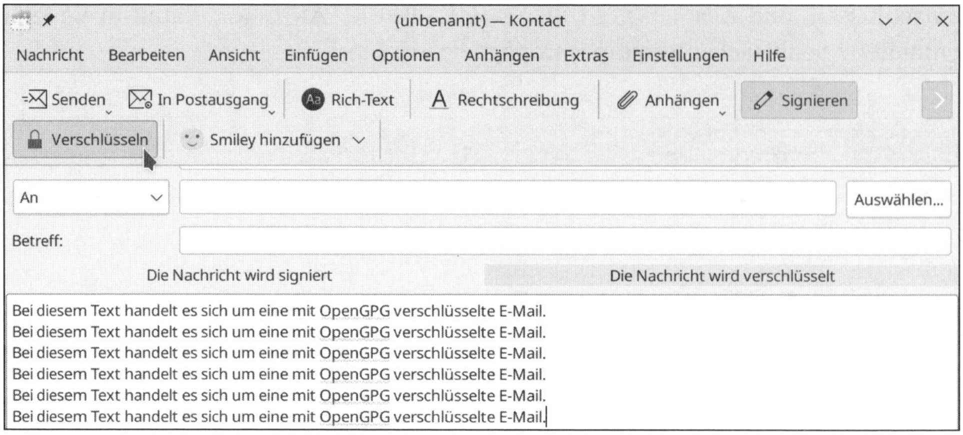

Abb. 9.24: E-Mails unter Kmail verschlüsseln

9.3.4 E-Mails signieren

Von Signaturen gibt es bei E-Mails zwei Arten: Die eine beschreibt Sie oder Ihre Firma näher, die zweite dient der Sicherheit – diese sehen wir uns hier näher an.

Abb. 9.25: Eine signierte E-Mail unter Kmail

Wie zu Beginn des Abschnitts 9.3 beschrieben, handelt es sich bei E-Mails um reine Textdateien. Solche kann nicht nur jeder lesen, wenn sie nicht verschlüsselt sind, sondern auch ändern. Sie könnten also beispielsweise eine E-Mail von einem Bekannten bekommen, auf einem der Mail-Server könnte diese Nachricht jedoch verfälscht worden sein. Auf diese Weise kann Text hinzugefügt oder auch entfernt werden. Wird eine E-Mail von Sender signiert, sehen Sie genau, ob eine Nachricht verändert wurde oder auch nicht.

Zum Signieren von E-Mails erstellen Sie wie in Abschnitt 9.3.2 beschrieben einen GPG-Schlüssel (haben Sie einen solchen schon zum Verschlüsseln erstellt, nutzen Sie diesen) und fügen ihn wie unter Abschnitt 9.3.3 beschrieben in Ihre E-Mail-Software ein.

Sie finden neben dem Schalter zum Verschlüsseln einer E-Mail den Schalter SIGNIEREN im E-Mail-Editor.

In Kmail sehen Sie Signaturen besonders deutlich – unveränderter Text und Anhänge sind grün markiert, veränderte Bereiche rot (siehe Abbildung 9.25).

9.4 Steghide und Stegosuite – Dateien in anderen Dateien verstecken

Man liest es immer wieder in diversen Foren: Wenn man seine E-Mails verschlüsselt, macht man auf sich aufmerksam – man würde etwas zu verstecken haben. Mit Bekannten, die so denken, werden Sie es schwer haben, verschlüsselt zu kommunizieren.

In diesem Fall können Sie aber auf die sogenannte »Steganografie« setzen. Mit Steganografie verstecken Sie Daten, Dokumente oder Text in anderen Dateien und nur, wer das Passwort kennt, kommt an die in der Datei liegenden Daten heran.

Mittels Steganografie können Sie nicht nur Daten zur verschlüsselten bzw. versteckten Kommunikation nutzen, sondern etwa auch wichtige Daten ganz unauffällig in Dateien auf einem USB-Stick verstecken – in diesem Fall würden Sie nicht eine komplette E-Mail verschlüsseln, sondern nur den Inhalt, den Sie im Bild verstecken. Das Bild senden Sie wiederum ganz normal als Anhang.

Ziel der Steganografie ist es, die Dateien, in denen man andere Dateien versteckt, nicht auffällig zu verändern. Ein Foto mit 200 Megabyte Größe würde natürlich auffallen. So versteckt man in kleineren Dateien nur kleinere Datenmengen und nutzt für größere Datenmengen größere Dateien wie z.B. Videos.

Hierzu haben Sie unter Linux zwei Möglichkeiten:

- **Steghide** – unter Linux und Windows möglich
- **Stegosuite** – nur unter Linux möglich

9.4.1 Steghide installieren und nutzen

Unter auf Debian basierenden Linux-Distributionen installieren Sie diese Software über die Paket-Verwaltung über das Paket »steghide«, für Windows finden Sie die Software unter `https://steghide.sourceforge.net/download.php`

zum Download. Steghide wird am Terminal genutzt. In allen Befehlen in diesem Beispiel nehmen wir an, dass Sie sich am Terminal im Verzeichnis mit der Datei befinden. Unter Windows gibt es dazu auch eine grafische Oberfläche.

In folgenden Dateiformaten lassen sich weitere Dateien bzw. Daten mit Steghide verstecken: JPEG (JPG), BMP, WAV und AU.

Dateien, in denen weitere Daten versteckt werden sollen, müssen eine gewisse Größe haben. Stellen Sie sich einfach ein normales Bild vor, mit einer Smartphone-Kamera aufgenommen. Ich würde sagen, je nach Qualität ist so eine Datei 1,5 bis 3 oder 4 Megabyte groß. Würde man darin eine Datei mit 20 Megabyte Größe verstecken, hätte das Bild natürlich auch über 20 Megabyte – dies würde einfach auffallen.

Wir müssen also herausfinden, welche Datenmenge eine Datei aufnehmen könnte, ohne aufzufallen. Hierzu nutzen Sie den Befehl `steghide` mit der Option `info`. Das Bild nennt sich in diesem Fall `Bild.jpg`:

```
steghide Bild.jpg
```

Als Ausgabe erhalten Sie beispielsweise:

```
"Bild.jpg":
  Format: jpeg
  Kapazität: 98,7 KB
Soll versucht werden, Information über eingebettete Daten anzuzeigen ?
  (j/n)
```

In der Zeile, die mit `Kapazität` beginnt, sehen Sie die Datenmenge, die Sie in der Datei verstecken können, ohne dass dies jemand anders auffallen würde – im Beispiel also 98,7 Kilobyte.

Sie können also 98,7 Kilobyte in der Datei `Bild.jpg` verstecken. In diesem Beispiel will ich die Datei `buch.jpg` in der Datei `Bild.jpg` verstecken. Die Option zum Einfügen von Daten lautet `embed`, mit `-cf` gibt man die Datei an, in der etwas versteckt werden soll, mit `-ef` die zu versteckende Datei und zuletzt folgt mit `-sf` die zu erstellende Datei (Steghide versteckt Daten nicht im Original). Die Syntax lautet also:

```
steghide embed -cf die_Datei_in_der_versteckt_werden_soll -ef die_zu_
versteckende_Datei -sf die_Datei_mit_der_versteckten_Datei
```

In meinem Beispiel nennt sich die zu erstellende Datei `Bild_mit_buch.jpeg`:

```
steghide embed -cf Bild.jpg -ef buch.jpeg -sf manjaro_mit_buch.jpeg
```

Sie werden jetzt nach einem Passwort gefragt, mit dem die Datei in der Datei verschlüsselt werden soll – ohne dieses Passwort kommt man nicht an die versteckte bzw. verschlüsselte Datei heran. Dieses Passwort bestätigen Sie auf Nachfrage (siehe Abbildung 9.26).

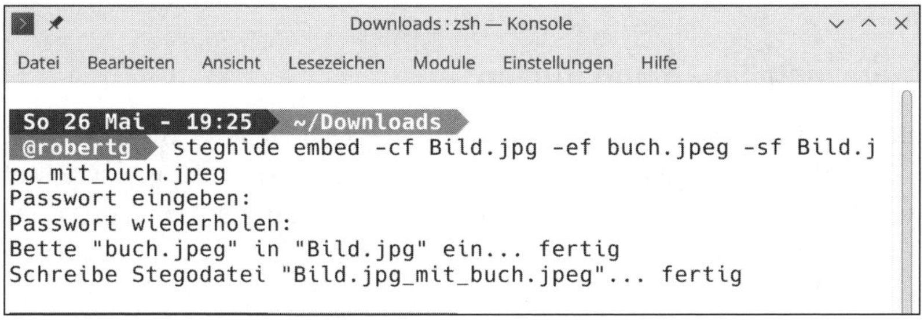

Abb. 9.26: Eine Datei mit Steghide in einer anderen Datei verstecken

Jetzt können Sie die Datei mit der versteckten Datei ansehen, hierzu nutzen Sie wieder die Option `info`:

```
steghide info Bild.jpeg_mit_buch.jpeg
```

Wieder erhalten Sie die Information, wie viel Platz in der Datei wäre – und darunter die Nachfrage, ob Sie mehr über mögliche eingebettete Dateien erhalten möchten:

```
"Bild.jpg_mit_buch.jpeg":
Format: jpeg
Kapazität: 98,7 KB
Soll versucht werden, Information über eingebettete Daten anzuzeigen ?
  (j/n)
```

Sie bestätigen mit [j] und [Eingabe]. Ist eine Datei darin enthalten, bittet Steghide Sie, dazu das Passwort einzugeben:

```
Passwort eingeben:
Eingebettete Datei "buch.jpeg":
     Größe: 51,9 KB
     verschlüsselt: rijndael-128, cbc
     komprimiert: ja
```

Mit der Option `extract` können Sie die Datei nun aus ihrem Versteck holen, mit `-sf` geben Sie beim Erstellen die bestehende Datei an:

```
steghide extract -sf Bild.jpg_mit_buch.jpeg
```

Die Software fragt nach dem Passwort und extrahiert anschließend die versteckte Datei:

```
Passwort eingeben:
Extrahierte Daten wurden nach "buch.jpg" geschrieben.
```

9.4.2 Stegosuite installieren und nutzen

Wollen Sie nicht am Terminal arbeiten – das zuvor beschriebene Steghide hat keine grafische Oberfläche –, installieren Sie über die Paket-Verwaltung das Paket »stegosuite«, sie findet sich nach der Installation im Anwendungsmenü unter der Kategorie GRAFIK. Alternativ nutzen Sie den Schnellstarter `Alt`+`F2` oder das Terminal mit dem Befehl:

```
stegosuite
```

Die Software zeigt erst ein leeres Fenster. Nutzen Sie das Menü FILE|OPEN und öffnen Sie damit ein Bild (siehe Abbildung 9.27).

Im Feld ENTER SECRET MESSAGE können Sie nun Text eingeben, der in der Datei versteckt werden soll. Alternativ klicken Sie mit der rechten Maustaste in das Feld darunter und wählen ADD FILE. Im untersten Feld geben Sie ein Passwort ein und klicken auf den Schalter EMBED.

In diesem Fall müssen Sie jedoch auch Stegosuite nutzen, um die Datei wieder aus ihrem Versteck zu holen.

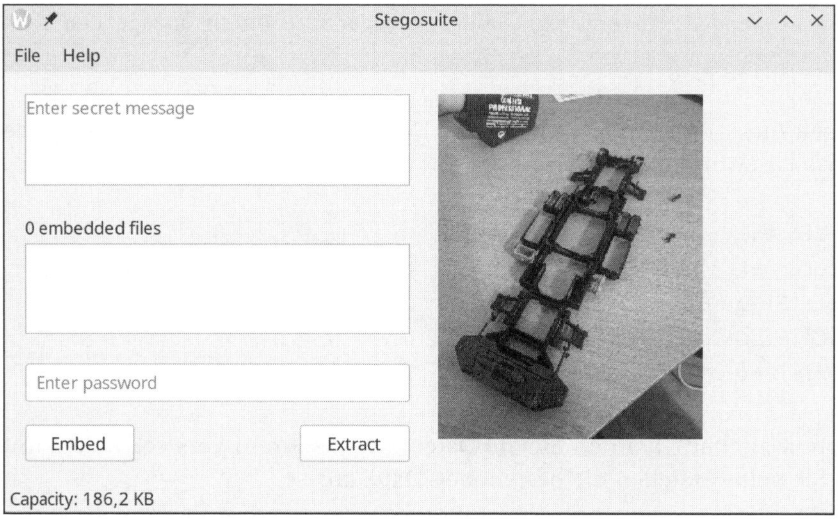

Abb. 9.27: Daten und Dateien in Bildern mit Stegosuite verstecken

Kapitel 10

Die anonyme Cloud mit Nextcloud

Speichern Sie Daten in der Cloud – etwa bei Google Drive, OneDrive und ähnlichen Anbietern –, laufen Sie immer Gefahr, dass Ihre Daten in fremde Hände gelangen. Mit der freien Software Nextcloud können Sie Ihre eigene Cloud erstellen, Dateien mit anderen teilen und über alle Ihre Geräte hinweg speichern. Mit den passenden Erweiterungen können Sie über diese Software auch mit Bekannten kommunizieren und selbst zu einem kleinen Facebook lässt sich Nextcloud ausbauen. Facebook ist zwar kostenlos, Sie bezahlen aber mit Ihren Daten – und nicht nur mit Ihren Daten, die Sie innerhalb von Facebook bekannt geben, sondern mit allen Daten, die Sie beim Surfen im Internet hinterlassen.

10.1 Was wird für Nextcloud benötigt?

Im Grunde genügt ein günstiger Webserver im Internet, solche finden sich bei vielen Betreibern schon für rund 100 € jährlich zur Miete. Möchten Sie Ihre Cloud jedoch ganz anonym betreiben, nehmen Sie am besten einen alten Rechner mit Linux zu Hause oder auch einen Raspberry Pi – einen solchen bekommen Sie schon ab 35 €.

Auf dem jeweiligen System installieren Sie am einfachsten Debian oder Linux Mint, je nach Vorliebe. Auf einem gemieteten Server im Internet sind meist Debian oder Ubuntu bereits vorinstalliert.

Was Sie zu Hause noch benötigen, ist eine statische IP-Adresse, die sich also nicht ändert, und über die Sie Ihren Router aus dem Internet erreichen.

10.2 Eine statische IP-Adresse für Ihren Router

Haben Sie keinen Kabel- oder DSL-Anschluss (nutzen also etwa mobiles Internet), wechselt Ihre IP-Adresse etwa alle 30 Stunden – dies bedeutet, wenn Sie Ihre Cloud aus dem Internet überall von der Welt aus erreichen möchten, müssten Sie erst einmal alle 30 Stunden die neue IP-Adresse kennen – dies gelingt wieder nur von zu Hause aus (Sie müssten also etwa jemanden zu Hause haben, der Ihnen die aktuelle IP-Adresse mitteilt).

Was Sie benötigen, ist also ein Anbieter für statische IP-Adressen, ein sogenannter DynDNS-Dienst.

10.2.1 Wie funktioniert dynamisches DNS?

Schnell erklärt funktioniert es recht einfach: Sie registrieren sich bei einem Anbieter für DynDNS (viele bieten einen kostenlosen Account, manche verlangen auch Geld für zusätzliche Leistungen oder sind grundsätzlich kostenpflichtig). Mit diesem Account verbinden Sie sich über Ihren Router mit Ihrem DynDNS-Anbieter. Beim Erstellen Ihres Accounts beim DynDNS-Anbieter legen Sie eine Domain an, etwa »meine-seite.de«. Für diese Domain erhalten Sie bei ihm eine feste (statische) IP-Adresse. Der Router teilt Ihrem DynDNS-Anbieter die neue IP-Adresse von Ihrem Internet-Anbieter mit, sobald er sie bekommt, und Ihr DynDNS-Anbieter verbindet nun die statische IP-Adresse, die Sie von diesem erhalten haben, mit Ihrer sich wechselnden IP-Adresse.

10.2.2 DynDNS einrichten

Am einfachsten funktioniert die Einrichtung, wenn Ihr Router DynDNS unterstützt. Es ist zwar möglich, eine Client-Software für Ihren DynDNS-Anbieter direkt auf einem Linux-System zu installieren, dann müssen Sie jedoch über Ihren Router die entsprechenden Ports weiterleiten und dies muss der Router natürlich auch wiederum unterstützen.

Router, die DynDNS unterstützen, sind unter anderem von den Herstellern Fritz!Box und TP-Link. Natürlich können auch andere den Dienst unterstützen, das sollten Sie jedoch vorab überprüfen.

Bevor Sie sich für einen Anbieter entscheiden, sollten Sie erst einmal auf Ihren Router nachsehen, welche Anbieter unterstützt werden. Die Fritz!Box unterstützt einige Anbieter gleich von Haus aus, lässt aber auch nicht direkt unterstützte Anbieter zu. TP-Link hat in meinen Versuchen bisher nur wenige Anbieter unterstützt.

Welche Anbieter Ihr Router unterstützt, sehen Sie in seinen Einstellungen – bei der Fritz!Box etwa unter INTERNET|FREIGABEN|DYNDNS. Hier aktivieren Sie die Checkbox DYNDNS benutzen (siehe Abbildung 3.1).

Haben Sie Ihren passenden Anbieter gefunden, erstellen Sie bei ihm Ihren Account, loggen sich ein und geben die entsprechenden Daten in Ihrem Router ein.

Über Ihren Router richten Sie jetzt eine Port-Freigabe ein – dazu wählen Sie den Host, auf dem Ihre Website gespeichert ist, und den oder die gewünschten Ports – diese Einstellungen finden Sie auf der Fritz!Box auf derselben Seite auf dem Reiter Portfreigaben (siehe Abbildung 10.2).

Abb. 10.1: DynDNS in der Fritz!Box einrichten

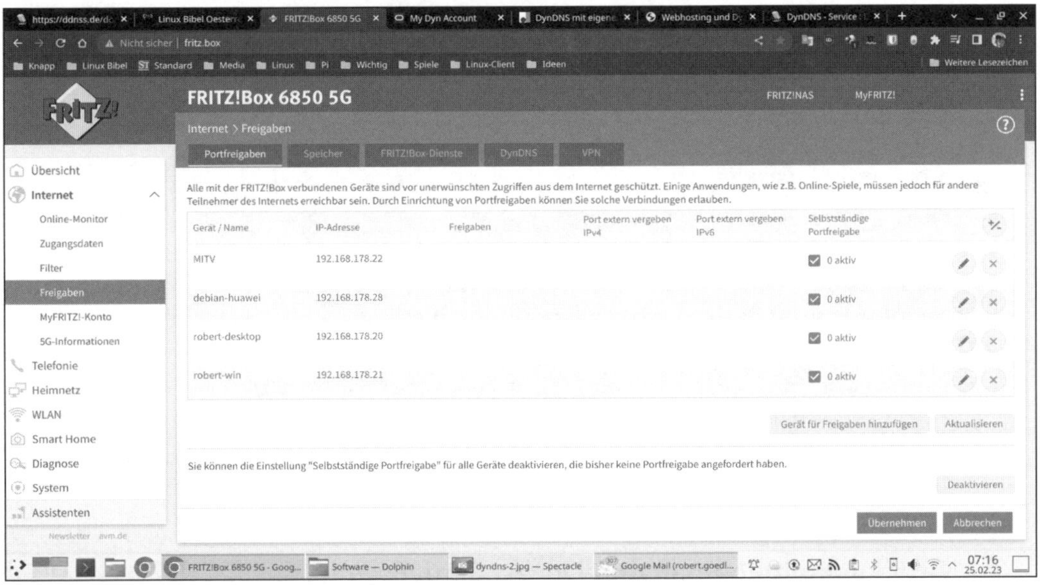

Abb. 10.2: Ports für den entsprechenden Computer freigeben

Für Nextcloud benötigen Sie die Ports 80 und 443.

10.3 Nextcloud installieren

Am einfachsten gelingt die Installation via Docker oder Podman (ich empfehle Podman, da die Entwicklung von Docker eingeschlafen ist) – hierbei handelt es sich um Software zur Virtualisierung. Webserver im Internet, die Virtualisierung unterstützen, sind jedoch etwas teurer – darum lernen Sie in diesem Buch beide Varianten (zu Hause kann die Virtualisierung auch der Raspberry Pi übernehmen).

Die Vorteile von Docker / Podman

Installieren Sie Nextcloud ganz normal auf einem Webserver, müssten Sie viele Einstellungen manuell vornehmen (alleine nur, um Nextcloud überhaupt zum Laufen zu bekommen, etwa die Datenbank anlegen) – dies ist via Docker oder Podman um vieles einfacher. Hierbei passen Sie die Konfigurationsdatei mit wenigen Einstellungen an und führen einen Befehl aus.

10.3.1 Nextcloud via Docker oder Podman installieren

Da Podman aktiv entwickelt wird, wird im folgenden Beispiel Podman genutzt. Möchten Sie stattdessen Docker verwenden, müssen Sie nur den Befehl `podman` durch `docker` ersetzen.

Docker und Podman installieren Sie unter auf Debian basierenden Linux-Distributionen mit administrativen Rechten (siehe Abschnitt 4.2) auf dem Terminal mit dem Befehl:

```
apt install podman
apt install docker.io
```

Podman und Docker werden mit administrativen Rechten genutzt, sowohl für den Download als auch für die Installation und den Start:

```
podman run -d --restart=always --name=nextcloud -p 80:80 -v nextcloud:/
  var/www/html -v apps:/var/www
/html/custom_apps -v config:/var/www/html/config -v data:/var/www/html/
  data docker.io/nextcloud
```

Nextcloud mit Podman und Docker aktualisieren

Um Nextcloud, über Podman oder Docker installiert, zu aktualisieren, stoppen Sie Nextcloud erst (natürlich wieder mit administrativen Rechten, auch hier ersetzen Sie `podman` wieder durch `docker`, wenn Sie Docker nutzen):

```
podman stop nextcloud
```

Anschließend löschen Sie das alte Image:

```
podman rmi nextcloud:latest
```

Und jetzt holen Sie das aktuellste Image von Nextcloud herunter:

```
podman pull nextcloud
```

Zuletzt starten Sie die Software wieder:

```
podman start nextcloud
```

10.3.2 Nextcloud direkt installieren

Die normale Installation von Nextcloud ohne Virtualisierung ist etwas umständlicher, da die Datenbank von Hand eingerichtet werden muss. Die Installation wird hier unter auf Debian basierenden Linux-Distributionen beschrieben – unter anderen Linux-Distributionen werden sich die entsprechenden Pakete jedoch ähnlich nennen.

Als Erstes installieren Sie mit administrativen Rechten auf dem Terminal die entsprechenden Pakete – dies gelingt mit folgendem Befehl:

```
apt install apache2 mariadb-server php
```

Alle weiteren Befehle erfolgen ebenfalls mit administrativen Rechten am Terminal. Zu Beginn wird die Datenbank MariaDB eingerichtet:

```
mysql_secure_installation
```

Die erste Nachfrage:

```
Enter current password for root (enter for none):
```

Bestätigen Sie mit [Eingabe], ohne sonst etwas einzugeben. Die zweite Nachfrage bestätigen Sie ebenfalls mit [Eingabe]:

```
Switch to unix_socket authentication [Y/n]
```

Bevor Sie die nächste Eingabe bestätigen, geben Sie n mit der Taste [n] ein und bestätigen mit [Eingabe]. Die nächste Frage bestätigen Sie wieder mit [Eingabe]:

```
Remove anonymous users? [Y/n]
```

Ebenso die folgende:

```
Disallow root login remotely? [Y/n]
```

Dasselbe mit den letzten zwei Fragen. Anschließend loggen Sie sich mit administrativen Rechten in die Datenbank ein, dies gelingt mit folgendem Befehl:

```
mariadb
```

Jetzt befinden Sie sich nicht mehr am Linux-Terminal, sondern im Terminal der Datenbank, dies zeigt die Zeile:

```
MariaDB [(none)]>
```

Zu Beginn erstellen Sie das root-Passwort (das administrative Passwort) für die Datenbank:

```
GRANT ALL ON *.* TO 'admin'@
'localhost' IDENTIFIED BY 'PASSWORT' WITH GRANT OPTION;
```

`PASSWORT` ersetzen Sie dabei durch ein sicheres Passwort. Mit folgenden beiden Befehlen übernehmen Sie die neuen Einstellungen:

```
FLUSH PRIVILEGES;
QUIT;
```

Damit wäre die Datenbank abgesichert. Sie loggen sich wieder ein, danach werden Sie nach dem gerade vergebenen root-Passwort gefragt:

```
mysql -u root -p
```

Jetzt wird ein Benutzer erstellt, in diesem Beispiel »nextcloud-benutzer«. Der Sicherheit wegen sollten Sie diesen Benutzer anders nennen und `PASSWORT` natürlich durch ein sicheres ersetzen:

```
CREATE USER 'nextcloud-benutzer'@'%' IDENTIFIED BY 'PASSWORT';
```

Anschließend erstellen Sie die Datenbank für Nextcloud – auch diese sollte bei Ihnen anders heißen:

```
CREATE DATABASE nextcloud;
```

Jetzt wird dem neu erstellten Datenbank-Benutzer die Datenbank übergeben. Hierbei passen Sie die Eingaben (Datenbank, Benutzer und Passwort) natürlich wieder an:

```
GRANT ALL PRIVILEGES ON nextcloud.* TO 'nextcloud-benutzer'@'%';
GRANT ALL ON *.* TO 'nextcloud'@'%' IDENTIFIED BY 'PASSWORT';
```

Die Rechte werden übernommen und Sie loggen sich wieder aus:

```
FLUSH PRIVILEGES;
QUIT;
```

Datenbank, Benutzer und Passwort merken Sie sich gut, ansonsten kann sich Nextcloud später nicht mit der Datenbank verbinden.

Jetzt loggen Sie sich mit dem Befehl:

```
exit
```

oder mit der Tastenkombination [Strg]+[d] aus dem Administrator-Account aus und laden die Nextcloud-Software am Terminal herunter:

```
wget https://download.nextcloud.com/server/releases/latest.zip
```

Anschließend entpacken Sie das komprimierte Archiv:

```
unzip latest.zip
```

Nun wechseln Sie in das entpackte Verzeichnis und verschieben alle Dateien mit administrativen Rechten in das Verzeichnis des Webservers:

```
cd nextcloud/
mv * /var/www/html/
```

Sie können jetzt das Terminal schließen und im Webbrowser die Installation starten. Hierzu geben Sie vom lokalen Computer die Adresse `http://localhost/` ein oder von einem entfernten Computer die Adresse `http://ip-adresse/` – `ip-adresse` ersetzen Sie durch die IP-Adresse des Computers, auf dem Nextcloud installiert wurde.

Aktualisiert wird Nextcloud in diesem Fall, indem es sich automatisch meldet und eine neue Version zur Installation anbietet. Dies erledigen Sie dann per Mausklick im Webbrowser.

10.4 Einführung in Nextcloud

Sobald Nextcloud installiert ist, erreichen Sie das System über den Webbrowser – auf dem lokalen Rechner über die Adresse `http://localhost:80/` oder von einem anderen Computer aus über die Adresse `http://ip-adresse:80/`. Hier erstellen Sie einen Benutzer und vergeben sein Passwort (siehe Abbildung 10.3).

Abb. 10.3: Installation von Nextcloud – Administrator-Account anlegen

Dieser erstellte Benutzer ist der Administrator von Nextcloud. Warten Sie kurz ab, bis sich die Software eingerichtet hat. Anschließend bietet die Software an, einige Erweiterungen (unter Nextcloud »Apps« genannt) zu installieren. Möchten Sie dies nicht, klicken Sie auf ÜBERSPRINGEN, ansonsten auf EMPFOHLENE APPS INSTALLIEREN (siehe Abbildung 10.4).

Ich empfehle, die angebotenen Erweiterungen zu installieren – sie bilden die Grundlagen für die wichtigsten Funktionen der Software. Die automatische Installation dauert nur einige Sekunden.

Nachdem die Erweiterungen installiert wurden, landen Sie in der eigentlichen Oberfläche der Software. Das sich öffnende kleine Fenster bietet gleich an, Software-Clients für den Desktop zu installieren (für Linux, Windows, macOS, Android und iOS) – damit verbinden Sie sich auch ohne Webbrowser und synchronisieren etwa Ihre Dateien vom Desktop mit Nextcloud und dem Smartphone.

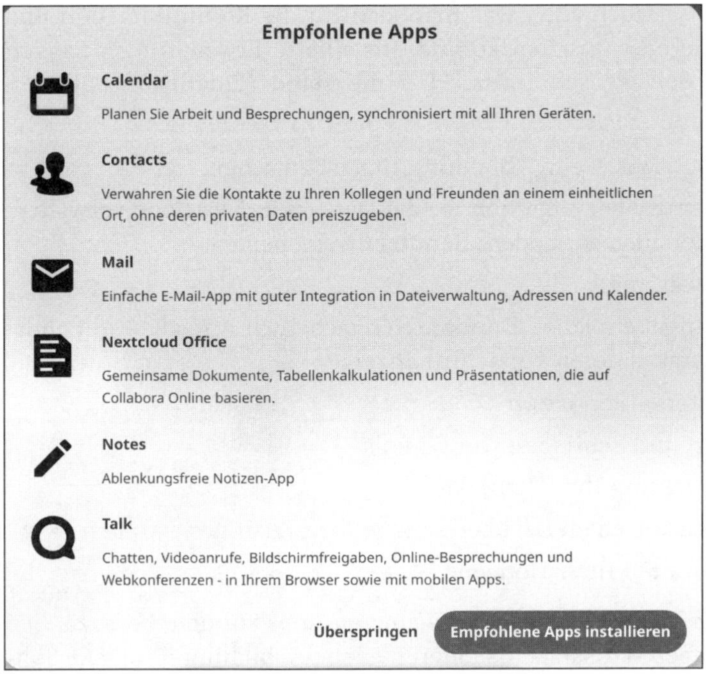

Abb. 10.4: Empfohlene Erweiterungen unter Nextcloud installieren

Rechts oben finden Sie die Einstellungen, hier lassen sich weitere Benutzer anlegen, weitere Erweiterungen installieren und vieles mehr (siehe Abbildung 10.5).

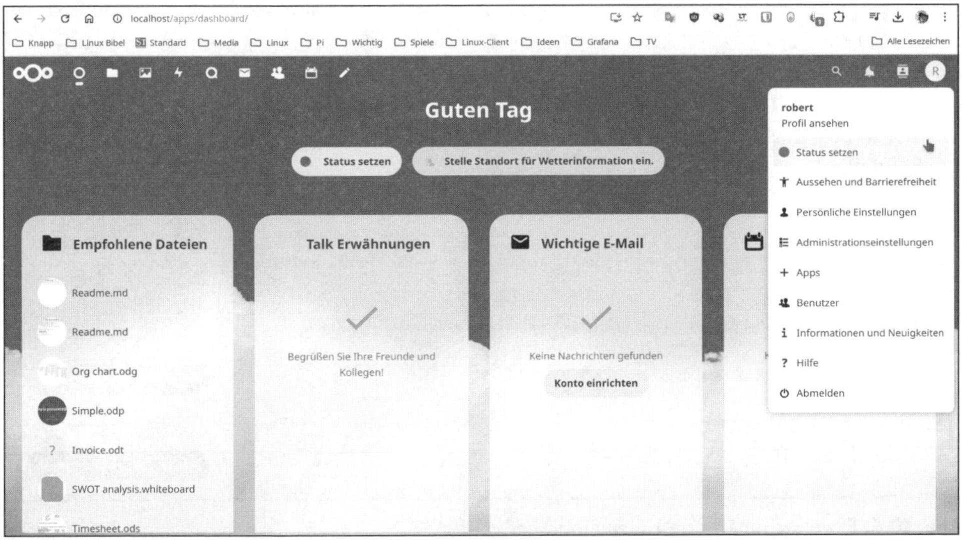

Abb. 10.5: Der Start-Desktop von Nextcloud

Die Software bietet so ziemlich alles, was man sich für die Kommunikation und dem Arbeiten mit anderen wünschen könnte. Installierte Erweiterungen zeigen sich oben links über den weißen Icons. Hier die standardmäßig installierten Erweiterungen:

- **Dashbord** – Die Übersicht wie in Abbildung 10.5 ist zu sehen.
- **Dateien** – Der Dateimanager, über den Sie die Dateien in Nextcloud verwalten. Diese lassen sich hier auch für andere Benutzer freigeben.
- **Fotos** – Die Bildverwaltung
- **Aktivitäten** – Ein Aufgabenplaner. Damit lassen sich auch Aufgaben mit anderen Benutzern teilen und deren Fortschritt anzeigen.
- **Talk** – Chat mit weiteren Benutzern
- **E-Mail** – Zum Lesen und Schreiben von E-Mails
- **Kontakte** – Die Verwaltung Ihrer Kontakte
- **Kalender** – Ein einfacher Kalender, über den Sie Ihre Termine verwalten
- **Notizen** – Zum Verwalten Ihrer Notizen

Über die Einstellungen rechts oben und der Wahl von Apps können Sie unzählige weitere Erweiterungen per Mausklick installieren (siehe Abbildung 10.6). Die Software lädt das Gewünschte automatisch herunter und installiert es. Ebenso lassen sich hier nicht gewünschte Erweiterungen deaktivieren und deinstallieren.

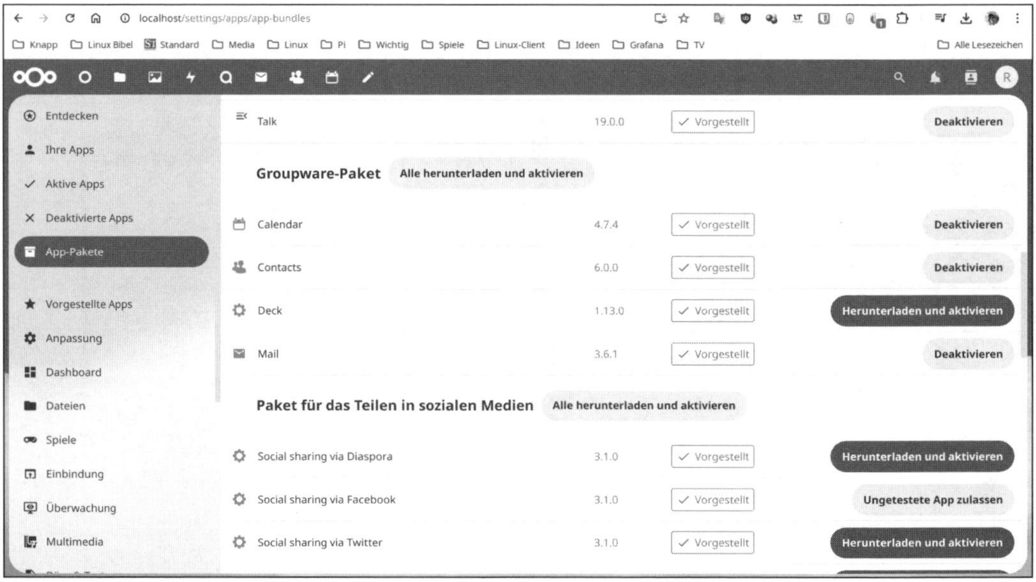

Abb. 10.6: Erweiterungen unter Nextcloud verwalten

## Kapitel 11

Sicherheit allgemein

Linux ist von Grund auf sicherer als Microsoft Windows, der Benutzer kann daraus jedoch problemlos ein sehr unsicheres System machen, wenn er nicht aufpasst.

In diesem Kapitel lesen Sie, wie Sie sich sicher im Internet bewegen und Ihr Linux sicher halten.

11.1 Grundlagen zur Sicherheit

Indem Sie einige grundlegende Dinge beachten, können Sie dafür sorgen, dass Ihr System nicht nur grundsätzlich sicher ist, sondern es auch langfristig bleibt.

11.1.1 Nutzen Sie nur Software aus sicheren Quellen

Grundsätzlich gilt: Installieren Sie Software nur aus sicheren Quellen – also, etwa aus den Repositories Ihrer genutzten Linux-Distribution (für auf unter Debian basierenden Linux-Distributionen in Abschnitt 5.2.1 beschrieben). Sehr sicher sind auch Flatpak-Pakete (siehe Abschnitt 5.2.2). Möchten Sie absolut sichergehen, nutzen Sie Flatpak-Pakete, die vom Hersteller verifiziert sind – dies zeigt ein blaues Symbol mit weißem Haken auf der Webseite `https://flathub.org/` (siehe Abbildung 3.1).

Abb. 11.1: Vom Hersteller verifizierte Software

Dieses Symbol zeigt, die Software wurde vom Hersteller selbst auf Flathub veröffentlicht. Zeigt sich ein solches Symbol nicht, hat jemand aus der Community den Quellcode der Software genommen, ihn zu einer funktionierenden Software kompiliert und auf Flathub veröffentlicht. Nicht verifizierte Software muss nicht schlecht sein, ist sie meist auch nicht – trotzdem könnte jemand unfreundliche Funktionen eingebaut haben.

Ebenso sicher wie Software von Flathub ist Software, die über Snap installiert wird (siehe Abschnitt 5.2.5). Leider gibt es dort keine Verifizierung vom Software-Hersteller.

Suchen Sie Software für Ihr Linux, die sich in keinem der Repositories findet, laden Sie solche nicht von irgendwelchen obskuren Webseiten herunter, sondern von der Webseite des Herstellers. Dies gilt natürlich auch für Treiber.

11.1.2 Prüfen Sie Terminal-Befehle und Skripts

Sind Sie mit dem Linux-System noch nicht so vertraut und finden Anleitungen im Internet – also etwa Befehle –, die Sie kopieren und im Terminal einfügen sollen, sehen Sie sich den Befehl etwas näher an (vor allem, wenn der Befehl administrative Rechte erfordert, siehe Abschnitt 4.2). Verstehen Sie den Befehl nicht, besuchen Sie die Webseite `https://explainshell.com/`, dort kopieren Sie den Befehl in das Feld und klicken auf den Schalter EXPLAIN. Der Befehl wird aufgeschlüsselt und es wird gezeigt, was dieser tut – ein sehr einfaches Beispiel zeigt Abbildung 11.2.

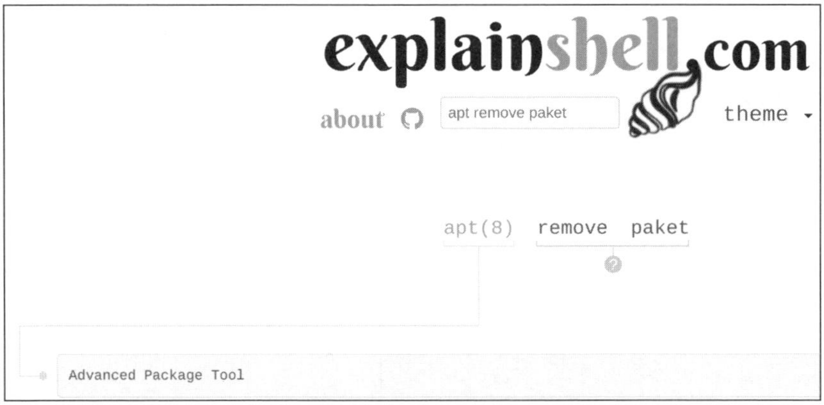

Abb. 11.2: Aufschlüsselung von Befehlen mit Explainshell

Folgendes Beispiel: Sie finden im Internet den Hinweis »Geben Sie folgenden Befehl ein« (tun Sie dies bitte nicht wirklich):

```
:(){ :|:& };:
```

Dieser Befehl erzeugt eine sogenannte Bash-Bombe, diese generiert immer neue unnötige Prozesse. Das System wird innerhalb von Sekunden langsamer, bis nichts mehr geht, Sie können den Computer nur noch ausschalten, indem Sie den Netzstecker ziehen. Dieser Befehl würde zwar nichts zerstören, aber es gibt auch noch unfreundlichere Möglichkeiten.

Dasselbe gilt bei heruntergeladenen Skripts – öffnen Sie solche mit einem beliebigen Texteditor und kopieren Sie die Zeilen in die Explainshell. Eventuell können Sie Befehle und Skripte auch in einer virtuellen Maschine ausprobieren.

11.1.3 Vorsicht vor gefälschten Systemmeldungen

Etwas, was auch immer wieder vorkommt, sind Meldungen im Webbrowser beim Besuch von obskuren Webseiten: »Auf Ihrem Computer wurde diese und jene Schadsoftware gefunden, installieren Sie unsere Software, um diese zu entfernen.« Achten Sie nicht darauf. Solche Meldungen sind Schwindel und zielen erstens vor allem auf unbedarfte Benutzer und zweitens auf Windows-Installationen ab. Der Webbrowser kann von sich aus nicht auf Ihr Betriebssystem zugreifen.

11.2 Passwort- und Account-Sicherheit

11.2.1 Sichere Passwörter erstellen

Sichere Passwörter sind das A und O, egal ob auf dem Betriebssystem oder im Internet. Sichern Sie Ihren Account am Betriebssystem und auch den administrativen Account mit einem sicheren Passwort ab. Sichere Passwörter haben weder Namen von Menschen noch Bezeichnungen von Dingen und Jahreszahlen zu beinhalten – solche Passwörter sind mit den richtigen Werkzeugen innerhalb von Minuten, viele sogar in Sekunden gehackt. Sichere Passwörter haben einfach absolut keine inhaltliche Bedeutung!

Ebenso sollten Sie nicht ein und dasselbe Passwort für mehrere Accounts im Internet nutzen, denn wenn einer dieser Accounts kompromittiert wird, hat der Angreifer in dem Fall direkt Zugriff auf all Ihre Accounts.

Hin und wieder sollten Sie prüfen, ob das Passwort eines Ihrer Accounts im Internet nicht schon gehackt wurde. Eine vertrauenswürdige Webseite für eine solche Prüfung wäre etwa `https://haveibeenpwned.com/`. Dort geben Sie Ihre E-Mail-Adresse ein – diese wird ja meist zur Registrierung eines Accounts genutzt – und bestätigen Sie mit einem Klick auf den Schalter PWNED?. Bei einem »Oh no – pwned!«, sollten Sie das genutzte Passwort auf Ihren Accounts schnellstens wechseln (siehe Abbildung 11.3 – hier habe ich es mit einer alten E-Mail-Adresse von mir versucht).

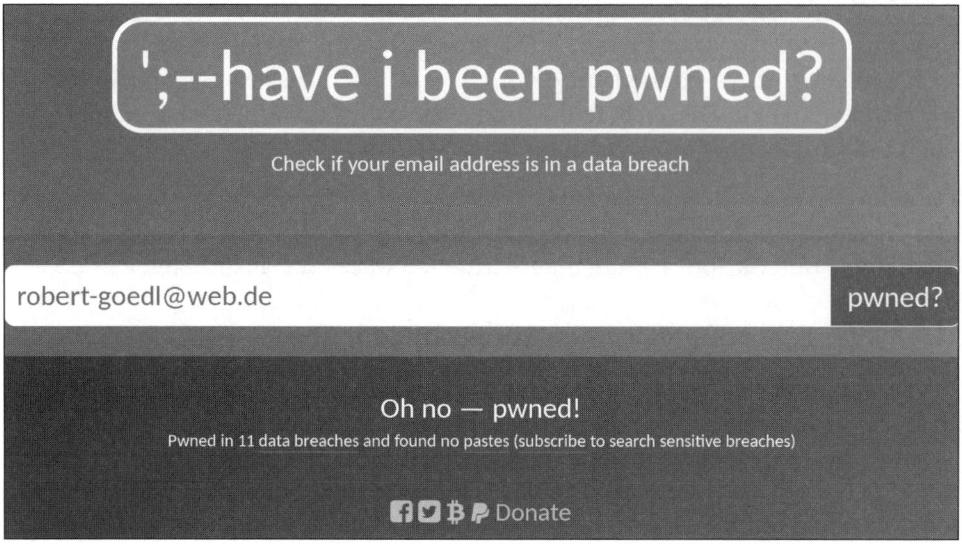

Abb. 11.3: Ist eines Ihrer Passwörter / Accounts gehackt?

Wenn ein Account gehackt wurde, muss dies nicht durch ein zu einfaches Passwort geschehen sein – es kann auch dadurch geschehen, dass der Betreiber der Webseite bzw. dessen Software auf der Webseite gehackt wurde. Auf jeden Fall sollten Sie bei dieser Meldung sofort alle Passwörter wechseln und die Einstellungen kontrollieren. Wurde etwa Ihre E-Mail-Adresse bei dem betroffenen Account verändert, eine neue hinzugefügt ...?

Der einfachste Weg unter Linux, sichere Passwörter zu erstellen, ist der folgende Befehl auf dem Terminal (siehe Abschnitt 4.3):

```
pwgen
```

Der Generator erstellt dabei sichere, aber trotzdem recht einfach zu merkende Passwörter – Sie können sich eines aus der Liste aussuchen. Der Befehl kann natürlich auch mit einigen Optionen genutzt werden, mit denen man die Passwörter anpassen kann. Mit der Option `-0` (*null*) beinhalten die Passwörter keine Ziffern, durch `-A` erstellt die Software keine Passwörter mit großen Buchstaben. Durch `-B` werden keine Zeichen genutzt, die vom Benutzer verwechselt werden könnten – etwa `0` und `O` und mit `-N Zahl` wird eine durch die Zahl angegebene Anzahl an Passwörtern erstellt. Mittels `-y` wird mindestens ein Sonderzeichen eingebaut.

Ein Beispiel (siehe Abbildung 11.4):

```
pwgen -N 3 -B -y
```

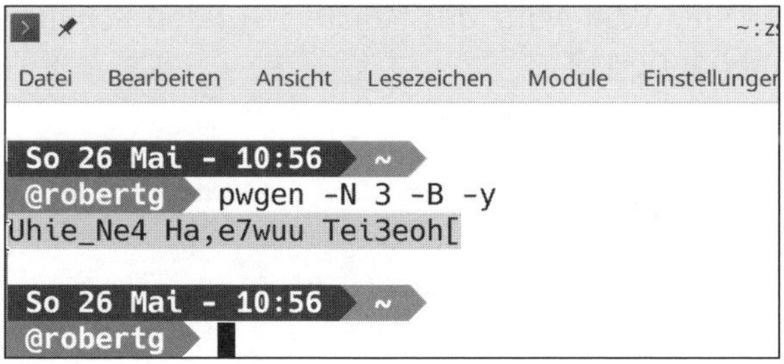

Abb. 11.4: Sichere Passwörter mit Pwgen erstellen

Der Befehl erstellt drei Passwörter mit Zeichen, die nicht einfach verwechselt werden können und mindestens ein Sonderzeichen eingebaut haben.

Noch mehr Möglichkeiten finden Sie in der Hilfe mit dem Befehl:

```
man pwgen
```

11.2.2 Passwort-Manager / Passwort-Safes

Nur, wenn Sie für jeden Account im Internet ein anderes sicheres Passwort nutzen, ist es auch sicher. Ein gehackter Account führt oft zu vielen gehackten Accounts. Sich viele Passwörter zu merken, ist natürlich auch alles andere als einfach. Am besten speichern Sie Passwörter jedoch nicht über den Webbrowser – denn auch ein solcher kann gehackt werden –, sondern über einen »Passwort-Manager« oder auch »Passwort-Safe« genannt. Unter Linux gibt es zahlreiche Programme dieser Art, einer der bekanntesten Passwort-Manager ist KeePassXC, den Sie auf jeder Linux-Distribution über deren Paket-Verwaltung durch das Paket »keepassxc« installieren – unter auf Debian basierenden Linux-Distributionen entweder über die grafische Paket-Verwaltung oder noch schneller auf dem Terminal mit administrativen Rechten mit den Befehlen:

Linux Mint:

```
apt-get update
apt-get install keepassxc
```

Andere:

```
apt update
apt install keepassxc
```

Sie finden diese Software nach der Installation im Anwendungsmenü unter der Kategorie ZUBEHÖR, unter KDE Plasma unter der Kategorie DIENSTPROGRAMME. Haben Sie die Software noch nie verwendet, bietet sie Ihnen an, eine neue Datenbank zu erstellen – hierzu klicken Sie in der Mitte des Fensters auf den Schalter + DATENBANK ERSTELLEN (siehe Abbildung 11.5).

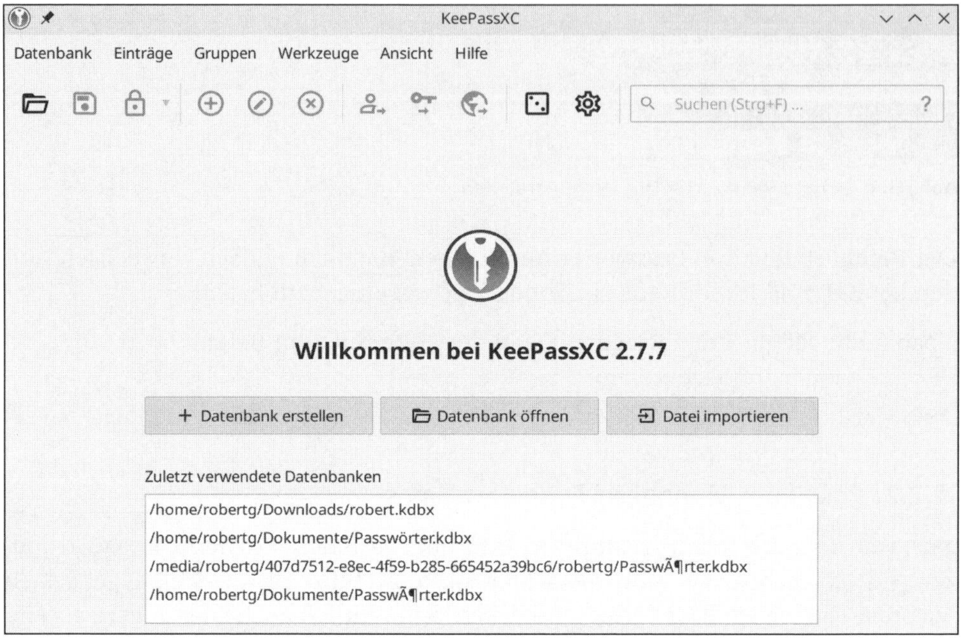

Abb. 11.5: Der Passwort-Manager KeePassXC

Im sich öffnenden Fenster geben Sie einen Namen für die Datenbank an und, wenn gewünscht, eine Beschreibung und klicken auf WEITER.

Die Einstellungen im nächsten Schritt können Sie übergehen – hier können Sie angeben, welche Verschlüsselung und welche Stärke der Verschlüsselung Sie nutzen möchten. In der Regel sind die Vorgaben vollkommen ausreichend.

Anschließend legen Sie nach einem Klick auf WEITER ein sicheres Passwort für die Datenbank fest und bestätigen es. Die Software zeigt hier mit einem Farbbalken auch die Sicherheit des Passworts an.

Damit wären die Grundeinstellungen abgeschlossen. Klicken Sie auf FERTIG und zeigen der Software, wo die Datenbank-Datei gespeichert werden soll.

Achtung

Verlieren Sie diese Datei, sind auch die Passwörter weg. Sie können diese Datei (mit der Dateiendung `.kbdx` jedoch auch auf Ihre anderen Computer kopieren und dort mit KeePassXC nutzen (die Software gibt es für alle Betriebssysteme).

Nach dem Speichern der Datei öffnet sich das eigentliche Hauptfenster der Software. Hier findet sich erst einmal nur die Gruppe »root« (siehe Abbildung 11.6).

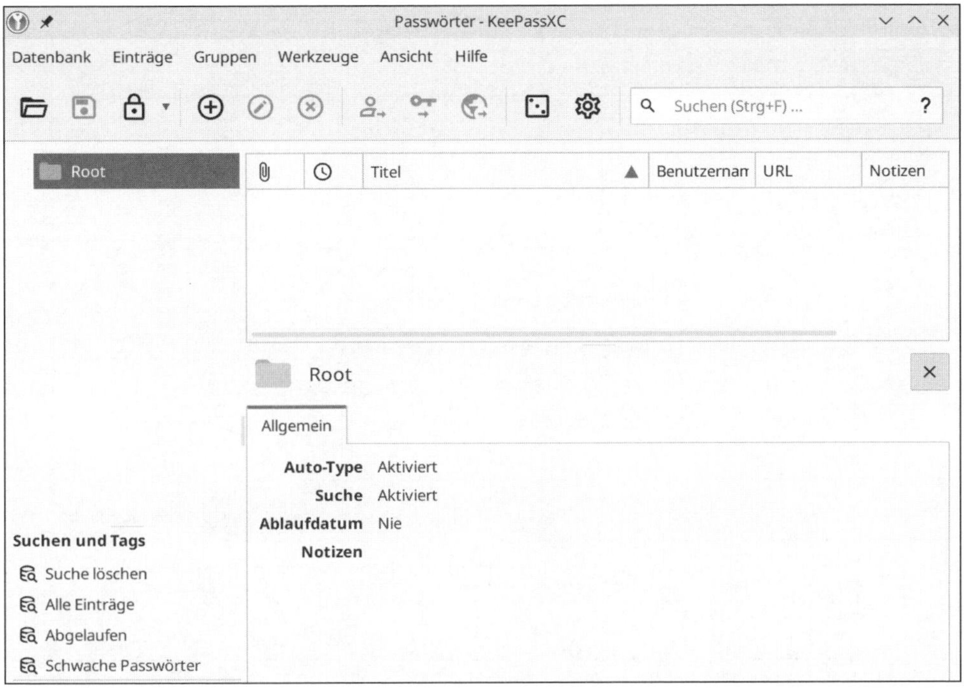

Abb. 11.6: KeePassXC – Hauptfenster

Gruppen können Sie sich vorstellen wie Ordner, in denen Sie Ihre Daten ablegen. Sie können Gruppen etwa dazu nutzen, um private oder berufliche Passwörter zu trennen.

Sie legen neue Gruppen an, indem Sie den Eintrag »root« in der Liste links anklicken und NEUE GRUPPE wählen oder das Menü GRUPPEN|NEUE GRUPPE nutzen. Hier vergeben Sie einen Namen für die Gruppe und können eine Notiz dazu schreiben und wenn gewünscht ein Symbol (in der Software vorhandene oder auch eigene Bilder) wählen sowie weitere Einstellungen vornehmen (siehe Abbildung 11.7).

Nach einem Klick auf OK können Sie weitere solche Gruppen anlegen. Indem Sie eine solche erstellte Gruppe mit einem Mausklick markieren, können Sie darin mit einem Klick auf den Schalter mit dem Plus neue Passwörter erstellen. Im Passwort-Editor geben Sie eine Beschreibung, den Benutzernamen und natürlich das Passwort für den Account an. In der Werkzeugleiste findet sich auch ein Passwort-Generator für sehr sichere Passwörter und weitere Einstellungen (siehe Abbildung 11.8).

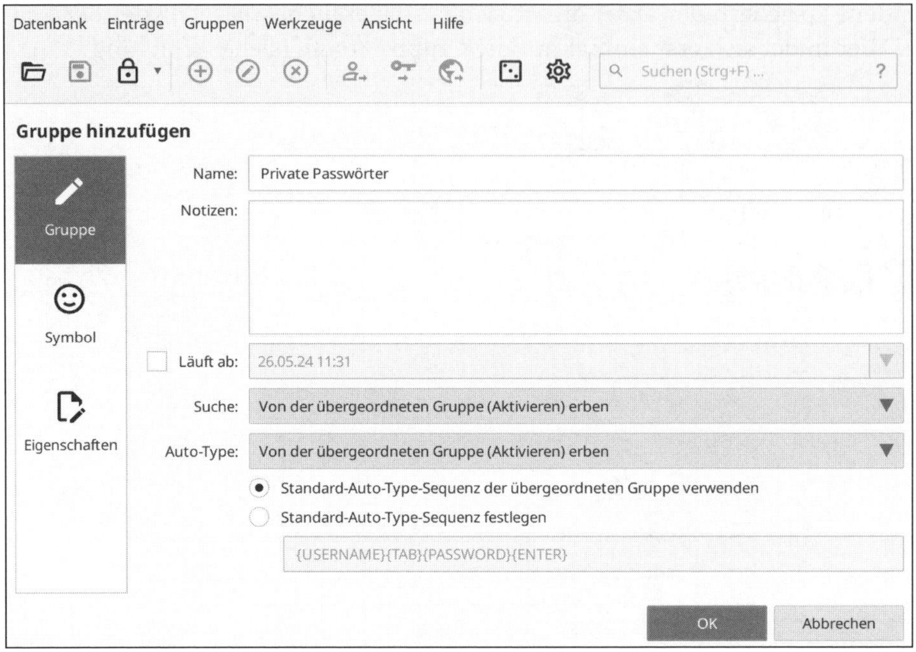

Abb. 11.7: Erstellen einer neuen Gruppe, um unterschiedliche Passwörter voneinander zu trennen

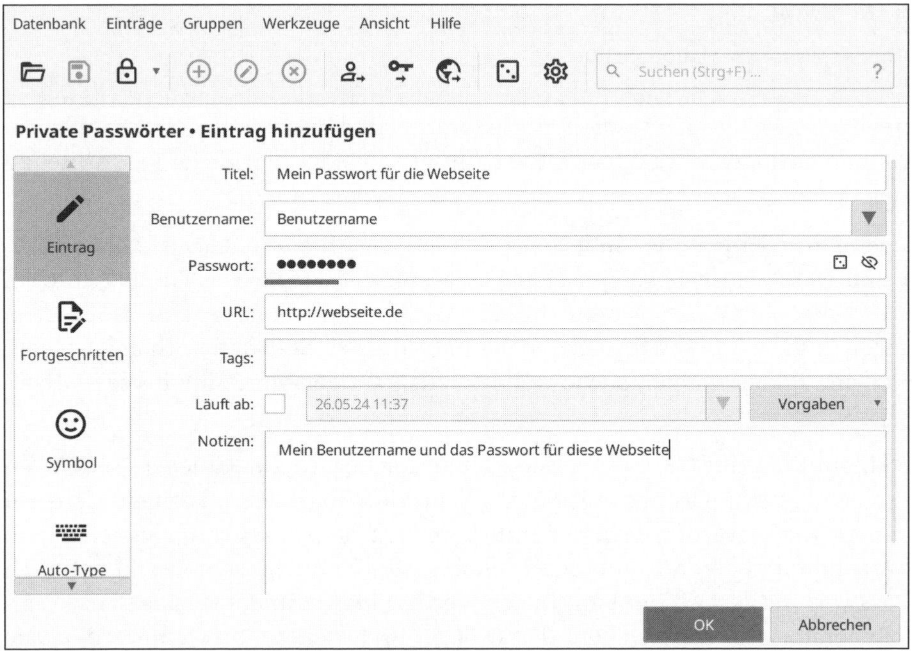

Abb. 11.8: Der Passwort-Editor in KeePassXC

Ein Klick auf OK, und der Eintrag wird angelegt. Über die Schalter in der Werkzeugleiste im Hauptfenster lassen sich die bestehenden Passwörter auch bearbeiten und löschen.

Um KeePassXC zu nutzen, öffnen Sie anschließend die Software aus dem Anwendungsmenü heraus oder auch per Mausklick auf die erstellte Datenbank-Datei. Sie wählen den Passwort-Eintrag, indem Sie ihn per Mausklick markieren und rechts anklicken – jetzt können Sie Benutzernamen und Passwort im Kontextmenü kopieren, um diese für einen Login in einem Account im Webbrowser wieder einzufügen (siehe Abbildung 11.9).

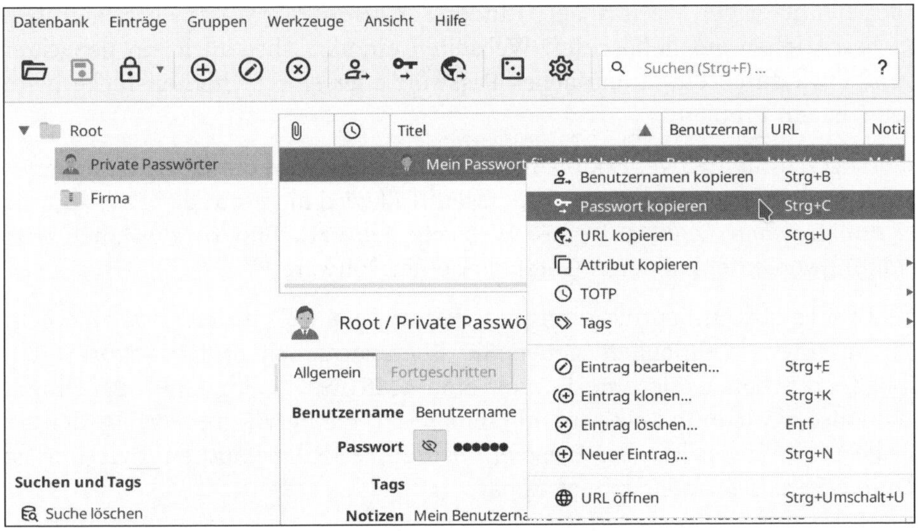

Abb. 11.9: Passwörter und Benutzernamen in KeePassXC kopieren

Schneller gelingt dies mit den im Kontextmenü angezeigten Tastenkombinationen.

Für Logins auf Webseiten ist dies natürlich etwas umständlich – gerade, wenn Sie sich bei vielen Webseiten einloggen. Um dies zu beschleunigen, können Sie die Webbrowser-Erweiterung »KeePassXC-Browser« installieren, hierzu genügt ein Mausklick auf HINZUFÜGEN im Store für den passenden Webbrowser:

- **Firefox und darauf basierende Webbrowser** – `https://addons.mozilla.org/de/firefox/addon/keepassxc-browser/?utm_source=addons.mozilla.org&utm_medium=referral&utm_content=search`
- **Google Chrome, Chromium und darauf basierende Webbrowser** – `https://chromewebstore.google.com/detail/keepassxc-browser/oboonakemofpalcgghocfoadofidjkkk`

Anschließend finden Sie das neue Icon in der Leiste der Erweiterungen. In KeePassXC aktivieren Sie in den Einstellungen die Checkbox KEEPASSXC-BROWSER. Öffnen Sie anschließend eine Webseite, auf der Sie sich mit Ihrem Account einloggen möchten, klicken Sie auf das Icon der Erweiterung, wählen Sie Ihren Account, und Benutzername und Passwort werden automatisch ausgefüllt. Wichtig: Damit dies funktioniert, muss KeePassXC geöffnet sein.

11.2.3 Zwei-Faktor-Authentifizierung unter Linux

Aufgrund von Phishing – dem Stehlen von Passwörtern per E-Mail oder auf gefälschten Webseiten – sind auch sichere Passwörter nie wirklich sicher. Meist ist hier der Benutzer der Verursacher – indem er seine Passwörter etwa wie oben schon beschrieben auf gefälschten Webseiten eingibt. Aber auch ein gehackter Account, etwa durch ein zu einfaches Passwort oder eine Sicherheitslücke beim Anbieter, ist ein Problem.

Mit der sogenannten »Zwei-Faktor-Authentifizierung« wird die Übernahme eines Accounts um einiges schwieriger – in diesem Fall wird nicht nur das Passwort für einen erfolgreichen Login auf einer Webseite genutzt, sondern zusätzlich eine Bestätigung von einem anderen Gerät oder einer Software.

Ist die Zwei-Faktor-Authentifizierung aktiviert und Sie wollen sich etwa bei einem Dienst im Internet einloggen, geben Sie Benutzernamen und Passwort ein – anschließend erhalten Sie eine E-Mail, eine SMS mit einem Link oder einem Schalter (also ein Icon mit einem Link). Erst durch die Bestätigung erfolgt der tatsächliche Login. Ein bekanntes Beispiel für die Zwei-Faktor-Authentifizierung ist das Online-Banking mittels zweier Apps.

Unter Linux ist eine solche Software Authenticator – sie macht die Zwei-Faktor-Authentifizierung unter Linux extrem einfach.

Sie installieren diese Software als Flatpak (siehe Abschnitt 5.2.2) durch das Paket »authenticator«. Nach der Installation finden Sie die Software im Anwendungsmenü unter der Kategorie ZUBEHÖR, unter KDE Plasma unter DIENSTPROGRAMME. Beim ersten Start gilt es, ein Konto zu erstellen. Hierzu klicken Sie auf den Schalter mit dem Plus links oben und geben anschließend im Feld ANBIETER den gewünschten Dienst an (siehe Abbildung 11.10).

Gleich nach den ersten Zeichen zeigt die Software passende Treffer. Wählen Sie einfach den richtigen per Klick auf den Eintrag aus. Im Beispiel werde ich hier Gmail nutzen.

Sie können einen passenden Namen für das Konto angeben und wenn gewünscht die Einstellungen anpassen. Am unteren Rand des Fensters finden Sie zu jedem Anbieter auch einen Link zur entsprechenden Hilfe.

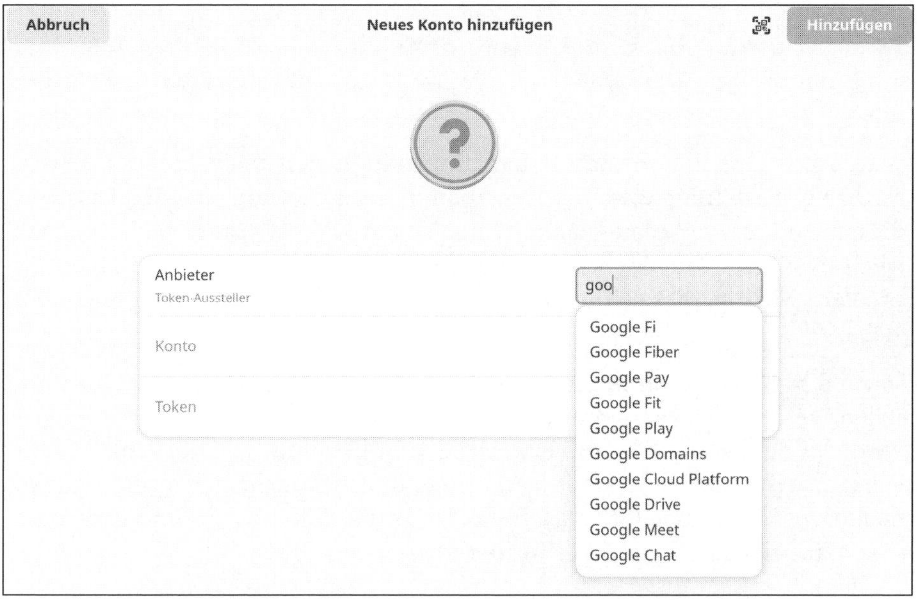

Abb. 11.10: Authenticator – Auswahl des Dienstes

Sie geben meist einfach Benutzernamen und Passwort ein und aktivieren nach Anleitung des Anbieters die Zwei-Faktor-Authentifizierung. Möchten Sie sich anschließend beim entsprechenden Dienst einloggen, tun Sie dies wie gewohnt und werden aufgefordert, die Zwei-Faktor-Authentifizierung anzuwenden. Öffnen Sie Authenticator, über den Sie den Login bestätigen.

Die Zwei-Faktor-Authentifizierung ist natürlich umständlicher, aber um vieles sicherer.

Eine Liste aller aktuell unterstützten Dienste finden Sie auf der Seite `https://2fa.directory/at/`.

11.3 Mehr Zeit ohne Spam – mehr Sicherheit ohne Phishing

Spam – also Werbung, unnötige E-Mails, Falschmeldungen und Betrugsversuche – kosten nur Zeit. Phishing – das Stehlen von Passwörtern – hingegen kann im schlimmsten Fall auch Geld kosten.

Entgegenwirken können Sie dem mit Software, die Spam erkennt und automatisch damit macht, was Sie vorgeben.

Phishing

Phishing nennt man das Stehlen von Passwörtern. Dies geschieht meist über E-Mails.

Sie bekommen eine E-Mail von der Bank oder einem sonstigen Account. In dieser Nachricht finden Sie etwa die Information, dass Sie dringend Ihr Passwort für diesen und jenen Account ändern müssen, aus diesem und jenen Grund, natürlich so schnell wie möglich. Passwort-Diebe versuchen, Sie zu drängen. Es ist vor allem wichtig, dies schnell zu tun, damit Sie weniger Zeit zum Nachdenken haben.

Bei solchen Nachrichten findet sich glücklicherweise immer gleich der Link zum schnellen Wechsel des Passworts anbei. Meist sieht die Webseite, auf die verwiesen wird, der des Accounts zum Verwechseln ähnlich und auch der Link ist sehr ähnlich. Sollten Sie solche E-Mails bekommen und sich nicht sicher sein, nutzen Sie nicht den Link in der E-Mail. Öffnen Sie Ihren Webbrowser und geben die Adresse manuell ein, so wie Sie es immer tun.

Ihr E-Mail-Anbieter hat wahrscheinlich bereits eine Software gegen Spam und Phishing integriert und wird als Spam erkannte E-Mails gleich in einen bestimmten Ordner verschieben, damit Sie das nicht selbst erledigen müssen. Dies klappt jedoch nicht immer perfekt. Hier hilft es, selbst einzugreifen.

Um Spam und Co. automatisch auszusortieren, müssen Sie einen lokal installierten E-Mail-Client nutzen – also nicht die Webseite des E-Mail-Anbieters. Unter Linux bekannte E-Mail-Clients wären etwa Thunderbird (derselbe Hersteller wie Firefox) oder auch Kmail (KDE Plasma) und Evolution (GNOME).

Eine Software, die sich unter Linux einen Namen gemacht hat, ist Spamassassin. Sie erkennt nicht nur schon automatisch den meisten Spam und andere Arten unerwünschter E-Mails, sie lernt auch selbstständig und durch Ihre Vorgaben.

Sie installieren diese Software unter auf Debian basierenden Linux-Distributionen über die Paket-Verwaltung durch das Paket »spamassassin«. Am schnellsten gelingt dies mit administrativen Rechten auf dem Terminal mit folgenden Befehlen:

Linux Mint:

```
apt-get update
apt-get install spamassassin
```

Andere auf Debian basierende Linux-Distributionen:

```
apt update
apt install spamassassin
```

Nach der Installation müssen Sie Spamassassin in den genutzten E-Mail-Client integrieren, dies funktioniert überall sehr einfach und in wenigen Schritten.

11.3.1 Spamassassin in Thunderbird integrieren

Sie starten Thunderbird durch einen Klick auf den Menüschalter – hier öffnen Sie den Eintrag KONTENEINSTELLUNGEN und klicken auf die Einstellungen für den JUNK-FILTER.

In den Einstellungen aktivieren Sie per Klick in die Checkbox die Option JUNK-KOPFZEILEN DIESES EXTERNEN FILTERS VERTRAUEN und wählen den installierten Spamfilter Spamassassin (siehe Abbildung 11.11).

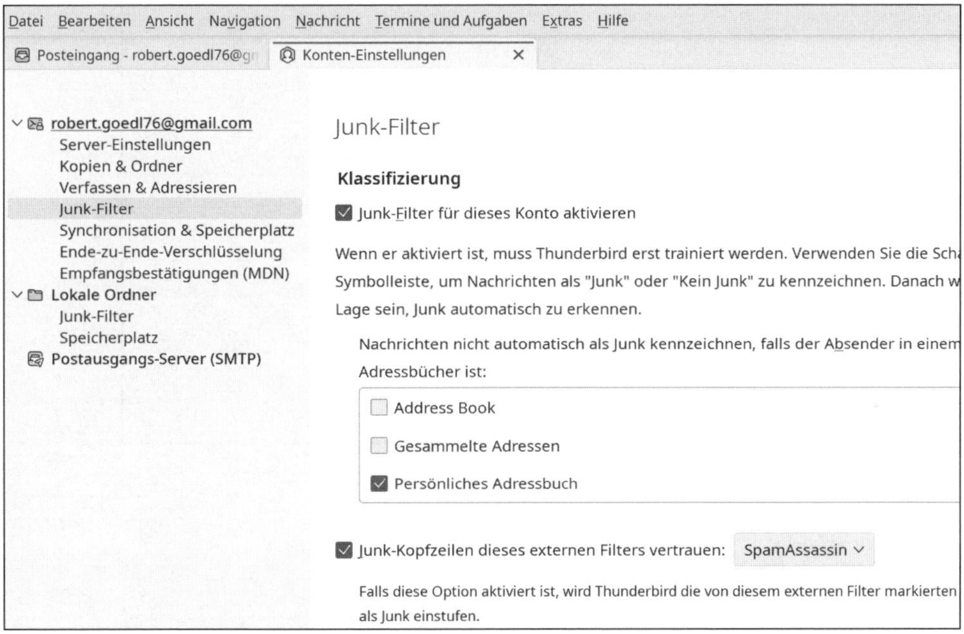

Abb. 11.11: Den Spamfilter Spamassassin in Thunderbird integrieren

Spamassassin ist ab sofort aktiv und wird als Spam erkannte E-Mails als solche markieren und nur Text und keine Bilder anzeigen. In den Einstellungen zum Spamfilter (einfach in den Einstellungen zu Thunderbird auf den Eintrag SPAM-FILTER klicken) lässt sich auch regeln, welche Aktionen er bei erkanntem Spam ausführen soll. Automatisch wird solcher nur gekennzeichnet – alternativ lässt sich der Spam in ein dafür vorbestimmtes Verzeichnis verschieben und nach bestimmter Zeit automatisch löschen.

11.3.2 Spamassassin in Evolution integrieren

Um Spamassassin in Evolution zu integrieren, öffnen Sie die Einstellungen zum Thema Spam über das Menü Bearbeiten|Nachrichtenfilter. Im sich öffnenden Fenster belassen Sie die Einstellungen auf Eingang und klicken auf den Schalter Hinzufügen.

Im Feld Regelname geben Sie eine Bezeichnung für die neue Regel an – etwa ganz einfach »Spam filtern« (siehe Abbildung 11.12).

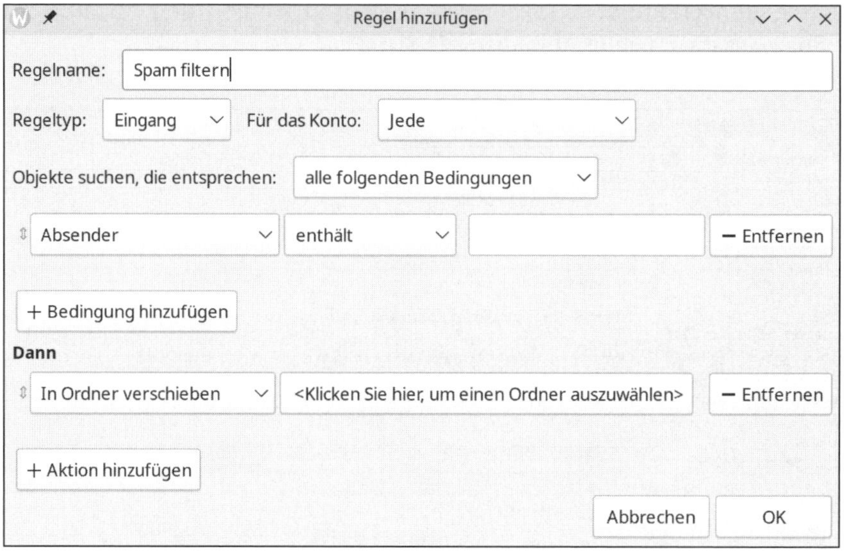

Abb. 11.12: Spam-Regeln in Evolution einfügen

Hier geben Sie die Einstellungen nach folgender Tabelle an:

Einstellung	Option	Beschreibung
Regeltyp	Eingang	Eingehende E-Mails filtern
Für das Konto	Jede	Für jedes Ihrer E-Mail-Konten
Objekte suchen, die entsprechen	Eine der folgenden Bedingungen	Für die folgende erstellte Bedingung

Tabelle 11.1: Spamassassin in Evolution integrieren

Jetzt passen Sie die Bedingung an – ganz vorne wählen Sie über den Schalter Regex-Treffer, in der Mitte wählen Sie den Nachrichtenkopf und im Feld dahinter geben Sie einen Punkt ein.

Unter DANN geben Sie an, was mit jeder E-Mail-Nachricht geschehen soll – Sie wollen jede E-Mail an Spamassassin weitergeben. Wählen Sie über den ersten Schalter die Option AN PROGRAMM WEITERLEITEN – über den zweiten wird automatisch der Dateidialog geöffnet. Navigieren Sie über ANDERE ORTE|RECHNER in das Systemverzeichnis `/usr/bin/` und wählen Sie die Datei `spamc`.

Zuletzt klicken Sie auf den Schalter AKTION HINZUFÜGEN, belassen die erste Einstellung auf IN ORDNER VERSCHIEBEN und wählen mit dem zweiten Schalter das Spam-Verzeichnis des E-Mail-Kontos (Abbildung 11.13).

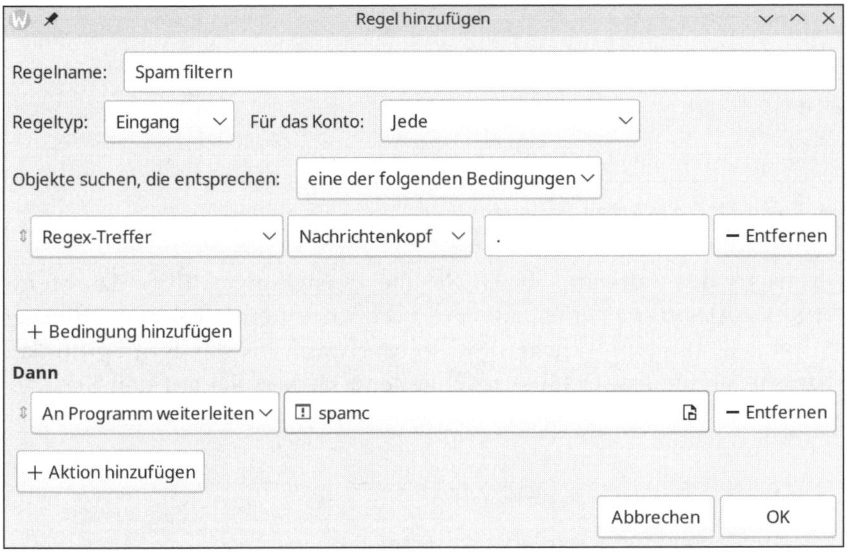

Abb. 11.13: Die bearbeiteten Einstellungen für Spamassassin in Evolution

11.3.3 Spamassassin in Kmail integrieren

Um Spamassassin in Kmail zu integrieren, öffnen Sie die Einstellungen über das Menü EINSTELLUNGEN|KMAIL EINRICHTEN und klicken in der Liste links auf den Eintrag MODULE.

Unter den Modulen klicken Sie in das Feld SUCHE, hier geben Sie den Begriff »spam« ein, aktivieren Sie das Modul »Anti-Spam« per Klick in die Checkbox (siehe Abbildung 11.14) und starten Sie die Software neu.

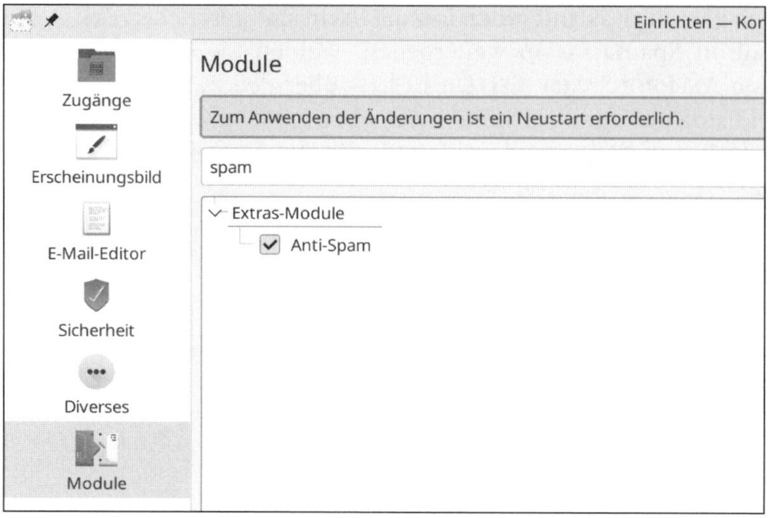

Abb. 11.14: Anti-Spam-Modul in Kmail aktivieren

Nach dem Neustart der Software öffnen Sie die Einstellungen über das Menü EXTRAS|ANTI-SPAM-ASSISTENT. Hier aktivieren Sie im unteren Feld den Eintrag SPAMASSASSIN 4.X (DAEMON) – klicken Sie so oft darauf, bis der Eintrag dunkel markiert ist (siehe Abbildung 11.15) – anschließend klicken Sie auf den Schalter WEITER.

Abb. 11.15: Spamassassin als Spamfilter in Kmail auswählen

In den letzten Einstellungen wählen Sie anschließend aus, in welchem Mail-Ordner Spam und Phishing landen sollen. In den Grundeinstellungen ist dies `Lokale Ordner/Papierkorb` – erkannter Spam und Co. landet also im Papierkorb und wartet auf die von Ihnen befohlene Löschung.

Zuletzt klicken Sie in der Übersicht auf WEITER und auf FERTIGSTELLEN.

Erkennt Kmail anschließend betrügerische Nachrichten, werden solche in den Papierkorb verschoben – dort können Sie sie wenn gewünscht noch einmal kontrollieren. Sollte die Software sich doch einmal geirrt haben, passen Sie dies mit dem Menü über der E-Mail an (siehe Abbildung 11.16).

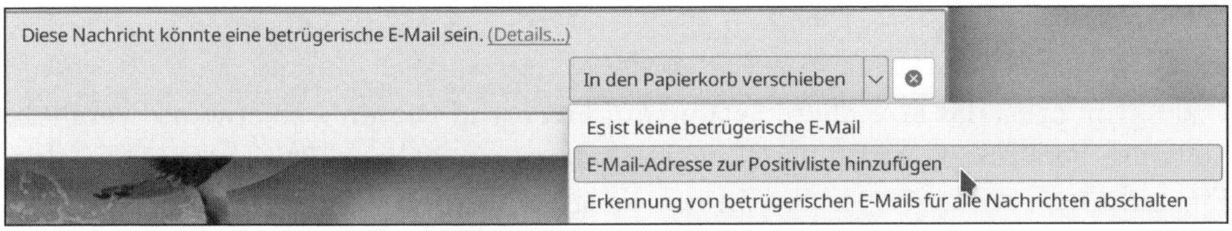

Abb. 11.16: Einstellungen zur Spam-Erkennung einer E-Mail ändern

11.4 Lynis – die Sicherheit von Linux prüfen

Lynis ist so gesehen nur ein einfaches Shellskript – doch es prüft das Linux-System und so manches mehr in Bezug auf die Sicherheit des Systems. Dazu zählt etwa die Aktualität des Systems und der Software, der Bootloader, Zombie-Prozesse (Prozesse, die nicht richtig beendet wurden) und vieles, vieles mehr. In diesem Abschnitt lesen Sie, wie Sie diese Software nutzen.

Unter auf Debian basierenden Linux-Distributionen installieren Sie diese Software wie üblich über die Paket-Verwaltung durch das Paket »lynis«, also etwa als Administrator auf dem Terminal mit dem Befehl:

Linux Mint:

```
apt-get update
apt install lynis
```

Andere auf Debian basierende Linux-Distributionen:

```
apt update
apt install lynis
```

Für weitere Distributionen steht das Skript unter `https://cisofy.com/lynis/` zum Download.

Das Skript wird mit administrativen Rechten auf dem Terminal mit dem Befehl:

```
lynis audit system
```

gestartet. Haben Sie das Skript aus dem Internet heruntergeladen und es liegt jetzt beispielsweise im Verzeichnis `Downloads`, wechseln Sie auf dem Terminal in das Verzeichnis, machen die Datei ausführbar und starten das Skript (natürlich ebenfalls mit administrativen Rechten):

```
cd Downloads/
chmod +x lynis.sh
./lynis.sh
```

Das Skript prüft das komplette System auf Herz und Nieren – so etwa auf veraltete Software-Versionen, nicht installierte Updates, unsichere Berechtigungen und Einstellungen und vieles mehr. In der Ausgabe werden die gefundenen Möglichkeiten angezeigt (Updates, Einstellungen rund um die Sicherheit und mehr, egal ob positiv – grün – oder negativ – rot) – siehe Abbildung 11.17.

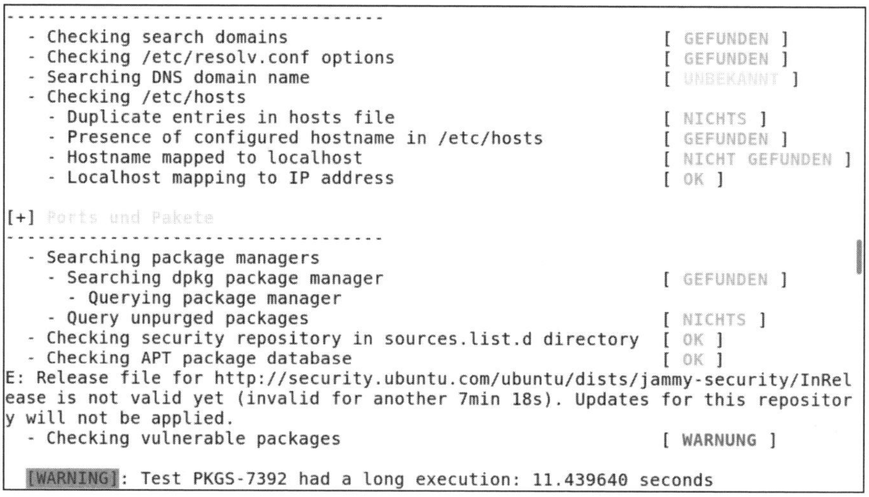

Abb. 11.17: Sicherheitscheck mit Lynis

Warten Sie einfach ab, der Test dauert etwa eine Minute. Die Software ist sehr schnell und präsentiert anschließend ihre Ergebnisse. Die Ausgabe ist sehr kurz gehalten und zeigt nur wenig ausführliche Meldungen. Eine umfassende Ausgabe erhalten Sie mit dem Befehl:

```
less /var/log/lynis.log
```

Durch die Ausgabe scrollen Sie mit den Pfeiltasten (auf / ab) zeilenweise, mit der `Leertaste` seitenweise und beenden diese mit `q`.

Manche Meldungen werden gerade Linux-Einsteigern nicht viel sagen. Markieren Sie in so einem Fall die jeweilige Zeile mit der linken Maustaste, kopieren Sie sie anschließend mit der rechten Maustaste durch die Wahl von KOPIEREN und fügen Sie sie in eine Suche der gewünschten Suchmaschine ein. Sie werden schnell eine Anleitung finden, wie Sie ein mögliches Sicherheitsproblem beheben können.

11.5 Sicherheitslücken von jedem Betriebssystem, jeder Software und jeder Hardware finden

Nicht nur Ihr Betriebssystem und die darauf laufende Software kann Lücken haben, auch Ihre Hardware – so etwa Router, Netzwerk-Switches oder auch die Firmware des Computers und vieles mehr.

Webseiten wie etwa `https://www.heise.de/security/` berichten nahezu täglich von neuen Sicherheitslücken aller Art, aber auch diese Berichte sind nicht vollständig. Hier helfen Datenbanken, die sich auf alle möglichen Sicherheitslücken spezialisiert haben – eine solche Datenbank ist Metasploit. Mit Metasploit suchen Sie nach aktuellen Sicherheitslücken in der von Ihnen genutzten Software und Hardware.

Unter auf Debian basierenden Linux-Distributionen installieren Sie diese Software am schnellsten mit administrativen Rechten auf dem Terminal mit den Befehlen:

Linux Mint:

```
apt-get update
apt-get install curl wget gnupg2
```

Andere auf Debian basierende Linux-Distributionen:

```
apt update
apt install curl wget gnupg2
```

Anschließend laden Sie sich die Installationsdatei als normaler Benutzer auf dem Terminal herunter:

```
curl https://raw.githubusercontent.com/rapid7/metasploit-omnibus/master/
config/templates/metasploit-framework-wrappers/
msfupdate.erb > msfinstall
```

Dann machen Sie die Datei ausführbar:

```
chmod +x msfinstall
```

Jetzt lässt sich die Software als Administrator installieren – alternativ wird man während der Installation nach dem Passwort gefragt:

```
./msfinstall
```

Die Installation gelingt ab hier vollständig automatisch, warten Sie einfach ab (siehe Abbildung 11.18).

```
root@robertg-Standard-PC-Q35-ICH9-2009:~# curl https://raw.githubusercontent.com
/rapid7/metasploit-omnibus/master/config/templates/metasploit-framework-wrappers
/msfupdate.erb > msfinstall
  % Total    % Received % Xferd  Average Speed   Time    Time     Time  Current
                                 Dload  Upload   Total   Spent    Left  Speed
100  6139  100  6139    0     0   9823      0 --:--:-- --:--:-- --:--:--  9838
root@robertg-Standard-PC-Q35-ICH9-2009:~# chmod +x msfinstall
root@robertg-Standard-PC-Q35-ICH9-2009:~# ./msfinstall
Adding metasploit-framework to your repository list..Updating package cache..OK
Checking for and installing update..
Paketlisten werden gelesen… Fertig
Abhängigkeitsbaum wird aufgebaut… Fertig
Statusinformationen werden eingelesen… Fertig
Die folgenden NEUEN Pakete werden installiert:
  metasploit-framework
0 aktualisiert, 1 neu installiert, 0 zu entfernen und 183 nicht aktualisiert.
Es müssen 363 MB an Archiven heruntergeladen werden.
Nach dieser Operation werden 798 MB Plattenplatz zusätzlich benutzt.
Holen:1 http://downloads.metasploit.com/data/releases/metasploit-framework/apt l
ucid/main amd64 metasploit-framework amd64 6.4.11~20240526102648.git.2.1303f23~1
rapid7-1 [363 MB]
22% [1 metasploit-framework 101 MB/363 MB 28%]                  6.671 kB/s 39 s
```

Abb. 11.18: Metasploit unter Linux installieren

Nach der Installation gilt es die Datenbank zu initialisieren, dies tun Sie als normaler Benutzer auf dem Terminal mit dem Befehl:

```
msfdb init
```

Schon lässt sich Metasploit nutzen. Die Software verwenden Sie als normaler Benutzer auf dem Terminal. Als Erstes wird die Software gestartet:

```
msfconsole
```

Die Software zeigt ihre Begrüßung und öffnet dann ihren eigenen Eingabe-Prompt:

```
msf6 >
```

Jetzt finden Sie sich vor der Metasploit-Konsole wieder, diese wartet auf Ihre Eingaben. Suchen Sie einmal nach in der Datenbank eingetragenen Exploits (bei einem Exploit handelt es sich um eine aktuell ausnutzbare Sicherheitslücke) – hierzu nutzt man folgende Syntax:

```
search type:MODUL BERGIFF
```

Erst einmal die Liste der Module:

- **auxiliary** – Das Hilfsmodul enthält eine Reihe von Programmen wie Fuzzer, Scanner und SQL-Injection-Tools, um Informationen zu sammeln und ein tieferes Verständnis des Zielsystems zu erlangen.
- **encoders** – Encoder verschlüsseln die Payloads/Exploits, um sie vor signaturbasierten Antivirenlösungen zu schützen. Da Payloads oder Exploits ungültige oder fehlerhafte Zeichen enthalten, besteht eine hohe Wahrscheinlichkeit, dass sie von einer Antivirenlösung erkannt werden.
- **exploit** – Ein Exploit ist ein Code, der die Schwachstellen des Ziels nutzt, um den Systemzugriff über Payloads sicherzustellen.
- **payload** – Wie bereits erwähnt, helfen Ihnen Payloads, das Zielsystem anzugreifen. Das bedeutet, dass sie Ihnen entweder dabei helfen, eine interaktive Shell zu erhalten, oder Ihnen dabei helfen, eine Hintertür zu warten, einen Befehl auszuführen oder Malware zu laden usw. Metasploit bietet zwei Arten von Nutzlasten: stufenlose und gestufte Nutzlasten.
- **post** – Das Post-Exploitation-Modul hilft Ihnen, weitere Informationen über das System zu sammeln. Beispielsweise kann es Ihnen dabei helfen, die Passwort-Hashes auszugeben und nach Benutzeranmeldeinformationen für laterale Bewegungen oder Rechteausweitungen zu suchen.

Wir werden uns hier an Exploits halten – wir nutzen also das Modul »exploit«. Als Begriff setzt man jetzt ein, über was man Schwachstellen sucht, also etwa eine Software, ein Betriebssystem, ein Gerät usw. Ein Beispiel:

```
search type:exploit firefox
```

Ein Beispiel für die Ausgabe zeigt Abbildung 11.19. Sie werden darauf nicht sonderlich viel erkennen, hierbei geht es um den Aufbau der Ausgabe.

Metasploit zeigt jetzt den gesuchten Begriff markiert und darüber eine Legende und natürlich Informationen zum Exploit. Finden Sie unter der von Ihnen genutzten Software (hier unbedingt auch die Software-Version beachten) oder Hardware eine Sicherheitslücke, sollten Sie diese Software schnellstens durch eine aktuellere Version ersetzen.

```
   115  exploit/multi/browser/mozilla_compareto                                2005-07-13       norma
l      No      Mozilla Suite/Firefox compareTo() Code Execution
   116  exploit/windows/browser/samsung_security_manager_put                   2016-08-05       excel
lent  No      Samsung Security Manager 1.4 ActiveMQ Broker Service PUT Method Remote Code Execution
   117  exploit/windows/browser/ms07_017_ani_loadimage_chunksize               2007-03-28       great
       No      Windows ANI LoadAniIcon() Chunk Size Stack Buffer Overflow (HTTP)
   118    \_ target: (Automatic) IE6, IE7 and Firefox on Windows NT, 2000, XP, 2003 and Vista   .      .
   119    \_ target: IE6 on Windows NT, 2000, XP, 2003 (all languages)                       .      .
   120    \_ target: IE7 on Windows XP SP2, 2003 SP1, SP2 (all languages)                    .      .
   121    \_ target: IE7 and Firefox on Windows Vista (all languages)                        .      .
   122    \_ target: Firefox on Windows XP (English)                                         .      .
   123    \_ target: Firefox on Windows 2003 (English)                                       .      .
   124  exploit/windows/local/ms15_051_client_copy_image                       2015-05-12       norma
l      Yes     Windows ClientCopyImage Win32k Exploit
   125    \_ target: Windows x86                                                             .      .
   126    \_ target: Windows x64                                                             .      .
   127  exploit/windows/browser/dxstudio_player_exec                           2009-06-09       excel
lent  No      Worldweaver DX Studio Player shell.execute() Command Execution

Interact with a module by name or index. For example info 127, use 127 or use exploit/windows/browser/dxstudio_player_ex
ec

msf6 >
```

Abb. 11.19: Suche nach Sicherheitslücken in einer Software in Metasploit

Hiermit haben wir uns nur die Exploits angesehen – Metasploit kann aber noch viel mehr, etwa Geräte im Netzwerk nach Exploits scannen, den Versuch starten, ob sich Exploits ausnutzen lassen, und vieles mehr. Mehr dazu unter `https://www.makeuseof.com/beginners-guide-metasploit-kali-linux/`, `https://www.kali.org/tools/metasploit-framework/` und auch unter `https://www.tutorialspoint.com/metasploit/index.htm`.

Mit dem Befehl:

```
quit
```

beenden Sie die Software.

11.6 VPN – Virtual Private Network

Das Thema VPN verstehen viele Computer-Benutzer falsch – VPN (Virtual Private Network) hat mit Anonymität so gut wie gar nichts zu tun. VPN bedeutet jedoch zusätzliche Sicherheit. Zudem lassen sich damit unter gewissen Umständen auch Netz-Sperren (von Ihrem Land aus nicht erreichbare Webseiten) umgehen, man nennt dies auch »Geoblocking«.

11.6.1 Die Funktionsweise von VPN

Um VPN zu verstehen, müssen Sie erst einmal darüber nachdenken, wie das Internet eigentlich funktioniert. Dazu sehen Sie sich erst die Grafik in Abbildung 11.20 an.

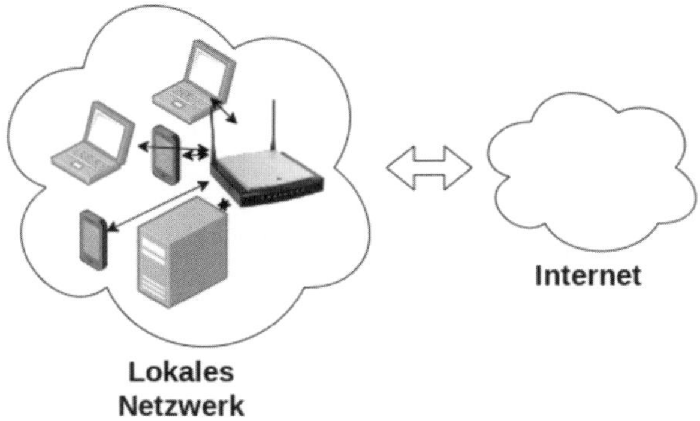

Abb. 11.20: Normales Netzwerk mit dem Internet verbunden

Unter normalen Umständen sind Sie in Ihrem lokalen Netzwerk mit Ihrem Router verbunden – dies sind natürlich auch alle anderen Netzwerk-Geräte in Ihrem Netzwerk. Der Router verbindet Ihr lokales Netzwerk mit dem Internet.

Alles, was Sie jetzt im Internet machen, wird aufgezeichnet. Jede Webseite, die Sie besuchen, jede E-Mail, die Sie versenden oder empfangen, jedes Bild, jedes Video, das Sie sich ansehen. All dies wird von Ihrem Internet-Betreiber aufgezeichnet, von jedem Webserver, den Sie besuchen, und von jedem Mail-Server, über den Sie E-Mails empfangen und senden. Auf jedem Server, welcher Art auch immer, landet Ihre IP-Adresse – dies lässt sich auch mittels VPN nicht verhindern, denn dazu ist es gar nicht da. VPN lässt nur Verbindungen von einem Computer zu einem anderen zu – beide müssen im selben VPN-Netzwerk sein.

VPN dient dazu, die Verbindung von einem Computer zum anderen Computer abzusichern. Nehmen wir einmal an, Sie möchten sich von zu Hause mit einem Computer in der Firma verbinden – Homeoffice. Die Verbindung läuft über mehrere Server – Ihren Internet-Anbieter, mehrere DNS-Server –, bis Sie schließlich den Computer in Ihrer Firma erreichen. Auf jedem dieser Server landen Ihre Daten. Wenn es schlecht läuft, hat ein Angreifer einen dieser Server übernommen und nutzt nicht öffentlich bekannte Sicherheitslücken aus. So könnte der Angreifer über diese Sicherheitslücken an von Ihnen eingegebene Passwörter in der Firma kommen – sehr schlecht. Ein und dieselbe Geschichte: Sie haben zu Hause einen Server, auf dem Daten liegen, an die Sie immer und überall aus dem Internet kommen möchten, wo immer Sie sich auch auf der Welt befinden (also eine Cloud). Sie verbinden sich über das Smartphone über das Internet mit diesem Server – die Verbindung läuft wieder über viele Server im Internet, Angreifer, Sicherheitslücke – der Angreifer hat Ihr Passwort.

VPN ist nun ein Netzwerk innerhalb des Netzwerks – also dem Internet. VPN baut innerhalb des Netzwerks eine neue Verbindung auf – einen sogenannten Tunnel (VPN-Tunnel). Hat man keine Berechtigung, in diesen Tunnel einzutreten, kommt man nicht an die Daten, die in diesem zwischen den Computern hin und her transferiert werden. Was Sie tun, also mit welchem Computer Sie sich verbinden, wird noch immer auf jedem Server im Internet gespeichert, aber es gibt keinen Zugang zu Passwörtern, denn in den Tunnel kommt man nur mit der entsprechenden Berechtigung (siehe Abbildung 11.21).

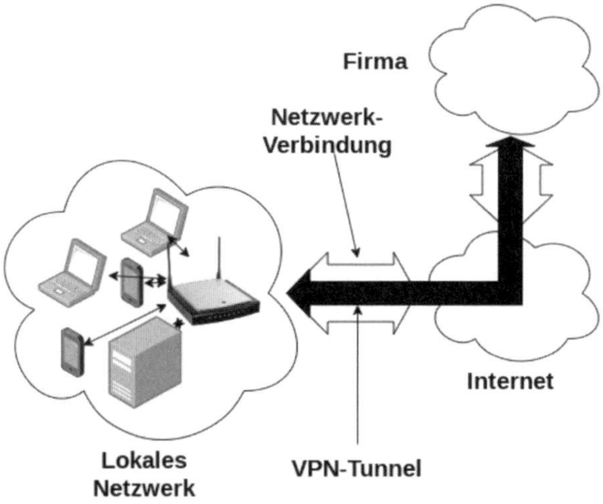

Abb. 11.21: VPN-Tunnel innerhalb der normalen Netzwerk-Verbindung

Einen solchen VPN-Tunnel nennt man auch ein »vertrauenswürdiges Netzwerk«. Erreicht wird ein solches vertrauenswürdiges Netzwerk mit Zertifikaten.

11.6.2 VPN einrichten

Um ein VPN zu erstellen, benötigt man einen VPN-Server, dies kann ein normaler Computer sein (etwa in Firmen) oder auch ein Router (nicht alle Router unterstützen dies, vor allem sehr billige eher nicht). Der VPN-Server besitzt ein Server-Zertifikat, alle Computer (auch Smartphones, Tablets und Co.), die auf das VPN-Netzwerk zugreifen können sollen, benötigen ein Client-Zertifikat, das zum VPN-Server passt.

Gerade unter Linux wird man am ehesten OpenVPN nutzen – die freie Variante von VPN. OpenVPN unterstützen aber auch Windows, macOS, Android und iOS (sowie alle anderen bekannten und weniger bekannten Betriebssysteme).

Die einfachste Möglichkeit, ein solches VPN-Netzwerk zu erstellen, ist es, einen Router zu nutzen, der die Funktion eines VPN-Servers unterstützt. Beispiele wären etwa die bekannte Fritz!Box oder auch TP-Link – meist hilft eine Suche im Internet nach den Begriffen »router vpn-server«.

Ich werde die Einrichtung des VPNs am Beispiel eines TP-Link-Routers beschreiben – die Einrichtung auf einer Fritz!Box und anderen läuft in denselben Schritten ab, vielleicht müssen Sie in den Einstellungen des Routers an anderen Stellen im Menü zur Konfiguration suchen. Meist gibt es in der Oberfläche des Routers auch eine Suche.

Es gilt als Erstes, in der grafischen Oberfläche des Routers nach VPN/OpenVPN zu suchen, die Einstellungen sind meist schon passend (siehe Abbildung 11.22).

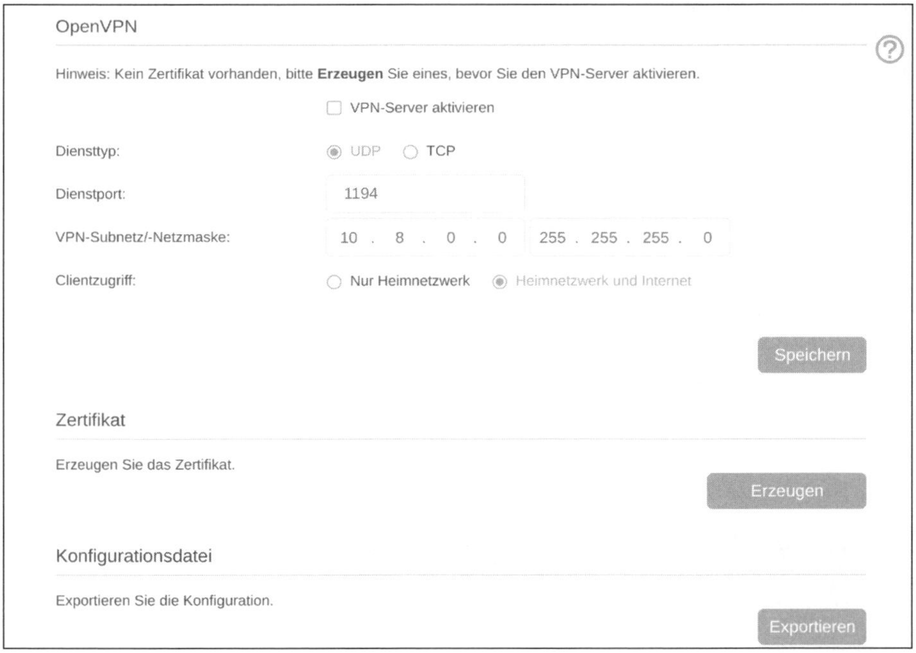

Abb. 11.22: Einrichtung eines VPN am Router (hier ein TP-Link-Router)

Sie müssen nur den VPN-Dienst aktivieren und den Dienst-Typ auf »TCP« setzen. Einstellungen rund um die IP-Adressen können Sie so lassen, wie sie der Router vorgibt. Wichtig ist natürlich, VPN auch über das Internet zu aktivieren, ansonsten haben Sie online keinen Zugriff in Ihr lokales Netzwerk.

Den in der Konfiguration angegebenen Port müssen Sie natürlich über die Firewall (siehe Kapitel 12) freigeben.

Haben Sie keine statische IP-Adresse, müssen Sie sich eine solche anlegen – ansonsten müssten Sie immer wissen, welche IP-Adresse Ihr Router zu Hause über das Internet gerade hat (hierzu mehr in Abschnitt 10.2.1).

Zum Schluss benötigen Sie noch das VPN-Zertifikat. Auf der Fritz!Box ist das Zertifikat schon vorhanden, auf einem TP-Link-Router gilt es, ein solches erst zu erstellen – dazu klicken Sie einfach auf den Schalter ERZEUGEN und laden es dann herunter. Im Beispiel wird die Datei `client.ovpn` heruntergeladen. Alle Geräte, die zum VPN Zugang haben sollen, benötigen dieses heruntergeladene Zertifikat. Sie kopieren es also auf alle diese Geräte.

Nachdem Sie das Zertifikat heruntergeladen haben, gilt es, dieses in das System zu integrieren. Dazu öffnen Sie unter Linux den Network-Manager, also die Netzwerk-Einstellungen. Dies gelingt am einfachsten, indem Sie ihn im Panel (bzw. in der Leiste oder der Kontrollleiste) öffnen und auf die Einstellungen klicken. Anschließend klicken Sie auf den Schalter mit dem Plus, um eine neue Verbindung zu erstellen (siehe Abbildung 11.23).

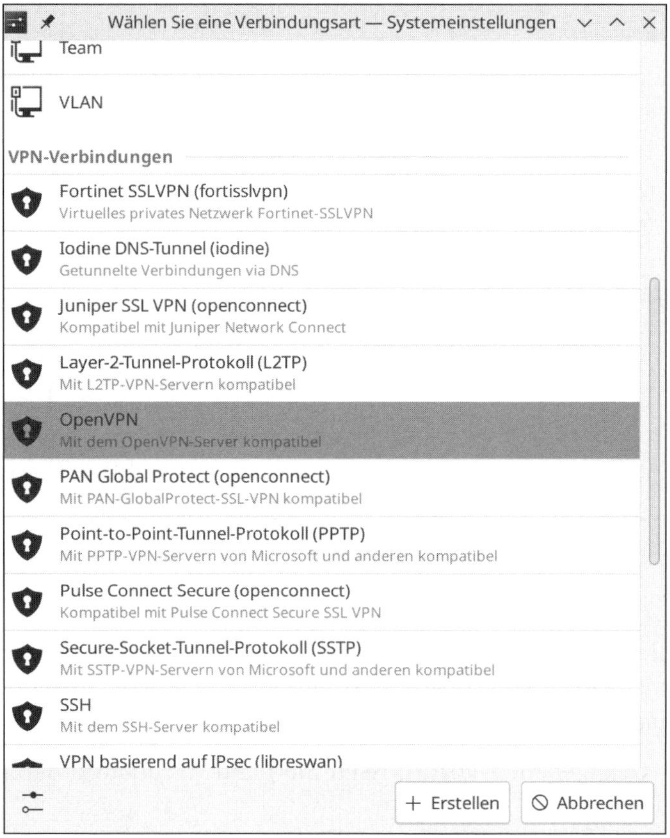

Abb. 11.23: Neue Netzwerk-Verbindung erstellen

Hier wählen Sie den Eintrag OpenVPN und klicken auf Erstellen.

Hinweis

Nutzen Sie bereits einen anderen VPN-Dienst über das Internet, können Sie diesen auch ohne den Umweg über den Router einrichten – diesem Anbieter müssen Sie natürlich auch vertrauen. So einige Anbieter (solche mit sehr günstigen Tarifen, aber auch teurere haben schon mit den Daten ihrer Kunden Geld gemacht).

Im sich öffnenden Fenster geben Sie jetzt im Feld Gateway die IP-Adresse des Routers an. Diese finden Sie meist an der Unterseite des Routers auf einem eigenen Schild. Alternativ geben Sie als normaler Benutzer auf dem Terminal folgenden Befehl ein:

```
ip r
```

Als Ausgabe erhalten Sie einige IP-Adressen und weitere Informationen (siehe Abbildung 11.24).

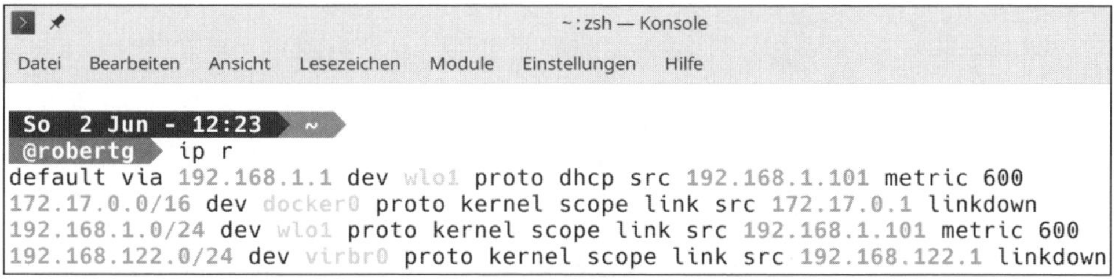

Abb. 11.24: Ausgabe des Gateways auf dem Terminal

Sie benötigen nur die erste IP-Adresse, direkt nach der Ausgabe `default via`.

Über den Schalter neben Verbindungsart wählen Sie Zertifikate (TLS), unter Benutzerzertifikat öffnen Sie die heruntergeladene Datei. Je nach Router gilt es, noch den nötigen Benutzernamen und das Passwort einzufügen oder auch nicht (siehe Abbildung 11.25).

Nach einem Klick auf Speichern haben Sie Ihre neue VPN-Verbindung erstellt – sie ist anschließend im Network-Manager zu finden.

Um die VPN-Verbindung zu nutzen, müssen Sie zuerst eine normale Netzwerk-Verbindung aktivieren, also wie Sie auch sonst in das Internet gehen. Anschließend aktivieren Sie die VPN-Verbindung.

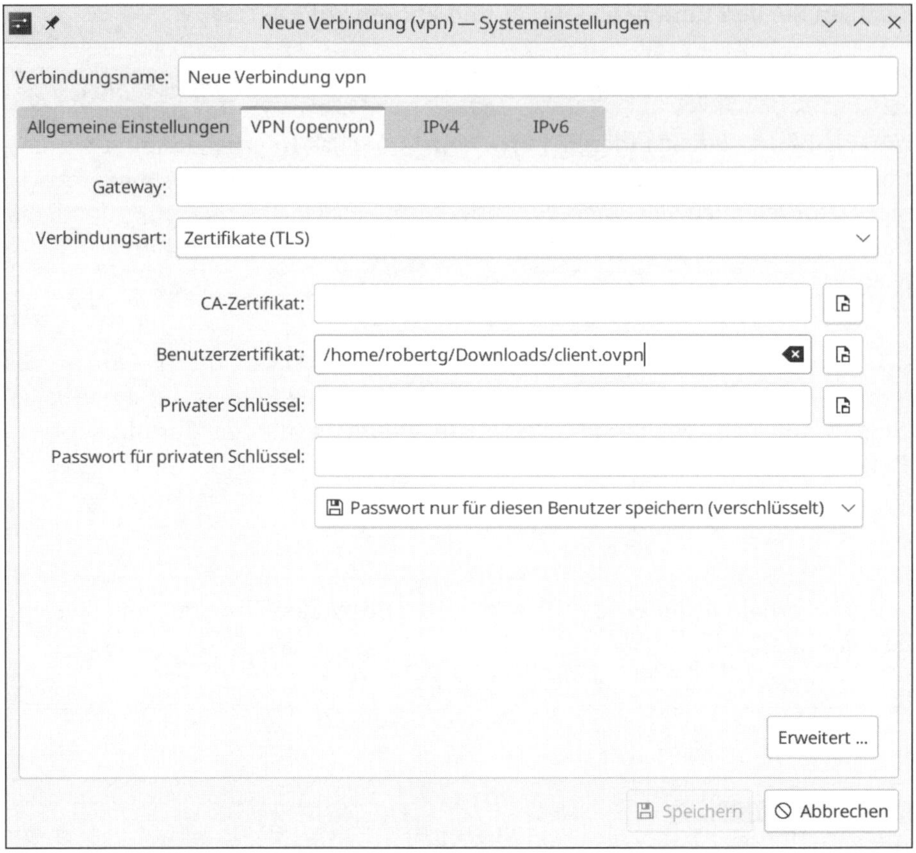

Abb. 11.25: VPN-Verbindung erstellen

Geoblocking umgehen

So einige Webseiten aus den USA lassen sich aus der EU nicht öffnen, weil sie nicht den Datenschutzbestimmungen der EU entsprechen. Statt sich den Datenschutzbestimmungen der EU anzupassen, blockieren sie lieber IP-Adressen aus der EU.

Mit einem wie oben beschriebenen Router-VPN können Sie dieses Geoblocking nicht umgehen, denn mit einem solchen VPN haben Sie noch immer eine IP-Adresse aus der EU. Sie müssen also einen VPN-Anbieter nutzen, der seinen Standort nicht in der EU hat, sondern z.B. eben in den USA. Eine weitere Möglichkeit, ein solches Geoblocking zu umgehen, wäre Selektor (siehe Abschnitt 8.4.2).

Kapitel 12

Firewall und Virenscanner

Linux ist von Grund auf sicherer als Microsoft Windows – aber nicht absolut sicher. Auch wenn Sie Linux nutzen, sollten Sie Ihr System gegen Schadsoftware und Angreifer schützen. In den folgenden Abschnitten lernen Sie mehr über Firewalls und Virenscanner – und wann Sie diese einsetzen sollten.

12.1 Die Firewall

Selbst wenn Ihre Computer zu Hause hinter einem Router stehen, der eine eingebaute Firewall hat, sollten Sie nicht auf eine Firewall unter Linux verzichten. Auch Router haben Sicherheitslücken, die sich umgehen lassen. Ältere Router bekommen keine Updates mehr, billige Router meist gar nur eines, um die ärgsten Fehler auszubessern. Ein Router mit Sicherheitslücken ist nicht besser als ein Betriebssystem ohne Updates, daher sollte immer eine Firewall auf Ihren genutzten Betriebssystemen aktiv sein.

Auch wenn Sie die Firewall zu Hause auf einem Laptop nicht aktiviert haben, sollten Sie sie auf jeden Fall in öffentlichen Netzwerken aktivieren und jeden eingehenden Netzwerk-Verkehr blockieren. Öffentliche Netzwerke sind meist absolut ungesichert und so gut wie nicht gewartet.

Es gibt zwei Arten von Firewalls – solche, die IP/TCP-basiert sind, und solche, die softwarebasiert sind. Erstere werden vom Administrator aktiviert und konfiguriert, die zweite Klasse kann auch vom Benutzer selbst angepasst werden.

Grundsätzlich kann man sagen, dass IP/TCP-basierte Firewalls sicherer sind – sie schützen das komplette System. Softwarebasierte Firewalls sind dagegen weniger sicher, da der Benutzer festlegt, was in das System darf und was nicht.

Bei der IP/TCP-basierten Firewall – unter Linux nennt sich diese Firewall auch »Netfilter« – werden einfach nur die Ports von außen in das System gelassen, die auch wirklich benötigt werden. Dies bedeutet, grundsätzlich wird jeder Port von außen in das System gesperrt.

IP/TCP-Protokoll IP/TCP ist die Abkürzung von Internet Protocol / Transmission Control Protocol und ist einfach ausgedrückt die Grundlage des heutigen Internets. Das Internet Protocol nutzt IP-Adressen, also Internet-Protocol-Adressen, um Internet-Pakete an die richtigen Adressen bzw. Computer im Internet zu senden. TCP regelt hingegen, auf welchen Ports die Internet-Pakete an die Adressen gesendet werden. Außerdem gibt es noch das UDP-Protokoll – das User Datagram Protocol. Das ist aber nur in lokalen Netzwerken interessant und wird im Internet nicht genutzt.

Im Grunde funktioniert das Internet so: Ihr Computer hat eine IP-Adresse, die in Ihrem lokalen Netzwerk einzigartig ist, dasselbe gilt für Ihren Router. Möchten Sie eine Webseite im Internet aufrufen, sendet Ihr Computer mit seiner IP-Adresse eine Anfrage an den Router und fragt, ob es die IP-Adresse der Webseite im lokalen Netzwerk gibt. Ist das nicht der Fall, muss sie im Internet vorhanden sein und er leitet sie dorthin weiter – an das IP-Protocol. Auch im Internet sind IP-Adressen einzigartig. IP-Adressen können Sie sich vorstellen wie Hausnummern.

Neben den IP-Adressen gibt es nun noch die Ports. Sie haben einen Absatz weiter oben gelesen, dass IP-Adressen wie Hausnummern sind. Nehmen wir jetzt an, ein Briefträger kommt zu einem Mehrparteienhaus mit der passenden Hausnummer. In einem Mehrparteienhaus gibt es mehrere Wohnungen. Damit der Briefträger einen Brief an die richtige Wohnung zustellen kann, muss er die Nummer der Wohnung bzw. Tür kennen. Diese Wohnungen entsprechen den Ports.

Damit der Briefträger einen Brief an das richtige Haus zustellen kann, benötigt er also Hausnummer / IP-Adresse und die Nummer der Wohnung / den Port. Damit ein Internet-Paket (der Brief) an den richtigen Computer kommt, muss das Netzwerk die IP-Adresse kennen (die Hausnummer) und im Computer die Software (die Türnummer / den Port), an die das Internet-Paket (der Brief) zugestellt werden muss.

Jetzt nehmen wir folgendes Beispiel: Sie möchten mit Ihrem Webbrowser eine Webseite auf einem Server mit der IP-Adresse 123 (die hier genutzten IP-Adressen sind stark vereinfacht bzw. abgekürzt, um das Verständnis zu erleichtern) öffnen. Ihr Computer sendet ein Internet-Paket (einfach ausgedrückt, ein Datenpaket) an den Computer mit der IP-Adresse 123. Dies geschieht über den Port 443 (oder HTTPS), damit der Computer mit der IP-Adresse 123 weiß, die Anfrage muss an den Webserver weitergeleitet werden. Der Computer mit der IP-Adresse 123 hat im Internet-Paket gelesen, dass die Anfrage vom Computer mit der IP-Adresse 500 kommt (Ihr Computer), und muss die Webseite an diese IP-Adresse zurücksenden – und zwar auf Port 443, denn auf diesem Port wartet Ihr Webbrowser auf die Webseite.

Ein Internet-Paket besteht aus mehreren Teilen – den eigentlichen Daten (etwa die Anfrage, was auf dem entfernten Computer geschehen soll, was zurückgesendet werden soll, oder eben die Webseite), die IP-Adresse und der Port, von dem das Paket kommt, und die IP-Adresse und der Port des Computers, an den das Paket weitergeleitet werden soll (siehe Abbildung 3.1).

Abb. 12.1: Internet-Paket oder auch Datenpaket

Zur Information über Datenpakete oder Internet-Pakete

Wenn Sie zum Beispiel eine Webseite öffnen, eine E-Mail versenden, besteht eine solche Internet-Verbindung nicht nur aus einem Paket, sondern aus vielen. Diese werden der Reihe nach gesendet und am lokalen Computer wieder zusammengefügt. Wenn Sie etwa eine Webseite öffnen, kann eine solche aus über 1000 oder noch mehr einzelnen Internet-Paketen bestehen.

Jetzt kommen wir zu einem praktischen Fall: Auf einem Webserver läuft eine Webseite und auf diese wird über Port 443 (HTTPS) oder auch Port 80 (HTTP) zugegriffen. Damit die Webseite viele Daten liefern kann, läuft auf dem Webserver auch eine Datenbank – auf diese darf der Webserver über den Port 3306 innerhalb des Computers bzw. Betriebssystems zugreifen (eine Datenbank und ein Webserver sind Netzwerk-Anwendungen, darum kommunizieren sie nicht über das Betriebssystem, sondern über Ports). Von außen soll jedoch niemand auf die Datenbank zugreifen können, darum wird der Port 3306 von außen als nicht erreichbar gesperrt.

Was gehört blockiert und was nicht?

Solange Sie keinen Dienst in das Netzwerk (lokales Netzwerk oder in das Internet) anbieten (unter normalen Umständen tun dies die meisten Benutzer auch nicht), sollte jeder eingehende Netzwerk-Verkehr blockiert werden und ausgehender nicht.

Das Internet funktioniert auch, wenn eingehender Netzwerk-Verkehr blockiert wird, denn die Firewall lässt solche Datenpakete in das System, die von Ihnen gestartet wurden. Dazu zählt etwa das Öffnen von Webseiten, das Abrufen von E-Mails, Chat etc.

Nur dann, wenn etwas nicht so funktioniert, wie es sollte, öffnen Sie entsprechende Ports über die Firewall.

12.1.1 GUFW – die grafische und einfach zu nutzende Firewall

Die Linux-Firewall – wie oben schon kurz erwähnt – der Netfilter – ist eigentlich recht kompliziert zu bedienen, mit GUFW ist dies jedoch sehr einfach.

Unter Linux Mint ist GUFW bereits vorinstalliert, unter anderen Linux-Distributionen (nicht Fedora) installieren Sie diese Software über die Paket-Verwaltung (siehe Abschnitt 5.2.1) – am schnellsten mit administrativen Rechten auf dem Terminal. Unter auf Debian basierenden Linux-Distributionen nutzen Sie die folgenden Befehle:

```
apt update
apt install gufw
```

Sie finden diese Software nach der Installation im Anwendungsmenü unter der Kategorie SYSTEM. Für den Start müssen Sie das Administrator-Passwort angeben (siehe Abbildung 12.2).

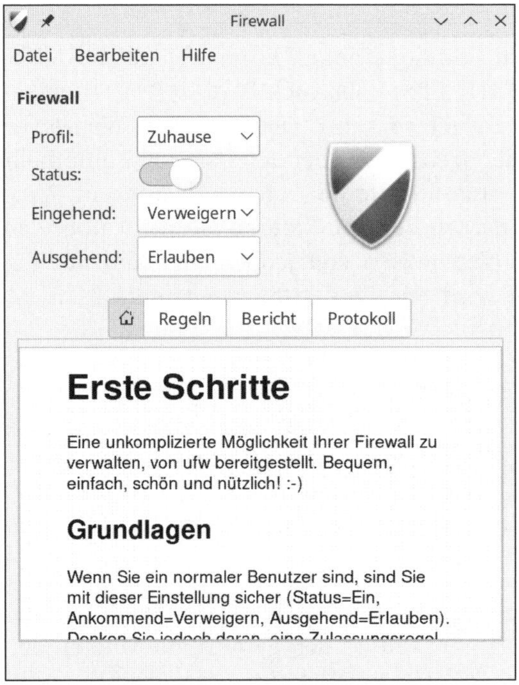

Abb. 12.2: GUFW – das Hauptfenster

Hier genügt ein Klick auf den Schalter STATUS, um die Software / die Firewall zu aktivieren, und ab sofort können keine Zugriffe von außen mehr stattfinden, außer Sie haben mit UFW (Abschnitt 12.1.2, die einfache Konfiguration auf dem Terminal) etwas anderes vorgegeben.

Mit dem Schalter PROFILE lassen sich unterschiedliche Profile anlegen, dies ist unter anderem auf Laptops vorteilhaft, wenn Sie sich in unterschiedlichen Netzwerken bewegen und verschiedene Einstellungen dafür nutzen (in einem öffentlichen Netzwerk sollte beispielsweise alles von außen blockiert werden).

Die Schalter EINGEHEND und AUSGEHEND ermöglichen es, Verbindungen in das System zu erlauben oder zu verweigern. Der Reiter REGELN dient dazu, Regeln, also Ausnahmen, anzulegen – so lassen sich einzelne Dienste und deren Ports freigeben oder auch sperren. Um neue Regeln zu erstellen, klicken Sie unten links auf den Schalter mit dem Plus (siehe Abbildung 12.3).

Abb. 12.3: Neue Regeln für die Firewall erstellen

Dieser Reiter ist in drei weitere Reiter aufgeteilt: Auf dem Reiter VORKONFIGURIERT finden sich an viele Programme angepasste Regeln, so etwa auch für Kdeconnect (um Dateien über WLAN mit dem Android-Smartphone zu teilen) und viele andere, darunter viele Spiele, die Sie als Server betreiben können.

Sie klicken auf den Schalter neben ANWENDUNG und wählen die gewünschte Software aus, alternativ suchen Sie darunter über das Suchfeld. Mit dem Schalter neben RICHTLINIE erlauben Sie anderen Computern den Zugriff auf diese Software. Grundsätzlich gilt: Sie arbeiten hier mit Linux, das bedeutet, einer Software den Zugriff auf das Netzwerk / Internet zu verbieten, ist wenig hilfreich, denn Linux bietet keine Dienste in das Netzwerk bzw. Internet an, die Sie nicht bewusst installieren (es handelt sich hier nicht um Windows, bei dem das Gegenteil der Fall ist).

Der Reiter EINFACH erlaubt es wiederum, einzelne Dienste (Services) freizugeben – hier sollten Sie schon genauer wissen, was Sie tun, bzw. sich darüber informieren. Eine Liste aller Dienste und deren Ports finden Sie in der Datei `/etc/services`, die Sie mit einem beliebigen Texteditor öffnen können (siehe Abbildung 12.4).

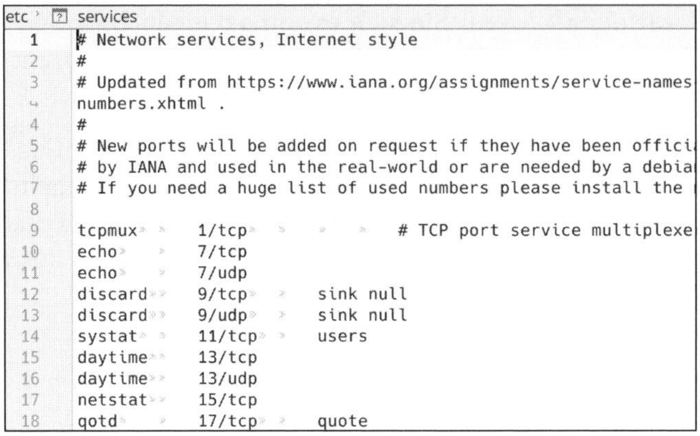

Abb. 12.4: Die Datei /etc/services – alle Dienste und ihre Ports

Links in dieser Datei sehen Sie den jeweiligen Dienst, in der Mitte den Port und das Protokoll sowie dahinter eine kurze Beschreibung.

Der Reiter ERWEITERT bietet Ihnen alle Möglichkeiten zur Konfiguration der Firewall. Hier können Sie unter anderem Docker / Podman (Container-Software unter Linux) über das Netzwerk / Internet freigeben und vieles mehr (siehe Abbildung 12.5).

Abb. 12.5: Erweiterte Konfiguration der Firewall mit GUFW

12.1.2 Konfiguration der Firewall mit UFW am Terminal

GUFW (Abschnitt 12.1.1) ist so gesehen nur eine grafische Oberfläche für UFW. Mit UFW konfigurieren Sie die Linux-Firewall am Terminal, hierzu sind natürlich administrative Rechte nötig. UFW ist bereits installiert, wenn Sie GUFW installiert haben – unter Linux Mint ist dies also schon der Fall. Unter anderen auf Debian basierenden Linux-Distributionen installieren Sie diese Software über die Paket-Verwaltung durch das Paket »ufw«, am schnellsten mit administrativen Rechten am Terminal mit den Befehlen:

```
apt update
apt install ufw
```

Was bietet UFW gegenüber der grafischen Oberfläche GUFW? Wenn Sie wissen, was Sie sperren möchten, gelingt dies am Terminal einfach viel schneller, als lange in der Gegend herumzuklicken.

Gleich einmal zu Beginn, es gilt dasselbe wie bei GUFW: Nur weil man UFW installiert, ist die Firewall nicht gleich aktiv. Es handelt sich nur um ein Werkzeug zur Konfiguration des Netfilters. Ob die Firewall aktiv ist oder nicht, zeigt der Befehl:

```
ufw status
```

Die Ausgabe `Status: inactive` zeigt, dass die Firewall nicht aktiv ist. Mit dem Befehl:

```
ufw enable
```

lässt sich die Firewall aktivieren, mit:

```
ufw disable
```

wieder deaktivieren. Im Vergleich zu den Iptables (der Standard-Software zur Konfiguration der Firewall) ist die Syntax für UFW sehr einfach:

```
ufw Action Dienst
```

`ufw` ist natürlich der eigentliche Befehl, die Aktion legt fest, was mit dem Service zu geschehen hat. Folgende Aktionen sind möglich:

- **allow** – Der angegebene Dienst wird erlaubt.
- **deny** – Der angegebene Dienst wird nicht erlaubt.

- **reject** – Der angegebene Dienst wird nicht erlaubt und eine Meldung an den Sender zurückgesendet. Dies ist nur dann vorteilhaft, wenn Sie selbst nach Problemen mit der Firewall sehen wollen.

Mit dem Dienst legen Sie wieder den Dienst fest, der erlaubt oder nicht erlaubt werden soll, also etwa »http« oder »https« für einen Webserver oder »ssh« für einen SSH-Server. Es ist bei der Nutzung von UFW nicht nötig, einen Port anzugeben, es ist aber natürlich möglich. Alle möglichen Ports und Dienste finden Sie in der Datei `/etc/services` (siehe auch Abbildung 12.4).

Nun möchten Sie im Beispiel die Dienste SSH und HTTPS erlauben und alles andere verbieten. Die Vorgangsweise wäre diese:

```
ufw allow ssh
ufw allow https
ufw default deny
```

Mit der letzten Regel zeigen Sie der Firewall, dass alle anderen nicht angegebenen Dienste / Services nicht erlaubt sind.

Da nicht alle Ports der Firewall auch einem Dienst zugeordnet werden, manche Software jedoch gewisse offene Ports benötigt, kann man natürlich auch die einzelnen Ports und das Protokoll angeben. So etwa den Port 443 mit dem Protokoll TCP (HTTPS):

```
ufw allow 443/tcp
```

Manche Software benötigt mehrere offene Ports – so etwa Kdeconnect die Ports von 1714 bis 1764 auf TCP und UDP. Es wäre nun sehr umständlich, jeden Port auf jedem Protokoll anzugeben. Um einen Bereich von Ports freizugeben, trennen Sie den niedrigsten Port vom höchsten ganz einfach durch einen Doppelpunkt:

```
ufw allow 1714:1764/tcp
ufw allow 1714:1764/udp
```

Noch einfacher funktioniert die Erstellung von Regeln mit vorhandenen vordefinierten. Für manche Software besitzt UFW bereits passende Regeln. Welche es gibt, zeigt der Befehl:

```
ufw app list
```

Ein Beispiel für die Ausgabe zeigt Abbildung 12.6.

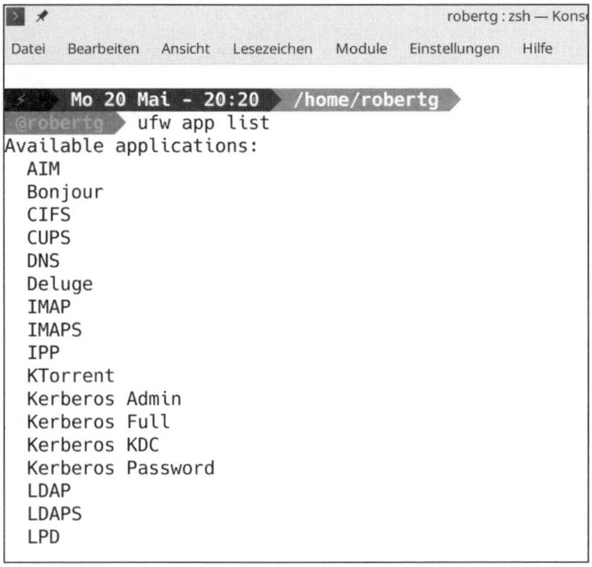

Abb. 12.6: Vordefinierte Regeln in UFW am Terminal anzeigen

Um solche vordefinierten Regeln zu nutzen, geben Sie sie einfach an, etwa für Ktorrent:

```
ufw app info Ktorrent
```

Enthält die Bezeichnung der Regel Leerzeichen, gilt es, diese in Anführungszeichen zu setzen, also etwa:

```
ufw allow "Mail submission"
```

Interessierte können sich anzeigen lassen, was sich an der Firewall so alles tut, hierzu aktiviert man das Logging mit:

```
ufw logging on
```

Anschließend geben Sie mit

```
ufw logging Stufe
```

die Details an, die UFW loggen soll:

- **low** – Standard
- **medium** – Mehr Informationen

- **high** – Viele Informationen
- **full** – Alle Informationen

Mit `full` werden wirklich alle Aktionen der Firewall aufgezeichnet, dies ist nur in Hochsicherheitsumgebungen erforderlich – keinesfalls in privaten Netzwerken. Mitverfolgen lassen sich solche Meldungen etwa als Administrator auf dem Terminal mit dem Befehl:

```
tail -f /var/log/syslog
```

Mit [Strg]+[c] beenden Sie diese Ausgabe.

Haben Sie die Einstellungen der Firewall geändert, bestätigen Sie dies danach mit dem Befehl:

```
ufw reload
```

12.1.3 Firewalld – die Firewall unter Fedora und anderen Linux-Distributionen

UFW und deren grafische Oberfläche GUFW ist zwar eine einfache und verständliche Firewall, aber nicht alle Linux-Distributionen führen sie in ihren Repositories mit. Unter auf Debian basierenden Linux-Distributionen findet sich jedoch auch Firewalld – die Firewall aus Fedora. Diese besitzt um einiges mehr Möglichkeiten an Einstellungen.

Vorsicht

Mehr als eine Firewall zu betreiben, ist ein absolutes Sicherheitsrisiko, vor allem auf einem Laptop, mit dem Sie auch öffentliche WLAN-Netze nutzen (mit einem Standrechner kommen Sie dagegen weniger mit öffentlichen Netzwerken in Berührung und haben meist noch einen Router zwischen diesem und dem Internet). Bevor Sie umsteigen, sollte die aktuell aktive Firewall deaktiviert werden.

Unter auf Debian basierenden Linux-Distributionen installieren Sie Firewalld über die Paket-Verwaltung durch die beiden Pakete »firewalld« und »firewall-config«. Unter Fedora und manchen anderen Linux-Distributionen ist sie bereits vorinstalliert – so etwa auch unter Kubuntu.

Sie finden die grafische Oberfläche zur Konfiguration im Anwendungsmenü unter der Kategorie SYSTEM, alternativ nutzen Sie den Schnellstarter [Alt]+[F2] oder das Terminal mit dem Befehl:

```
firewall-config
```

Ein Bildschirmfoto der grafischen Oberfläche sehen Sie in Abbildung 12.7.

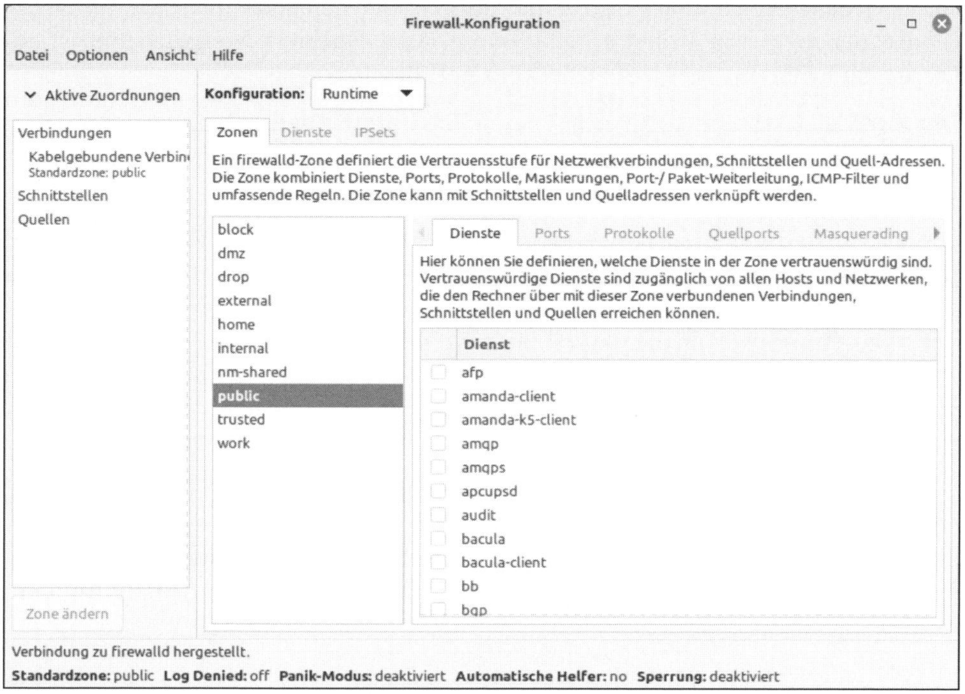

Abb. 12.7: Die grafische Oberfläche von Firewalld

Zu Beginn ganz wichtig: Die Software versteht sich auf zwei Betriebsstufen:

- **Runtime** – Nur für diese Sitzung aktiv, nach einem Neustart nicht mehr aktiv
- **Permanent** – Immer aktiv

Per Schalter KONFIGURATION unter der Menüleiste schalten Sie um. Im besten Fall schalten Sie hier natürlich auf PERMANENT, um die Einstellungen anzupassen.

In der Liste links sehen Sie nun Ihre aktiven Internet-Verbindungen. Ein Doppelklick darauf lässt die Zone auswählen (die zu Hause sollte sich etwa »Home« nennen, weitere natürlich anders).

Auf diese Art lassen sich unterschiedliche Sicherheitszonen aktivieren. Zu Hause lassen Sie etwa Dienste wie Samba (Dateien im Netzwerk teilen) und Co. laufen, in fremden Netzwerken werden diese natürlich blockiert.

In der mittleren Liste aktivieren Sie die Zone noch einmal per Doppelklick. In dem Reiter rechts daneben finden Sie die Dienste – auch diese lassen sich dann per Doppelklick in ihren Eigenschaften bearbeiten – etwa die Ports.

Wollen Sie an den Ports selbst nichts ändern, bleiben Sie am einfachsten auf dem Reiter Zonen – hier passen Sie nun auch die erlaubten und blockierten Dienste an. Vor jedem Dienst in der Liste ganz rechts findet sich eine Checkbox, und jeder Dienst, der nicht von Ihnen erlaubt wurde, wird blockiert. Freigeschaltet ist ein Dienst natürlich nur, wenn die Checkbox gefüllt ist.

Die Firewall lässt sich nicht nur über vordefinierte Dienste anpassen, sondern über die Reiter in der Liste rechts auch über Ports, Protokolle, Filter verschiedenster Art und vielem mehr.

Um die Einstellungen zu aktivieren, stellen Sie das Menü Optionen|Runtime auf Dauerhaft, über Optionen|Standardzone ändern passen Sie die Standardzone an – also die Einstellungen, die Sie am häufigsten nutzen (etwa zu Hause). Unten links passen Sie wieder die aktuell zu nutzende Zone an (Zone ändern) – hier wechseln Sie also zwischen den unterschiedlichen Zonen (etwa zwischen dem sicheren Heimnetzwerk und einem unsicheren öffentlichen Netzwerk). Über Optionen|Panik-Modus sperren Sie unverzüglich jeglichen Netzwerk-Verkehr.

Installieren Sie über die Paket-Verwaltung zusätzlich das Paket »firewall-applet« (eine kleine und einfache grafische Oberfläche, mit der Sie, ohne die Konfiguration der Firewall zu öffnen, zwischen Netzwerken wechseln und auch Angriffe sehen können) und starten das Applet am Terminal als normaler Nutzer mit dem Befehl:

```
firewall-applet
```

Abb. 12.8: Firewall-Applet automatisch starten lassen

Oder tragen Sie ihn einfach als automatisch zu startenden Befehl in den Einstellungen der Desktop-Umgebung ein. Unter Linux Mint aktivieren Sie das Applet etwa über die EINSTELLUNGEN|STARTPROGRAMME. Hier klicken Sie auf den Schalter mit dem Plus. Unter NAME geben Sie einen Namen für den Starter ein – etwa »Firewall-Applet«, und unter BEFEHL `firewall-applet` (siehe Abbildung 12.8). Dies war es auch schon. Klicken Sie auf HINZUFÜGEN und beim nächsten Anmelden am Desktop startet das Applet automatisch.

12.1.4 OpenSnitch – die softwarebasierte Firewall unter Linux

Eine softwarebasierte Firewall (auch »Application Firewall« genannt) ist kein Ersatz für eine richtige Firewall, die man etwa mittels GUFW (Debian, Ubuntu, Linux Mint ...) oder Firewalld (Fedora) installiert. Eine Application Firewall reguliert den Netzwerkverkehr lokal installierter Software. Sie bietet also keinen Schutz gegen Angriffe von außen.

Mit einer Application Firewall legen Sie fest, welche lokal installierte Software Zugriff auf das Netzwerk bzw. das Internet haben darf. Solange man keine Software installiert, die nicht aus den Standard-Repositories stammt und damit ggf. nicht vertrauenswürdig ist, hat eine solche Firewall meiner Meinung nach recht wenig Sinn. Aber manchen Benutzern ist es lieber, eine solche Firewall zusätzlich zu nutzen. OpenSnitch ist eine solche Application Firewall und stört nicht die Arbeit des Netfilters (der Linux-Firewall)

OpenSnitch installieren

Sie finden auf GitHub unter `https://github.com/evilsocket/opensnitch/releases` Pakete für auf Debian basierende Linux-Distributionen (Debian, Ubuntu, Linux Mint ... – hier laden Sie die DEB-Datei herunter) sowie für Distributionen, die RPM als Paket-Format nutzen – also etwa openSUSE, Fedora, Mageia, PCLinuxOS und so weiter.

Sie laden die passenden Pakete für den Daemon (hierbei handelt es sich um den Teil der Software, der im Hintergrund läuft – also nicht sichtbar für den Benutzer) und für die GUI herunter. Unter auf Debian basierenden Linux-Distributionen installieren Sie die Pakete per Mausklick oder als Administrator auf dem Terminal über die Paket-Verwaltung – zuerst den Daemon, dann die GUI (wenn, dann per Mausklick):

Linux Mint:

```
apt-get install /home/nutzername/Downloads/*.deb
```

Debian und andere darauf basierende Linux-Distributionen:

```
apt install /home/nutzername/Downloads/*.deb
```

Anschließend gilt es, den Daemon zu aktivieren. Dies gelingt per Systemd (die Software, mit der man die Dienste unter Linux steuert) mit administrativen Rechten auf dem Terminal mit dem Befehl:

```
systemctl enable opensnitch
```

Anschließend starten Sie den Daemon mit:

```
systemctl start opensnitch
```

OpenSnitch nutzen

Die Software funktioniert nur, wenn Sie die grafische Oberfläche der Software gestartet haben. Sie finden diese im Anwendungsmenü unter der Kategorie SYSTEM. Diese öffnet sich als Icon im Systembereich des Panels oder der Kontrollleiste. Ein Klick darauf öffnet die Oberfläche (siehe Abbildung 12.9).

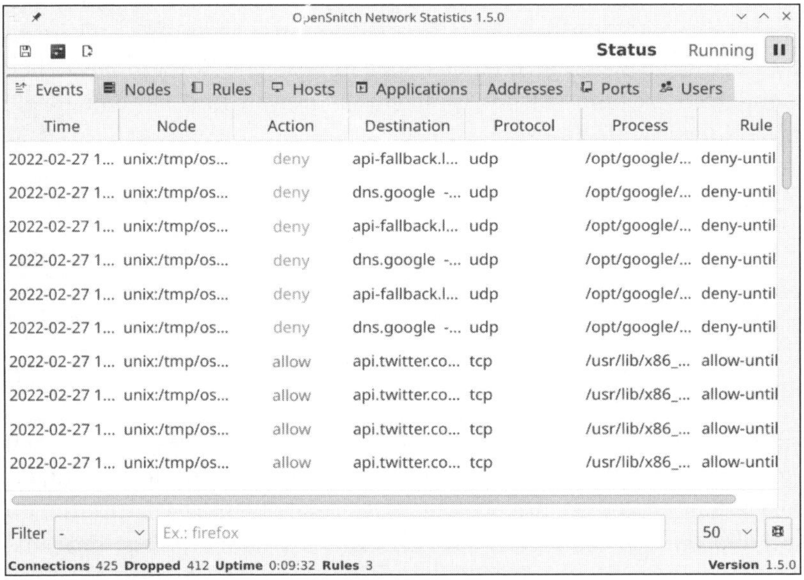

Abb. 12.9: OpenSnitch – softwarebasierte Firewall

Hier zeigen sich nun alle erlaubten und blockierten Verbindungen. Auf den entsprechenden Reitern lassen sich die Regeln auch verfeinern. Jede erwünschte Verbindung müssen Sie erst einmal mit ALLOW erlauben – hierzu öffnet sich das passende Fenster (siehe Abbildung 12.10).

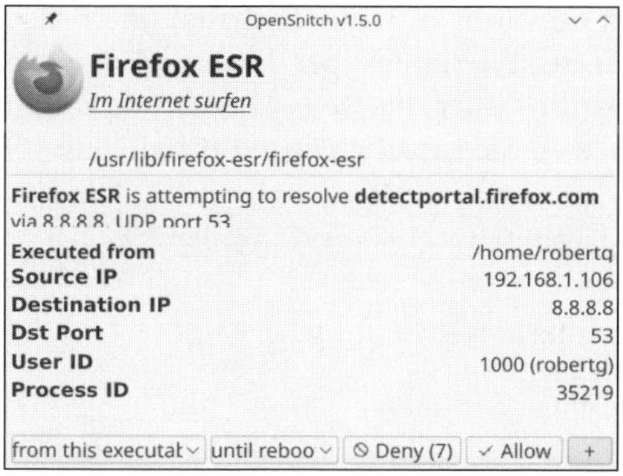

Abb. 12.10: Netzwerkverkehr für Software mit OpenSnitch erlauben oder verbieten

Die Software funktioniert perfekt – sie blockiert jede Verbindung nach außen und erlaubt sind nur solche, die Sie auch zulassen. Wenn Sie Ihrem Linux-System genauso wenig vertrauen wie Microsoft Windows, ist OpenSnitch genau richtig.

12.1.5 Portmaster – »nach Hause telefonieren« unter Linux unterbinden

Portmaster können Sie sich als softwarebasierte Firewall vorstellen, wie auch OpenSnitch – da beide Firewalls gleichermaßen beliebt sind, werden hier beide beschrieben.

Unter Microsoft Windows und Android kennt man die Geschichte bestens – Software, die nach Hause telefonieren und dem Hersteller Daten über uns bringen. Unter Linux ist dies eher selten der Fall – aber auch hier gibt es Software, die ungefragt Daten über uns nach Hause sendet. So sendet etwa Firefox ungefragt Telemetriedaten. Bei freier Software muss man hier meist weniger Angst haben, aber viele Linux-Anwender installieren sich auch proprietäre Software aus dem Netz. Bei diesen wird es schon interessanter, sich über solche Dinge Gedanken zu machen.

Mit der Software Portmaster (ähnlich wie OpenSnitch, jedoch einfacher zu verstehen) lassen sich solche unerwünschten Übermittlungen unterbinden. Hierzu arbeitet die Software Portmaster mit dem Dienst Safing Privacy Network – siehe auch `https://safing.io/spn/` – zusammen.

Portmaster installieren

Sie finden diese Software unter `https://safing.io/portmaster/` als Debian-Paket (Ubuntu) für auf Debian basierende Linux-Distributionen und als RPM-Paket (Fedora) für openSUSE, Mageia und Co. zum Download. Auch wenn die Pakete für Ubuntu und Fedora ausgeschrieben sind, funktionieren sie problemlos unter anderen Distributionen.

Das Debian-Paket (gilt für alle auf Debian basierenden Linux-Distributionen, also auch Ubuntu, Linux Mint und so weiter) installieren Sie per Mausklick auf die Datei oder als Administrator auf dem Terminal über die Paket-Verwaltung durch den folgenden Befehl (`benutzername` ersetzen Sie natürlich durch Ihren):

```
apt install /home/nutzername/Downloads/portmaster-installer.deb
```

Während der Installation wird eine aktive Internetverbindung benötigt.

Portmaster nutzen

Die Software – besser ausgedrückt der Dienst – startet ab dem nächsten Systemstart automatisch, wirkt aber erst in Verbindung mit der grafischen Oberfläche. Möchten Sie den Dienst nicht automatisch starten, regeln Sie dies mit administrativen Rechten auf dem Terminal mit dem Befehl:

```
systemctl disable portmaster.service
```

Dann starten Sie Portmaster nur dann manuell, wenn Sie ihn auch wirklich brauchen, über die grafische Oberfläche der Software – etwa beim Testen von neuer Software.

Sie finden diese Software nach der Installation im Anwendungsmenü unter der Kategorie SYSTEM.

Wurde das System nach der Installation nicht neu gestartet, müssen Sie den Hintergrunddienst manuell per Mausklick starten – hierzu benötigen Sie administrative Rechte. Dies ist auch der Fall, wenn Sie den automatischen Start wie oben beschrieben deaktiviert haben (Sie werden beim Start der Software nach dem Passwort gefragt). Die Software hat in der Realität eine sehr dunkle grafische Oberfläche – ich habe die Farben zur besseren Lesbarkeit invertiert, Sie werden also leider keine Einstellung finden, um ebenfalls eine helle Oberfläche einstellen zu können (siehe Abbildung 12.11).

Portmaster zeigt rechts, welche Software auf das Netzwerk / Internet zugreift und wie viele Verbindungen automatisch durch vorkonfigurierte Regeln blockiert und erlaubt wurden. So wurden in diesem Beispiel von Google Chrome nur 41 Verbindungen erlaubt, beim Rest handelt es sich wohl um Telemetrie und unerwünschte andere Datenübertragungen.

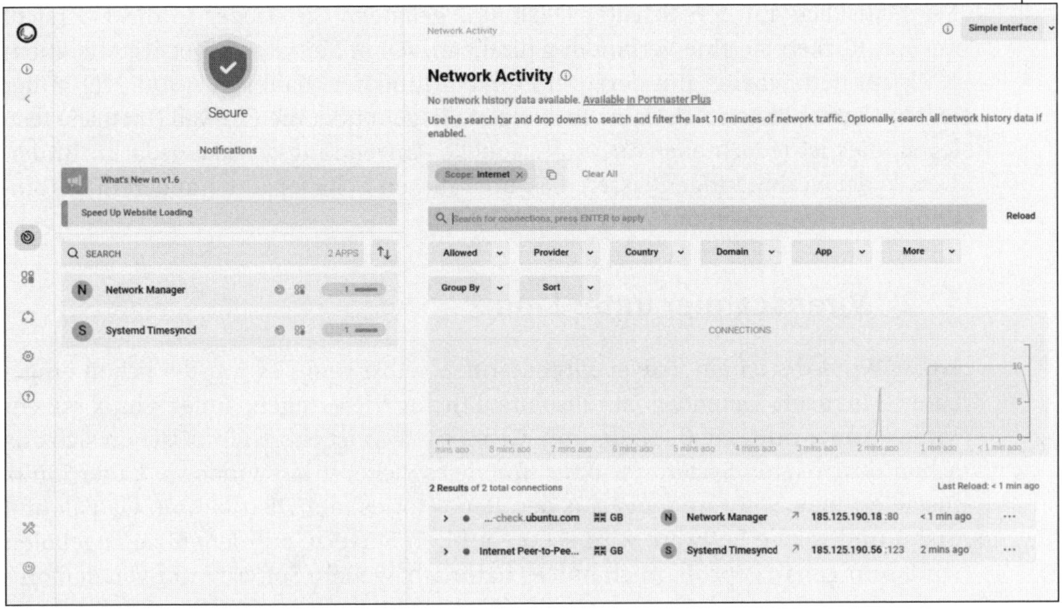

Abb. 12.11: Die grafische Oberfläche von Portmaster (Farben invertiert)

Klicken Sie einen Eintrag an, zeigen sich blockierte und erlaubte Verbindungen in ihren Details (siehe Abbildung 12.12).

Abb. 12.12: Details über die Verbindungen einzelner Software in Portmaster

Per Mausklick auf den Schalter OBERVIEW gelangen Sie wieder in die Übersicht zurück. Klicken Sie eine Verbindung direkt an, sehen Sie weitere Details. Mit einem Klick auf den Schalter mit den drei Punkten (und der Wahl von ADD RULE) hinter jedem Eintrag lassen sich dann auch eigene Regeln über die Firewall (Iptables) festlegen, dies ist jedoch eher für professionelle Anwendungszwecke gedacht. In den Details der Verbindungen lassen sich über diesen Schalter unter anderem Verbindungen / IP-Adressen direkt blockieren.

12.2 Virenscanner unter Linux

Unter Windows ist ein aktiver Virenscanner, selbst wenn es nur der schon eingebaute Microsoft Defender ist, absolute Pflicht. Viele sagen, unter Linux ist ein Virenscanner nur eine Behinderung. Grundsätzlich ist es so: Linux ist von sich aus schon durch seine System-Struktur um vieles sicherer als Windows. Unter Linux installiert man Software meist aus den Repositories (der Distribution, Flatpak und Snap) und solche Software wird schon auf den Servern, auf denen sie angeboten wird, sehr genau geprüft. Auch hilft es natürlich, weitere Software nur von den offiziellen Webseiten zu beziehen, also von den Herstellern der jeweiligen Software.

Unter Linux arbeitet man nur bei administrativen Tätigkeiten mit administrativen Rechten, so kommt bösartige Software um vieles schwieriger in das System als etwa unter Windows. Linux wird auch um vieles schneller aktualisiert, wenn Sicherheitslücken entdeckt werden.

Es gibt aber auch Virenscanner für Linux von nahezu allen Herstellern, die ihre Virenscanner für Windows anbieten. Dies hat auch einen guten Grund: Oft nutzen Linux-Benutzer nebenbei auch Windows und unter Linux heruntergeladene Dateien werden auf Windows verschoben. Während Windows-Viren und andere Schadsoftware unter Linux nichts anstellen können – verschieben oder kopieren Sie solche Dateien von Linux auf Windows, werden diese dort natürlich wieder aktiv. In einem solchen Fall sind auch unter Linux Virenscanner interessant.

Für einen Virenscanner unter Linux zu bezahlen, ist aus den genannten Gründen weniger interessant. Es gibt einen guten freien Virenscanner für Linux, dieser lässt sich einfach über die Paket-Verwaltung durch die Pakete »clamav« und »clamtk« (zur Information – ClamAV stammt von der Netzwerk-Technik-Firma Cisco, ist also sehr bekannt) installieren – am schnellsten mit administrativen Rechten auf dem Terminal mit den Befehlen:

```
apt update
apt install clamav clamtk
# Linux Mint:
apt-get update
apt-get install clamav clamtk
```

Das erste Paket (clamav) ist für die Arbeit am Terminal, zweites Paket (clamtk) besitzt eine grafische Oberfläche. Wollen Sie die grafische Oberfläche gar nicht benutzen, müssen Sie das Paket auch nicht installieren.

12.2.1 ClamAV auf dem Terminal nutzen

Das Durchsuchen von Dateien nach Schadsoftware ist ein sehr ressourcenhungriger Prozess, so ist es vor allem auf älteren Computern vorteilhaft (aber natürlich auch auf neueren), auf die grafische Oberfläche zu verzichten. Auch ein Arbeiten mit administrativen Rechten mit ClamAV ist nicht nötig – Sie müssen unter Linux nicht das komplette Betriebssystem durchsuchen, sondern nur die privaten Dateien, also etwa Ihr Home-Verzeichnis.

Was sollten Sie mit einem Virenscanner unter Linux durchsuchen?

Insbesondere Dateien, die Sie mit Windows-Betriebssystemen teilen. Dies hat vor allem den Grund, dass es so gut wie keine Schadsoftware für Linux gibt. Hier sind besonders Dateien interessant, die sich unter Linux nicht mit Standard-Software öffnen lassen. Also etwa PDF-Dateien, Videos oder Musik-Dateien, Bilder und Office-Dokumente.

Natürlich gibt es auch für Linux Schadsoftware, diese zielt aber nicht auf private Computer ab, sondern auf Server im Internet.

Die Viren-Datenbank aktualisieren

ClamAV aktualisiert seine Datenbank für Schadsoftware jede Stunde automatisch, das zeigt Ihnen ein Blick in die Datei `/etc/clamav/freshclam.conf`. In dieser Datei suchen Sie die Zeile:

```
# Check for new database 24 times a day
```

Darunter finden Sie die Konfiguration:

```
Checks 24
```

Möchten Sie die Aktualisierung der Datenbank anpassen, öffnen Sie die Datei mit administrativen Rechten mit einem Texteditor und ändern die Anzahl in Stunden – Sie können die Aktualisierung aber ohnehin nur verringern, ein Tag hat schließlich nur 24 Stunden.

Sie können die Datenbank für Schadsoftware aber auch manuell aktualisieren, dies gelingt mit administrativen Rechten auf dem Terminal mit folgendem Befehl:

```
freshclam
```

Zur Erinnerung: Haben Sie keinen Benutzer »root« (den Administrator) eingerichtet, nutzen Sie zusätzlich den Befehl `sudo` – also:

```
sudo freshclam
```

Haben Sie den »root«-Benutzer eingerichtet, werden Sie erst mit dem Befehl:

```
su
```

zu root und starten anschließend den Befehl:

```
freshclam
```

Dateien und Verzeichnisse auf dem Terminal nach Schadsoftware durchsuchen

Wie in Abschnitt 4.3.2 schon beschrieben, wechseln Sie mit dem Befehl `cd` durch die Verzeichnisse (Ordner) unter Linux. Nehmen wir jetzt als Beispiel an, Sie möchten im Verzeichnis `Downloads` die Datei `Dateiname.pdf` auf Schadsoftware hin untersuchen. Sie können dazu in das Verzeichnis wechseln und die Datei anschließend durchsuchen:

```
cd Downloads/
clamscan Dateiname.pdf
```

Um eine Datei oder ein Verzeichnis zu durchsuchen, nutzen Sie also den Befehl `clamscan`.

Alternativ geben Sie den Pfad zur Datei an, in diesem Beispiel:

```
clamscan Downloads/Dateiname.pdf
```

Möchten Sie ein komplettes Verzeichnis durchsuchen – hier nehmen wir als Beispiel das Verzeichnis `Downloads` –, geben Sie dieses an:

```
clamscan Downloads/
```

Als Ausgabe erhalten Sie die durchsuchte Datei oder das durchsuchte Verzeichnis und das Ergebnis – ein OK bedeutet hierbei natürlich »kein Fund« (siehe Abbildung 12.13).

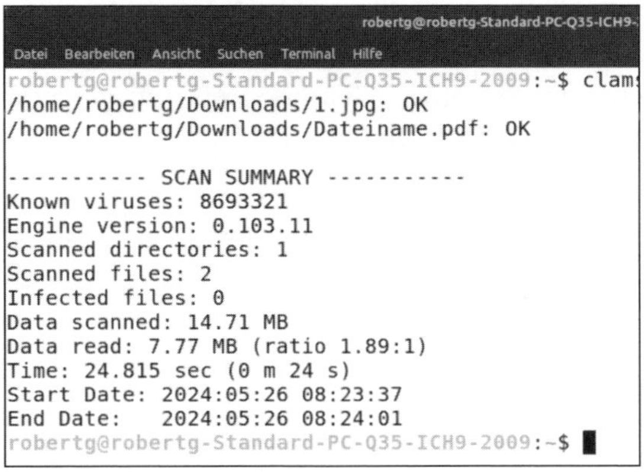

Abb. 12.13: Ein durch ClamAV durchsuchtes Verzeichnis

12.2.2 ClamTK – Suche nach Schadsoftware mit grafischer Oberfläche

Wie weiter oben schon beschrieben, hat ClamAV auch eine grafische Oberfläche – wie Sie sie installieren, lesen Sie ebenfalls zu Beginn dieses Abschnittes.

Sie finden diese Software nach der Installation im Anwendungsmenü unter der Kategorie SYSTEM. Sie ist sehr einfach zu nutzen, die Aktualisierung der Datenbank für Schadsoftware übernimmt ClamAV im Hintergrund automatisch, Sie können sie aber auch manuell mit einem Klick auf den Schalter AKTUALISIEREN auf den aktuellsten Stand bringen.

Mit dem Schalter EINE DATEI PRÜFEN durchsuchen Sie eine einzelne Datei, mit EINEN ORDNER PRÜFEN ein Verzeichnis (siehe Abbildung 12.14).

Abb. 12.14: Der Virenscanner ClamTK

Über den VERLAUF können Sie sich die letzten Scan-Ergebnisse ansehen. Hat die Software eine infizierte Datei oder ein Verzeichnis gefunden, können Sie sie mit dem Schalter QUARANTÄNE vom restlichen System isolieren lassen und genauer untersuchen. Die einfachste Möglichkeit ist das Löschen der Datei.

Mit dem Schalter PLANER können Sie Scans auf Schadsoftware automatisieren – etwa in bestimmten Intervallen vorbestimmte Verzeichnisse durchsuchen. Abbildung 12.15 zeigt, dass in einem durchsuchten Verzeichnis keine Schadsoftware gefunden wurde.

Abb. 12.15: ClamTK nach einer Durchsuchung eines Verzeichnisses

12.2.3 Andere Virenscanner für Linux

Möchten Sie einen Virenscanner unter Linux nutzen und auf eine bekanntere Marke setzen, gibt es natürlich auch diese Möglichkeit. Die meisten haben jedoch keine grafische Oberfläche (Sie nutzen sie auf dem Terminal und lassen sich ihre Berichte im Webbrowser beim jeweiligen Hersteller auf seiner Webseite anzeigen), suchen nur nach Schadsoftware für Windows (die meiste Schadsoftware läuft wie bereits erwähnt nur auf Windows) und kosten Geld. Sie sind hauptsächlich für den Betrieb auf Servern gedacht.

Die meisten dieser Programme funktionieren nach der Installation automatisch, müssen jedoch auf dem Terminal weiter angepasst werden (über eine Konfigurationsdatei) und bieten dann eine grafische Oberfläche in der Cloud des jeweiligen Herstellers – dort liegen natürlich auch Daten über Sie und Ihre Dateien.

Hier finden Sie eine Liste bekannter Hersteller:

- **Avast** – Keine grafische Oberfläche, nicht kostenlos, für Linux-Server, auf die auch Windows-Systeme zugreifen: `https://www.avast.com/de-de/business/products/linux-antivirus#pc`
- **Bitdefender** – Keine grafische Oberfläche, nicht kostenlos, für Linux-Server, auf die auch Windows-Systeme zugreifen: `https://www.bitdefender.com/business/support/en/77209-157515-bitdefender-endpoint-security-tools-for-linux-quick-start-guide.html`
- **Eset** – Keine grafische Oberfläche, nicht kostenlos, für Linux-Server, auf die auch Windows-Systeme zugreifen: `https://www.eset.com/at/business/download/endpoint-antivirus-linux/`
- **Microsoft Defender** – Keine grafische Oberfläche, nicht kostenlos, für Linux-Server, auf die auch Windows-Systeme zugreifen: `https://learn.microsoft.com/de-de/defender-endpoint/microsoft-defender-endpoint-linux`
- **Kaspersky** – Keine grafische Oberfläche, nicht kostenlos, für Linux-Server, auf die auch Windows-Systeme zugreifen: `https://support.kaspersky.com/de/kes-for-linux/11.4.0`
- **Comodo** – Grafische Oberfläche, auch kostenlos, für Server und Desktop-Systeme: `https://www.comodo.com/home/internet-security/antivirus-for-linux.php?track=8251` (es ist jedoch nicht sicher, wie lange der Hersteller die Software noch weiterentwickelt)

Anleitungen zur Installation finden Sie auf den Seiten zum Download.

12.3 Firejail – Software unter Linux in die Sandbox sperren

Eine Sandbox sperrt Prozesse – also Software – in ein Verzeichnis und schottet sie so gesehen vom restlichen System ab. Mit Firejail ist dies auch unter Linux problemlos und ganz einfach möglich.

Nehmen wir einmal an, Ihr Webbrowser hat eine Sicherheitslücke und diese wurde vom Hersteller noch nicht entdeckt, aber ein Hacker kennt die Lücke in der Software schon. Gehen wir etwas weiter: Diese Lücke erlaubt es einem Angreifer, auf Ihre Dokumente zuzugreifen, ohne dass Sie dies erlauben. Und jetzt manipuliert der Hacker eine Webseite so, dass die Lücke ausgenutzt wird, wenn Sie diese Webseite besuchen. Während Sie diese Webseite ansehen, werden Ihre Dokumente automatisch auf den Webserver mit der Website übertragen. Eine Sandbox verhindert genau solche Dinge. Die in der Sandbox eingesperrte Software kann nur auf die Dateien zugreifen, die auch in der Sandbox (bzw. demselben Verzeichnis) liegen.

12.3.1 Firejail nutzen

Unter auf Debian basierenden Linux-Distributionen installieren Sie diese Software ganz einfach über die Paket-Verwaltung durch das Paket »firejail«, mit dem Paket »firetools« erhalten Sie auch eine grafische Oberfläche.

Firejail wird am Terminal genutzt, das funktioniert jedoch ganz einfach. Die Software verfügt zumindest unter auf Debian basierenden Systemen schon über vorgefertigte Profile. Ein solches Profil regelt, was die dazu passende Software in der Regel machen darf, in ein eigenes Verzeichnis wird sie allerdings nicht eingesperrt. Diese Profile werden mit der Software automatisch installiert und lassen sich mit folgendem Befehl anzeigen:

```
less | ls /etc/firejail/
```

Ein Beispiel für eine Ausgabe zeigt Abbildung 12.16.

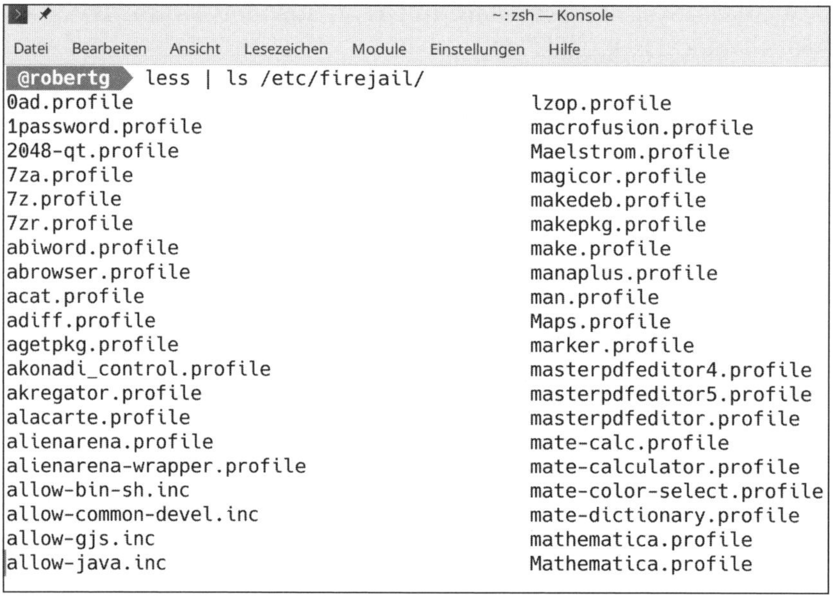

Abb. 12.16: Für Software vorgefertigte Sandbox-Profile

Durch diese Profile scrollen Sie mit den Pfeiltasten (auf / ab). Nach der Eingabe von `/` (also `Umschalt`+`7`) können Sie die Liste durchsuchen. Um etwa nach Firefox zu suchen:

```
/firefox
```

Mit n und N springen Sie einen Treffer weiter und zurück.

Gibt es für eine Software ein Profil, können Sie sie schon ohne weitere Konfiguration nutzen. Mit q beenden Sie die Ausgabe.

Alternativ können Sie sich die Profile auch im Dateimanager ansehen unter `/etc/firejail/` (siehe Abbildung 12.17).

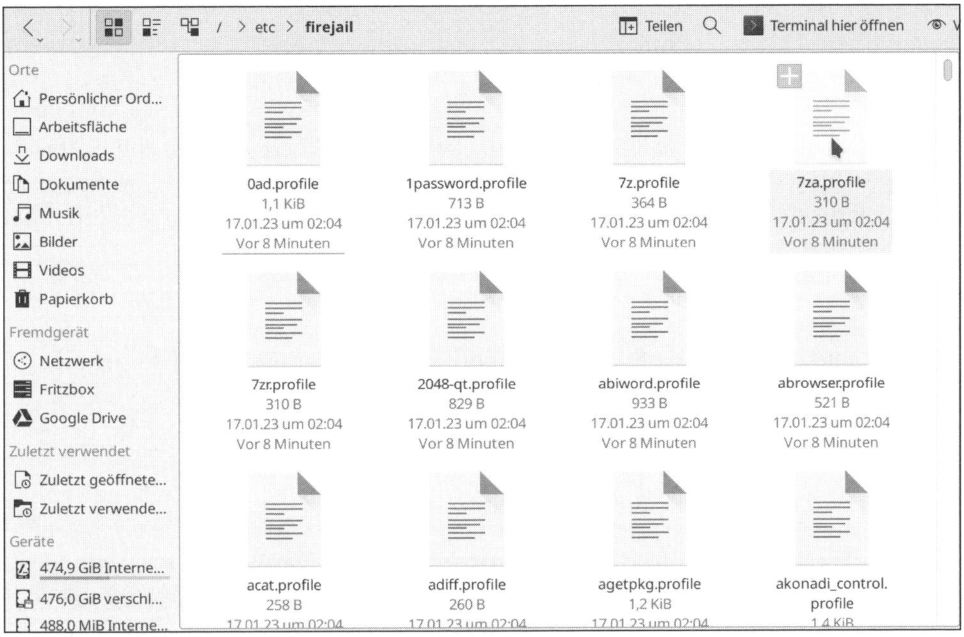

Abb. 12.17: Firejail-Profile im grafischen Dateimanager

Aktuell sind über 1250 Profile vorhanden. Diese Profile regeln, was eine Software tun darf und auf welche Verzeichnisse und Dateien sie zugreifen darf. Sie können sich so ein Profil ansehen, indem Sie darauf klicken. Somit öffnet sich automatisch der vorkonfigurierte Texteditor. Hier ein Beispiel für ein solches Profil im Textformat:

```
# Firejail profile for firefox-common

# noexec ${HOME} breaks DRM binaries.
?BROWSER_ALLOW_DRM: ignore noexec ${HOME}
# noexec ${RUNUSER} breaks DRM binaries when using profile-sync-daemon.
?BROWSER_ALLOW_DRM: ignore noexec ${RUNUSER}

# Add the next line to your firefox-
common.local to allow access to common programs/addons/plugins.
```

```
#include firefox-common-addons.profile

noblacklist ${HOME}/.local/share/pki
noblacklist ${HOME}/.pki
```

Hierbei handelt es sich nicht um das komplette Profil, sondern nur um einen Auszug. In Zeilen, die mit

```
noblacklist
```

beginnen, wird beispielsweise festgelegt, auf welche Verzeichnisse die Software uneingeschränkten Zugang hat – dies sind etwa Verzeichnisse, die die Software zur Konfiguration benötigt, oder Bibliotheken, die ebenfalls benötigt werden. Mit:

```
blacklist
```

wird festgelegt, dass die Software hier überhaupt nicht zugreifen darf. Auf mit:

```
whitelist
```

beginnende Zeilen hat die Software vollen Zugriff.

Tipp

Die Dateien können Sie auch als Vorlage für eigene Profile nutzen. Sie können die bestehenden direkt bearbeiten oder auch kopieren, unter einem anderen Namen wieder einfügen und dann die Kopie bearbeiten.

Ist ein Profil für die gewünschte Software oder den Befehl vorhanden, können Sie Firejail ohne weitere Optionen nutzen. Nehmen wir als Beispiel Firefox:

```
firejail firefox
```

Möchten Sie eine Software komplett vom restlichen System abschotten, sodass sie auf überhaupt keine Ihrer Dateien Zugriff hat, legen Sie sich hierfür ein neues Verzeichnis an – in diesem Beispiel werde ich Firefox nutzen, also werde ich in meinem Home-Verzeichnis ein Verzeichnis namens »firefox« anlegen und die Software nun auf dieses Verzeichnis beschränken (`benutzername` ersetzen Sie natürlich durch Ihren eigenen):

```
firejail --private=/home/benutzername/firefox/ firefox
```

Die Syntax sieht also so aus:

```
firejail --private=/Pfad/zum/Verzeichnis/ Befehl
```

Die Software kann nicht aus dem Verzeichnis `firefox` heraus. Sie kann nicht einmal auf die Systemdateien zugreifen, die sie eigentlich benötigt – stattdessen werden im Verzeichnis, in dem sie eingesperrt ist, die Kopien der Dateien und Verzeichnisse angelegt, die sie benötigt, um zu funktionieren (siehe Abbildung 12.18).

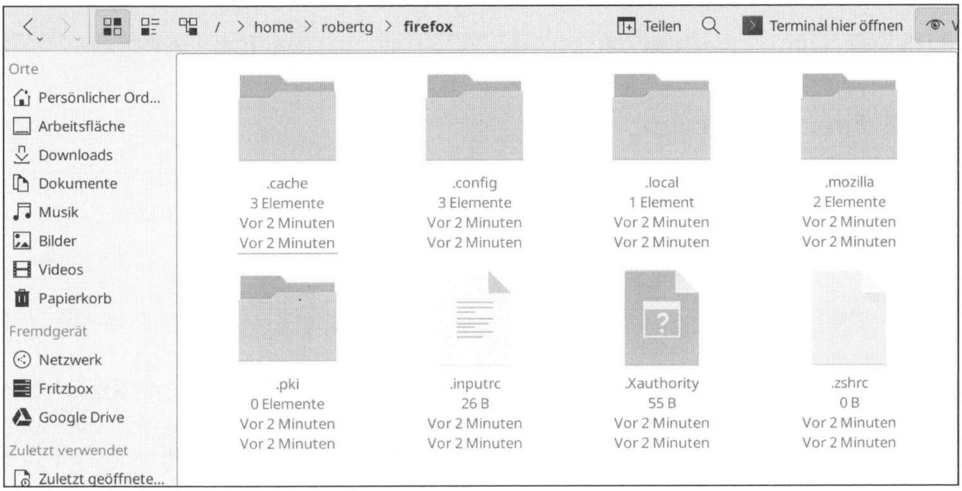

Abb. 12.18: Eine Sandbox durch Firejail erstellt

Würden Sie in diesem Beispiel mit Firefox Dateien herunterladen, würden diese nicht im Verzeichnis `/home/benutzername/Downloads` landen, sondern unter `/home/benutzername/firefox/Downloads`.

Selbst wenn Firefox jetzt über eine Webseite gehackt würde, kann diese nicht auf Daten außerhalb dieses Verzeichnisses zugreifen. Würde eine manipulierte Webseite zum Beispiel auf Ihre Dokumente unter `Dokumente` zugreifen wollen, würde in der Sandbox ein neues Verzeichnis namens `Dokumente` angelegt werden, das natürlich leer ist.

Eine weitere Möglichkeit wäre es, dass eine Software zwar lesend auf alle Dateien zugreifen, jedoch keine Änderungen vornehmen kann. So wird verhindert, dass eine Software z.B. Einstellungen Ihrer genutzten Software ändert, ohne dass Sie etwas davon bemerken, etwa Trojaner in Ihr System einbaut – eine entsprechend angepasste Webseite könnte Firefox dazu veranlassen. Kann die Software solche Konfigurationen nur lesen, kann sie auch nichts ändern. Um das zu ermöglichen, nutzt die Software ein virtuelles Dateisystem, das bedeutet, für die Software sieht es zwar aus, als könnte sie Dateien verändern, in Wahrheit geschieht dies jedoch nicht. Hierfür nutzt man die Option `--overlay`:

```
firejail --overlay gedit
```

In diesem Beispiel könnte der Texteditor Gedit zwar auf alle Textdateien zugreifen, sie also öffnen, aber nichts verändern.

Ich selbst nutze Firejail vor allem für Software, die ich mir von Webseiten herunterlade, etwa AppImages (siehe Abschnitt 5.2.3), dies funktioniert aber auch mit allen anderen ausführbaren Dateien, wie etwa auch Skripts. Hier ein Beispiel für ein AppImage:

```
firejail --private=/home/nutzername/Verzeichnis/ Dateiname.appimage
```

12.3.2 Firetools nutzen

Die Firetools sind eine grafische Oberfläche für Firejail. Sie finden diese Software im Anwendungsmenü unter der Kategorie SYSTEM, alternativ nutzen Sie den Schnellstarter [Alt]+[F2] oder das Terminal mit dem Befehl:

```
firetools
```

Das kleine Fenster (siehe Abbildung 12.19) bietet einige vorgefertigte Starter für die jeweilige Software mit passenden Profilen unter `/etc/firejail/`, die Software muss nicht einmal installiert sein. (Firetools nutzt Icons, die ihre Entwickler vorgesehen haben.

Abb. 12.19: Firetools als grafische Oberfläche für Firejail

Haben Sie etwa Firefox nicht installiert, ist das nötige Icon jedoch trotzdem in der grafischen Oberfläche von Firetools vorhanden, ein Doppelklick darauf löst einfach nichts aus.) Um eine Software zu starten, klicken Sie doppelt darauf und die jeweilige Software startet mit ihrem vorgefertigten Profil.

Links oben finden Sie zwei Schalter zur Konfiguration der Software. Per Rechtsklick auf die zwei freien Plätze können Sie mittels EDIT neue Starter anlegen (siehe Abbildung 12.20). Dazu wählen Sie unter CHOOSE AN APPLICATION links eine Software-Kategorie und rechts eine in der Kategorie liegende Software. Mit dem Schalter BROWSER LOCAL FILESYSTEM können Sie eine Datei – etwa ein Appimage – auswählen.

Abb. 12.20: Eigene Starter in den Firetools erstellen

Im Editor selbst passen Sie die Rechte der Software an, also ob sie überhaupt auf das Internet zugreifen darf und auf welche Verzeichnisse im Dateisystem (siehe Abbildung 12.21). Die Konfiguration ist sehr einfach gehalten, Sie erledigen alles mit der Maus.

Einen Nachteil haben die Firetools jedoch – das Fenster lässt sich nicht vergrößern, somit hat nur eine kleine Menge an Startern Platz. Sie können aber bereits bestehende löschen und deren Platz nutzen oder bestehende bearbeiten.

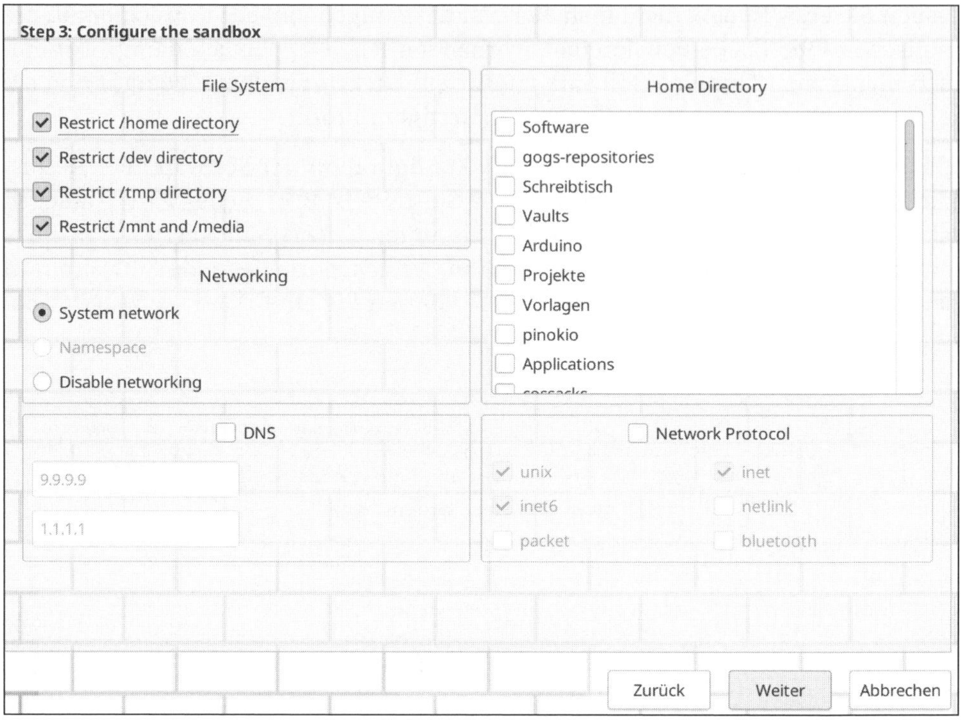

Abb. 12.21: Rechte für Software in den Firetools anpassen

12.4 AppArmor –Berechtigungen für Software vergeben

AppArmor können Sie sich ähnlich vorstellen wie Firejail (Abschnitt 12.3): Sie sperren damit Software in eine Art Sandbox, in der sie nur das machen kann, was Sie erlauben.

Im Gegensatz zu Firejail ist AppArmor jedoch kein Verzeichnis, sondern Sie teilen dem Betriebssystem direkt mit, was die Software darf und was nicht. Dies ist zwar etwas aufwendiger zu konfigurieren, wirkt jedoch ohne jede weitere zusätzliche Konfiguration auf viele Programme automatisch.

AppArmor ist ein Dienst, mit dem Sie Software bzw. Prozesse in ihren Rechten einschränken können – genauer ausgedrückt, die Software/Prozesse haben nur auf die Verzeichnisse und Dateien Zugriff, auf die sie solche Rechte auch benötigen. In diesem Abschnitt sehen wir uns diese Software etwas genauer an.

12.4.1 Voraussetzungen schaffen

Die wichtigsten Funktionen von AppArmor sind bereits installiert, jedoch nicht alle und sie sind auch nicht aktiviert.

Über die Paket-Verwaltung (siehe Abschnitt 5.2.1) installieren Sie folgende Pakete »apparmor«, »apparmor-profiles«, »apparmor-profiles-extra«, »apparmor-utils«. Dies gelingt am schnellsten auf dem Terminal mit folgenden Befehlen:

Linux Mint:

```
apt-get update
apt-get install  apparmor apparmor-profiles apparmor-profiles-extra
  apparmor-utils
```

Auf anderen auf Debian basierenden Linux-Distributionen:

```
apt update
apt install  apparmor apparmor-profiles apparmor-profiles-extra
  apparmor-utils
```

Nach der Installation gilt es, AppArmor mit dem System automatisch starten zu lassen. Dafür prüfen Sie zuerst, ob es das Verzeichnis `/etc/default/grub.d/` gibt – am Terminal geben Sie dazu folgenden Befehl ein:

```
ls /etc/default/grub.d/
```

Ist das Verzeichnis nicht vorhanden – in diesem Fall erhalten Sie die Fehlermeldung »Verzeichnis nicht vorhanden« –, erstellen Sie es als Administrator (siehe Abschnitt 4.2) am Terminal mit dem Befehl:

```
mkdir -p /etc/default/grub.d
```

Anschließend und ebenfalls als Administrator am Terminal erstellen Sie nun die Konfiguration mit folgendem Befehl:

```
echo 'GRUB_CMDLINE_LINUX_DEFAULT="$GRUB_CMDLINE_LINUX_DEFAULT
  apparmor=1 security=apparmor"' | tee /etc/default/grub.d/apparmor.cfg
```

Jetzt zeigen Sie dem Bootloader GRUB seine neue Konfiguration, wieder mit administrativen Rechten:

```
update-grub
```

Anschließend starten Sie den Computer neu. Damit wären alle Voraussetzungen geschaffen.

12.4.2 AppArmor anpassen

Nach den oben vorgenommenen Anpassungen läuft AppArmor. Dies können Sie als normaler Benutzer am Terminal mit folgendem Befehl prüfen:

```
cat /sys/module/apparmor/parameters/enabled
```

Ein »y« als Ausgabe zeigt, die Software funktioniert, wie sie soll.

Nun können Sie sich als Administrator mit folgendem Befehl den Status ansehen. Ein Beispiel für die Ausgabe sehen Sie in Abbildung 12.22.

```
aa-status
```

```
robertg@robertg-Standard-PC-Q35-ICH9-2009:~$ sudo -i
[sudo] Passwort für robertg:
root@robertg-Standard-PC-Q35-ICH9-2009:~#
root@robertg-Standard-PC-Q35-ICH9-2009:~# aa-status
apparmor module is loaded.
50 profiles are loaded.
30 profiles are in enforce mode.
   /usr/bin/freshclam
   /usr/bin/man
   /usr/bin/pidgin
   /usr/bin/pidgin//sanitized_helper
   /usr/bin/redshift
   /usr/bin/totem
   /usr/bin/totem-audio-preview
   /usr/bin/totem-video-thumbnailer
   /usr/bin/totem//sanitized_helper
   /usr/lib/NetworkManager/nm-dhcp-client.action
   /usr/lib/NetworkManager/nm-dhcp-helper
   /usr/lib/connman/scripts/dhclient-script
   /usr/lib/cups/backend/cups-pdf
   /usr/lib/lightdm/lightdm-guest-session
   /usr/lib/lightdm/lightdm-guest-session//chromium
   /usr/sbin/cups-browsed
   /usr/sbin/cupsd
```

Abb. 12.22: AppArmor läuft und hat seine vorkonfigurierten Profile geladen.

In der Ausgabe zeigt sich beispielsweise:

```
50 profiles are loaded
```

Dies zeigt Ihnen, dass in diesem Beispiel 50 Profile (Regeln für Software bzw. Prozesse) geladen sind, das heißt, 50 Programme/Prozesse werden durch AppArmor automatisch eingeschränkt. Je nach von Ihnen installierter Software kann diese Ausgabe höher oder auch niedriger sein. Beispielsweise kann Firefox durch die Einschränkung von AppArmor nur unter `Downloads` heruntergeladene Dateien speichern, und auch wenn Sie etwas anderes vorgeben, funktioniert es nicht.

Jetzt wird es interessant: Es gibt verschiedene Modi, in denen Profile laufen können:

- **complain** – Der Modus, in dem ein Profil lernt, was der Prozess darf und was nicht. (Hierzu nutzen Sie einfach die Software so, wie sie es später darf. Speichern Sie etwa mit Firefox heruntergeladene Dateien unter `heruntergeladene Dateien` statt unter `Downloads`, so kann Firefox nur noch im angegebenen Verzeichnis Dateien speichern.)
- **enforce** – Dies ist der Idealzustand, der Prozess läuft nach den Regeln des Profils.
- **audit** – Es werden Zugriffe auf Dateien und Verzeichnisse sowie Regelverstöße aufgezeichnet. Ideal, um zu sehen, worauf eine Software zugreifen können sollte oder will.

Nun gehen Sie zurück zu Ihrer Ausgabe:

```
30 profiles are in enforce mode.
```

30 Profile laufen im `enforce`-Modus und schränken die darunter verzeichneten Prozesse, wie es sein soll, in ihren Rechten ein. Weitere 19 Prozesse laufen im `complain`-Modus, lernen also, was sie tun dürfen und was nicht – das Lernen geschieht teilweise automatisch, vor allem kurz nach der Installation.

Jetzt können Sie sich auch ansehen, welche Prozesse nicht durch AppArmor geschützt sind:

```
aa-unconfined
aa-unconfined --paranoid
```

Ein Beispiel für eine solche Ausgabe sehen Sie in Abbildung 12.23.

```
2052 /usr/libexec/xdg-desktop-portal-xapp nicht eingeschränkt
2062 /usr/bin/dash (sh -c /usr/lib/x86_64-linux-gnu/libproxy/0.
org.gnome.system.proxy org.gnome.system.proxy.http org.gnome.sy
org.gnome.system.proxy.ftp org.gnome.system.proxy.socks) nicht
2063 /usr/lib/x86_64-linux-gnu/libproxy/0.4.17/pxgsettings nich
2067 /usr/libexec/xdg-desktop-portal-gtk nicht eingeschränkt
2086 /usr/lib/firefox/firefox-bin nicht eingeschränkt
2134 /usr/lib/firefox/firefox-bin nicht eingeschränkt
2151 /usr/lib/firefox/firefox-bin nicht eingeschränkt
2249 /usr/lib/firefox/firefox-bin nicht eingeschränkt
2251 /usr/lib/firefox/firefox-bin nicht eingeschränkt
2265 /usr/lib/firefox/firefox-bin nicht eingeschränkt
2268 /usr/lib/firefox/firefox-bin nicht eingeschränkt
2341 /usr/bin/python3.10 nicht eingeschränkt
2397 /usr/bin/python3.10 (/usr/bin/python3) nicht eingeschränkt
2405 /usr/bin/python3.10 nicht eingeschränkt
2421 /usr/libexec/gnome-terminal-server nicht eingeschränkt
2442 /usr/bin/bash (bash) nicht eingeschränkt
2485 /usr/bin/sudo nicht eingeschränkt
2486 /usr/bin/sudo nicht eingeschränkt
2487 /usr/bin/bash (-bash) nicht eingeschränkt
2860 /usr/libexec/packagekitd nicht eingeschränkt
2926 /usr/bin/python3.10 (/usr/bin/python3) nicht eingeschränkt
root@robertg-Standard-PC-Q35-ICH9-2009:~#
```

Abb. 12.23: Nicht durch AppArmor geschützte Software

Für viele nicht eingeschränkte Prozesse haben Sie das Paket »apparmor-profiles-extra« installiert. Diese Profile liegen unter `/usr/share/apparmor/extra-profiles/` und sind nicht aktiviert. Sie lassen sich nun etwa mit dem Befehl:

```
ls /usr/share/apparmor/extra-profiles/ | less
```

anzeigen. Mit den Pfeiltasten (auf / ab) scrollen Sie durch die Liste, mit `/Begriff` können Sie nach Software suchen und mit [q] beenden Sie die Ausgabe.

Ein Profil nennt sich so wie der Pfad zu seiner ausführbaren Datei, also für Skype etwa `/usr/bin/skype`, also nennt sich das Profil »usr.bin.skype«. Möchten Sie ein Profil aktivieren, um die jeweilige Software einzuschränken, gilt es, das dazu passende in das Verzeichnis `/etc/apparmor.d/` zu kopieren – also für das obige Beispiel (dies gelingt natürlich nur mit administrativen Rechten):

```
cp /usr/share/apparmor/extra-profiles/usr.bin.skype /etc/apparmor.d/
```

Anschließend gilt es, das Profil in den jeweiligen Modus zu versetzen – in der Regel sollte es bei bestehenden Profilen genügen, diese in den `enforce`-Modus zu versetzen, also (bei nicht laufender Software – hier Skype):

```
aa-enforce /etc/apparmor.d/usr.bin.skype
```

Jetzt testen Sie die Software, in diesem Beispiel eben Skype. Funktioniert alles wie es soll – perfekt. Gibt es mit Funktionen Probleme, beenden Sie die Software und versetzen das Profil in den Lern-Modus (die Software darf beim Ändern in den Lern-Modus nicht laufen):

```
aa-complain /etc/apparmor.d/usr.bin.skype
```

Jetzt starten Sie die Software und führen alle Funktionen aus, z.B. das Aktivieren der Kamera, Speichern von Dateien, Zugriff auf die gewünschten Verzeichnisse, ... Haben Sie alle Funktionen ausgeführt, beenden Sie die Software und versetzen ihr Profil wieder in den `enforce`-Modus.

12.4.3 Eigene Profile für AppArmor erstellen

Nun gibt es natürlich etliche Software, für die es keine Profile gibt. Beispielsweise gibt es ein Profil für Firefox unter `/usr/share/apparmor/extra-profiles/` (es ist aber nicht aktiviert), aber keines für Google Chrome. Möchten Sie ein solches Profil erstellen – für welche Software oder welchen Prozess auch immer –, ist das kein Problem.

Bleiben wir beim Beispiel Google Chrome: Als Erstes gilt es zu erfahren, wie sich die ausführbare Datei nennt. Ein Blick in das Anwendungsmenü führt meist zum Ziel. Dazu öffnen Sie die Einstellungen des Anwendungsmenüs – unter Linux Mint etwa, indem Sie das Menü rechts anklicken und den Eintrag MENÜ BEARBEITEN wählen. Unter KDE Plasma wählen Sie stattdessen den Eintrag MENÜEINTRÄGE BEARBEITEN. In Abbildung 12.24 zeigt sich der Menü-Editor unter Linux Mint.

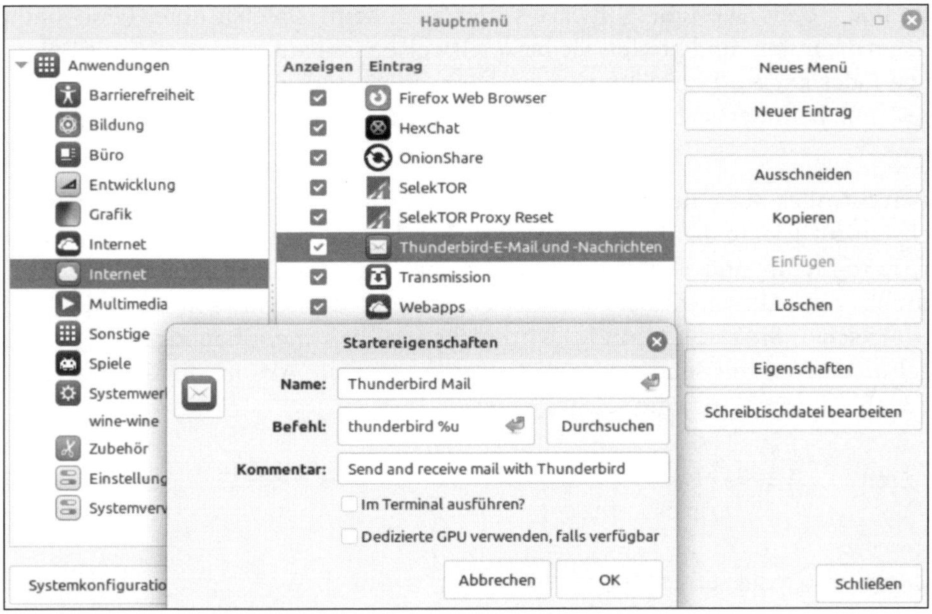

Abb. 12.24: Der Menü-Editor unter Linux Mint

Sie markieren links in der Liste die Kategorie der Software, rechts daneben die Software selbst und klicken auf den Schalter EIGENSCHAFTEN – unter BEFEHL finden Sie nun den kompletten Befehl mit Pfad zur Datei, den Sie angeben müssen.

In diesem Beispiel nennt sich die Datei »google-chrome-stable« (der Screenshot dient nur als Beispiel). Hier findet sich auch gleich der Pfad zur ausführbaren Datei. Ist dies einmal nicht der Fall, genügt am Terminal der Befehl:

```
which google-chrome-stable
```

Und schon erhalten Sie den Pfad zur ausführbaren Datei, in diesem Fall:

```
/usr/local/bin/google-chrome-stable
```

Nun können Sie als Administrator ein Profil erstellen:

```
aa-genprof /usr/local/bin/google-chrome-stable
```

Der Pfad muss komplett angegeben werden, sonst funktioniert die Geschichte nicht. Lassen Sie den Befehl nun laufen und starten die Software ganz normal – im Beispiel Chrome. Jetzt surfen Sie im Internet, speichern Dateien unter `Downloads`, greifen auf das Verzeichnis `Dokumente` zu ... Speichern Sie keine Datei unter `Downloads`, wird die Software später auch keine Dateien unter `Downloads` speichern können, und greifen Sie beispielsweise nicht auf das Verzeichnis `Dokumente` (oder andere Verzeichnisse) zu, kann die Software dies auch später nicht. Das Profil befindet sich beim Erstellen im Lern-Modus – also im `complain`-Modus.

Haben Sie alles ausgeführt, was Chrome dürfen soll, beenden Sie den Browser, wechseln zurück auf das Terminal und drücken [s]. Damit beendet AppArmor den `complain`-Modus und zeigt Ihnen am Terminal, was Chrome während dieser Zeit getan hat. Jede Aktion wird der Reihe nach gezeigt – diese gilt es nun zu erlauben. Dies erreichen Sie mit [a], mit [d] wird nicht erlaubt – mehr benötigen Sie in der Regel nicht. Anschließend zeigt AppArmor die nächste Aktion, die durchgeführt wurde. Ein Beispiel für eine solche Frage:

```
Profile:    /usr/local/bin/google-chrome-stable
Path:       /etc/pkcs11/modules
Mode:       r
Severity:   unknow
```

Darunter zeigt AppArmor noch eine Legende für alle zu nutzenden Tasten, aber wie schon beschrieben, brauchen Sie in der Regel nicht mehr als [a] und [d]. Meldet AppArmor, dass alle Fragen von Ihnen beantwortet wurden, speichern Sie das Profil mit [s] und beenden den `complain`-Modus mit [f]. Das so erstellte Profil ist automatisch aktiv.

Gibt es anschließend beim Ausführen der Software Probleme, starten Sie am einfachsten den `audit`-Modus mit:

```
aa-audit /usr/local/bin/google-chrome-stable
```

und starten die Software erneut. Hier sehen Sie nun, was der Software verboten wurde, aber vielleicht doch benötigt wird. Möchten Sie noch einmal komplett von vorn beginnen, löschen Sie die Datei aus dem Verzeichnis `/etc/apparmor.d/`.

Diese Dateien können Sie natürlich auch mit einem Texteditor bearbeiten. Ein kleines Beispiel:

```
#include <tunables/global>
/usr/bin/firefox flags=(complain) {
  #include <abstractions/base>
  #include <abstractions/nameservice>
  #include <abstractions/samba>
  capability net_bind_service,
  /proc/sys/kernel/core_pattern r,
  /usr/bin/firefox mr,
  /var/cache/samba/gencache.tdb rwk,
  /var/{cache,lib}/samba/browse.dat* rw,
  /var/{cache,lib}/samba/gencache.dat rw,
  /var/{cache,lib}/samba/wins.dat* rw,
  /var/{cache,lib}/samba/smb_krb5/ rw,
  /var/{cache,lib}/samba/smb_krb5/krb5.conf* rw,
  /var/{cache,lib}/samba/smb_tmp_krb5.* rw,
  /var/{cache,lib}/samba/sync.* rw,
  /var/{cache,lib}/samba/unexpected rw,
  /{,var/}run/samba/** rwk,
  # Site-specific additions and overrides.
  # See local/README for details.
  #include <local/usr.bin.firefox>
}
```

Sie finden die Verzeichnisse und Dateien aufgelistet, dahinter die Rechte:

- **r** – Lesezugriff
- **w** – Schreibzugriff
- **a** – Hinzufügen von Datei-Inhalten
- **l** – Setzen von Links
- **k** – Sperren von Dateien
- **m** – Datei via mmap ins RAM laden
- **x** – Ausführen von Drittsoftware

## Kapitel 13

Tails – Das anonyme und sichere Betriebssystem

Vieles in diesem Buch lässt sich unter allen Linux-Distributionen umsetzen, manche Dinge erfordern etwas Zeit und Konfiguration. Wenn Sie die Anonymität im Internet, aber auch die Sicherheit von Tor nur selten benötigen (für eine dauerhafte Nutzung ist Tor zu langsam), können Sie stattdessen auch auf die Linux-Distribution Tails setzen. Tails ist ein auf Anonymität optimiertes Debian. Es nutzt Tor (siehe Abschnitt 8.4) für jegliche Kommunikation mit dem Internet – egal, ob es um das Surfen geht, das Kommunizieren per E-Mail oder Chat oder um Updates des Betriebssystems. Jeglicher Netzwerk-Verkehr wird über das Tor-Netzwerk geleitet.

Da die Kommunikation über Tor recht langsam ist, wird Tails nicht auf der Festplatte installiert (theoretisch wäre es natürlich möglich, ist aber sehr umständlich) – niemand will dauerhaft so langsam im Internet surfen. Stattdessen läuft Tails vollkommen abgeschottet vom installierten Betriebssystem und wird von einem USB-Stick oder von einer DVD gestartet.

Das hat auch Vorteile: Da es nicht auf der Festplatte installiert wird, kann Ihr Computer auch nicht infiziert werden, wenn Sie etwa eine unsichere Webseite öffnen oder infizierte Dateien aus dem Internet herunterladen.

13.1 Vor- und Nachteile der Arten der Installation

- **USB-Stick, externe Festplatte** – Das System startet schnell, Software startet schneller als bei der Installation per DVD, und Einstellungen, die Sie am Betriebssystem oder in der Software vornehmen, bleiben auch nach einem Neustart des Computers erhalten.
- **DVD** – Das Betriebssystem und Software starten langsamer, da optische Medien länger zum Laden benötigen, und Einstellungen, die Sie am Betriebssystem und an der Software vornehmen, sind nach einem Neustart des Computers weg. Selbst, wenn es einem Angreifer gelingen sollte, das Betriebssystem zu infizieren, ist nach einem Neustart alles wieder beim Alten, da alles nur im Arbeitsspeicher (RAM) abläuft.

Je nachdem, welche Art der Nutzung Sie bevorzugen, laden Sie das passende Image herunter:

- **USB-Stick oder externe Festplatte** – `https://tails.net/install/linux/index.en.html#download`
- **DVD** – `https://tails.net/install/download-iso/index.en.html`

Anschließend geht es je nach Art der Installation (auf einem USB-Stick handelt es sich hierbei tatsächlich um eine Installation) und Nutzung dementsprechend weiter:

13.2 Installation auf USB-Stick

Sie benötigen hierfür einen USB-Stick oder eine externe Festplatte. Unter Windows nutzen Sie am einfachsten die Software Etcher von `https://etcher.balena.io/`. Etcher können Sie natürlich auch unter Linux nutzen.

Was Sie außerdem benötigen, ist natürlich das Image – anders als bei anderen Linux-Distributionen gibt es für DVD und USB-Sticks ein extra angepasstes Image (siehe vorherigen Abschnitt). Sie können zwar auch das DVD-Image auf einen USB-Stick kopieren, damit lassen sich auf dem USB-Stick aber keine Einstellungen und andere Daten speichern, deshalb sollten Sie besser das USB-Image nutzen.

Nutzen Sie die Software Etcher, gehen Sie vor, wie in Abschnitt 2.2.2 beschrieben.

Unter Linux können Sie auch die Software »Gnome Disks« nutzen, diese Software ist automatisch installiert, wenn Sie GNOME als Desktop-Umgebung nutzen, auf unter Debian basierenden Linux-Distributionen installieren Sie diese Software über die Paket-Verwaltung (siehe Abschnitt 5.2.1) durch das Paket »gnome-disk-utility« nach. Etwa mit administrativen Rechten (siehe Abschnitt 4.2) auf dem Terminal mit den Befehlen:

Linux Mint:

```
apt-get update
apt-get install gnome-disk-utility
```

Andere auf Debian basierenden Linux-Distributionen:

```
apt update
apt install gnome-disk-utility
```

Sie schließen den USB-Stick an und finden diese Software nach der Installation im Anwendungsmenü in der Kategorie ZUBEHÖR, unter KDE in der Kategorie DIENSTPROGRAMME unter der Bezeichnung LAUFWERKE. Alternativ nutzen Sie zum Start das Terminal als normaler Benutzer mit dem Befehl:

```
gnome-disks
```

Sie wählen als Erstes in GNOME-Disk-Utility den USB-Stick in der Liste links (wenn Sie sich nicht sicher sind, starten Sie die Software einmal ohne angeschlossenen USB-Stick und einmal mit – der USB-Stick ist der Eintrag, der ohne angeschlossenen Stick nicht vorhanden ist) – siehe Abbildung 3.1.

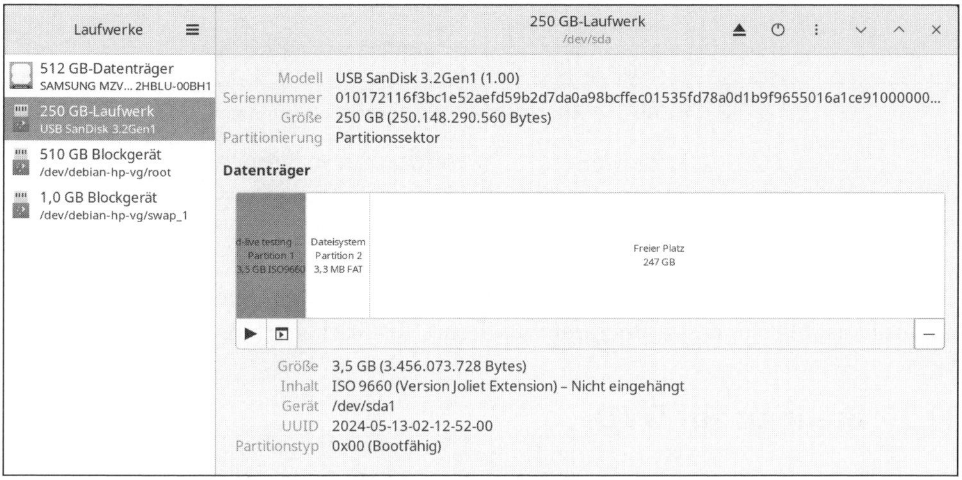

Abb. 13.1: GNOME-Disk-Utility – Laufwerke partitionieren und mehr

Anschließend nutzen Sie das Menü mit den drei Punkten oben rechts und wählen den Eintrag LAUFWERKSABBILD WIEDERHERSTELLEN (siehe Abbildung 13.2).

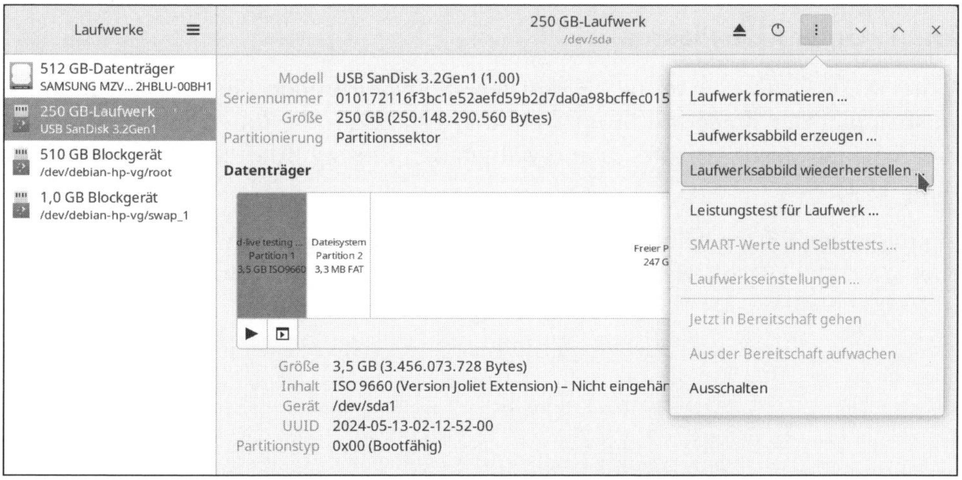

Abb. 13.2: Auswahl des Images für den USB-Stick in GNOME-Disk-Utility

Im sich öffnenden Fenster wählen Sie mit dem Schalter neben ABBILD ZUR WIEDERHERSTELLUNG das USB-Image und klicken anschließend auf den Schalter WIEDERHERSTELLUNG STARTEN (siehe Abbildung 13.3).

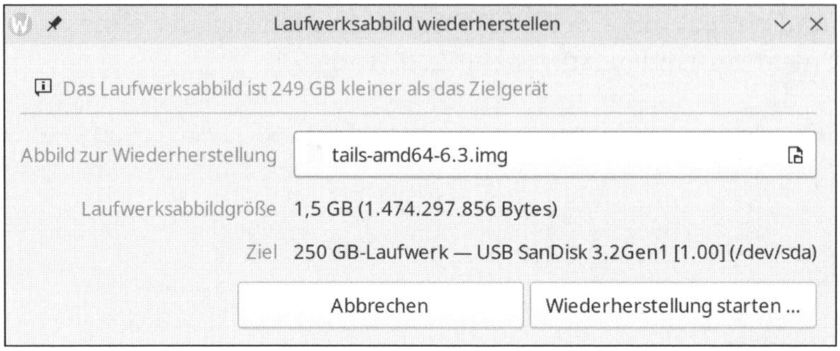

Abb. 13.3: Auswahl des Images zur Installation auf dem USB-Stick oder der externen Festplatte

Sie müssen jetzt nur noch abwarten, bis das Kopieren der Dateien abgeschlossen ist, und anschließend den Rechner von dem USB-Stick starten.

13.3 Brennen auf DVD

Unter Windows nutzen Sie am einfachsten die Software ISOburn, wie in Abschnitt 2.2.1 beschrieben, um das heruntergeladene Image auf die DVD zu brennen.

Unter Linux können Sie auch die meistens schon vorinstallierte Software benutzen.

13.3.1 Unter KDE Plasma

Unter KDE Plasma wäre dies K3b. Diese Software finden Sie im Anwendungsmenü unter der Kategorie MULTIMEDIA. Hier klicken Sie unten in der Mitte auf den Schalter MORE ACTIONS … und wählen den Eintrag BURN IMAGE (siehe Abbildung 13.4).

Im folgenden Dialog wählen Sie das Image und bestätigen mit WEITER und BRENNEN STARTEN. Anschließend warten Sie ab, bis die DVD ausgeworfen wird.

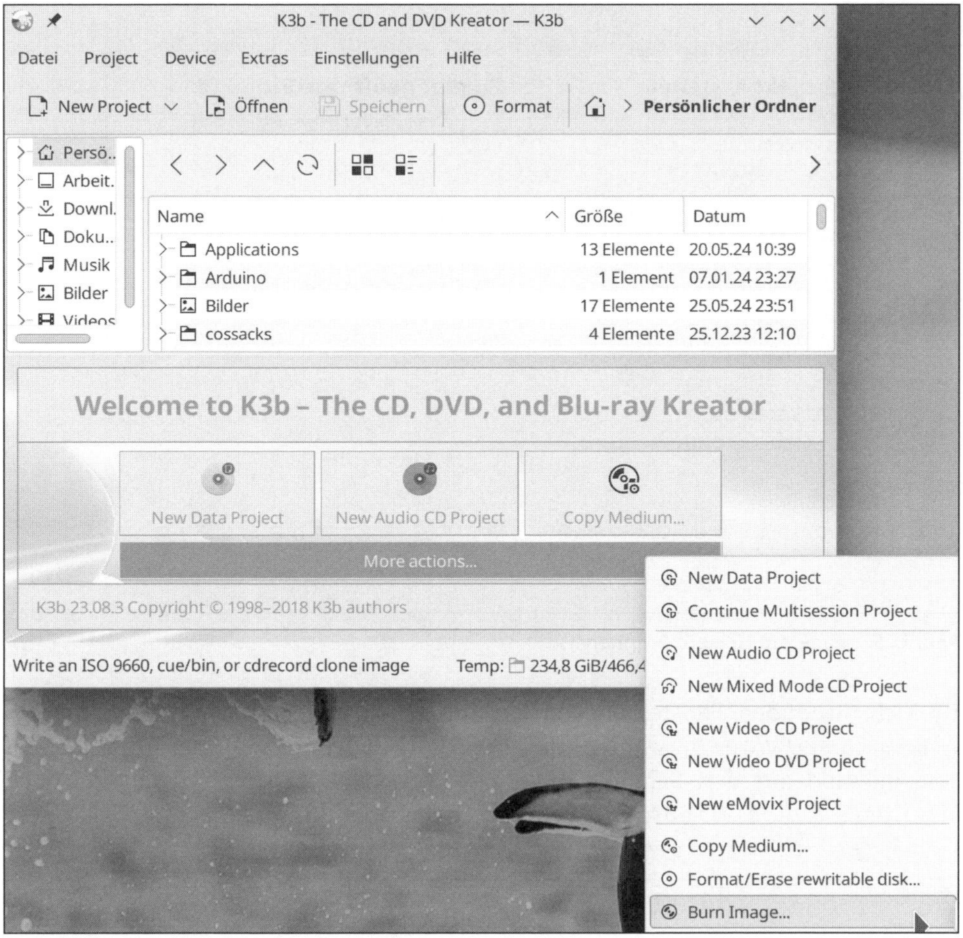

Abb. 13.4: ISO-Image mit K3b brennen

13.3.2 Unter Cinnamon und GNOME

Unter den Desktop-Umgebungen Cinnamon und GNOME nutzen Sie die vorinstallierte Software Brasero, die Sie unter Cinnamon im Anwendungsmenü unter der Kategorie MULTIMEDIA finden. Unter GNOME suchen Sie nach dem Begriff »brasero«. Hier klicken Sie ganz unten auf den Schalter ABBILD BRENNEN (siehe Abbildung 13.5).

Abb. 13.5: Image mit Brasero brennen

Im sich öffnenden Fenster klicken Sie auf den Schalter HIER KLICKEN, UM EIN ABBILD AUSZUWÄHLEN, wählen die heruntergeladene ISO-Datei und klicken anschließend auf den Schalter ABBILD ERSTELLEN. Jetzt müssen Sie nur noch abwarten, bis die DVD ausgeworfen wird (siehe Abbildung 13.6).

Abb. 13.6: Image mit Brasero brennen

13.3.3 Unter XFCE

Unter XFCE nutzen Sie die bereits vorinstallierte Software XFburn aus dem Anwendungsmenü unter der Kategorie MULTIMEDIA und klicken auf den Schalter ABBILD BRENNEN (siehe Abbildung 13.7).

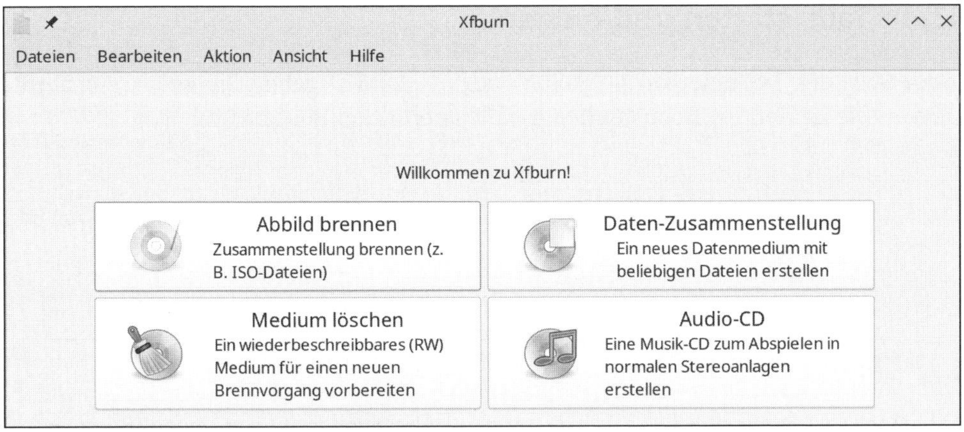

Abb. 13.7: Image unter XFCE mit XFburn brennen

Hier wählen Sie mit dem Schalter unter ZU BRENNENDES ABBILD das ISO-Image und starten mit dem Schalter ABBILD BRENNEN in der Mitte oben das Brennen auf die DVD. Jetzt müssen Sie nur noch abwarten, bis die DVD ausgeworfen wird (siehe Abbildung 13.8).

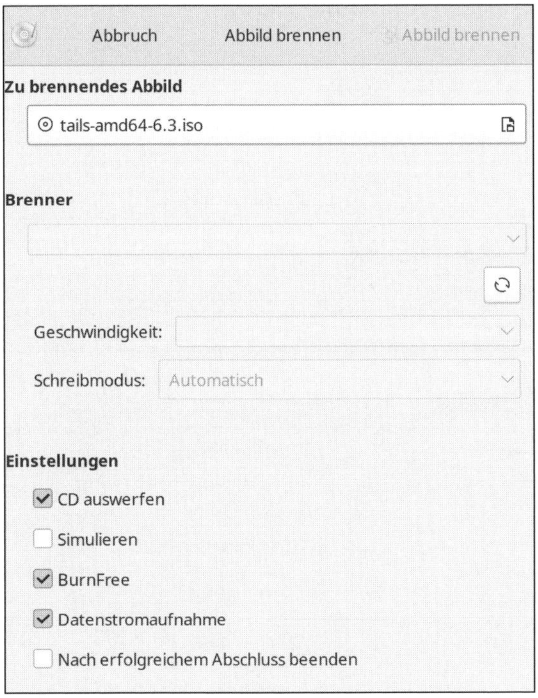

Abb. 13.8: Image mit XFburn brennen

13.4 Tails starten und nutzen

Zum Start des Systems von USB-Stick oder von DVD gehen Sie wie in Abschnitt 2.3 vor. Sie landen im Bootmenü von Tails (siehe Abbildung 13.9).

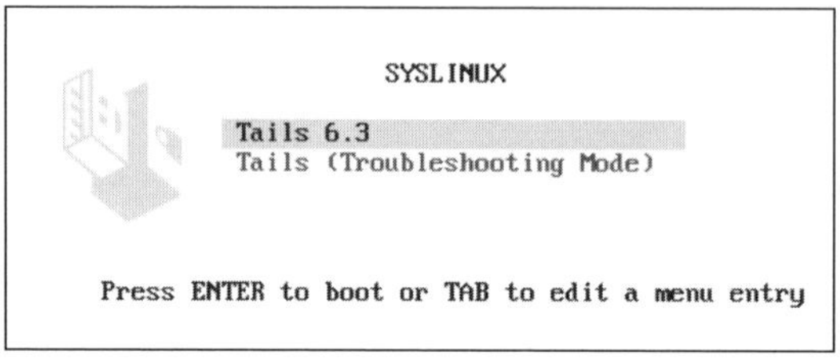

Abb. 13.9: Das Bootmenü von Tails – ich musste die Abbildung invertieren, da das Bootmenü sehr dunkel ist.

Hier navigieren Sie mit den Pfeiltasten (auf / ab), um den gewünschten Eintrag zu wählen, und bestätigen mit [Eingabe]. Alternativ startet das System den obersten Eintrag nach zehn Sekunden automatisch. Den zweiten Eintrag wählen Sie nur, wenn es mit dem obersten Eintrag Grafik-Probleme gibt. Das System startet in die Grundkonfiguration. Im sich öffnenden Fenster wählen Sie die Sprache der Desktop-Umgebung und das Tastaturlayout (siehe Abbildung 13.10).

Abb. 13.10: Starteinstellungen unter Tails – Auswahl der Sprache des Systems und des Tastaturlayouts

Auf einem USB-Stick klicken Sie unter den Spracheinstellungen auf den Schalter CREATE PERSISTENT STORAGE – dies sorgt dafür, dass Einstellungen und heruntergeladene Dateien gespeichert werden (siehe Abbildung 13.11). Auf DVD können Sie diesen Schalter zwar betätigen, es bringt jedoch nichts, da das komplette System im Arbeitsspeicher (RAM) läuft.

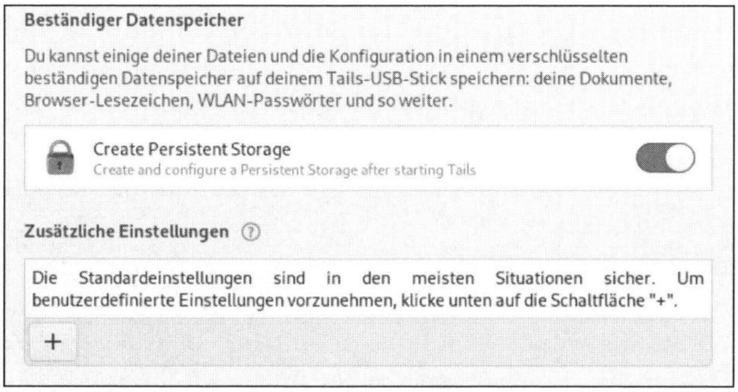

Abb. 13.11: Das Speichern von Einstellungen und Daten auf einem USB-Stick aktivieren

Anschließend klicken Sie auf den Schalter TAILS STARTEN rechts oben und Sie landen auf dem Desktop mit dem Start von Tor. Hier haben Sie folgende Möglichkeiten (siehe Abbildung 13.12):

- **Verbinde mit Tor automatisch** – Das System startet Tor automatisch und lässt jegliche Netzwerk-Kommunikation über Tor laufen, Sie sind absolut anonym im Internet.
- **Verheimliche meinem lokalen Netzwerk, dass ich mich mit Tor verbinde** – Möchten Sie anderen in Ihrem Netzwerk nicht mitteilen, dass Sie Tor nutzen, aktivieren Sie zusätzlich diese Checkbox.

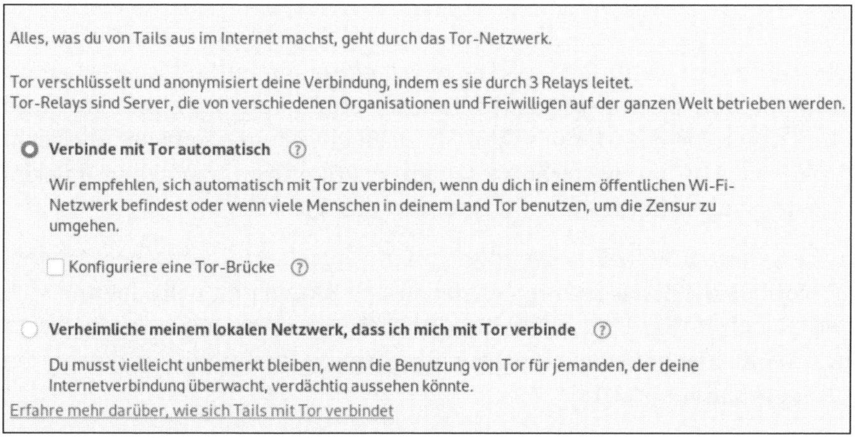

Abb. 13.12: Tor unter Tails starten

Anschließend klicken Sie rechts unten auf den Schalter MIT TOR VERBINDEN. Nachdem sich das System mit Tor verbunden hat – dies dauert nur wenige Sekunden –, bietet es im selben Fenster an, Tor per Klick auf die Schaltfläche TOR-BROWSER STARTEN DEN ANONYMEN WEBBROWSER (siehe Abschnitt 7.6) zu starten.

Tails nutzt den GNOME-Desktop, der mit einigen Erweiterungen modifiziert wurde. Oben finden Sie das sogenannte »GNOME-Panel«, es entspricht der Taskleiste unter Windows oder der Kontrollleiste unter KDE bzw. der Leiste unter Cinnamon und XFCE. Links in dieser Leiste finden Sie das Standard-Anwendungsmenü von GNOME – den Schalter AKTIVITÄTEN (siehe Abbildung 13.13).

Abb. 13.13: Das GNOME-Anwendungsmenü

In diesem Menü finden Sie unten eine Leiste mit oft genutzter Software, wie etwa dem Tor Browser, den Einstellungen für Tor, der Hilfe, dem Dateimanager und vielem mehr. Öffnen Sie das Menü, sehen Sie zu Beginn keine Software, die nicht in dieser Leiste ist. Um die weiteren installierten Programme zu sehen, klicken Sie in der Leiste ganz rechts auf den Schalter mit den Punkten.

Tails hat neben dem GNOME-Anwendungsmenü auch ein klassisches Anwendungsmenü vorinstalliert, das sich rechts neben den Aktivitäten befindet und sich ANWENDUNGEN nennt. Sind Sie nicht an GNOME gewöhnt, wird Ihnen dieses Menü wahrscheinlich eher liegen, denn es ist wie unter Linux üblich in Kategorien aufgeteilt (siehe Abbildung 13.14).

Abb. 13.14: Das klassische Anwendungsmenü unter Tails

Grundsätzlich hat Tails sehr viel Software vorinstalliert, die Sie benötigen könnten, unter anderem:

- **Tor Browser** – als Webbrowser
- **Thunderbird** – als E-Mail-Client
- **KeePassXC** – als Passwort-Safe
- **LibreOffice** – als Office-Suite
- **GIMP** – als Bildbearbeitung

Möchten Sie weitere Software installieren, können Sie dazu auf das komplette Debian-Repository zugreifen (fast 70.000 Software-Pakete). Zum Installieren weiterer Software finden Sie im Anwendungsmenü unter der Kategorie SYSTEM die grafische Paket-Verwaltung Synaptic (siehe Abschnitt 5.2.1).

Um weitere Software unter Tails zu installieren, müssen Sie beim Start von Tails ein Administrator-Passwort anlegen. Dies gelingt in den Einstellungen zur Sprache und zum Tastaturlayout – klicken Sie unter diesen Einstellungen auf den Schalter mit dem Plus – siehe Abbildung 13.15.

Abb. 13.15: Anlegen des Administrator-Passworts unter Tails

Hier klicken Sie auf den Schalter ADMINISTRATION PASSWORD – es öffnet sich ein weiteres Fenster, hier legen Sie ein Passwort an und bestätigen es mit nochmaliger Eingabe. Anschließend klicken Sie auf den Schalter ADD rechts oben. Mit diesem Passwort erlangen Sie anschließend im laufenden System administrative Rechte.

Weiterführende Webseiten

Linux bietet Ihnen von Beginn an einiges mehr an Anonymität und Sicherheit als andere Betriebssysteme. Dies liegt schon in der Entwicklung dieses Betriebssystems begründet. Die Linux-Entwickler wollen ein übersichtliches System, an dem jeder mitarbeiten kann und das jeder verstehen kann – wenn er dies will.

Der offene Aufbau, der offene Quellcode und vorhandene Dokumentationen bieten es jedem Benutzer an, dieses System zu erforschen, nicht nur das System Linux, sondern auch die Software, die darauf läuft. Dies ist es, was Linux sicherer macht – viele Menschen können das System und seine Anwendungen verstehen, so werden Sicherheitslücken schneller gefunden und können ausgebessert werden. Dasselbe gilt auch für die Anonymität: Niemand wird Code einbauen, der den Nutzer ausspioniert, wenn er weiß, dass jeder dies sehen kann.

Wenn Sie mehr über Linux erfahren oder vorhandene Probleme lösen möchten, finden Sie in folgender Liste einige Links, die Sie interessieren könnten:

- **Gnu.org** – Die Webseite hinter der Philosophie hinter Linux und der darauf laufenden Software, weitere Software-Listen und vieles mehr: `https://www.gnu.org/`
- **Deutsches Linux Mint-Forum** – Das deutsche Forum, um Probleme seiner Benutzer zu lösen: `https://www.linuxmintusers.de/`
- **Ubuntuusers.de** – Das deutsche Forum rund um Ubuntu, Kubuntu, Xubuntu und so weiter, inklusive Wiki: `https://ubuntuusers.de/`
- **Das Deutsche Debian-Forum** – Das deutsche Forum rund um Debian und alle darauf basierenden Linux-Distributionen: `https://debianforum.de/forum/`
- **It's FOSS** – Täglich neue Tipps rund um Linux und darauf laufender Software, auf Englisch: `https://itsfoss.com/`
- **AlternativeTo** – Alternativen zu Windows-Software unter Linux, auf Englisch: `https://alternativeto.net/`
- **Linux Bibel** – Meine eigene Webseite mit Tipps zu Linux und darauf laufender Software: `https://linux-bibel.at/`

Stichwortverzeichnis

T

U

V

W

X

Y

Z

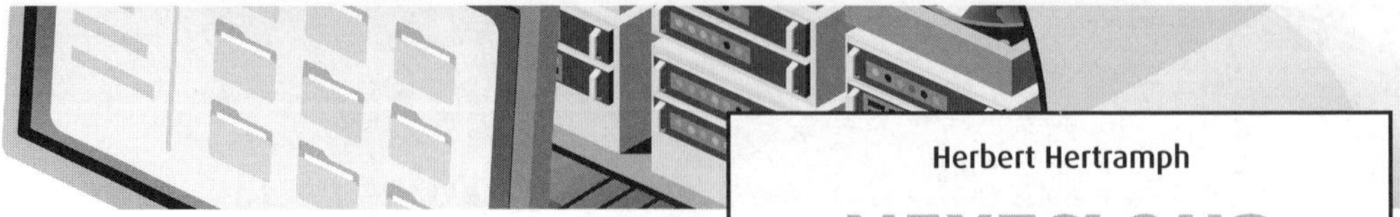

Herbert Hertramph

NEXTCLOUD Schnelleinstieg

Der leichte Weg zur eigenen Cloud

Daten sicher speichern und teilen

- **Dateien sicher speichern und teilen in der eigenen Cloud**
- **Office-Aufgaben erledigen, Termine verwalten, Projekte planen und vieles mehr**
- **Zahlreiche Schritt-für-Schritt-Anleitungen und Praxistipps**

Ihre Daten gehören Ihnen! Bei dieser Cloud bestimmen Sie selbst, wo sie gespeichert werden und wer darauf zugreifen darf.

Mit diesem Buch erhalten Sie einen einfachen Einstieg in die sichere Dateiverwaltung mit der beliebten Cloudlösung Nextcloud. Damit können Sie selbst entscheiden, wo und wie Sie Ihre Daten speichern. Zu Hause auf dem PC oder auf einem kleinen Heimserver? Kein Problem. In einem Datencenter in Ihrer Nähe? Gerne! Oder bei großen Anbietern mit Sitz in Deutschland? Auch diese Möglichkeit steht Ihnen offen.

Sie erhalten eine detaillierte Einführung in die Web-Oberfläche von Nextcloud sowie die Software für PC und Smartphone. Auch die vielfältigen Einsatzmöglichkeiten der Cloud werden vorgestellt und ganz einfach Schritt für Schritt demonstriert:

- Einrichten eines Familien-Tresors für wichtige Dokumente
- Versenden und Abrufen von Dateien im Homeoffice sowie papierloses Arbeiten im Büro
- E-Mails, Kalender, Adressbücher und Aufgabenplanung
- Office-Anwendungen und Online-Zusammenarbeit im Team
- Automatisierte Datensicherung
- Synchronisierung von Notizen, Fotos und Videos
- Dateiaustausch zwischen mobilen Geräten und Desktop-Computern

Ein Überblick über die wichtigsten Einstellungen wie das Erstellen von Benutzern und Gruppen, ein Kapitel zum Thema Sicherheit sowie praktische Tipps für die optimale Strukturierung der eigenen Cloud runden diesen praktischen Einstieg ab. So sind Sie bestens vorbereitet, das Potenzial Ihrer Cloud voll auszuschöpfen.

ISBN 978-3-7475-0589-2

Probekapitel und Infos erhalten Sie unter:
www.mitp.de/0589